Die besten Rezepte

aus

Asien

Die besten Rezepte
aus
Asien

h.f.ullmann

Hinweise

Für Anfänger   Für weniger erfahrene Köche   Für erfahrene Köche

Es gelten die üblichen Maße in Gramm und Liter. Die Dosengrößen sind bei jedem Hersteller
verschieden, verwenden Sie daher die Größe, die der im Rezept angegebenen am nächsten kommt.

Maßeinheiten und Abkürzungen

Becher	= 250 ml		Ei	= 60 g
g	= Gramm		kg	= Kilogramm
TL	= gestrichener Teelöffel oder 5 ml		EL	= leicht gehäufter Esslöffel oder 20 ml
ml	= Milliliter		l	= Liter
Msp.	= Messerspitze		Pckg.	= Packung
Min.	= Minute/n		Std.	= Stunde/n

Originaltitel: Chinese Cooking, Indian Cooking, Indonesean Cooking, Japanese and Korean
Cooking, Thai Cooking, The Noodle Cookbook, Favourite Asian Recipes, Fast Asian, Sizzling
Wok und Stir-fry & Pan-fry Recipes

© 2008 für die deutsche Ausgabe: Tandem Verlag GmbH
h.f.ullmann ist ein Imprint der Tandem Verlag GmbH

Projektleitung: Ulrike Reihn-Hamburger
Satz der deutschen Ausgabe: Maenken Kommunikation GmbH, Köln
Übersetzung aus dem Englischen: Käthe Fleckstein (S. 10-69), Ute May (S. 72-129), Diethelm
Hofstra (S. 132-191), Wolfgang Beuchelt (S. 194-247 und 554-557), Inga-Brita Thiele (S. 250-
309), Heiko Nonnemann (für Kölner Grafik Büro, S. 312-367 und 482-541), Antje und Jens
Bommel (S. 370-423), Wiebke Krabbe (für Scriptorum Köln im Auftrag von Roman Bold &
Black, S. 426-479), Franca Fritz und Heinrich Koop (S. 542-553)
Umschlaggestaltung: Simone Sticker
Umschlagfoto: © Tandem Verlag GmbH/TLC Fotostudio GmbH

Printed in China

ISBN: 978-3-8331-4846-0

10 9 8 7 6 5 4 3 2 1
X IX VIII VII VI V IV III II I

www.ullmann-publishing.com

Inhaltsverzeichnis

CHINESISCHE KÜCHE

Suppen und Vorspeisen

Eine Suppe kann während oder, wenn gewünscht, auch zu Beginn der Mahlzeit serviert werden. Als Vorspeise werden normalerweise verschiedene kleine Gerichte oder Häppchen angeboten. In diesem Kapitel stellen wir einige beliebte traditionelle chinesische Vorspeisen vor.

Frühlingsrollen

Als Beigabe zu Getränken besonders geeignet.

Vorbereitungszeit:
35 Min.
Zubereitungszeit:
12 Min.
Ergibt 24 Frühlingsrollen

---

1 Paket Teigblätter für große Frühlingsrollen
2 getrocknete schwarze chinesische Pilze, eingeweicht
120 g Hühnerbrust ohne Haut
2 EL Pflanzenöl
2 Frühlingszwiebeln, feingeschnitten

100 g Bambussprossen, feingeschnitten
1/2 rote Paprikaschote, geschnitten
120 g Sojabohnensprossen, gehackt
1 EL dunkle Sojasauce
1/2 TL Zucker
feines Pflanzenöl zum Fritieren

---

1 Die Teigblätter trennen, jedes einzelne in 4 Quadrate teilen; mit einem Tuch abgedeckt beiseite stellen.

2 Die eingeweichten Pilze ausdrücken, Stiele entfernen, dann in feine Streifen schneiden. Die Hühnerbrust in feine Streifen schneiden.

3 Öl in einer Bratpfanne erhitzen. Huhn, Pilze, Frühlingszwiebeln, Bambussprossen und Paprikaschote anbraten, bis das Hühnerfleisch weiß wird. Sojabohnensprossen hinzufügen und kurz anbraten. Sojasauce und Zucker unterrühren. Abkühlen lassen.

4 1 EL Füllung auf ein Teigquadrat geben. Eine Ecke darüberlegen, dann die seitlichen Ecken einschlagen. Zur vierten Ecke hin rollen. Die Teigspitze mit Wasser befeuchten und andrücken.

5 In mäßig heißem Öl fritieren, bis die Rollen goldbraun sind. Abtropfen lassen und sofort mit Pflaumensauce servieren.

Zucker zu den angebratenen Hühnerbruststreifen geben und gut mischen.

Einen Eßlöffel voll Füllung auf ein Teigblatt geben.

Eine Ecke über die Füllung falten und die Seiten einschlagen.

Die Frühlingsrollen nacheinander fritieren, bis sie goldbraun sind.

Garnelentoast

Als Vorspeise servieren.

Vorbereitungszeit:
35 Min.
Zubereitungszeit:
15 Min.
Ergibt 36 Stück

---

*1 Frühlingszwiebel
(nur der weiße Teil)
60 g Wasserkastanien
oder Bambussprossen
200 g robes Garnelen-
fleisch (ungefähr
450 g ungeschälte
Garnelen)*

*1 Ei
2–3 EL kaltes Wasser
9 Scheiben Weißbrot
³/4 Becher weiße Sesam-
körner
Pflanzenöl zum Fritieren*

---

1 Frühlingszwiebeln und Wasserkastanien oder Bambussprossen in einer Küchenmaschine zerkleinern. Garnelenfleisch, Ei und Wasser hinzufügen.

Zu einer lockeren, weichen Paste verarbeiten.

2 Die Brotscheiben gleichmäßig mit der Krabbenpaste bestreichen. Brotkrusten abschneiden. Jede Scheibe in vier Dreiecke teilen.

3 Die Dreiecke gleichmäßig mit den Sesamkörnern panieren.

4 Anschließend mit der bestrichenen Seite nach unten in mäßig heißem Öl fritieren, bis sie goldgelb sind, dann herausnehmen und abtropfen lassen.

5 Heiß mit süß-saurer oder Pflaumensauce servieren.

Die Garnelenmischung verarbeiten, bis sie ganz glatt ist.

Brotscheiben gleichmäßig mit der Krabbenmischung bestreichen. Brotkrusten entfernen.

Jedes Dreieck gleichmäßig mit den Sesamkörnern panieren.

In mäßig heißem Öl fritieren, bis die Scheiben goldgelb sind.

Fritierte Dim Sim

Fritiert oder gedämpft.

1 Paket Won-Ton-
Teigblätter
600 g gehacktes
Schweinefleisch
100 g Bambussprossen,
feingeschnitten
1 Frühlingszwiebel, fein-
geschnitten
2 EL frischer Koriander,
feingeschnitten
1 EL helle Sojasauce
Pflanzenöl zum Fritieren

1 Die Teigblätter mit einem Tuch abdecken, und beiseite stellen.
2 Das Schweinefleisch mit der Küchenmaschine zu einer glatten Masse verarbeiten. Bambus-sprossen, Frühlings-zwiebeln und Koriander hinzufügen, mit den Händen zu einer glatten Paste kneten.
3 1 Eßlöffel der Füllung in die Mitte eines Teig-blattes geben. Die Ränder des Blattes um die Füllung herum nach oben drücken, bis diese fast eingeschlos-sen ist. Das Teigblatt leicht drücken, so daß es an der Füllung haftet. Die Füllung sollte noch zu sehen sein, die Ränder des Teigblattes berühren sich fast. Dim Sim mit der Unterseite auf die Tisch-platte drücken, um den Boden abzuflachen.
4 Öl erhitzen und mehre-re Dim Sims gleichzeitig etwa 2 Min. lang fritieren, bis sie goldbraun sind. Herausnehmen und auf Küchenpapier abtropfen lassen.
5 Heiß servieren. Reichen Sie in kleinen Schälchen Sojasauce zum Tunken.

Vorbereitungszeit:
25 Min.
Zubereitungszeit:
15 Min.
Ergibt 20–24 Stück

TIP
☐ Statt zu fritieren können Sie die Dim Sims 6 Min. lang über Dampf garen.
☐ Wenn Sie weniger Füllung pro Teigquadrat nehmen, reicht dieses Rezept für 48 Won Tons. Die Ränder der Teigblätter befeuchten, Dreiecke fal-ten, und die Ränder zusammendrücken. Die beiden äußeren Spitzen hochnehmen und zusam-mendrücken. Fritieren oder dampfgaren. Die Garzeit ist geringer als bei Dim Sims.

Feingeschnittene Frühlingszwiebel und Koriander zu der Schweinefleischmasse geben.

Die Füllung mit den Händen zu einer glatten Paste verarbeiten.

Einen Eßlöffel Füllung in die Mitte der Won-Ton-Teigblätter geben.

Die Kanten der Teigblätter nach oben und um die Füllung herum drücken.

Knusprige Wachteln mit Pfeffer-Salz-Dip

6 halbierte Wachteln
2 EL dunkle Sojasauce
1 TL Ingwer, fein-
    geraspelt
1 EL trockener Sherry
Pflanzenöl zum Fritieren
    (falls gewünscht)
2 EL feines Tafelsalz
1 TL chinesische
    Pfefferkörner

Vorbereitungszeit:
15 Min. + 4 Std.
zum Marinieren
Zubereitungszeit:
25 Min.
Für 6–12 Personen

1 Die Wachteln in eine Schüssel legen, gleichmäßig mit der Marinade aus Sojasauce, Ingwer und Sherry bestreichen. Mit Folie abdecken, 4 Std. lang an einem kühlen Platz oder im Kühlschrank marinieren.

2 Wachteln abtropfen lassen und mit Küchen-papier trockentupfen. Im heißen Backofen etwa 25 Min. backen oder 3 Min. in mäßig heißem Öl fritieren, bis sie goldbraun sind. Herausnehmen und abtropfen lassen.

3 Das Salz in einem trockenen Wok 3 Min. erhitzen. Salz und Pfefferkörner mischen und zerstoßen. Die Mischung in eine kleine Schüssel geben.

4 Die Wachteln auf Salatblättern arrangieren und mit dem Pfeffer-Salz-Dip servieren.

Die Wachteln mit der Marinade aus Sojasauce, Ingwer und Sherry bestreichen.

Wachteln abtropfen lassen und mit Küchenpapier trockentupfen.

Die Wachteln im heißen Backofen etwa 25 Min. lang backen. Abtropfen lassen.

Das Salz und die Pfefferkörner in der Küchenmaschine oder einem Mörser zerkleinern.

Maissuppe mit Krabbenfleisch

Vorbereitungszeit:
20 Min.
Zubereitungszeit:
10 Min.
Für 4–6 Personen

2 *Becher Mais, gefroren oder aus der Dose*
100 *g Krabbenfleisch*
1 *Frühlingszwiebel, feingeschnitten*
875 *ml Wasser*
2 *TL gekörnte Hühnerbrühe*
3 *EL Stärkemehl*

1¹/₂ *EL helle Sojasauce*
2 *EL vom grünen Teil einer Frühlingszwiebel, feingeschnitten*

1 Mais in der Küchenmaschine zerkleinern.
2 Mais, Krabbenfleisch und den weißen Teil der Frühlingszwiebel in eine Pfanne geben. Wasser, gekörnte Brühe und Stärkemehl hinzufügen. Zum Kochen bringen und köcheln lassen, dabei rühren, bis die Suppe bindet.
3 Mit Sojasauce würzen. In Suppenschalen füllen und mit dem Grün der Frühlingszwiebel garnieren.

TIP
Die Suppe ist genauso köstlich, wenn an Stelle von Krabbenfleisch 120 g feingeschnittene Hühnerbrust ohne Haut verwendet wird.

Den Mais in einer Küchenmaschine zerkleinern.

Zu Mais, Krabbenfleisch und Frühlingszwiebel Wasser hinzufügen.

Gekörnte Hühnerbrühe zur Suppenmischung geben. Zum Kochen bringen.

Die Maissuppe mit Sojasauce würzen. Sofort servieren.

Suppe mit Melone und Schinkenstreifen

*1 Stück (600 g)
chinesische Winter-
melone oder Gurke*
100 g Schinken
1250 ml Hühnerbrühe
*1 EL Ingwer, fein-
geschnitten*
*2 EL Frühlingszwiebeln,
feingeschnitten*
1¹/₂ EL helle Sojasauce

aufkochen. Hitze reduzieren und köcheln lassen. Melone, Ingwer, Frühlingszwiebel und Sojasauce hinzufügen. 2 Min. köcheln lassen, bis die Melone weich ist.
Schinken in die Suppe geben, köcheln lassen, bis der Schinken warm ist.
3 Sofort servieren.

1 Melone schälen. Erst in Scheiben und dann in 4 cm große Würfel schneiden. Schinken in lange, dünne Streifen schneiden.
2 Hühnerbrühe in einer mittelgroßen Kasserolle

TIP
Wintermelonenscheiben können, über Dampf gegart, als Gemüse serviert werden. Mit in Hühnerbrühe gekochtem Krabbenfleisch anrichten.

Wintermelone schälen, in dünne lange Scheiben schneiden, dann würfeln.

Schinken in dünne, 5 cm lange Streifen schneiden.

Feingeschnittene Frühlingszwiebel und Ingwer hinzufügen.

Schinkenstreifen in die köchelnde Suppe geben.

Würzige Szechuan–Suppe

Pikant und nahrhaft.

Vorbereitungszeit:
35 Min.
Zubereitungszeit:
15 Min.
Für 6 Personen

---

200 g fester Tofu
60 g Schweine- oder
Kalbsleber, sehr fein-
geschnitten
100 g mageres Schweine-
oder Hühnerfleisch,
sehr feingeschnitten
4 getrocknete schwarze
chinesische Pilze, ein-
geweicht
1 Frühlingszwiebel,
geschnitten
2 Knoblauchzehen,
gehackt
1 EL Ingwer, fein-
geraspelt
1 kleine Möhre, fein-
geraspelt
2 Stangen Sellerie, fein-
geschnitten

1–2 scharfe Chilischoten,
entkernt und fein-
gehackt
2 EL Pflanzenöl
60 g Bambussprossen,
geschnitten
1250 ml Wasser
2 TL gekörnte
Hühnerbrühe
2 EL dunkle Sojasauce
1 EL dunkler chinesischer
Essig
2 EL frischer Koriander,
geschnitten
$1/2$ TL zerstoßener
schwarzer Pfeffer
3 Eier, leicht verquirlt

---

1 Tofu erst in dünne Scheiben, dann in feine Streifen schneiden; ebenso die Leber- und Fleischscheiben.
2 Pilzstiele entfernen, die Hüte fein schneiden.

Pilze, Frühlingszwiebel, Knoblauch, Ingwer, Möhre, Sellerie und Chilischoten 2 Min. in Öl braten. Schweine- oder Hühnerfleisch und Bambussprossen hinzufü-

gen und kurz aufkochen.
3 Wasser, gekörnte Brühe und Sojasauce hinzufügen, aufkochen und 4 Min. köcheln lassen.
4 Tofu, Leber, Essig, Koriander und Pfeffer hinzufügen und kurz aufkochen. Langsam die geschlagenen Eier dazugeben und rühren, bis die Eier feine Fäden bilden.
5 Suppe heiß servieren.

TIP
Szechuan-Küche ist bekannt für die Verwendung von scharfen Zutaten, besonders rotem Chili. Diese Suppe sollte einen scharfen, herben Geschmack haben – die fünf Geschmacksrichtungen der traditionellen Szechuan-Küche – süß, sauer, salzig, scharf und bitter – sind in dieser nahrhaften Suppe enthalten. Wird ein weniger scharfer Geschmack bevorzugt, kann die Menge an Chili und Pfeffer reduziert werden.

Tofu, Leber und Hühner– oder Schweinefleisch in feine Streifen schneiden.

Gekörnte Hühnerbrühe in die köchelnde Suppe geben.

Tofu und Leber in die Suppe geben.

Langsam die verquirlten Eier hineingießen, rühren, bis sich dünne Fäden bilden.

FISCH UND MEERESFRÜCHTE

Fischgerichte sind die Spezialität der östlichen Küstenregion Chinas. Meeresfrüchte und festkochender Fisch ist zum kurzen und scharfen Anbraten bestens geeignet. Frühlingszwiebeln und Ingwer geben diesen Gerichten ihren besonderen Geschmack.

Kurzgebratene Garnelen mit Lauch

Vorbereitungszeit:
12 Min.
Zubereitungszeit:
4–5 Min.
Für 6 Personen

---

*800 g große rohe
   Garnelen mit Schale
2 junge Lauchstangen
1 frische rote Chilischote
1 Stück Ingwer, 3 cm lang
3 EL Pflanzenöl
2 TL helle Sojasauce*

*1 EL japanischer Mirin-
   oder Ingwerwein
75 ml Wasser
$^1/_2$ TL gekörnte
   Hühnerbrühe
1 TL Stärkemehl*

---

1 Garnelen schälen, dabei das letzte Stück Schale und Schwanz unversehrt lassen. Entlang der Rückenmitte aufschlitzen und Darm entfernen.

2 Nur die weißen Teile des Lauchs verwenden. Gut waschen und in 4 cm lange Stücke, dann der Länge nach in feine Streifen schneiden. Chili-schote aufschneiden, Samen entfernen und Schote in feine Streifen schneiden. Ingwer schälen und fein raspeln.

3 Öl in einem Wok erhitzen, Lauch, Chilischote und Ingwer 40 Sek. bei großer Hitze anbraten. Auf die Seite schieben, Garnelen ins heiße Öl geben, 1$^1/_2$ Min. lang braten bis sie gerade gar sind.

4 Sojasauce, Mirin- oder Ingwerwein in den Wok geben. Wasser, gekörnte Hühnerbrühe und Stärkemehl mischen und in den Wok gießen. Auf höchster Stufe kochen, rühren bis die Sauce eindickt.

Lauch in feine Streifen schneiden. Ingwer und Chilischote fein hacken.

Lauch auf eine Seite des Woks schieben. Garnelen hinzufügen und 2 Min. braten.

Sojasauce zu Garnelen und Lauch geben und gut
rühren.

Nach dem Hinzufügen der Stärkemehlmischung
rühren, bis die Sauce eindickt.

Garnelen in Satay-Sauce

Vorbereitungszeit:
20 Min.
Zubereitungszeit:
3 Min.
Für 4 Personen

---

12 große rohe Garnelen
1 mittelgroße Zwiebel
2 EL Pflanzenöl
65 ml Satay-Sauce

---

1 Garnelen schälen, dabei das letzte Stück Schale und den Schwanz unversehrt lassen. Rückenmitte tief einschneiden und Darm entfernen. Garnelen leicht flachdrücken.

2 Zwiebel schälen, Wurzelteil wegschneiden und dann von oben nach unten in halbrunde Scheiben schneiden. Die Stücke vereinzeln.

3 Öl in einem Wok erhitzen, Zwiebeln darin anbraten, bis sie beginnen weich zu werden. Garnelen hinzufügen, $1^1/_2$ Min. braten, bis sie fast gar sind. Satay-Sauce hinzufügen und gut vermischen. Sofort mit gekochtem Reis und chinesischem Gemüse servieren.

TIP
Dieses Rezept ist vorzüglich für Muscheln geeignet. Muscheln gut waschen um den Sand zu entfernen. Die Haut um das weiße Fleisch herum abziehen. Der rote Rogen ist allerdings eßbar.

Bogenförmige Zwiebelscheiben erhält man, wenn Zwiebel von oben nach unten geschnitten wird.

Geschälte und ausgenommene Garnelen zu den kurz angebratenen Zwiebeln geben.

Garnelen und Zwiebel auf höchster Stufe braten, bis die Garnelen rosa werden.

65 ml Satay-Sauce über die Garnelen gießen und gut vermischen.

Gefüllte Muscheln mit Zuckererbsen

Vorbereitungszeit:
30 Min.
Zubereitungszeit:
7 Min.
Für 4 Personen

12 große frische
    Muscheln
1 Frühlingszwiebel
100 g Garnelen ohne
    Schale
2 TL trockenen Sherry
    oder Reiswein
1 EL helle Sojasauce
100 g Stärkemehl
500 ml Pflanzenöl
1 TL Ingwer, fein-
    geraspelt
100 g frische
    Zuckererbsen
165 ml Wasser
½ TL gekörnte
    Hühnerbrühe

1 Muscheln mit
Küchenpapier abtrocknen
und beiseite stellen.

2 In einer Küchenmaschi-
ne die weißen Teile der
Frühlingszwiebel zerklei-
nern; Garnelen, die Hälfte
des Sherries und der Sojasauce hinzufügen. 2 TL
Stärkemehl dazugeben.
3 Einen TL der Füllung
auf die Oberfläche der
Muscheln setzen. In
Stärkemehl wälzen.
4 Öl erhitzen und die
Muscheln anbraten, bis
sie zart goldgelb sind.
Herausnehmen und auf
eine Servierplatte setzen.
5 Öl ausgießen und
Pfanne ausreiben. 2 EL
Öl in die Pfanne geben,
die Zuckererbsen mit
geschnittenem Grün der
Frühlingszwiebel und

Ingwer kurz anbraten.
Gekörnte Brühe, 2 TL
Stärkemehl, restlichen
Sherry und Sojasauce mit
Wasser mischen und
hinzufügen.
6 Zuckererbsen und
Sauce über die Muscheln
gießen, sofort servieren.

TIP
☐ Preiswerter ist es, statt
Garnelen Fisch zum Füllen
zu verwenden, oder nur die
Hälfte der angegebenen
Muscheln zu nehmen, und
sie zu halbieren.
☐ Pfannengerichte nie zu
lange braten. Gemüse soll-
te seinen Biß behalten.

*Einen Teelöffel verwenden, um die
Garnelenfüllung auf die Muscheln zu setzen.*

*Gefüllte Muscheln in Stärkemehl wälzen und
gleichmäßig panieren.*

Gefüllte Muscheln nach und nach anbraten, bis
sie goldgelb sind. Abtropfen lassen.

Die Mischung aus Wasser, gekörnter Brühe,
Sherry und Sojasauce unterrühren.

Gedämpfter Fisch

Frischen Fisch verwenden.

Vorbereitungszeit:
35 Min.
Zubereitungszeit:
12 Min.
Für 4–6 Personen

---

1 kg Barsch oder einen anderen großen Weißfisch
2 getrocknete chinesische schwarze Pilze, eingeweicht
1 kleine Möhre
1 große Frühlingszwiebel

¹/₄ rote Paprikaschote oder frische rote Chilischote
1 Stück Ingwer, 3 cm lang
1 EL Pflanzenöl
1¹/₂ EL helle Sojasauce

---

1 Fisch schuppen, abwaschen und trockenreiben. Mehrere tiefe Einschnitte diagonal über beide Seiten des Fisches machen.

2 Pilze ausdrücken und Stiele entfernen. Gemüse und Ingwer in feine Streifen schneiden.

3 Den Fisch auf einen Teller legen, Gemüse und Ingwer darüber verteilen. Öl und Sojasauce darübergießen.

4 Teller im Dampfeinsatz über leicht köchelndes Wasser stellen. Fest verschließen und 12 Min. (oder bis der Fisch durch ist) über Dampf garen. (Nach 9–10 Min. den Fisch probieren.)

Mehrere tiefe Einschnitte diagonal über beide Seiten des Fisches machen.

Möhre, Frühlingszwiebel, Paprikaschote, Pilze und Ingwer in feine Streifen schneiden.

Fisch auf einen Teller legen. Gemüse über den Fisch verteilen.

Öl und Sojasauce über den Fisch gießen. 12 Min. über Dampf garen.

Krebse mit schwarzen Bohnen

Vorbereitungszeit:
40 Min.

Zubereitungszeit:
10 Min.

Für 4 Personen

4 Krebse	*1 TL Knoblauch, fein-*
1 mittelgroße Zwiebel	*gehackt*
1/2 rote Paprikaschote	*1 TL Ingwer, fein-*
1/2 grüne Paprikaschote	*geraspelt*
2 Frühlingszwiebeln	*1 TL Zucker*
125 ml Öl	*1 EL helle Sojasauce*
3 TL gesalzene schwarze	*80 ml Wasser*
Bohnen, fein-	*2 TL Stärkemehl*
geschnitten	

1 Bewegliche Teile der Schalen am Bauch der Krebse entfernen.

2 Rückenschalen aufbrechen und die Innereien entfernen. Krebse waschen und halbieren. Scheren entfernen.

3 Gemüse in Streifen schneiden. Öl erhitzen. Krebse 3 Min. braten, abtropfen lassen. Öl ausgießen, 2 EL frisches Öl in den Wok geben.

4 Bohnen, Knoblauch und Ingwer 30 Sek. anbraten. Zucker und Gemüse hinzufügen, 2 Min. braten. Krebse hinzufügen. Sojasauce und Wasser mit Stärkemehl vermischt dazugeben. Kochen bis die Sauce eindickt. Sofort servieren.

Bewegliche Teile der Schalen vom Bauch der Krebse anheben und abbrechen.

Rückenschale aufbrechen und die weichen grauen Innereien entfernen. Krebse waschen.

Zwiebel, Paprika und Frühlingszwiebel in den Wok geben. 2 Min. anbraten.

Krebse und die Mischung aus Sojasauce, Wasser und Stärkemehl hinzufügen.

Fisch, Spargel und Pilze in Folie gegart

Vorbereitungszeit: 35 Min.
Zubereitungszeit: 10 Min.
Für 4 Personen

500 g helles Fischfilet
2 Frühlingszwiebeln
1 EL Öl
1 EL Ingwer, fein-
    geraspelt
2 EL Mandeln, in dünne
    Scheiben geschnitten
1 Dose Strohpilze
    (500 g), abtropfen
    lassen
125 ml Hühnerbrühe
1 TL Stärkemehl
60 ml Austernsauce
200 g grüner Spargel,
    diagonal in 3 cm
    lange Stücke
    geschnitten

1 Jedes Fischfilet auf ein Stück Alufolie legen.
2 Frühlingszwiebeln der Länge nach halbieren, dann in 4 cm lange Stücke schneiden.
3 Öl im Wok erhitzen, Frühlingszwiebeln, Ingwer, Mandeln und Pilze darin 30 Sek. anbraten.
4 Die Mischung aus Hühnerbrühe, Stärkemehl und Austernsauce hinzufügen. Auf mittlerer Hitze rühren, bis sie eindickt. Von der Kochplatte nehmen, Spargel dazugeben. Abkühlen lassen.
5 Die Mischung gleichmäßig über den Fischfilets verteilen und die Folie schließen. Folienpäckchen nebeneinander in den Dampfeinsatz legen. Zugedeckt so lange über Dampf garen, bis der Fisch weich ist (etwa 10 Min.).

Frühlingszwiebeln, Ingwer, Mandeln und Pilze 30 Sek. anbraten.

Die Mischung aus Hühnerbrühe, Stärkemehl und Austernsauce hinzufügen.

Spargel-Pilz-Mischung gleichmäßig über den Fisch verteilen.

Die Folienpäckchen schließen und nebeneinander in den Dampfeinsatz legen.

Heiße Meeresfrüchte auf knusprigen Reisnudeln

Vorbereitungszeit:
40 Min.
Zubereitungszeit:
10 Min.
Für 4–6 Personen

---

6 mittelgroße frische
  Garnelen
200 g Kabeljau oder einen
  anderen Weißfisch
4 Tintenfische
6 Muscheln
500 ml Pflanzenöl
150 g Reis-Vermicelli
1 mittelgroße Zwiebel,
  längs geschnitten
1 Selleriestange, diagonal
  geschnitten

200 g Zuckererbsen
12 Ingwerscheiben,
  hauchdünn geschnitten
75 ml Tomatensauce
1 TL Instant-
  hühnerbrühe
2 TL Zucker
1 TL Chilisauce
1 EL Stärkemehl
375 ml Wasser

---

1 Garnelen schälen und Därme entfernen. Fisch in mundgerechte Würfel schneiden, Tintenfisch in Ringe schneiden, Muscheln halbieren.

2 Öl erhitzen, die Nudeln in kleinen Portionen anbraten, bis sie aufgehen und weiß werden. Schnell herausnehmen, um zu langes Kochen zu vermeiden. Auf einer Servierplatte anrichten.

3 Öl bis auf 3 EL aus der Pfanne entfernen, Gemüse etwa 2 Min. anbraten. Herausnehmen oder auf die Seite schieben. Meeresfrüchte braten, bis sie gar sind. Mit dem Gemüse vermischen und über die Nudeln geben.

4 Tomatensauce, gekörnte Brühe, Zucker und Chilisauce in die Pfanne geben. Gut vermischen. Stärkemehl mit Wasser vermischen. In die Pfanne geben und bei mittlerer Hitze ständig rühren, bis die Sauce kocht und bindet. Über Nudeln und Meeresfrüchte gießen und sofort servieren.

Tintenfisch in Ringe schneiden, Garnelen schälen und Darm entfernen, Fisch würfeln.

Nudeln in kleinen Portionen braten, bis sie aufgehen und weiß werden.

Zuckererbsen, Sellerie, Ingwer und Zwiebeln etwa $2^1/_2$ Min. im Wok anbraten.

Das Wasser-Stärkemehl-Gemisch in die Sauce gießen.

Krebsfleisch-Omelett

6 Eier
2 TL helle Sojasauce
1 Prise Zucker
1 Prise weißer Pfeffer
2 kleine Frühlings-
    zwiebeln, geschnitten
2 EL Pflanzenöl
150 g Krebsfleisch, zer-
    kleinert
1–1¹/₂ EL Austernsauce

Vorbereitungszeit:
15 Min.
Zubereitungszeit:
5–6 Min.
Für 2–4 Personen

1 Eier mit Sojasauce, Zucker, Pfeffer und 2 EL Wasser verquirlen.

2 Wok oder Omelett-pfanne erhitzen, die weißen Teile der Früh-lingszwiebeln 30 Sek. in Öl anbraten. Krebsfleisch hinzufügen, kurz auf-kochen, dann die Eier dazugießen. Braten bis die Masse stockt und die Unterseite des Omeletts leicht braun ist. In vier Stücke teilen, wenden, von der anderen Seite braten.

3 Auf einen vorgewärm-ten Teller geben, die Austernsauce darüber-träufeln und mit dem geschnittenen Grün der Frühlingszwiebeln garnie-ren.

TIP
Probieren Sie das Omelett mal mit gebratenem Muschelfleisch, Hühnerfleisch oder einer Kombination aus gewürfel-tem Fleisch und Gemüse.

Eier, Sojasauce, Zucker, Pfeffer und Wasser gut verquirlen.

Frühlingszwiebeln etwa 30 Sek. braten, Krebsfleisch hinzufügen, kurz aufkochen.

Eier in die Pfanne geben, braten, bis die Unterseite des Omeletts leicht braun ist.

Mit einem Pfannenwender das Omelett in 4 Teile zerlegen, wenden, von der anderen Seite braten.

FLEISCH UND HUHN

Fleisch- und Geflügelgerichte werden vor dem eigentlichen Kochvorgang am besten fix und fertig vorbereitet. Saucen und Gewürze werden hinzugefügt, um Geschmack zu geben und das Fleisch zart zu machen. Gemüse wird vor dem Braten in gleichmäßig große Stücke geschnitten.

Süß-saures Schweinefleisch

Ungeheuer beliebt.

Vorbereitungszeit:
20 Min. + 20 Min. zum
Marinieren
Zubereitungszeit:
12 Min.
Für 4–6 Personen

---

700 g Schweinebauch oder
  Rippchen
1 EL helle Sojasauce
1 EL trockener Sherry
1/2 mittelgroße Gurke
2 EL süße chinesische
  Mixed Pickles
110 g Stärkemehl
1250 ml Pflanzenöl
1/4 grüne Paprikaschote,
  geschnitten
1/4 rote Paprikaschote,
  geschnitten

1 mittelgroße Zwiebel,
  von oben nach unten
  geschnitten
125 ml weißer Essig
250 ml Wasser
65 ml Tomatensauce
50 g Zucker
1 TL gekörnte
  Hühnerbrühe
1 EL Stärkemehl,
  zusätzlich

---

1 Schweinebauch erst in dicke Scheiben, dann in 1 cm breite Streifen schneiden, so daß jedes Stück sowohl Fleisch als auch Fettschichten aufweist. Kleine Knochen aus den Rippchen entfernen. Mit Sherry und Sojasauce einpinseln, 20 Min. marinieren.

2 Die Gurke schälen, halbieren, die Kerne entfernen, dann in feine Scheiben schneiden. Die Pickles fein schneiden.
3 Das Schweinefleisch dick mit Stärkemehl panieren, überschüssiges Mehl abschütteln. In kleinen Portionen etwa 2 Min. im Öl braten, bis es leicht goldbraun ist. Herausnehmen, auf einem Rost abtropfen und abkühlen lassen.
4 Paprika und Zwiebel in 3 EL Öl aus dem Wok anbraten. (Das restliche heiße Öl für den zweiten Bratgang des Schweinefleischs beiseite stellen.) Gurke und Mixed Pickles hinzufügen, kurz anbraten. Essig, Wasser, Tomatensauce, Zucker, gekörnte Hühnerbrühe und Stärkemehl hinzufügen. Rühren, bis sich das Stärkemehl aufgelöst hat. Zum Kochen bringen und unter Rühren köcheln lassen, bis die Sauce eindickt.
5 Das Öl erneut erhitzen. Schweinefleisch ein zweitesmal etwa 2 Min. braten, bis es goldbraun und knusprig ist. Die Sauce darübergießen, mit gekochtem weißem Reis heiß servieren.

Schweinebauch in 1 cm dicke Scheiben schneiden, kleine Knochen entfernen.

Gurke schälen, Kerne entfernen, in dünne Scheiben schneiden.

Schweinefleisch in mehreren Portionen braten, bis es leicht goldbraun ist.

Mischung aus Essig, Wasser, Tomatensauce, Zucker, Hühnerbrühe und Stärkemehl in den Wok geben.

41

Spare Ribs mit schwarzen Bohnen

Vorbereitungszeit:
1³/₄ Std.
Zubereitungszeit:
100 Min.
Für 6–8 Personen

---

1 kg fleischige Spare Ribs
2 EL gesalzene schwarze
   Bohnen, gehackt
4–6 Knoblauchzehen,
   feingehackt
2 EL Ingwer, geraspelt
1 frische rote Chilischote,
   feingeschnitten
65 ml helle Sojasauce
1 EL dunkle Sojasauce
3 EL brauner Zucker
375 ml Wasser
2 EL Pflanzenöl
1 große Zwiebel,
   geschnitten
1 grüne Paprikaschote,
   feingeschnitten

1 Spare Ribs in 4 cm große Stücke schneiden, in eine feuerfeste Form geben. Schwarze Bohnen, Knoblauch, Ingwer und Chilischote darüber verteilen, Sojasaucen, Zucker und Wasser hinzufügen.
2 Die feuerfeste Form zudecken und im vorgeheizten Backofen (180 °C) backen oder im Dampfeinsatz über leicht köchelndem Wasser 1¹/₂ Std. kochen.
3 Öl im Wok erhitzen, Zwiebel und Paprika anbraten, bis sie weich werden. Spare Ribs und Fleischsaft hinzufügen und 5–6 Min. aufkochen lassen. Heiß mit Reis servieren.

Spare Ribs in 4 cm große Stücke schneiden, in eine Form geben und Bohnen darüber verteilen.

Die Mischung aus Sojasaucen, Zucker und Wasser über die Spare Ribs gießen.

Öl im Wok erhitzen, Zwiebel und Paprika 2 Min. anbraten.

Spare Ribs und Fleischsaft in den Wok geben, 5–6 Min. anbraten.

Schweinefleisch und Gemüse auf Nudeln

Frische Eiernudeln eignen sich am besten.

Vorbereitungszeit:
30 Min. + 30 Min.
zum Marinieren
Zubereitungszeit:
20 Min.
Für 4–6 Personen

300 g mageres Schweinefleisch	*1/4 rote Paprikaschote, zu Quadraten geschnitten*
1 EL dunkle Sojasauce	*1 kleine Zwiebel, längs geschnitten*
1 EL süßer Sherry	
1 EL Stärkemehl	*750 g Eiernudeln*
1 Selleriestange	*250 ml Hühnerbrühe*
1/2 mittelgroße Möhre	*1 1/2 TL Stärkemehl zusätzlich*
6 kleine Broccoliröschen	
6 kleine Blumenkohlröschen	*3 EL Öl*

1 Schweinefleisch in feine Stücke schneiden, in eine Schüssel mit Sojasauce, Sherry und Stärkemehl geben. Gut vermischen, 30 Min. stehen lassen.
2 Sellerie und Möhre in feine Streifen schneiden.

Die Gemüse 2 Min. in einem Drittel des Öls anbraten. Herausnehmen und warm halten. Fleisch, Marinade und das zweite Drittel Öl in den Wok geben. Anbraten, bis sich die Farbe ändert. Die mit dem Stärkemehl gemischte Hühnerbrühe zugeben, aufkochen, dabei rühren, bis die Sauce eindickt. Das Gemüse hinzufügen. Gut vermischen.
3 Nudeln in heißem Wasser weich werden lassen. Herausnehmen, abtropfen lassen.
4 Nudeln im restlichen Öl wenden, bis sie gut mit Öl überzogen sind, auf einen Teller geben, Fleisch und Gemüse darauf verteilen. Sofort servieren.

Broccoli- und Blumenkohlröschen trennen.

Fleisch anbraten, bis sich die Farbe ändert. Brühe mit Stärkemehl vermischt zum Fleisch geben.

Nudeln kurz in kochendes Wasser geben, bis sie weich sind. Gut abtropfen lassen.

Nudeln im Wok anbraten, bis sie gut mit Öl überzogen und heiß sind.

Lamm auf mongolische Art

Vorbereitungszeit:
20 Min. + 2 Std.
zum Marinieren
Zubereitungszeit:
5–6 Min.
Für 4 Personen

*100 g mageres Lamm-
Fleisch, ohne Knochen*

*1 TL Knoblauch, fein-
gehackt*

2 TL Ingwer, geraspelt

1 EL dunkle Sojasauce

1 EL trockener Sherry

1 EL Sesamöl

2 TL Stärkemehl

1 große Zwiebel

2 EL Pflanzenöl

*2 TL Sesamkörner, nach
Belieben*

1 Lammfleisch in hauchdünne Scheiben, dann in kurze Streifen schneiden. In eine Schüssel geben. Knoblauch, Ingwer, Sherry, Sesamöl und Stärkemehl hinzufügen. Gut vermischen und 2 Std. marinieren.

2 Zwiebel in Scheiben schneiden, Scheiben halbieren und die einzelnen, halbrunden Streifen trennen.

3 Öl in einem Wok erhitzen. Zwiebeln kurz anbraten. Herausnehmen. Das Fleisch 1–2 Min., bis es gerade gar ist, braten.

4 Zwiebel auf einen Teller geben, Fleisch auf den Zwiebeln verteilen oder mit ihnen vermengen. Mit Sesamkörnern bestreuen.

Lamm in hauchdünne Scheiben, dann in kurze Stücke schneiden.

Knoblauch, Ingwer, Sojasauce, Sesamöl und Stärkemehl zum Fleisch geben.

Öl im Wok erhitzen, geschnittene Zwiebeln hinzufügen, etwa 1 Minute anbraten.

Lamm braten, bis es fast gar ist. Zwiebel in den
Wok geben. Alles gut vermischen.

Rindfleisch mit Broccoli

Vorbereitungszeit:
15 Min. + 30 Min.
zum Marinieren
Zubereitungszeit:
3–4 Min.
Für 4 Personen

---

400 g Rumpsteak
1 EL Stärkemehl
2 EL helle Sojasauce
1 EL trockener Sherry
1 TL Zucker
150 g Broccoli
3 EL Öl
2 Frühlingszwiebeln
(nur die weißen
Teile), geschnitten
125 ml Hühner- oder
Rinderbrühe
30 ml Austernsauce
(nach Belieben)

---

1 Rindfleisch sehr dünn schneiden. In eine Schüssel mit Stärkemehl, Sojasauce, Sherry und Zucker geben. Gut vermischen und 30 Min. marinieren.

2. Broccoli in kleine Röschen teilen, 1 Min. in Öl anbraten. Frühlingszwiebeln hinzufügen, kurz braten. An den Rand schieben, Fleisch und Marinade hinzufügen. 2 Min. bei großer Hitze braten, bis das Fleisch die Farbe wechselt.

3 Brühe hinzufügen, 1 Min. auf höchster Stufe braten, dabei rühren. Die Austernsauce, wenn gewünscht, jetzt hinzufügen.

4 Mit weißem Reis servieren.

Rindfleisch dünn schneiden und mit Stärkemehl, Sojasauce, Sherry und Zucker vermischen.

Broccoli 1 Min. anbraten. Frühlingszwiebeln dazugeben.

Broccoli zur Seite schieben. Rindfleisch und Marinade in den Wok geben, 2 Min. braten.

Die Brühe in den Wok gießen, aufkochen lassen, 1 Min. rühren.

Huhn mit Sojabohnensprossen

300 g Hühnerbrust, ohne
    Haut
1 EL helle Sojasauce
1 TL Zucker
1 TL Stärkemehl
3 Frühlingszwiebeln,
    (nur die weißen Teile)
    gehackt
3 EL Pflanzenöl
1 EL trockener Sherry
125 g frische
    Sojabohnensprossen
125 ml Hühnerbrühe
1 TL Stärkemehl

Vorbereitungszeit:
  15 Min. + 20 Min.
  zum Marinieren
Zubereitungszeit:
  2–3 Min.
Für 4 Personen

1 Hühnerfleisch erst schneiden, dann fein zerkleinern und mit Sojasauce, Zucker und Stärkemehl 20 Min. marinieren (siehe Hinweis).

2 Frühlingszwiebeln 30 Sek. in Öl anbraten, im Wok zur Seite schieben, das Hühnerfleisch anbraten. Sherry hinzufügen.

3 Sojabohnensprossen dazugeben, kurz braten. Hühnerbrühe und Stärkemehl mischen, in den Wok geben und kochen. Dabei rühren, bis es bindet.

Hinweis: Verwendet man die schnelle Methode des kurzen Anbratens, ist es wichtig zu marinieren, um die Würze einziehen zu lassen.

Huhn mit Sojasaucenmischung vermengen. 20 Min. marinieren.

Frühlingszwiebeln 30 Sek. in Öl anbraten.

Sherry zum Huhn geben und gut vermengen.

Mit Stärkemehl vermischte Hühnerbrühe in den
Wok gießen. Rühren, bis die Sauce eindickt.

Honig-Huhn

500 g Hühnerbrust,
   ohne Haut
180 g Stärkemehl
¹/₂ TL Backpulver
2 Eiweiß
kaltes Wasser
etwas Stärkemehl zum
   Bestäuben
180 ml klarer Honig
1¹/₂ TL süße Chilisauce
Frühlingszwiebel zum
   Garnieren
500 ml Öl

Vorbereitungszeit:
   10 Min.
Zubereitungszeit:
   10 Min.
Für 4–6 Personen

mit Stärkemehl bestäuben und anschließend in den Teig tauchen. 1 Min. braten, bis die Oberfläche knusprig und das Huhn gar ist.

3 In einer anderen Pfanne den Honig schmelzen und mit Chilisauce mischen. Über das Huhn geben und sofort servieren. Mit Frühlingszwiebel garnieren.

1 Huhn in mundgerechte Stücke schneiden.

2 Aus Stärkemehl, Backpulver, geschlagenem Eiweiß und kaltem Wasser einen cremigen Teig bereiten. Hühnerstücke

TIP
Das Fleisch auf einem Bett aus knusprig gebratenen Reisnudeln anrichten. Reisnudeln in heißes Öl geben, gerade so lange braten, bis sie aufgehen und weiß werden; dann herausnehmen.

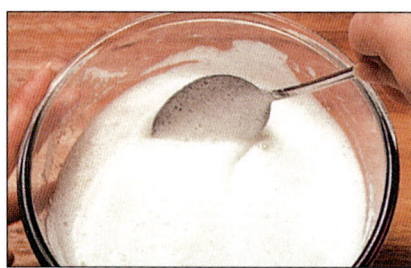

Aus Stärkemehl, Backpulver, geschlagenem Eiweiß und Wasser einen Teig bereiten.

Hühnerstücke gleichmäßig mit Stärkemehl bestäuben.

Hühnerstücke in mäßig heißem Öl braten, bis sie goldbraun sind.

Frühlingszwiebel-Locken zum Garnieren: das Grün in dünne Streifen schneiden und in Eiswasser kühlen.

Kurzgebratenes Huhn mit Erdnüssen und Chilischote

Vorbereitungszeit:
15 Min. + 30 Min.
zum Marinieren
Zubereitungszeit:
8 Min.
Für 4–6 Personen

400 g Hühnerbrust mit Haut, ohne Knochen	*geschnitten*
1 TL Ingwer, fein-geraspelt	*1 kleine rote Paprika-schote, rautenförmig geschnitten*
1 EL trockener Sherry	*1 kleine grüne Paprika-schote, rautenförmig geschnitten*
1 EL helle Sojasauce	
1 frische oder getrocknete Chilischote, fein-geschnitten	*200 g Bambussprossen*
¹/₂ Becher frische Erdnüsse, ohne Schale	*175 ml Hühnerbrühe*
125 ml Pflanzenöl	*1 TL Chilisauce, nach Belieben*
1 mittelgroße Zwiebel, von oben nach unten	*2 TL Stärkemehl*

1 Hühnerbrust in 2 cm große Würfel schneiden, mit Ingwer, Sherry und Sojasauce in eine Schüssel geben. Gut vermischen und 30 Min. marinieren. **2** Chilischote und Erdnüsse 1 Min. in heißem Öl anbraten und dann herausnehmen. Die Hälfte des Öls ausgießen. Zwiebel, Paprikaschoten und Bambussprossen 1 Min. anbraten, herausnehmen, das Huhn etwa 2 Min. lang, bis es gerade gar ist, braten.

3 Hühnerbrühe, Sauce und Stärkemehl mischen und in eine Pfanne gießen. Auf höchster Stufe zum Kochen bringen und rühren, bis die Sauce bindet.

4 Gemüse wieder in den Wok geben, Chilischote und Erdnüsse hineinrühren. Kurz aufkochen lassen.

> **TIP**
> Für dieses Gericht eignen sich auch große Krabben, gewürfeltes Schweine-fleisch oder vorher in Öl knusprig gebratener gewürfelter Tofu.

Huhn in Ingwer, Sherry und Sojasauce marinie-ren. Gut mischen.

Erdnüsse in heißem Öl etwa 1 Min. lang anbraten.

Zwiebel und Paprika zur Seite schieben. Huhn in die Pfanne geben.

Bambussprossen und Saucen in die Pfanne geben. Zum Kochen bringen; rühren, bis die Sauce bindet.

GEMÜSE

Gemüse gibt chinesischen Gerichten Farbe, Substanz und Aroma. Rote und grüne Paprika, Zwiebel und chinesisches Blattgemüse wie choy sum (zarter chinesischer Grünkohl), bok choy (Spinat) und gai larn (chinesischer Broccoli) sind am beliebtesten.

Reis auf kantonesische Art

500 g weißer Reis
100 g grüne Erbsen
100 g Mais
125 ml Pflanzenöl
3 Scheiben durch-
   wachsener Speck, in
   1 cm breite Streifen
   geschnitten
1/2 kleine rote Paprika-
   schote, gewürfelt
2 Frühlingszwiebeln,
   geschnitten
2 Eier, leicht gequirlt
100 g geschälte kleine
   Garnelen, gekocht
2 EL helle Sojasauce

Vorbereitungszeit:
15 Min.
Zubereitungszeit:
30 Min.
Für 4–6 Personen

1 Reis mit 750 ml kaltem Wasser in einen Topf geben, abdecken und zum Kochen bringen. Hitze auf kleinste Stufe zurücknehmen und 18 Min. kochen, bis der Reis die Flüssigkeit aufgesogen hat und körnig ist.

2 Erbsen und Mais in Wasser kochen, bis sie gerade noch Biß haben; Wasser abschütten und abtropfen lassen.

3 Die Hälfte des Öls im Wok erhitzen. Speck kurz anbraten. Paprika und Frühlingszwiebeln hinzufügen, 1 Min. anbraten und herausnehmen. Die gequirlten Eier in den Wok geben, Wok dabei schwenken und die Masse über den Wok-Boden verteilen. Braten bis die Unterseite der Eiermasse fest ist, dann mit einem Holzlöffel zerteilen und aus dem Wok nehmen. Wok auswischen.

4 Restliches Öl erhitzen, Reis hineingeben und 2 Min. bei starker Hitze unter Wenden anbraten. Gekochte Zutaten und die Garnelen hinzufügen, Sojasauce darübergießen. Noch einige Min. unter Wenden weiterbraten. Heiß servieren.

Speck kurz anbraten. Paprika und Frühlingszwiebeln hinzufügen.

Eier mit einem Holzlöffel zerteilen, herausnehmen und den Wok auswischen.

Die gekochten Zutaten zum Reis geben. Gut rühren.

Sojasauce hinzufügen und gut rühren, um alles zu vermischen und durchzuwärmen.

Gebratenes Gemüse-Allerlei

Vorbereitungszeit:
10 Min.
Zubereitungszeit:
5 Min.
Für 4–6 Personen

1 mittelgroße Zwiebel
2 Sellerie-Stangen,
  diagonal geschnitten
1 mittelgroße Möhre,
  geschnitten
1 kleine Zucchini,
  geschnitten
6 kleine Broccoli-
  röschen
6 kleine Blumenkohl-
  röschen
8 grüne Bohnen,
  halbiert

60 g Bambussprossen,
  geschnitten
12 Zuckererbsen
12 Strohpilze
12 kleine Maiskölbchen
3 EL Pflanzenöl
100 g frische Sojabohnen-
  sprossen
190 ml Hühnerbrühe
1 EL helle Sojasauce
3 TL Stärkemehl

1 Zwiebel schälen und halbieren. Boden diagonal abschneiden. Von oben nach unten schneiden, um halbrunde Streifen zu erhalten.

2 Sellerie auf chinesische Art, diagonal zum Stengel, schneiden.

3 Öl im Wok erhitzen, die Gemüse zusammen 5 Min. lang kurz anbraten bis sie gar sind, aber noch Biß haben.

4 Hühnerbrühe, Sojasauce und Stärkemehl vermischen und in den Wok geben. Auf höchster Stufe kochen, rühren, bis die Sauce bindet. Sofort servieren.

TIP
Andere chinesische Gemüsearten wie *bok choy,* chinesischer Broccoli und *choy sum* können für dieses Gericht verwendet werden. Um zusätzlichen Geschmack zu erzielen, feingeraspelten Ingwer und einen guten Schuß Sherry hinzufügen.

Sellerie diagonal zum Stengel schneiden.

Öl im Wok erhitzen. Gemüse hinzufügen, kurz anbraten bis sie gar sind, aber noch Biß haben.

Hühnerbrühe und Sojasauce mischen und zum Stärkemehl geben, gut verrühren.

Hühnerbrühemischung in den Wok gießen, rühren, bis die Sauce bindet.

Chinesische Gemüse mit Pilzen und Austernsauce

1 Bund chinesisches
  Gemüse (bok choy,
  choy sum, gai larn)
8 getrocknete chinesische
  schwarze Pilze,
  eingeweicht
2 EL Pflanzenöl
2 EL Austernsauce

Vorbereitungszeit:
  20 Min.
Zubereitungszeit:
  8 Min.
Für 4 Personen

1 Gemüse gut waschen und abtropfen lassen. Dicke Stengel abschneiden und in Streifen schneiden.

2 Pilzstiele entfernen, Wasser herausdrücken. In leicht gesalzenem Wasser 5 Min. köcheln lassen, dann abtropfen lassen.

3 Gemüsestengel in kochendes Wasser geben und 1–2 Min. kochen. Herausnehmen, die Blätter kurz blanchieren und gut abtropfen lassen.

4 Gemüse und Pilze in Öl bei mittlerer Hitze kurz wenden, bis alles gut mit Öl überzogen ist. Mit Austernsauce gewürzt servieren.

TIP
Statt der schwarzen Pilze können Strohpilze oder Champignons aus der Dose verwendet werden.

Die dicken Stengel vom Grün abschneiden und in dünne Streifen schneiden.

Getrocknete chinesische Pilze köcheln lassen, bis sie weich sind.

Gemüseblätter in kochendes Wasser geben.

Stengel, Blätter und Pilze im Wok 1 Min. kurz anbraten.

Scharfer Tofu mit Hackfleisch

Vorbereitungszeit:
20 Min.
Zubereitungszeit:
10 Min.
Für 4–6 Personen

---

300 g Hackfleisch
1 mittelgroße Zwiebel,
geschnitten
2 EL Pflanzenöl
1¹/₂ TL Knoblauch,
feingehackt
2 TL Ingwer, feingeras-
pelt
¹/₂–1 TL scharfe chinesi-
sche Sojabohnenpaste

1–2 TL Zucker
1 EL dunkle Sojasauce
500 g weicher Tofu,
gewürfelt
185 ml Hühnerbrühe
1 EL Stärkemehl
große Salatblätter zum
Servieren

---

1 Hackfleisch und Zwiebel in Öl 4 Min. unter Wenden anbraten.
2 Knoblauch und Ingwer hinzufügen, kurz anbraten. Sojabohnenpaste, Zucker und Sojasauce hinzufügen und 1¹/₂ Min. kochen. Häufig rühren.
3 Tofu und die Mischung aus Hühnerbrühe und Stärkemehl hinzufügen und auf kleiner Hitze kochen. Rühren, bis die Sauce eindickt. Auf Salatblättern anrichten.

Hackfleisch und Zwiebeln etwa 4 Min. lang anbraten.

Knoblauch und Ingwer hinzufügen und 1 Min. anbraten.

Sojabohnenpaste, Zucker und Sojasauce hinzufügen. 2 Min. anbraten.

Mit Stärkemehl gemischte Hühnerbrühe hinzufügen. Rühren, bis die Sauce bindet.

DESSERTS

Desserts, wie wir sie kennen, gehören eigentlich nicht zu einem chinesischen Essen. Süße Leckereien werden als Zwischenmahlzeiten oder zu besonderen Anlässen serviert.

Kokosnuß-Jelly

400 ml Kokoscreme
250 ml Milch
500 ml Wasser
95 g Zucker
12 g Agar-Agar
1/2 Becher Kokosraspel

Vorbereitungszeit:
15 Min. + 1 Std.
zum Gelieren
Zubereitungszeit:
5 Min.
Für 8–12 Personen,
Ergibt 24 Stück

einrühren.

3 In eine nasse flache Backform gießen, abkühlen und gelieren lassen. In Würfel schneiden und kalt servieren.

1 Kokoscreme, Milch und Wasser in einen Topf gießen. Zucker und Agar-Agar hinzufügen und gut vermischen.

2 Zum Kochen bringen und 3 Min. köcheln lassen. Kokosraspel hin-

TIP
Statt der Kokoscreme 1 1/2 Becher Kokosraspel nehmen, mit Milch und Wasser in der Küchenmaschine oder mit dem Mixgerät verrühren. 1/2 Becher Wasser zusätzlich nehmen.

Wasser in einen Topf mit Kokoscreme und Milch gießen.

Zucker und Agar-Agar mischen, in den Topf geben und gut rühren.

Kokosraspel hineinrühren.

In eine nasse Backform geben. Bei Raumtemperatur abkühlen und gelieren lassen.

Fritierte Eisbällchen im Kokosnußmantel

Markeneis verwenden.

2 l Vanille-Eiscreme
1 Ei
110 g Mehl
185 ml Wasser
250 g feine Semmelbrösel
2 EL Kokosraspel
1250 ml zum Fritieren
geeignetes Öl

Vorbereitungszeit:
20 Min. + mehrere
Tage Gefrierzeit
Zubereitungszeit:
20 Sek.
Für 6 Personen

1 6 große Eiskugeln formen. Ins Gefrierfach zurückstellen.
2 Aus Ei, Mehl und Wasser einen dicken Teig bereiten. Eiscreme-Kugeln mit dem Teig umhüllen, dann in Semmelbröseln und Kokosraspel wenden und dick panieren. Zurück ins Gefrierfach stellen, und mehrere Tage einfrieren.
3 Öl auf 180 °C erhitzen. Eiskugeln einzeln einige Sekunden fritieren, bis sie goldbraun sind. Herausnehmen und sofort mit Karamelsauce oder frischen Früchten servieren.

TIP

Wichtig ist, daß die Eiscreme tiefgefroren und das Öl ausreichend heiß ist, um die Panade in nur wenigen Sekunden zu versiegeln und zu fritieren.

Mit einem Eiskugelformer 6 große Eiskugeln bereiten.

Aus Ei, Mehl und Wasser einen dicken Teig herstellen.

Eiscreme-Kugeln gleichmäßig mit Semmelbröseln und Kokosraspel panieren.

Eiskugeln nacheinander für wenige Sekunden fritieren, bis sie goldbraun sind.

SAUCEN

Hier stellen wir zwei besondere Saucen vor, die sich hervorragend als Dip für die gebratenen oder über Dampf gegarten Speisen in diesem Buch eignen. Am besten serviert man beide heiß. Abgedeckt sind sie im Kühlschrank bis zu einer Woche haltbar.

Süß-saure Sauce

Pikante Pflaumensauce

Vorbereitungszeit für jedes Rezept: 10 Min.
Zubereitungszeit für jedes Rezept: 5 Min.
Jedes Rezept ergibt 375 ml Sauce

250 ml Wasser
125 ml weißen Essig
95 g Zucker
60 ml Tomatensauce oder
1,5 g rote Lebensmittelfarbe
1 TL gekörnte Hühnerbrühe
1 EL Stärkemehl

1 Dose Pflaumen (500 g)
83 ml Essig
1 EL Zucker
1 g Wuxiang fen-Mischung = »5 chinesische Gewürze«
2 TL Stärkemehl

TIP
Um der Süß-sauren Sauce zusätzlichen Geschmack zu verleihen, eine der folgenden Zutaten hinzufügen:
2 EL feingeschnittene Ananas, 2 TL geraspelter Ingwer, 1 EL feingeschnittene chinesische Mixed Pickles, 1/2 TL frisch gemahlener schwarzer Pfeffer. Einige Spritzer Chilisauce geben der pikanten Pflaumensauce zusätzlichen Pfiff, ebenso gemahlener Ingwer oder Zimt.
Saucen zu Frühlingsrollen, Krabbentoast oder *gow gees* servieren.

Zutaten in einem kleinen Topf mischen, zum Kochen bringen und köcheln, bis die Sauce eindickt.

1 Pflaumen entkernen, mit der Flüssigkeit in eine Küchenmaschine geben und pürieren.
2 In einen Topf geben, die übrigen Zutaten hinzufügen und köcheln, bis die Sauce bindet.

Süß-saure Sauce: Wasser, Zucker und Essig in einen kleinen Topf geben.

Tomatensauce, Brühe und Stärkemehl hineinrühren und zum Kochen bringen.

Würzige Pflaumensauce (links) und Süß-saure Sauce (rechts)

Würzige Pflaumensauce: Pflaumen entkernen und mit dem Saft zu Püree verarbeiten.

Die Mischung aus Essig, Zucker, Wuxiang fen und Stärkemehl hinzufügen.

INDISCHE KÜCHE

Scharfe Linsensuppe

Mit Chapatis servieren.

Vorbereitungszeit:
15 Minuten
Zubereitungszeit:
45 Minuten
Für 6 Portionen

100 g Linsen	*Koriander*
(siehe Tipp)	*1 TL gemahlener*
1 l Wasser	*Kreuzkümmel*
1 mittlere Zwiebel,	*½ TL Kurkuma*
fein gehackt	*½ TL Chiliflocken*
½ TL geriebener	*2 EL Kokosraspel*
frischer Ingwer	*1–3 TL Tamarinden-*
2 EL Ghee oder Butter	*konzentrat*
1 große Kartoffel,	*150 g Weißkohl,*
klein gewürfelt	*fein gehobelt*
2 große Tomaten,	*1 EL gehackte*
klein gewürfelt	*Korianderblätter*
2 TL gemahlener	*oder Minze*

1. Linsen in Wasser etwa 20 Minuten weich garen. Gut abtropfen lassen.
2. Zwiebeln und Ingwer in Ghee dunkelbraun braten. Kartoffel und Tomaten zugeben, 5 Minuten braten, dann Gewürze und Kokosraspel zufügen und 2–3 Minuten weitergaren.
3. Linsen mit 1 l Wasser und Pfeffer zugeben und aufkochen. Köcheln lassen, bis die Linsen und Kartoffeln fast zerfallen. Mit Tamarindenkonzentrat abschmecken und den geraspelten Kohl zugeben. Garen, bis der Kohl weich ist.
4. Nach Belieben mit gehacktem Koriander oder gehackter Minze garnieren.

Hinweis: Das Gericht soll ziemlich säuerlich sein. Anstelle brauner Linsen können auch rote oder gelbe verwendet werden, die eine kürzere Garzeit haben.

TIPP:
Vor dem Kochen beschädigte Linsen aussortieren. Dann in kaltem Wasser waschen und Linsen, die an der Oberfläche schwimmen, entfernen.

Sieb in die Spüle stellen und gegarte Linsen sehr gut abtropfen lassen.

Kartoffelwürfel und Tomaten in den Topf mit der Zwiebel und dem Ingwer geben.

1 l Wasser dazugießen, zum Kochen bringen, Hitze verringern und köcheln lassen.

Die Suppe mit Tamarindenkonzentrat abschmecken

Pikante Kartoffelsamosas

*1 Packung große Früh-
lingsrollenhüllen
2 große Kartoffeln
80 g Tiefkühl-Erbsen
1 EL Koriandersamen
1½ TL Kreuzkümmel-
samen
1 TL Chiliflocken
1 EL Zitronensaft
2 EL gehackter Kori-
ander oder Minze
Öl, zum Frittieren*

Vorbereitungszeit:
30 Minuten
+ 1 Stunde
Auftauzeit
Zubereitungszeit:
20 Minuten
Für 24 Samosas

1. Frühlingsrollenhüllen gegebenenfalls auftauen, mit Küchentuch bedecken und beiseite stellen. **2.** Kartoffeln schälen und fein würfeln. In Wasser bissfest garen. Abgießen. Erbsen bissfest kochen, abgießen. **3.** Koriander- und Kreuzkümmelsamen ohne Fett bei mittlerer Hitze in einer Pfanne rösten, bis sie stark duften. Chiliflocken zugeben und kurz mitrösten. In einer Gewürzmühle oder einem Mörser zu feinem Pulver mahlen. **4.** Kartoffeln, Erbsen, Gewürze, Zitronensaft und gehackten Koriander vermengen. **5.** Hüllen vorsichtig voneinander trennen und in 4 cm breite Streifen schneiden. **6.** Jeweils einen gehäuften Teelöffel der Füllung auf ein Ende des Streifens geben und eine Teigecke diagonal darüber klappen. Nun so falten, dass der untere Rand gerade ist. Jetzt wieder diagonal falten. Auf diese Weise den ganzen Streifen zusammenfalten, bis sich eine dreieckige Teigtasche ergibt, die die Füllung vollständig umschließt. Rand mit Wasser anfeuchten und andrücken. **7.** In kleinen Portionen goldgelb frittieren, dabei zweimal wenden. Auf einen mit Küchenkrepp bedecktes Backrost legen und abtropfen lassen. **8.** Heiß servieren und Tamarindensauce, süße Chilisauce oder frisches Minz-Chutney dazu reichen.

Koriander- und Kreuzkümmelsamen ohne Fett rösten, Chili zugeben, kurz mitrösten.

Koriander mit Kartoffeln, Erbsen und Gewürzmischung sorgfältig vermengen.

Mischung auf Teigstreifen geben und zu einem Dreieck zusammenklappen.

Samosas in kleinen Portionen gleichmäßig goldgelb frittieren, gelegentlich wenden.

Pappadamrollen

Sofort servieren.

Vorbereitungszeit:
25 Minuten
Zubereitungszeit:
20 Minuten
Für 18 Rollen

*2 große Kartoffeln,
geschält, gewürfelt
2 EL gehackte Früh-
lingszwiebeln
1 Knoblauchzehe
1 grüne Chilischote,
entkernt und gehackt
250 g Lamm- oder
Rinderhack
2 EL Ghee oder Butter
1 TL Zucker*

*2 TL Garam masala
1 EL Zitronensaft
2 EL gehackte
Korianderblätter
schwarzer Pfeffer,
zum Abschmecken
2 EL Besan
(Kichererbsenmehl)
1 Packung ungewürzte
Papadam-Fladen
Öl, zum Frittieren*

1. Kartoffeln in leicht gesalzenem Wasser weich garen. Abtropfen lassen und zerdrücken.
2. Frühlingszwiebeln, Knoblauch und Chilischote zu Paste mahlen. Mit Hackfleisch in Ghee braten, bis das Fleisch leicht gebräunt ist.
3. Kartoffeln, Zucker, Garam masala, Zitronensaft, Korianderblätter und nach Belieben Pfeffer zugeben. Einigermaßen glatt pürieren. Zu Röllchen formen, die etwas kürzer als der Durchmesser der Pappadam-Fladen sind.
4. Kichererbsenmehl und kaltes Wasser zu einer Paste verrühren. Pappadam-Fladen in kaltes Wasser tauchen, damit sie weich werden. Abtropfen lassen und trockentupfen.
5. Jeweils ein Hackfleischröllchen in die Mitte eines Fladens geben. Rand mit Kichererbsenpaste bestreichen, Pappadam um die Füllung wickeln und die Ränder zusammendrücken.
6. Frittierfett auf etwa 200 °C erhitzen (wenn das Öl zu heiß ist, ist der Pappadam-Fladen braun, bevor die Füllung gar ist). Röllchen portionsweise goldgelb und knusprig ausbacken. Herausnehmen und abtropfen lassen.
7. Mit Frühlingszwiebeln oder Koriander garnieren und heiß mit pikantem Mango-Chutney servieren.

TIPP:
Die Füllung kann man auch zu kleinen, würzigen Fleischbällchen verarbeiten und auf Zahnstocher gespießt als Häppchen reichen. Dafür zu mundgerechten Bällchen formen, goldbraun frittieren und mit einem pikanten Chutney servieren. Pappadam-Fladen bestehen aus Linsenmehl und sind manchmal mit ganzen Kreuzkümmelsamen gewürzt. Die dünnen Brotfladen werden zumeist von speziell ausgebildetem Personal in Fabriken hergestellt und weltweit in Plastikverpackungen zu etwa 30 Stück verkauft. Sie können gegrillt oder frittiert werden und gelingen auch in der Mikrowelle.

Zwiebeln, Knoblauch un Chili mit dem Fleisch braten, bis dieses anbräunt.

Den Rand der gefüllten Fladen mit Kicher-erbsenpaste bestreichen.

Pappadam um die Füllung wickeln, Ränder zusammendrücken.

Pappadams in mäßig heißem Öl goldbraun und knusprig braten.

Gemüse-Pakoras

Sehr gut als Vorspeise geeignet.

Vorbereitungszeit:
30 Minuten
Zubereitungszeit:
20 Minuten
Für 40 Pakoras

1 große Kartoffel	*2 TL Garam masala*
1 kleiner Blumenkohl	*2 TL gemahlener*
1 kleine rote	*Koriander*
Paprikaschote	*200 g Besam*
1 mittlere Zwiebel	*(Kichererbsenmehl)*
2 Kohl- oder 5 Spinat-	*1 TL Natron*
blätter	*1 TL Chilipulver*
80 g Gemüsemais aus	*1 EL Zitronensaft*
der Dose, abgetropft	*Öl, zum Ausbacken*

1. Kartoffel garen, bis sie gerade weich ist, pellen und fein hacken.
2. Blumenkohl, Paprika und Zwiebel fein hacken. Danach Kohl oder Spinat raspeln.
3. Aus den übrigen Zutaten und kaltem Wasser einen cremigen Teig bereiten. Gemüse zugeben und gleichmäßig unterheben.
4. Öl erhitzen. Jeweils einen Esslöffel der Mischung in das Öl geben und etwa 8 Portionen gleichzeitig goldbraun ausbacken. Auf ein mit Küchenkrepp ausgelegtes Backrost legen.
5. Heiß servieren und süßes Mango-Chutney oder Tamarindensauce dazu reichen.

TIPP:
Die Mischung kann auch zu großen Bratlingen geformt und in einer Pfanne mit wenig Öl gebraten werden. Als Hauptgericht mit Currysauce oder mit frischer Chili-Tomatensauce servieren. Überall in Indien verkaufen Straßenhändler kleine Snacks. Knusprige, krosse Pakoras aus frischem Gemüse der Saison oder kleine Teigtaschen mit einer pikanten Fleisch- und/oder Gemüsefüllung, zu denen meist aromatische Chutneys gereicht werden, sind nur einige der angebotenen Köstlichkeiten.

Kartoffel sorgfältig schälen, in Scheiben schneiden und fein hacken.

Blumenkohl, Paprika und Zwiebel fein hacken. Kohl fein raspeln.

Gemüse zu dem cremigen Teig geben und gleichmäßig unterheben.

Öl auf etwa 200 °C erhitzen und die Mischung vorsichtig hineingeben.

Zwiebelpuffer

Vorbereitungszeit:
20 Minuten
Zubereitungszeit:
15 Minuten
Für 18-24 Puffer

4 große Zwiebeln
4 Knoblauchzehen
100 g Besan
   (Kichererbsenmehl)
60 g Mehl
1 Ei
1 ½ TL Natron
1 TL Chilipulver
Öl, zum Ausbacken

1. Zwiebeln schälen, halbieren und in sehr dünne Scheiben schneiden. Knoblauch fein hacken.
2. Beide Mehlsorten und die übrigen Zutaten mit ausreichend Wasser zu einem glatten, cremigen Teig verrühren. Zwiebeln und Knoblauch zufügen.

3. In einer flachen Pfanne etwa 2 cm Öl erhitzen. Einen Esslöffel der Mischung hineingeben und mit dem Löffel zu einem flachen Puffer drücken. Von beiden Seiten braten. Dann auf einem mit Küchenkrepp ausgelegten Backrost abtropfen lassen.
4. Heiß servieren.

TIPP:
Wenn das Chilipulver durch süßes Paprikapulver ersetzt wird, ist der Geschmack milder.

Zwiebeln in dünne Scheiben schneiden und Knoblauch fein hacken.

Ausreichend Wasser zugießen, so dass ein glatter, cremiger Teig entsteht.

Zwiebeln und Knoblauch unter den Teig heben und gut vermengen.

Je einen Esslöffel der Mischung in Öl braten und zu einem flachen Puffer drücken.

HUHN & MEERESFRÜCHTE

Huhn gilt in Indien als hochwertige Fleischsorte und wird häufig zu besonderen Gelegenheiten serviert. Die Garmethoden und Gewürze, die bei Fischgerichten zum Einsatz kommen, sollen das zarte Aroma frischer Meeresfrüchte hervorheben.

Tandoori-Hähnchen-Kebab

500 g Hähnchen-
brustfilet
125 g Naturjogurt
½ TL zerdrückter
Knoblauch
1 EL Tandoori-
oder Vindaloopaste
2 EL zerlassenes Ghee
2 kleine Limetten
1½ TL Garam masala

Vorbereitungszeit:
10 Minuten
+ 5 Stunden
Marinierzeit
Zubereitungszeit:
10 Minuten
Für 4-6 Portionen

1. Hähnchenfleisch in 3 cm große Würfel schneiden. Jeweils 3 oder 4 Stücke auf einen eingefetteten Spieß ziehen. Nebeneinander in eine flache Form legen.
2. Jogurt, Knoblauch und Tandoori- oder Vindaloopaste sorgfältig verrühren und das Hähnchenfleisch gleichmäßig damit bestreichen. Mit Frischhaltefolie abdecken und 4–5 Stunden ziehen lassen; gelegentlich wenden.
3. Einen Grillrost mit Aluminiumfolie auslegen und mit Ghee bestreichen. Kebabspieße etwa 4 Minuten von beiden Seiten grillen, bis sie braun gesprenkelt sind und das Fleisch weich ist. Nach der Hälfte der Garzeit Kebabspieße mit zerlassenem Ghee bestreichen, damit das Fleisch saftig bleibt.
4. Auf einem kleinen Reisbett anrichten, mit Garam masala bestreuen und mit Zitronenschnitzen servieren.

Hinweis: Im fest verschlossenen Glas kann fertig gekaufte Tandoori- oder Vindaloopaste mehrere Monate im Kühlschrank aufbewahrt werden.

Jeweils 3 oder 4 Hähnchenfleischwürfel auf die Spieße ziehen.

Tandooripaste sorgfältig mit Jogurt und Knoblauch verrühren.

Tandoori-Jogurt-Sauce mit einem kleinen Metallspatel auf die Kebabspieße streichen.

Grillrost mit gefetteter Aluminiumfolie auslegen und Kebabspieße darauf anordnen.

Schnelles Hähnchencurry

750 g entbeinte
Hähnchenschenkel
3 EL Ghee oder Öl
1 große Zwiebel,
halbiert und in feine
Streifen geschnitten
1 TL zerdrückter
Knoblauch
1½ TL geriebener
frischer Ingwer
1 Zimtstange
2 Lorbeerblätter
2 Gewürznelken
2 Kardamomkapseln
2 getrocknete
Chilischoten
1 EL gemahlener
Koriander
2 TL Garam masala
½ TL Kurkuma
Pfeffer
Zitronensaft

Vorbereitungszeit:
10 Minuten
Zubereitungszeit:
50 Minuten
Für 4 Portionen

1. Hähnchenteile in Ghee oder Öl anbräunen, aus dem Topf nehmen und beiseite stellen.
2. Zwiebel goldbraun braten, Knoblauch, Ingwer, Zimt, Lorbeerblätter, Nelken, Kardamom und Chilischoten 2 Minuten unter Rühren braten. Gewürze zufügen.
3. Hähnchenteile zugeben. Soviel Wasser zugießen, dass sie bedeckt sind. In geschlossenem Topf ca. 40 Minuten köcheln, bis das Fleisch sehr weich ist.
4. Mit Zitronensaft abschmecken. Mit Reis und süßsaurem Chutney servieren.

Hähnchenteile in Ghee oder Öl goldbraun anbraten.

Ganze Gewürze und Lorbeerblätter zum Zwiebelgemüse geben und verrühren.

Gemahlenen Koriander, Garam masala und Kurkuma in den Topf geben.

Hähnchenteile wieder in den Topf geben und ausreichend Wasser zugießen.

Sahniges Hähnchencurry

Hähnchenfleisch in milder Currysauce.

1,5 kg Hähnchenteile	*Koriander*
4 EL Ghee oder Öl	*250 ml Sahne*
1 mittlere Zwiebel,	*oder Kokoscreme*
geviertelt	*1½ TL Garam masala*
2 Knoblauchzehen	*3 hart gekochte Eier*
1-cm-Stück Ingwer	*2 EL geröstete*
4 EL gemahlene	*gehobelte Mandeln*
blanchierte Mandeln	*(siehe Hinweis)*
½ TL Kurkuma	*1 Limette*
1 TL Chilipulver	*Koriander-*
2 TL gemahlener	*oder Minzeblätter*

Vorbereitungszeit:
10 Minuten
Zubereitungszeit:
50 Minuten
Für 6 Portionen

1. Hähnchenteile mit einem Hackbeil oder einem schweren Messer in 5 cm große Stücke schneiden. In Ghee oder Öl gleichmäßig anbräunen, aus dem Topf nehmen und warm stellen.

2. Zwiebeln, Knoblauch und Ingwer in einer Küchenmaschine oder einem Mörser zu einer Paste verarbeiten.

3. Im selben Topf goldgelb rösten. Gemahlene Mandeln, Kurkuma, Chilipulver und Koriander zugeben. 1–2 Minuten unter Rühren braten.

4. Hähnchenstücke mit 1 Tasse Wasser wieder in den Topf geben. Mit halb geschlossenem Deckel etwa 25 Minuten köcheln lassen.

5. Sahne, Garam masala und hart gekochte, geachtelte Eier zugeben und durchwärmen.

6. In eine vorgewärmte Schüssel füllen und mit Mandeln, Limonenschnitzen und Kräuterzweigen garnieren.

Hinweis: Nüsse können gut in der Mikrowelle zubereitet werden. Ganze blanchierte Mandeln auf einem Teller verteilen, auf höchster Stufe in etwa 1½ Minuten goldgelb rösten.

Hähnchenfleisch in Ghee gleichmäßig anbräunen.

Gemahlene Mandeln, Kurkuma, Chili und Koriander zur Zwiebelpaste geben.

Hähnchenstücke wieder in den Topf geben und Deckel halb darauf legen.

Sahne, Garam masala und Eier zugeben und vorsichtig vermengen.

Safran-Hähnchen-Pullao

Vorbereitungszeit:
25 Minuten
Zubereitungszeit:
30 Minuten
Für 6 Portionen

400 g Langkornreis
4 EL Ghee
½ TL Safranpulver
1 Zimtstange,
  in Stücke gebrochen
3 Gewürznelken
2 EL Sultaninen

2 Kardamomkapseln,
  leicht zerdrückt
2 EL blanchierte
  Mandeln
300 g Hähnchenbrust-
  filet, gewürfelt

1. Den Reis mit der Hälfte des Ghee in einem Topf mit schwerem Boden so lange verrühren, bis die Körner vollständig mit Fett überzogen sind. Safran und die Gewürze zugeben und danach 750 ml kaltes Wasser zugießen. Im geschlossenen Topf zum Kochen bringen. Hitze auf die kleinste Stufe verringern und 20 Minuten garen, ohne den Deckel zu öffnen.

2. Die Sultaninen mit den Mandeln und dem gewürfeltem Hähnchenfleisch in dem restlichen Ghee anbraten. Schließlich alles mit dem Reis verrühren und vor dem Servieren 5 Minuten ruhen lassen.

Reis mit der Hälfte des Ghee verrühren, bis die Körner vom Fett überzogen sind.

Safran und Gewürze zum Reis geben und 750 ml kaltes Wasser zugießen.

Sultaninen, Mandeln und Hähnchenfleisch im restlichen Ghee weich garen.

Hähnchenfleisch und Sultaninen vorsichtig unter den Reis heben.

Curry mit grünen Garnelen

Servieren Sie dieses Curry mit Gewürzreis.

1 kg rohe Garnelen
3 Knoblauchzehen
1-cm-Stück frischer
Ingwer
4 Frühlingszwiebeln,
grob gehackt
2 grüne Chilischoten,
entkernt, gehackt
3 EL Öl
1 EL gemahlener
Koriander
½ TL Fenchelsamen
¼ TL Senfkörner
250 ml Kokoscreme
100 g Koriander-
blätter, gehackt

Vorbereitungszeit:
15 Minuten
Zubereitungszeit:
15 Minuten
Für 4-6 Portionen

1. Garnelen bis auf das letzte Schwanzstück schälen. Rücken aufschlitzen und dunklen Darm entfernen.

2. Knoblauch, Ingwer, Frühlingszwiebeln, Chilischoten und Öl in einer Küchenmaschine zu einer Paste verarbeiten.

3. In mittelgroßen Topf füllen und 2 Minuten anbraten. Koriander, Fenchelsamen, Senfkörner sowie Kokoscreme zufügen. 3–4 Minuten garen. 125 ml Wasser zu der Knoblauch-Gewürz-Mischung geben und bei mittlerer Hitze etwa 4 Minuten im offenen Topf garen.

4. Garnelen zugeben und unter Rühren weitergaren, bis sie weich und rosafarben sind. Korianderblätter unterrühren und anschließend sofort mit duftigem Gewürzreis servieren.

TIPP:
Die Gewürze sind noch aromatischer, wenn sie vor der Weiterverarbeitung bei mittlerer Hitze ohne Fett in einem Topf angeröstet werden.
Ein professioneller indischer Koch verwendet für ein einziges Gericht bis zu 30 verschiedene Gewürze, um die jeweils gewünschte, raffinierte Duft- und Geschmacksmischung zu erzielen.
In Indien enthalten fertige Currymischungen mindestens 6 Gewürze, darunter allerdings nur selten Kurkuma – jenes gelbe Gewürz also, das die meisten Currypulver in westlichen Ländern dominiert.

Knoblauch, Ingwer, Frühlingszwiebeln und Chilischoten zu einer Paste pürieren.

Koriander, Fenchel- und Senfkörner in den Topf mit der Paste geben.

Garnelen ohne Darm und Schalen garen
lassen, bis sie sich rosa färben.

Frisch gehackten Koriander unterrühren
und sofort servieren.

Fischauflauf mit Chutney

600 g Fischfilets
½ TL Pfefferkörner
½ TL süßes
Paprikapulver
250 ml Öl
1 EL Zitronensaft
1 mittlere Zwiebel,
fein gehackt
⅓ TL zerdrückter
Knoblauch
½ TL geriebener
frischer Ingwer
2 EL Butter
2 EL gehackte
Korianderblätter
oder Minze
4 EL mildes Mango-
Chutney, püriert

Vorbereitungszeit: 25 Min.
Zubereitungszeit: 12 Min.
Für 4-6 Portionen

1. Fisch mit Pfeffer und Paprikapulver würzen und in dem Öl von jeder Seite 40 Sekunden sautieren. Mit Zitronensaft beträufeln. Die Hälfte der Fischfilets in eine gebutterte, feuerfeste Form legen.
2. Zwiebeln, Knoblauch und Ingwer in Butter bräunen. Koriander zugeben und sorgfältig unterrühren. Filets damit bestreichen und den restlichen Fisch darauf legen. Gegebenenfalls mit Butter aus dem Topf beträufeln.
3. Fisch gleichmäßig mit Chutney bestreichen und in der offenen Form etwa 12 Minuten bei 180°C backen.

Gewürzten Fisch in wenig Öl von jeder Seite etwa 40 Sekunden sautieren.

Die Hälfte des Fischs mit der Zwiebelmischung bestreichen.

Die restlichen Filets auf das Zwiebelgemüse legen.

Fisch gleichmäßig mit Chutney bestreichen und 12 Minuten backen.

Kokos-Fisch-Curry

Ein nahrhaftes, cremiges Curry.

Vorbereitungszeit:
20 Minuten
Zubereitungszeit:
12 Minuten
Für 4-6 Portionen

650 g dickes weißes Fischfilet	2 getrocknete rote Chilischoten,
2 TL Zitronensaft	15 Minuten in heißem
1 TL Kreuzkümmel- samen	Wasser eingeweicht
½ TL Fenchelsamen	¾ TL Kurkuma
50 g Kokosraspel	2 TL Tamarinden-
2 cm-Stück frischer Ingwer, gehackt	konzentrat
2 Knoblauchzehen	2 EL Butter
1 mittlere Zwiebel	375 ml Wasser
	2 EL gehackter Koriander

1. Fischfilets quer in dicke Scheiben schneiden. Mit Zitronensaft beträufeln und beiseite stellen.
2. Kreuzkümmel-, Fenchelsamen und Kokos-raspel ohne Fett in einer Pfanne rösten, bis alles hell goldgelb ist und duftet. In einer Gewürz-mühle oder einem Mörser zu Pulver mahlen.
3. Ingwer, Chilischoten, Knoblauch und Zwiebeln zu einer Paste verarbeiten, die gemahlenen Gewürze, Kurkuma und Tamarin-denkonzentrat zufügen.
4. Die vorbereitete Ge-würzpaste in der Butter 1½–2 Min. unter Rühren anbraten. Wasser zugie-ßen, zum Kochen bringen. 6 Min. köcheln lassen.
5. Fisch mit der Hälfte des Korianders zugeben. Etwa 6 Min. sanft köcheln lassen, bis der Fisch gar ist. Mit Reis servieren und mit dem restlichen Koriander dekorieren.

TIPP:
Tamarindenkonzentrat verleiht dem Gericht eine besondere, säuerliche Note. Wenn Sie es nicht bekommen können, nehmen Sie stattdessen 1 Esslöffel Zitronen- oder Limettensaft.

Fischfilets quer in 3 cm dicke Scheiben schneiden.

Geröstete Gewürze und Kokosraspel zu einem feinen Pulver mahlen.

Wasser zu der gebratenen Gewürzmischung gießen und zum Kochen bringen.

Fisch und die Hälfte des Korianders zugeben und vorsichtig vermengen.

FLEISCHGERICHTE

In Indien wird vor allem Ziegen- oder Lammfleisch gegessen. Rind wird im Allgemeinen aus religiösen Gründen abgelehnt, aber die folgenden Rezepte können gleichermaßen mit Rind- oder Lammfleisch zubereitet werden.

Scharfes Schweinecurry

Für einen milderen Geschmack, weniger Chili und Pfeffer verwenden.

Vorbereitungszeit:
15 Minuten
+ 24 Stunden
Marinierzeit
Zubereitungszeit:
1 Stunde 15 Minuten
Für 6 Portionen

---

1 kg Schweineschmor-
   fleisch aus dem Bug
   oder der Oberschale
4 getrocknete rote
   Chilis, entkernt
2 EL Koriandersamen
2 TL Kreuzkümmel-
   samen
2 TL schwarze
   Pfefferkörner
½ TL Senfkörner
1 TL Bockshornklee-
   samen
3 Gewürznelken
1 Zimtstange

1 EL Tamarinden-
   konzentrat
1 mittlere Zwiebel,
   geraspelt
2 TL zerdrückter
   Knoblauch
2 mittlere Zwiebeln,
   zusätzlich, in feine
   Ringe geschnitten
3 EL Ghee
3 Kardamomkapseln
2 TL fein gehackter
   frischer Ingwer
2 Lorbeerblätter
125 g Naturjogurt

---

1. Fleisch in 3 cm große Würfel schneiden und in eine Schüssel (nicht aus Aluminium!) legen.
2. Für die Vindaloopaste: Chilischoten, Koriander, Kreuzkümmel, Pfeffer- und Senfkörner, Bockshornkleesamen ohne Fett in einem Wok oder einem beschichteten Topf rösten, bis die Gewürze dunkelbraun sind und stark duften. Mit Nelken und Zimtstangen zu einem feinen Pulver mahlen und mit Tamarindenkonzentrat, geraspelter Zwiebel und Knoblauch vermischen.

3. Fleisch mit der Vindaloopaste vermengen und mit Frischhaltefolie abdecken. 1 Tag marinieren lassen und dabei mehrere Male umrühren.
4. Zusätzliche Zwiebeln in Ghee kräftig anbräunen. Kardamom, Ingwer und Lorbeerblätter zugeben und kurz anbraten. Fleisch zugeben und kräftig anbräunen. Jogurt zufügen und kurz mitgaren. So viel Wasser zugießen, dass das Fleisch bedeckt ist.
5. Hitze verringern und im geschlossenen Topf 1 Stunde kurz unter dem Siedepunkt garen. Ohne Deckel weiterköcheln, bis das Fleisch weich ist und die Sauce eindickt.

Hinweis: Nach der Zugabe von Jogurt Sauce nicht mehr kochen, da diese sonst gerinnt. Das Gericht kann auch mit Rindfleisch oder mit Entenfleisch zubereitet werden.

Gewürze mit Tamarindenkonzentrat, Zwiebel und Knoblauch zu einer Paste verrühren.

Zu den Fleischwürfeln geben, sorgfältig vermengen und abdecken.

Fleisch zu den Zwiebeln und Gewürzen geben und sorgfältig untermischen.

Jogurt unterrühren und kurz mitgaren, bevor das Wasser zugegossen wird.

Lammkebab

Erstklassiges Lamm-
fleisch verwenden.

Vorbereitungszeit:
15 Minuten
Zubereitungszeit:
6 Minuten
Für 8 Spieße

500 g Lammhack	*½ TL gemahlener*
2 EL Naturjogurt	*schwarzer Pfeffer*
3 TL Garam masala	*1 TL getrocknete*
½ TL zerdrückter	*Minze*
Knoblauch	*2 EL zerlassenes Ghee*
½ TL geriebener	*1 EL Essig*
frischer Ingwer	*1 EL Zucker*
¼ TL gemahlener	*2 kleine Zwiebeln,*
Kardamom	*in Ringe geschnitten*
1 kleine Prise Gewürz-	*1 kleine Limette, in*
nelkenpulver	*Scheiben geschnitten*

1. Lammhackfleisch mit
Jogurt, Knoblauch,
Kräutern und Gewürzen
in der Küchenmaschine
zu einer glatten Paste
verarbeiten.
2. Mischung mit nassen
Händen zu walnussgro-
ßen Bällchen formen.

Jeweils 3 Stücke auf
einen Spieß ziehen.
3. Kebabspieße mit zerlassenem Ghee bestrei-
chen und 5–6 Minuten
im Ofen oder über Holz-
kohle grillen, bis das
Hackfleisch durchgegart
und kräftig gebräunt ist.

4. Essig mit Zucker zu
einer süßsauren Sauce
vermengen, Zwiebel-
ringe hineingeben.
Mit den Fingerspitzen
kneten, bis die Zwiebeln
weich werden.
5. Die Kebabspieße auf
einem Reisbett anrich-
ten. Mit Zwiebelringen
und Limettenscheiben
garnieren.

Hinweis: Metallspieße
vor Gebrauch mit Öl
bestreichen. Bambus-
spieße vorher einige
Stunden wässern, damit
sie kein Feuer fangen.

TIPP:
Wenn das Lammhack-
fleisch auf dem Grill
zubereitet wird, am
besten unmittelbar über
glühender Asche oder
Holzkohle rösten.

Fleisch, Jogurt, Gewürze, Knoblauch,
Ingwer und Chili zu einer Paste verarbeiten.

Mischung mit nassen Händen zu Bällchen
formen und auf Spieße ziehen.

Kebab auf einen Grillrost legen und großzügig mit Ghee bestreichen.

Essigmischung sanft in die Zwiebelringe
kneten, bis sie weich werden.

Lamm-Spinat-Curry

Tiefgefrorenen oder frisch gekochten Spinat verwenden.

Vorbereitungszeit:
25 Minuten
+ 20 Minuten
Ruhezeit
Zubereitungszeit:
35 Minuten
Für 4-6 Portionen

---

*800 g mageres Lamm-
fleisch aus der Keule
½ TL geriebener
frischer Ingwer
½ TL zerdrückter
Knoblauch
500 g Tiefkühl-Spinat
4 EL Ghee oder Butter
½ TL Chilipulver
2 TL Garam masala
1 Zimtstange*

*Samen aus 2 Karda-
momkapseln, leicht
zerdrückt
Salz und weißer
Pfeffer
125 g Naturjogurt
1 EL gemahlene
blanchierte Mandeln
½ TL geriebene
Muskatnuss
60 ml Sahne*

---

1. Lammfleisch in 3 cm große Würfel schneiden und mit Ingwer und Knoblauch würzen. 20 Minuten beiseite stellen. So viel Wasser zugießen, dass das Fleisch gerade bedeckt ist und etwa 30 Minuten sanft köcheln lassen.

2. Spinat im geschlossenen Topf bei geringer Hitze auftauen. Mit einer Gabel auflockern, 2–3 Minuten köcheln lassen. Wenn es sich um Blattspinat handelt, in der Küchenmaschine einigermaßen glatt pürieren.

3. Fleisch abtropfen lassen, die Brühe aufbewahren. Fleisch in Ghee scharf anbraten. Gewürze und Jogurt zugeben und etwa 8 Minuten garen, bis der Jogurt verkocht und der Topf fast trocken ist.

4. Spinat, gemahlene Mandeln, Muskatnuss und etwa 180 ml der Lammbrühe zugeben. 7–8 Minuten im fest verschlossenen Topf sanft köcheln lassen. Sahne einrühren und vorsichtig erhitzen.

5. Mit Chapatis und Jogurt servieren.

Knoblauch und Ingwer sorgfältig mit den Lammfleischwürfeln vermengen.

Lammfleisch in Ghee anbräunen.

Jogurt und Gewürze zum Fleisch geben,
gut verrühren und garen.

Spinat, Mandeln und Sahne unter das
Lammfleisch rühren.

Lamm-Roghanjosh

Reichhaltig gewürzt.

Vorbereitungszeit:
25 Minuten
Zubereitungszeit:
1 Stunde
Für 6 Portionen

1 EL Koriandersamen
½–1½ TL Chiliflocken
1 kg Lammschmor-
fleisch, in 3 cm große
Würfel geschnitten
½ TL geriebener
frischer Ingwer
4 Knoblauchzehen
4 EL Ghee oder Butter
180 g Naturjogurt
250 ml Wasser

½ TL geriebene
Muskatnuss
½ TL gemahlener
Kardamom
3 TL Garam masala
¼ TL Safranpulver
125 ml Sahne
2 EL geröstete gehobelte
Mandeln, nach
Belieben

1. Koriandersamen ohne Fett im Topf rösten, bis sie stark duften. Chiliflocken zugeben und ganz kurz mitrösten; zu feinem Pulver mahlen. **2.** Fleisch mit Ingwer würzen, mit Nelken in Ghee oder Butter bräunen. Koriander-Chilipulver darüber streuen. **3.** Jogurt, Muskat und Kardamom in den Topf geben. Bei mittlerer Hitze 8 Minuten garen, dabei gelegentlich umrühren. Wasser zugießen und im geschlossenen Topf etwa 50 Minuten köcheln lassen, bis das Fleisch sehr weich ist. Wenn das Curry eher trocken sein soll, nach der Hälfte der Zubereitungszeit Deckel abnehmen, damit die Sauce einkocht. **4.** Garam masala zugeben. Safran mit Sahne verrühren und in den Topf geben. 3–4 Minuten unter ständigem Rühren garen lassen. **5.** Auf weißem Reis anrichten und mit gerösteten Mandeln bestreuen.

TIPP:
Safran wird sowohl wegen seiner goldgelben Farbe als auch wegen seines einzigartigen Geruchs und Geschmacks verwendet. Wenn nicht erhältlich, einfach weglassen.

Lamm mit Koriander-Chili-Pulver bestreuen.

Jogurt, Muskat und gemahlenen Kardamom in den Topf geben.

Garam masala unter das Lammfleisch
rühren und sorgfältig vermengen.

Safranpulver mit Sahne verrühren, zum
Fleisch geben und sanft garen lassen.

Pikante Lammkeule aus dem Ofen

2 kg Lammkeule
1 EL Zitronensaft
frisch gemahlener
* schwarzer Pfeffer*
1 ganze Knoblauch-
* knolle, nicht geschält*
2 EL Ghee
1½ TL gemahlener
* Koriander*
2 TL gemahlener
* Kreuzkümmel*
2 Zimtstangen
2 Gewürznelken
4 Lorbeerblätter
1 TL Chilipulver
4 Kardamomkapseln,
* leicht zerdrückt*
375 ml Wasser
125 ml Sahne oder
* Naturjogurt*

Vorbereitungszeit:
35 Minuten
Zubereitungszeit:
2 Stunden
Für 6 Portionen

1. Keule von Fett befreien, mit Zitronensaft und Pfeffer einreiben. Mit der ganzen Knoblauchknolle und Ghee in einen Bräter legen. Bei mittlerer bis hoher Hitze ca. 50 Minuten garen, bis die Knoblauchzehen weich sind.

2. Knoblauchzehen aus den Schalen drücken (sie sollten so weich sein, dass man sie nicht zu schälen braucht). Keule gleichmäßig damit bestreichen, mit Koriander und Kreuzkümmel bestreuen. Zimtstangen, Nelken, Lorbeerblätter, Chilipulver und Kardamom dazugeben.

3. Lamm in weiteren 50 Minuten im Ofen gar braten, dabei gelegentlich mit Bratensaft begießen. Aus dem Ofen nehmen. Vor dem Tranchieren 10–15 Minuten ruhen lassen.

4. Wasser in den Bräter gießen und mit dem Bratensaft verrühren. Auf dem Herd bei hoher Hitze sämig einkochen lassen. Ganze Gewürze entfernen und abschmecken. Sahne oder Jogurt einrühren und durchwärmen. Über die tranchierte Keule geben.

> TIPP:
> Zu besonderen Anlässen Keule vor dem Garen ausbeinen und mit Mandelsplittern und getrockneten Aprikosen füllen.

Weich gekochte Knoblauchzehen aus der Schale drücken.

Lammkeule gleichmäßig mit zerdrücktem Knoblauch bestreichen.

Zimtstangen, Nelken, Lorbeer, Chilipulver und Kardamom in den Topf geben.

Während des Garens Lammkeule mit Bratensaft übergießen.

Rindfleisch nach Madras-Art

*1 kg Rinderschmor-
fleisch, gewürfelt
3–5 EL Vindaloo-
paste, nach Belieben
1 große Zwiebel
125 ml Ghee
2 EL geröstete
gehobelte Mandeln*

1. Vindaloopaste und Rindfleischwürfel vermengen.
2. Zwiebel hacken und in Ghee kräftig anbräunen. Rindfleisch zugeben und braun braten.
3. So viel Wasser zugießen, dass das Fleisch bedeckt ist. Im halb geschlossenen Topf 40 Minuten garen; dann ohne Deckel weitergaren, bis

Vorbereitungszeit:
    15 Minuten
Zubereitungszeit:
    1 Stunde 15 Minuten
Für 4-6 Portionen

das Fleisch weich und die Sauce stark eingekocht ist.
4. Mit Mandeln garnieren.

TIPP:
Für einen milderen Geschmack Sultaninen und ganze blanchierte Mandeln mitgaren. Indische Gerichte werden nur sehr sparsam garniert. Traditionell nimmt man ein paar geröstete Nüsse, gehackte Chilischoten, ein Zweig Koriander oder in Scheiben geschnittene, hart gekochte Eier. Gerichte mit Hülsenfrüchten werden mit gebratenen Zwiebeln und aromatisierter Gewürzbutter angerichtet.

Vindaloopaste und Rindfleisch gut vermengen.

Eine große Zwiebel mit einem Messer mit flacher Klinge fein hacken.

Fleisch zu den gebräunten Zwiebeln geben
und sorgfältig umrühren.

So viel kaltes Wasser zugießen, dass das
Fleisch bedeckt ist.

GEMÜSE

Viele Inder essen kein Fleisch und ihre Küche bietet ihnen weltweit die größte Vielfalt an vegetarischen Gerichten. Dabei hat jede Region ihre eigenen Methoden und Gepflogenheiten beim Zubereiten und Würzen vegetarischer Mahlzeiten.

Pikante Kichererbsen

Vorbereitungszeit:
20 Minuten
Zubereitungszeit:
30 Minuten
Für 4-6 Portionen

---

800 g Kichererbsen aus der Dose
2 mittlere Zwiebeln, fein gehackt
1 TL geriebener frischer Ingwer
½ TL zerdrückter Knoblauch
1-2 grüne Chilischoten, entkernt und fein gehackt
½ TL Kurkuma
2 TL Garam masala

3 EL Ghee, Öl oder Butter
2 große reife Tomaten, entkernt und ge-würfelt
1 EL gemahlener Koriander
2 EL Zitronensaft
2-3 EL gehackter Koriander
1 EL frische Granat-apfelkerne, nach Belieben

---

1. Die Kichererbsen abtropfen lassen, aber die Flüssigkeit aufbe-wahren.

2. Zwiebeln, Knoblauch, Ingwer, Chilischoten und Kurkuma in Ghee gold-gelb und weich braten.

3. Tomaten zugeben und weich garen, Koriander und Kichererbsen zufü-gen und 10 Minuten dünsten. 250 ml der auf-gefangenen Flüssigkeit zugießen und noch ein-mal 10 Minuten garen.
4. Garam masala und Zitronensaft zugeben und frischen Koriander unterrühren. 2–3 Minu-ten sanft köcheln lassen und, wenn nötig, mehr Flüssigkeit zugießen, um ausreichend Sauce zu erhalten. In eine Schüssel füllen und nach Belieben mit den Granatapfelkernen be-streuen.

Kurkuma in den Topf mit Zwiebeln, Ingwer, Knoblauch und Chilischoten geben.

Gehackte Tomaten ohne Kerne zum Zwiebelgemüse geben.

Fein gehackten Koriander sorgfältig unter
die Kichererbsen rühren.

Aufgefangene Flüssigkeit in das Tomaten-
Kichererbsen-Gemüse gießen.

Curry mit Blumenkohl, Tomaten und grünen Erbsen

Vorbereitungszeit:
25 Minuten
Zubereitungszeit:
20 Minuten
Für 4-6 Portionen

---

1 kleiner Blumenkohl (ca. 800 g), in kleine Röschen geteilt	4 EL Ghee
	¾ TL Kurkuma
230 g Tiefkühl- oder frische Erbsen	1 EL gemahlener Koriander
1 mittlere Zwiebel, in Ringe geschnitten	1 EL Vindaloopaste
	2 TL Zucker
1 TL zerdrückter Knoblauch	Samen von 2 Kardamomkapseln
1 TL geriebener frischer Ingwer	180 g Naturjogurt
	2 große Tomaten, in Spalten geschnitten

---

1. Blumenkohl und Erbsen in Wasser weich garen, abgießen.

2. Zwiebel mit Knoblauch und Ingwer in Ghee braten, bis sie goldgelb und weich sind. Danach Kurkuma, Koriander, Vindaloopaste, Zucker, Kardamom und Jogurt zugeben und 3–4 Minuten garen. Die Tomaten zugeben und 3–4 Minuten kochen lassen.

3. Blumenkohl und Erbsen zugeben und 3–4 Minuten köcheln lassen. Heiß mit Reis servieren.

Blumenkohl und Erbsen in Wasser weich garen und abgießen.

Jogurt zu der Zwiebel-Gewürz-Mischung geben und gut verrühren.

Tomaten in die Zwiebelmischung geben und 3 bis 4 Minuten garen.

Blumenkohl und Erbsen zugeben und vorsichtig vermengen.

Kartoffelcurry

4 große Kartoffeln,
geschält, gewürfelt
2 Frühlingszwiebeln,
das Grün zum
Garnieren auf-
bewahren
2 Knoblauchzehen
1-cm-Stück frischer
Ingwer
1 grüne Chilischote,
entkernt, gehackt
2 EL Ghee
2 große Tomaten,
gehackt
1 kleine Zimtstange
½ TL Senfkörner
1 EL Garam masala
1 Kardamomkapsel
80 g Naturjogurt
oder saure Sahne
Zitronensaft,
nach Belieben

Vorbereitungszeit:
20 Minuten
Zubereitungszeit:
18 Minuten
Für 4 Portionen

1. Kartoffelwürfel in Wasser bissfest kochen und abgießen.
2. Frühlingszwiebeln, Knoblauch, Ingwer und Chili zu einer Paste verarbeiten und in Ghee 2 Minuten anbraten. Tomaten, Zimt, Senfkörner, Garam masala und Kardamom zugeben. 2–3 Minuten unter Rühren braten. Jogurt zufügen, zu dickflüssiger Sauce einkochen.
3. Kartoffeln zugeben und 4–5 Minuten köcheln lassen.
4. Mit dem in Scheiben geschnittenen Grün der Frühlingszwiebel garnieren.

Frühlingszwiebeln, Knoblauch, Ingwer und Chilischote zu einer Paste verarbeiten.

Tomaten, Zimt, Senfkörner, Garam masala und Kardamom anbraten.

Jogurt zugießen, verrühren und zu einer
dickflüssigen Sauce einkochen.

Kartoffeln in den Topf geben, vorsichtig
unterrühren und 4 Minuten köcheln.

Sahnelinsen

Mit Rind- oder Schweinecurry servieren.

Vorbereitungszeit:
20 Minuten
Zubereitungszeit:
30 Minuten
Für 4 Portionen

---

*200 g rote oder
gelbe Linsen
1 TL Salz
¾ TL Kurkuma
1 TL Chilipulver
740 ml Wasser
1 große Zwiebel,
sehr fein gehackt
4 EL Ghee
1 TL zerdrückter
Knoblauch*

*1 TL geriebener
frischer Ingwer
1 große sehr reife
Tomate, entkernt
und gehackt
2 TL Garam masala
1–2 EL Sahne
2 EL gehackter
Koriander, Minze
oder Bockshornklee-
blätter*

---

1. Linsen mit Salz, Kurkuma, Chilipulver und Wasser in etwa 20 Minuten sehr weich kochen. Überschüssiges Wasser abgießen.
2. Zwiebel in Ghee goldbraun braten. 1 Esslöffel zum Garnieren beiseite stellen. Knoblauch und Ingwer zufügen und kurz anbraten, dann Tomate zugeben und weich garen.

3. Unter die Linsen rühren. Garam masala, Sahne und die Hälfte der gehackten Kräuter zugeben. Sorgfältig untermischen und durchwärmen.
4. In eine Schüssel füllen und mit restlichen Kräutern und den beiseite gestellten Zwiebeln garnieren.

TIPP:
Die aromatischen indischen Gewürzmischungen, masalas, gibt es in verschiedenen Sorten und Mischungen, von sehr mild bis äußerst scharf. Garam masala wird auch zum Garnieren über fertige Gerichte gestreut. Es besteht aus gemahlenen Nelken, schwarzen Pfefferkörnern, Kardamom und Zimt. Manchmal enthält es auch Muskatnuss, Koriander, Kreuzkümmel und Mazis.

Zerdrückten Knoblauch und gemahlenen Ingwer zu den Zwiebeln geben.

Gehackte Tomaten ohne Kerne zum Zwiebelgemüse geben.

Linsen sorgfältig mit der Zwiebel-Toma-
ten-Mischung verrühren.

1 Esslöffel der frisch gehackten Kräuter
unterziehen.

Würziger Linsen-Reis-Topf

*100 g braune Linsen,
1 Stunde eingeweicht
1 große Zwiebel,
fein gehackt
½ TL zerdrückter
Knoblauch
1 TL geriebener
frischer Ingwer
1 frische grüne Chili-
schote, entkernt und
fein gehackt
4 EL Ghee
1 Zimtstange
2 Gewürznelken
1 Lorbeerblatt
½ TL Kurkuma
1 TL Salz
200 g Langkornreis,
1 Stunde eingeweicht
100 g rote Linsen
2 EL gehackte
Frühlingszwiebeln*

Vorbereitungszeit:
25 Minuten
+ 1 Stunde Ruhezeit
Zubereitungszeit:
25 Minuten
Für 6 Portionen

1. Braune Linsen abtropfen lassen und in kochendes Wasser geben. 15 Minuten garen, bis sie anfangen weich zu werden. Abgießen.
2. Zwiebel, Knoblauch, Ingwer und Chilischote in Ghee anbraten, bis sie weich und leicht gebräunt sind. Zimtstange, Nelken, Lorbeerblatt und Kurkuma zufügen. 2 Minuten unter Rühren braten.
3. Abgetropften Reis, braune und rote Linsen zugeben, sorgfältig umrühren und so viel Wasser zugießen, dass alles 3 cm hoch bedeckt

ist. Aufkochen, Hitze stark verringern. Etwa 20 Minuten köcheln, bis sämtliche Flüssigkeit aufgesogen ist.
4. Frühlingszwiebeln einrühren. Zimtstange vor dem Servieren entfernen.

TIPP:
Es gibt 3 klassische Linsenrezepte. Am häufigsten isst man sie vermutlich als Dahl. Dazu werden die Linsen weich gekocht, abgegossen und zerdrückt. Nun kommen Gewürze, Knoblauch und Butter dazu. Dahl wird als Beilage serviert. Linsen werden aber auch mit Gemüse und Reis kombiniert, wobei sie dann nicht zerdrückt werden und jede einzelne Linse ihr Aroma entfalten kann. Und schließlich dienen Linsen als eiweißreiche Grundlage von Suppen, Broten und Füllungen.

Zimtstange, Nelken, Lorbeerblatt und Kurkuma zu den Zwiebeln geben.

Reis und Linsen einweichen, gut abtropfen lassen und sorgfältig unterrühren.

Ausreichend Wasser zugießen, so dass Reis
und Linsen 3 cm hoch bedeckt sind.

Vor dem Servieren Frühlingszwiebeln untermengen und Zimtstange entfernen.

Zitronenreis

300 g Langkornreis
550 ml Wasser
¾ TL Kurkuma
2 EL Kokosraspel
2 EL Milch
   oder Kokosmilch
2 EL gehackte geröstete Cashewkerne
   oder Mandeln
4 Curryblätter
⅓ TL Senfkörner
½-1 grüne Chilischote,
   entkernt, gehackt
125 ml Ghee
1-2 Zitronen

1. Reis, Wasser und Kurkuma bei großer Hitze in einem Topf mit schwerem Boden zum Kochen bringen. Dann

Vorbereitungszeit:
20 Minuten
Zubereitungszeit:
20 Minuten
Für 4-6 Portionen

die Hitze verringern und in fest geschlossenem Topf 12 Minuten garen.
2. Kokosraspel in Milch oder Kokosmilch einweichen und beiseite stellen.
3. Nüsse, Curryblätter, Senfkörner und Chilischote in Ghee anbraten, bis die Senfkörner aufspringen. Mit den Kokosraspeln unter den Reis rühren. Saft einer Zitrone zugießen.
4. Topf wieder fest verschließen und noch einmal 7–8 Minuten garen, bis der Reis die Flüssigkeit aufgesogen hat und locker und trocken ist.

5. Abschmecken und noch mehr Zitronensaft zugießen oder restliche Zitrone in Schnitze schneiden und dazureichen.

TIPP:
In Indien ist Reis das wichtigste Grundnahrungsmittel. Indischer Basmatireis gilt als der beste Reis der Welt. Der aromatische Langkornreis wird von Nordindien bis Bangladesch am Fuße des Himalayagebirges angebaut. Basmatireis vor dem Kochen sorgfältig verlesen und dabei alle ungeschälten Körner oder Stängel entfernen. Basmatireis immer mit kaltem Wasser abspülen, dann 15 Minuten in kaltem Wasser einweichen und vor dem Kochen gut abtropfen lassen. Der eingeweichte Reis ist sehr empfindlich, deshalb darauf achten, dass die langen Körner vor dem Garen nicht abbrechen.

Nüsse, Curryblätter, Senfkörner und Chilischote in Ghee anbraten.

Eingeweichte Kokosraspel und die Nussmischung sorgfältig unter den Reis rühren.

Zitronensaft zum Reis geben und vorsichtig unterrühren.

Reis noch einmal etwa 7–8 Minuten garen, bis er weich ist.

Vindaloo-Eier

8 Eier
1 große Zwiebel,
  grob gehackt
1 TL zerdrückter
  Knoblauch
½ TL geriebener
  frischer Ingwer
1 grüne Chilischote,
  entkernt und fein
  gehackt
3 EL Ghee
  oder Butter
2 EL Vindaloopaste
  oder scharfe Curry-
  paste
3 EL Kokoscreme
Öl, zum Frittieren
1 EL Koriander-
  oder Minzeblätter,
  gehackt
Zitronensaft

Vorbereitungszeit:
25 Minuten
Zubereitungszeit:
20 Minuten
Für 4-6 Portionen

1. Eier in Wasser mit
1 Esslöffel Essig 8–9 Mi-
nuten kochen. In eine
große Schüssel mit
kaltem Wasser geben,
abkühlen lassen und
pellen. Gleichmäßig mit
einer Gabel einstechen
und gut trocknen lassen.
2. Zwiebel, Ingwer und
Chilischote in Ghee
oder Butter braten, bis
sie goldgelb und weich
sind. Vindaloo- oder
Currypaste zugeben,
kurz anbraten. Kokos-
creme und 80 ml Wasser
zugießen. Unter Rühren
kochen, bis die Sauce
eindickt.
3. Frittierfett erhitzen
und Eier goldgelb aus-

backen. In den Topf mit
Kokossauce geben. Mit
Koriander und Zitronen-
saft abschmecken und
8–9 Minuten köcheln
lassen. Danach mit Reis
servieren.

TIPP:
Für selbst gemachte
Vindaloopaste einfach
6 getrocknete Chilischo-
ten in warmes Wasser
legen, bis sie weich sind.
1 Esslöffel Koriander-
samen und jeweils 1 Tee-
löffel Kreuzkümmel- und
Bockshornkleesamen so-
wie schwarze Senf- und
Pfefferkörner in einer
Pfanne ohne Fett rösten,
bis sie duften. Abgetropfte
Chilischoten, geröstete
Gewürze und jeweils
1 Teelöffel Kurkuma und
Zucker fein mahlen und
¼ Tasse Weißweinessig
unterrühren. Im Kühl-
schrank ist die Paste etwa
1 Woche haltbar.

Gekochte Eier gleichmäßig mit einer Gabel
einstechen und abtrocknen.

Kokoscreme mit der Vindaloo-Zwiebel-
Mischung verrühren und kurz garen.

Eier goldgelb frittieren.

Eier auf die Vindaloo-Zwiebel-Mischung
legen, Koriander und Zitronensaft zufügen.

BEILAGEN

Zu indischen Mahlzeiten gibt es neben Reis verschiedene Arten ungesäuerten Weizenmehlbrotes als Beilage. Zu Hauptgerichten werden immer Chutneys, eingelegtes Gemüse und Relishes gereicht, um das Essen zu ergänzen und abzurunden.

Chapatis

Die ideale Beilage für jedes indische Gericht.

375 g Atta- oder Vollkornmehl (siehe Hinweis)
1½ EL weiches Ghee
1 TL Salz
180 ml warmes Wasser

1. Mehl auf die Arbeitsfläche sieben und einen Teil der Kleie entfernen.
2. Eine Mulde in die Mitte drücken, Ghee und Salz hineingeben. Sanft mit den Fingern einarbeiten, dann ausreichend warmes Wasser zugießen, so dass der

Vorbereitungszeit:
20 Minuten
Zubereitungszeit:
20 Minuten
Für 18-24 Brote

Teig weich, aber nicht klebrig ist.
3. Den Teig 10 Minuten kneten, bis er glatt und geschmeidig ist. Dann zu einer langen Rolle formen. In 18–24 Stücke teilen und zu Bällchen rollen.
4. Auf einer leicht bemehlten Arbeitsfläche Chapatis etwa 3 mm dick ausrollen.
5. Gusseiserne Pfanne mit schwerem Boden oder beschichtete Pfanne erhitzen und mit einem

in Öl getränkten Stück Küchenkrepp ausreiben. Chapatis bei mittlerer bis hoher Hitze braten, bis sie von unten hell goldgelb sind. Wenden und von der anderen Seite braten. Sie sind fertig, wenn sie trocken und biegsam sind.
6. Chapatis stapeln. Während der Zubereitung mit einem Tuch bedecken. In Servietten wickeln, mit pikanten Kichererbsen servieren.

Hinweis: Gesiebtes Vollkornmehl kommt halb ausgemahlenem, indischen Mehl am nächsten. Wenn es erhältlich ist, Atta-Mehl verwenden.

Mehl auf eine Fläche sieben, eine Mulde in die Mitte drücken und Ghee hineingießen.

Ghee und Wasser unter das Mehl kneten, so dass ein weicher Teig entsteht.

Teigbällchen zu Kreisen mit einem Durchmesser von 10 cm ausrollen.

Chapatis ohne Fett in einer schon häufiger benutzten Pfanne hell goldgelb backen.

Gurken-Jogurt-Sauce

Erfrischende Beilage.

> **1 große Gurke**
> **1½ TL Salz**
> **125 g Naturjogurt**
> **3 TL gehackte frische**
> **Minze**

Vorbereitungszeit:
10 Minuten
Für 4-6 Portionen

den und dann salzen, um die Bitterstoffe herauszuziehen. Unter Jogurt heben und als Beilage zu einem beliebigem Curry reichen.

1. Gurke schälen, halbieren. Kerne mit einem Teelöffel entfernen. Grob raspeln, salzen und 5–6 Minuten ziehen lassen. Flüssigkeit abgießen.
2. Jogurt und Minze unter die Gurke rühren. In kleinen Schüsselchen zu einem Curry reichen.

Hinweis: Sie können die Gurke auch schälen, in dünne Scheiben schnei-

TIPP:
Statt Gurke gewürfelte Ananas oder Mango, fein gehackte Äpfel oder feste Birnen nehmen. Mit Kreuzkümmelsamen bestreuen. Zu einer indischen Mahlzeit gehören Chutneys, Relishes oder eingelegtes Gemüse. Sie sollen dem jeweiligen Gericht zusätzlich Farbe, Aroma und Struktur verleihen – süß zu scharf, feurig, um ein mildes Essen aufzupeppen, und knusprig, wenn das Hauptgericht eher weich ist.

Mit einem Teelöffel Kerne aus den geschälten Gurken entfernen.

Gurke grob raspeln.

Mit Salz bestreuen und 5–6 Minuten ziehen lassen.

Jogurt und Minze unterheben und gut verrühren.

Chili-Bananen-Jogurt

Vorbereitungszeit:
10 Minuten
Für 6 Portionen

250 g Naturjogurt
125 ml Sahne
½ TL fein gehackte
   rote Chilischote
1 Prise Salz
2 mittlere reife
   Bananen
1 rote oder grüne
   Chili, entkernt und
   in Ringe geschnitten

1. Den Jogurt in eine Glasschüssel geben. Mit einem Schneebesen glatt rühren. Nach und nach die Sahne zugießen und nach jeder Zugabe gut verschlagen.
2. Die fein gehackte rote Chilischote unterrühren und danach mit Salz abschmecken.

3. Bananen schälen und gleichmäßig klein hacken, unter die Jogurtcreme heben und gut vermengen. Mit roten oder grünen Chilischotenringen garnieren und gekühlt servieren.

Hinweis: Eine köstliche Beilage zu allen scharfen Currys. Jogurt und Bananen besänftigen den Gaumen, Chili akzentuiert die Schärfe.

TIPP:
Naturjogurt mit zerdrücktem Knoblauch, geriebenem Ingwer, gemahlenem Kreuzkümmel und etwas Chilipulver ist eine schnell zubereitete Beilage.

Jogurt und Sahne mit einem Schneebesen verschlagen.

Fein gehackte Chilischote in den Sahnejogurt rühren.

Banane schälen und gleichmäßig klein hacken.

Gehackte Bananen zum Sahnejogurt geben und gut vermengen.

SÜSSES

Indische Desserts sind nichts für Kalorienbewusste – süß und köstlich, mit reichlich Nüssen und Sahne. Dafür bieten sie einen Ausgleich für die pikanten, manchmal recht scharfen Currys.

Eis mit Nüssen und Früchten

900 ml Milch
200 g Zucker
3 EL Speisestärke
2 Eigelb, verquirlt
300 ml Sahne
2 TL Rosenwasser
50 g Kokosraspel
80 g Nüsse, z.B.
Pistazien oder Mandeln, fein gehackt
30 g Rosinen, gehackt
4 rote Belegkirschen, fein gehackt

1. Milch und Zucker in einem Topf erhitzen und

Vorbereitungszeit:
30 Minuten
+ 2 Std. Gefrierzeit
Für 6-8 Portionen

Zucker unter Rühren auflösen.
2. Speisestärke mit Eigelb und Sahne vermischen und in die Milch einrühren. Unter ständigem Rühren kochen, bis die Masse schließlich eindickt.
3. Die übrigen Zutaten einrühren. In eine nasse Eisform oder in ein anderes zum Einfrieren geeignetes Gefäß gießen. Danach gut mit Aluminiumfolie abdecken und einfrieren.
4. Anschließend das Eis herausnehmen und mit

einer Gabel aufbrechen. Gründlich durchrühren und danach erneut einfrieren.
5. 10–20 Minuten vor dem Servieren aus dem Gefrierfach nehmen. In gleichmäßige Rauten schneiden und schließlich wieder einfrieren.
Hinweis: In Indien wird Eis mit Nüssen und Früchten in kegelförmigen Metallbehältern eingefroren.

TIPP:
Rosenwasser ist eine verdünnte Rosenessenz; es wird in ganz Indien ausgiebig verwendet, um Desserts, Bonbons und Sahnejogurtgetränken Geschmack und Aroma zu verleihen.

Speisestärke, Eigelb und Sahne vermengen und in die Milch rühren.

Rosenwasser, Kokosraspeln, Nüsse, Rosinen und Kirschen zugeben, vermengen.

Eiscreme in einen nassen, zum Einfrieren geeigneten Behälter füllen.

Wenn die Creme teilweise gefroren ist, mit einer Gabel aufbrechen.

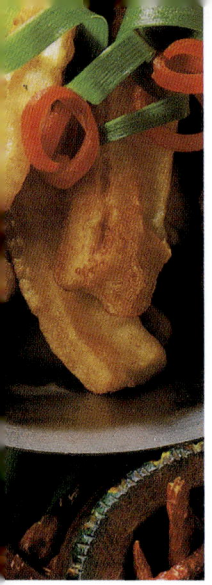

INDONESISCHE KÜCHE

Garnelen schälen und säubern, Weißfischfilets in 2 cm große Würfel schneiden.

Die Glasnudeln mit heißem Wasser vollständig bedecken. Kurz stehenlassen.

SUPPEN, SATAYS, BEILAGEN

Die indonesische Küche ist berühmt für schmackhafte Saucen und Gewürzpasten, die unter Beimischung von Gewürzen aus zerriebenen frischen Kräutern zubereitet werden.

Meeresfrüchte Laksa

Ein Glasnudelgericht.

Vorbereitungszeit:
25 Min.
Garzeit:
10 Min.
Personen: 4

500 g frische Garnelen mittlerer Größe	*1 EL Currypaste*
500 g Weißfischfilet	*1 TL Sambal Oelek*
150 g Glasnudeln	*1 TL Krabbenpaste*
1,5 l Fischbrühe	*1 TL Gelbwurzpulver*
4 Frühlingszwiebeln, gehackt	*250 ml Kokosmilch*
1 Halm Zitronengras von 10 cm Länge	*150 g Kopfsalat, in dünne Streifen geschnitten*
	2 EL gehackte Minze

Frühlingszwiebeln, Zitronengras, Currypaste, Sambal Oelek, Krabbenpaste und Gelbwurzpulver in einem Topf zum Kochen bringen. 3 Min. lang köcheln lassen.
4) Garnelen, Fischwürfel und Kokosmilch hinzugeben, weitere 3 Min. köcheln lassen. Zitronengras entfernen.
5) Zum Servieren Suppe über Kopfsalat und Glasnudeln gießen und mit Minze garnieren.

1) Garnelen schälen und säubern, Fischfilets in 2 cm große Würfel schneiden.
2) Glasnudeln mit heißem Wasser vollständig übergießen. 10 Min. stehenlassen, abgießen.
3) Fischbrühe mit

TIP
Statt Fischbrühe kann auch Wasser oder Hühnerbrühe verwendet werden.

Frühlingszwiebeln, Zitronengras, Pasten und Gelbwurzpulver zur Fischbrühe geben.

Garnelen, Fisch und Kokosmilch hinzugeben und 3 Min. köcheln lassen.

Rindfleisch-Gemüsesuppe

Vorbereitungszeit:
10 Min.
Garzeit:
2¹/₂ Std.
Personen: 4

750 g Rinderbrust mit
   Knochen (am Stück)
2 l Wasser
2 Lorbeerblätter
1 Halm Zitronengras
   von 10 cm Länge
1 EL Öl
1 Zwiebel, in dünne
Scheiben geschnitten
2 Knoblauchzehen,
   zerdrückt
2 TL frischer Ingwer,
   geraspelt

10 Kemirinüsse, grob-
   gehackt
1/2 TL
   Gelbwurzpulver
1 EL Sojasauce
200 g Chinakohl, in
   Streifen geschnitten
100 g Bohnensprossen
1 rote Paprikaschote, in
   Streifen geschnitten

1) Fleisch mit dem Fett nach unten bei mittlerer Hitze braun anbraten.
2) Wasser mit Lorbeerblättern und Zitronengras hinzugeben und zum Kochen bringen. Zuge-deckt bei niedriger Hitze 2 Std. kochen lassen. Gegartes Fleisch heraus-nehmen, von Fett und Knochen trennen, würfeln. Brühe sieben, mit dem Fleisch zurück in den Topf geben.
3) Öl erhitzen, Zwiebeln, Knoblauch, Ingwer, Kemirinüsse und Gelb-wurzpulver unter ständi-gem Rühren bei starker Hitze 3 Min. braten.
4) Zwiebelmischung zum Fleisch und zur Brühe geben. Sojasauce hinzufü-gen, 20 Min. köcheln lassen.
5) Kohl, Bohnensprossen und Paprikastreifen vermengen und in einer Schüssel mit heißem Wasser vollständig übergießen. 2 Min. stehenlassen, Wasser abschütten und Gemüse abtropfen lassen.
6) Kohlmischung mit Suppe übergießen.
Hinweis: Bis Schritt 3 kann das Gericht 3 Tage im voraus vorbereitet werden.

Wasser, Lorbeerblätter und Zitronengras in einem großen Topf zum Kochen bringen.

Kemirinüsse, Zwiebeln, Knoblauch, Ingwer und Gelbwurzpulver in einer kleinen Pfanne anbraten.

Die fertige Zwiebelmischung in die Brühe zum Fleisch geben.

Gemüse mit heißem Wasser übergießen und genügend lange stehenlassen.

Gemüse-Nudelsuppe

Vorbereitungszeit:
15 Min.
Garzeit:
10 Min.
Personen: 4

100 g dünne getrocknete Eiernudeln	4 Frühlingszwiebeln
1,5 l Hühnerbrühe	1 große Tomate, geschält und kleingehackt
100 g Blumenkohl, in einzelne Röschen zerpflückt	1 EL Sojasauce
100 g Chinakohl, in mundgerechte Stücke geschnitten	1 TL Kreuzkümmel, gemahlen
	1 TL Koriander, gemahlen

1) Nudeln einige Min. in heißem Wasser einweichen, bis die Teigstränge voneinander gelöst sind. Abtropfen lassen.

2) Gemüse vorbereiten, Frühlingszwiebeln in Streifen schneiden. Hühnerbrühe im Topf erhitzen, dann Blumenkohl, Chinakohl, Frühlingszwiebeln, Tomate, Sojasauce, Kreuzkümmel und Koriander hinzugeben. Zum Kochen bringen und bei reduzierter Hitze unbedeckt 5 Min. köcheln lassen.

3) Nudeln hinzugeben, weitere 3 Min. köcheln lassen, bis sie weich sind. Sofort servieren.

Nudeln, Blumenkohl, Chinakohl, Frühlingszwiebeln und Tomate vorbereiten.

Das zerkleinerte Gemüse in die erhitzte Brühe geben.

Tomate, Sojasauce, Kreuzkümmel und Koriander hinzugeben, alles zum Kochen bringen.

Die Nudeln hinzugeben und weitere 3 Min. kochen lassen, bis sie weich sind.

Hühner-Satay mit Erdnußsauce

Vorbereitungszeit:
15 Min.
Garzeit:
10 Min.
Personen: 8

8 Hühnerbrustfilets
2 EL Sojasauce
2 TL Limonensaft
2 TL Sesamöl

ERDNUSS-SAUCE:
100 g geröstete,
ungesalzene Erdnüsse
3 Frühlingszwiebeln, in
Streifen geschnitten

2 Knoblauchzehen
1 TL Currypulver
1 TL Kreuzkümmel,
gemahlen
1/2 TL Koriander,
gemahlen
1 EL Honig
2 TL Sojasauce
250 ml Wasser

1) Hühnerbrustfilets in schmale, längliche Stücke schneiden und auf 32 Holzspieße stecken.
2) Für die Erdnußsauce: Erdnüsse, Frühlingszwiebeln, Knoblauch, Currypulver, Kreuzkümmel, Koriander, Honig, Soja- sauce und Wasser in einem Mixer pürieren und anschließend in einer Pfanne bei mittlerer Hitze 3 Min. unter ständigem Rühren anbraten, bis die Flüssigkeit reduziert und die Sauce dickflüssig ist.

3) Die Spieße im vorgeheizten Grill auf beiden Seiten jeweils etwa 3 Min. braten, bis das Fleisch durch ist. Während des Bratens die Fleischspieße mit einer Mischung aus der Sojasauce, dem Limonensaft und dem Sesamöl bestreichen. Sofort zusammen mit der heißen Erdnußsauce servieren.
Hinweis: Die Erdnußsauce kann auch schon am Vortag zubereitet und im Kühlschrank aufbewahrt werden.

TIP
Bei Verwendung von Holzspießen sollten diese für mindestens 10 Min. in Wasser eingeweicht werden, um zu verhindern, daß sie im Grill in Brand geraten.

Hühnerfilets in schmale, längliche Stücke schneiden, auf Holzspieße stecken.

Zutaten für die Erdnußsauce in einem Mixer pürieren.

Sauce bei mittlerer Temperatur unter Rühren erhitzen, bis sie dickflüssig ist.

Fleischspieße mit einer Mischung aus Sojasauce, Limonensaft und Sesamöl bestreichen.

Lamm-Satay mit Kokosraspeln

Am Vortag vorbereiten.

Vorbereitungszeit:
10 Min. + 2 Std.
stehenlassen
Garzeit:
6 Min.
Personen: 4

4 Lammkoteletts
(etwa 800 g)
1 kleine Zwiebel,
gehackt
1 Knoblauchzehe,
zerdrückt
1 EL Tamarindensauce

1 EL Sojasauce
1 EL Essig
1 TL Sambal Oelek
25 g getrocknete
Kokosraspeln
2 EL Speiseöl
1 TL Sesamöl

1) Lammfleisch von Fett und Knochen befreien, in Würfel schneiden.

2) Zwiebel und Knoblauchzehe mit Tamarindensauce, Sojasauce, Essig, Sambal und Kokosraspeln über das Fleisch geben. 2 Std. oder über Nacht im Kühlschrank ziehen lassen.

3) Lammfleisch auf Spieße stecken, mit der Mischung aus Speise- und Sesamöl bestreichen und im vorgeheizten Grill bei hoher Hitze 3 Min. braten.

TIP
Die Marinade paßt auch zu Rind, Schwein und Huhn.

Lammfleisch von Fett und Knochen befreien und in 2 cm große Würfel schneiden.

Fleisch mit Zwiebel, Knoblauch, den Saucen, Sambal Oelek und Kokosraspeln vermengen.

Die in der Sambalmischung marinierten Lammfleischwürfel auf Spieße stecken.

Spieße mit gemischtem Speise- und Sesamöl bestreichen, bei hoher Hitze etwa 3 Min. braten.

Erdnußsauce

Sehr beliebt.

> **250 g geröstete,
> ungesalzene
> Erdnüsse**
> **1 kleine Zwiebel,
> gebackt**
> **1 Knoblauchzehe,
> kleingehackt**
> **1 TL frischer Ingwer,
> geraspelt**
> **1 TL Krabbenpaste**
> **1 TL Sambal Oelek**
> **1 EL Sojasauce**
> **1 EL Zitronensaft**
> **6 EL Mangochutney**
> **250 ml Wasser**

1) Erdnüsse und Zwiebeln in grobe Stücke hacken und sämtliche

Vorbereitungszeit:
5 Min.
Garzeit:
5 Min.
Ergibt 2 Gläser

Zutaten in einem Mixer pürieren.
2) Die Mischung in einem Topf zum Kochen bringen und anschließend bei niedriger Hitze unter gelegentlichem Umrühren etwa 5 Min. weiterköcheln lassen, bis die Flüssigkeit reduziert und die Sauce dickflüssig ist.
Hinweis: Erdnußsauce paßt zu allen Fleischsorten und ist eine beliebte Beilage für vegetarische Gerichte, Satays und das aus verschiedenen Gemüsen bestehende Gericht Gado-Gado.

Gebackene Bananen

Vorbereitungszeit:
5 Min.
Garzeit:
3 Min.
Personen: 4

Paßt ausgezeichnet zu Currygerichten.

> **3 große Bananen**
> **100 g Kokosraspeln**
> **65 ml Erdnußöl**

1) Bananen schälen und diagonal in dicke Stücke schneiden, Kokosraspeln darüberstreuen.
2) Öl zum Sieden bringen, darin Bananen bei niedriger Hitze unter Rühren backen, bis sie gar und die Kokosraspeln braun sind.

Für Erdnußsauce: Erdnüsse zerkleinern, Zwiebeln, Knoblauch und Ingwer vorbereiten.

Sämtliche Zutaten in einem Mixgerät pürieren.

Für gebackene Bananen: Bananenstücke mit Kokosraspeln bestreuen.

Bananen unter Rühren bei niedriger Hitze backen, bis sie heiß sind.

Sambal Oelek

Vorbereitungszeit: 10 Min.
Garzeit: 15 Min.
Ergibt: 1 Glas

Sambal Oelek ist eine feurig-scharfe Beilage und kann für alle Rezepte verwendet werden, die einen pikanten Geschmack erhalten sollen.

> **200 g kleine rote Chilischoten**
> **250 ml Wasser**
> **1 TL Salz**
> **1 TL Zucker**
> **1 EL Essig**
> **1 EL Öl**

1) Stiele der Chilischoten entfernen, Schoten grob zerkleinern, mit dem Wasser zum Kochen bringen. Bei niedriger Hitze zugedeckt 15 Min. köcheln lassen.
2) Chilis mit Salz, Zucker, Essig und Öl in einen Mixer geben und zu einer Gewürzpaste pürieren. Die frisch zubereitete Sambal-Oelek-Mischung bleibt in einem kleinen Glas (mit nichtmetallischem Verschluß) bis zu zwei Wochen im Kühlschrank haltbar.

> **TIP** Tragen Sie bei der Verarbeitung von Chilis Gummi- oder Einweghandschuhe, um Kontakt mit der Haut zu vermeiden. Für das Zerkleinern der Chilis können Küchenscheren oder -messer verwendet werden. Waschen Sie Messer und Küchenbrett nach Gebrauch ab. Die Samen sind der schärfste Bestandteil und können - je nach Geschmacksempfinden - entfernt werden.

Gurkenhappen

Vorbereitungszeit: 10 Min.
Garzeit: keine
Personen: 4

> **1 große Gurke**
> **1 EL Palmzucker**
> **2 EL Essig**
> **1/2 TL Salz**
> **1 EL Minze, gehackt**

1) Gurke schälen, der Länge nach halbieren und entkernen. Anschließend Gurkenhälften in dünne Scheiben schneiden.
2) Zucker, Essig, Salz und Minze zu einer Marinade verrühren und über Gurkenscheiben gießen. Eine schmackhafte Beilage.

Für Sambal Oelek: Stiele der Chilischoten entfernen, Schoten grob zerkleinern.

Salz, Zucker, Essig und Öl zu den Chilis geben und zu einer Gewürzpaste pürieren.

Gurkenhappen: Gurke schälen, der Länge nach halbieren und Samenkerne herausschaben.

Zucker, Essig, Salz und Minze zusammenmischen und über Gurkenscheiben gießen.

Baumwolltücher mit Öl bestreichen und den Reis gleichmäßig verteilen.

Den Reis zu Rollen formen und in die Tücher einschlagen.

REIS UND GEMÜSE

Reis bildet die Grundlage jeder indonesischen Mahlzeit. Für gewöhnlich serviert man ihn als Beilage zu einem Curry- und zwei oder mehr Gemüsegerichten.

Gedämpfte Reisklöße

**450 g Langkornreis
500 ml Wasser
4 ungebleichte Baumwolltücher
Öl**

1) Reis kalt abspülen und abtropfen lassen. In einem Topf mit Wasser zum Kochen bringen und bei niedriger Hitze unbedeckt 5 Min. köcheln lassen, bis das gesamte Wasser aufgenommen ist. Abkühlen lassen.
2) Die sauberen, unge-

Vorbereitungszeit:
5 Min.
Garzeit:
2 Std. und 5 Min.
Personen: 4

bleichten Baumwolltücher mit Öl bestreichen. Den Reis gleichmäßig auf die Tücher verteilen, zu Rollen formen und in die Tücher einschlagen. Die Tuchenden mit Kordel verschnüren.
3) Wasser in einem Topf zum Kochen bringen, Reisrollen hineingeben und zugedeckt bei mittlerer Hitze 2 Std. lang köcheln lassen. Gelegentlich Wasser nachfüllen, damit der Reis bedeckt bleibt. Reisrollen

nach 2 Std. herausnehmen, im Kühlschrank kalt und steif werden lassen, erst vor dem Auftragen auswickeln.
Hinweis: In Indonesien nimmt man statt Tücher meistens Bananenblätter. Wenn diese erhältlich sind - z. B. in asiatischen Lebensmittelgeschäften -, sei es zur Nachahmung empfohlen, denn es verfeinert das Aroma. Zum Verschließen der Rollenenden können Zahnstocher oder Bindfäden verwendet werden. Reisklöße oder Reisrollen werden in Scheiben oder Würfel geschnitten und kalt serviert.

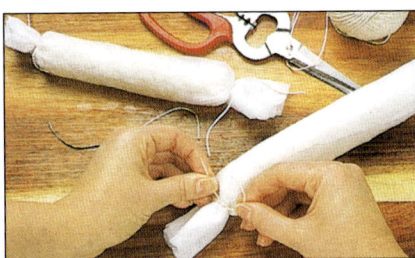

Die Tuchenden mit Kordel verschnüren, damit der Reis nicht hinausgleiten kann.

Den abgekühlten und steif gewordenen Reis in Stücke schneiden und kalt servieren.

Würziger Kokosreis

Vorbereitungszeit:
5 Min.
Garzeit:
20 Min.
Personen: 4

1 EL Öl
100 g ungesalzene
Erdnüsse, grob
zerkleinert
1 EL Kokosraspeln
250 ml Kokosmilch
500 ml Wasser
1 Halm Zitronengras
von 10 cm Länge
8 Curryblätter

2 Frühlingszwiebeln,
in 2 mm breiten
Streifen
1 TL Kreuzkümmel,
gemahlen
1/2 TL Kardamom,
gemahlen
1/2 TL Gelbwurzpulver
550 g Langkornreis

1) Öl im Topf erhitzen und Erdnüsse unter ständigem Rühren goldgelb anbraten, Kokosraspeln hinzugeben und rühren.
2) Kokosmilch und Wasser dazugeben, Zitronengras, Curryblätter und Frühlingszwiebeln unterrühren und zum Kochen bringen. Bei niedriger Hitze unbedeckt 2 Min. weiterköcheln lassen. Kreuzkümmel, Kardamom und Gelbwurzpulver dazugeben und erneut zum Kochen bringen. Reis hinzufügen und unbedeckt zum Sieden bringen.
3) Zugedeckt bei sehr niedriger Hitze weitere 10 Min. köcheln lassen. Prüfen, ob der Reis gar ist, ansonsten noch etwas nachkochen.

Hinweis:
Selbstverständlich können je nach Geschmack auch Basmati- oder Jasmin-Reis verwendet werden. Den dicht schließenden Topfdeckel während der letzten Min. nicht anheben, da ansonsten der gesamte Dampf entströmt und der Reis klebrig wird.

TIP
Curryblätter sind in Südostasien beheimatet. Sie verleihen den asiatischen Gerichten ein kräftiges, an Curry erinnerndes Aroma.

Öl erhitzen, Erdnüsse unter ständigem Rühren goldgelb anbraten, Kokosraspeln unterrühren.

Kokosmilch und Wasser zu goldgelben Nüssen und Kokosraspeln gießen, gut verrühren.

Zitronengras, Curryblätter und Frühlingszwiebeln
unterrühren, zum Kochen bringen.

Kreuzkümmel, Kardamom und Gelbwurzpulver
hinzufügen, aufkochen, Reis hinzugeben.

Nasi Goreng

Ein schnell zu bereitendes Hauptgericht.

Vorbereitungszeit:
15 Min.
Garzeit:
8 Min.
Hauptgericht für 4 Personen

500 g mittelgroße frische Garnelen
2 Hühnerschenkelfilets
2 Eier
3 EL Erdnußöl
1 große Möhre, in feinen Streifen
1 Knoblauchzehe, zerdrückt
1 TL Sambal Oelek

1 EL süße Sojasauce
880 g Reis, gekocht
4 Frühlingszwiebeln, diagonal in Streifen geschnitten
Frühlingszwiebeln und rote Paprikaschoten, in Streifen geschnitten und gekräuselt

1) Garnelen schälen und säubern, Hühnerfilets in schmale Streifen schneiden.
2) Eier mit der Gabel verquirlen. 1 EL Öl in der Bratpfanne erhitzen und die Eier darin zu einem Omelett backen.

Abkühlen lassen, zusammenrollen und in schmale Streifen schneiden.
3) Das restliche Öl in die Bratpfanne geben. Garnelen, Huhn mit Möhrenstreifen und Knoblauch unter Rühren braun anbraten.

4) Sambal Oelek, Sojasauce, Reis und Frühlingszwiebeln unterrühren und alles bei starker Hitze gar braten. Mit Omelettstreifen, gekräuselten Frühlingszwiebeln und roten Paprikastreifen garniert auftragen.

Hinweis: Dieser gebratene Reis kann als Hauptgericht und als Beilage serviert werden. Als Beilage sind etwa 300 g Reis zu kochen und die Zutaten entsprechend anzupassen. Gekochter Reis sollte vor dem Braten abkühlen, damit er nicht klebrig wird.

TIP Frühlingszwiebeln und Paprika kräuseln sich, wenn sie in schmalen Streifen in Eiswasser getaucht und gekühlt werden.

Garnelen schälen und säubern, Hühnerfilets in Streifen schneiden und Gemüse vorbereiten.

Garnelen, Hühnerfleisch, Möhre und Knoblauch unter Rühren zartbraun anbraten.

Sambal Oelek, Sojasauce, Reis und Frühlingszwiebeln dazugeben, unter Rühren garen.

Mit Omelett-, Frühlingszwiebel- und
Paprikastreifen garniert servieren.

Mais-Nuß-Pfannkuchen

Vorbereitungszeit:
10 Min.
Garzeit:
10 Min.
Personen: 4

2 Maiskolben	*1 Knoblauchzehe,*
150 g geröstete	*zerdrückt*
Erdnüsse	*1 TL Kreuzkümmel,*
3 Frühlingszwiebeln, in	*gemahlen*
Streifen geschnitten	*1 Ei, verquirlt*
2 TL frischer Ingwer,	*2 EL Reismehl*
geraspelt	*125 ml Erdnußöl*

1) Maiskörner vom Kolben entfernen und in einem Mixer mit den Erdnüssen, den Frühlingszwiebeln, dem Ingwer, dem Knoblauch und dem Kreuzkümmel sorgfältig pürieren, in eine Schüssel umfüllen.

2) Ei und Reismehl hinzugeben und kräftig verrühren.

3) Öl erhitzen, die Mischung eßlöffelweise hineingeben und mit dem Löffelrücken zu flachen Plätzchen formen. Bei mittlerer Hitze auf beiden Seiten goldbraun braten. Auf saugfähigem Papier abtropfen lassen.

Hinweis: Als Snack, Entrée oder zum Hauptgericht servieren.

Maiskörner, Erdnüsse, Frühlingszwiebeln, Ingwer, Knoblauch und Kreuzkümmel pürieren.

Ei und Reismehl hinzugeben und sorgfältig unterrühren.

Mischung eßlöffelweise in die Pfanne geben und mit Löffelrücken zu flachen Plätzchen formen.

Bei mittlerer Hitze auf beiden Seiten goldbraun braten.

Curry-Gemüse

Vorbereitungszeit:
20 Min.
Garzeit:
20 Min.
Personen: 4

2 mittelgroße Kartof-
feln (in 1 cm
großen Würfeln)
1 kleine Aubergine (in
2 cm großen Würfeln)
150 g Zuckererbsen
200 g Chinakohl
1 Möhre, in feine
Streifen Julie
geschnitten
1 Zwiebel, in 8 Stücke
geschnitten

2 EL Erdnußöl
2 Knoblauchzehen,
zerdrückt
2 TL frischer Ingwer,
geraspelt
2 TL Currypulver
1 TL Zitronenschale,
gerieben
1 EL Zitronensaft
½ TL Garnelenpaste
250 ml Wasser
250 ml Kokosmilch

1) Kartoffeln und Auber-
gine schälen und würfeln,
Zuckererbsen, China-
kohl, Möhre und Zwiebel
vorbereiten.
2) Öl erhitzen, Zwiebel hineingeben, 2 Min.
unter Rühren anbraten.
Knoblauch, Ingwer und
Currypulver hinzugeben
und 2 Min. unter Rühren
braten.

3) Zitronenschale, -saft,
Krabbenpaste, Wasser
und Kokosmilch hin-
zugeben, Mischung zum
Kochen bringen.
4) Nun Kartoffeln und
Aubergine hinzugeben,
15 Min. bei niedriger
Hitze köcheln lassen.
Zum Schluß Zucker-
erbsen, Kohl und Möhre
5 Min. mit köcheln
lassen.
Hinweis: Alle Gemüse-
sorten passen zu diesem
Rezept. Es sollte eine
Auswahl verschiedenfar-
biger Gemüse getroffen
werden.

TIP
Chinakohl sieht eher einem
Kopfsalat ähnlich. Er hat
einen delikaten Geschmack.

Kartoffeln und Aubergine, Zuckererbsen, Kohl,
Möhre und Zwiebel vorbereiten.

Kokosmilch in die Currymischung gießen und
langsam zum Kochen bringen.

Kartoffeln und Aubergine zugeben, 15 Min.
unbedeckt köcheln lassen; umrühren.

Zuckererbsen, Kohl und Möhre hinzufügen,
weich kochen.

Kalter Gemüsesalat mit pikanter Sauce

Vorbereitungszeit:
15 Min.
Garzeit:
8 Min.
Personen: 4

---

10 Spinatblätter, in 5 mm schmale Streifen geschnitten
300 g Stangenbohnen, die Enden entfernt
80 g Zuckererbsensprossen
100 g Bohnensprossen
1 rote Paprikaschote, in feine Streifen geschnitten
1 rote Zwiebel, in feine Streifen geschnitten

SALATSAUCE
2 EL Erdnußöl
1 Knoblauchzehe, zerdrückt
1 TL frischer Ingwer, geraspelt
1 kleine rote Chilischote, feingehackt
2 EL Kokosraspeln
1 EL brauner Essig
85 ml Wasser

---

1) Spinat verlesen und Blätter in schmale Streifen, Bohnen auf 10 cm Länge schneiden. Die langen Stengel der Zukkererbsen entfernen.
2) Bohnen in kochen-dem Wasser 1 Min. blanchieren, abtropfen lassen. Spinat mit Bohnen, Zuckererbsen, Bohnensprossen, Paprika-und Zwiebelstreifen in eine Schüssel geben.

3) Zubereitung der Sauce: Öl im Topf erhitzen und darin Knoblauch, Ingwer, Chili und Kokosraspeln 1 Min. bei mittlerer Hitze unter Rühren anbraten. Essig und Wasser zumischen, 1 Min. köcheln und anschließend abkühlen lassen.
4) Sauce über das Gemüse gießen und alles gründlich durchmischen. **Hinweis:** Man kann alle blanchierten Gemüse für dieses Rezept verwenden. Kontrastfarbige Gemüsesorten sollten bevorzugt werden.

TIP
Die Sauce kann bis zu 30 Min. vor dem Servieren untergemischt werden.

Spinatblätter von den Stielen befreien und in schmale Streifen schneiden.

Geschnittene Gemüse in eine Schüssel geben.

Für die Sauce: Essig und Wasser mit Knoblauch, Ingwer, Chili und Kokosraspeln vermischen.

Die Sauce über das Gemüse gießen und alles gründlich durchmischen.

Ananas mit Curry

Immer wieder beliebt.

Vorbereitungszeit:
10 Min.
Garzeit:
15 Min.
Personen: 4

---

1 mittelgroße Ananas
1 TL Kardamomsamen
1 TL Koriandersamen
1 TL Kümmelsamen
½ TL ganze
  Gewürznelken
2 EL Öl
2 Frühlingszwiebeln, in
  2 cm große Stücke
  geschnitten

2 TL frischer Ingwer,
  geraspelt
4 Kemirinüsse, grob
  gebackt
250 ml Wasser
1 TL Sambal Oelek
1 EL Minze, gebackt

---

1) Ananas schälen und halbieren, harten Strunk entfernen und Fruchtfleisch in 2 cm große Stücke schneiden.
2) Kardamom, Koriander, Kümmelsamen und Gewürznelken im Mörser zermahlen.
3) Öl im Topf erhitzen und darin Frühlingszwiebeln, Ingwer, Kemirinüsse und die Gewürzmischung bei niedriger Hitze 3 Min. anbraten.
4) Wasser, Sambal Oelek, Minze und Ananasstücke hinzugeben, zum Kochen bringen. Bei niedriger Hitze zugedeckt etwa 10 Min. köcheln lassen, bis die Ananasstücke weich sind, ihre Form aber noch behalten.

Hinweis: Ist die Ananas ein wenig herb im Geschmack, können 1 bis 2 TL Zucker zugesetzt werden. Sollte frische Ananas nicht erhältlich oder erwünscht sein, können auch etwa 450 g Ananasstücke aus der Dose (ohne Flüssigkeit) genommen werden.

TIP
Dieses Ananas-Curry-Gericht kann als Gemüsebeilage serviert werden. Unter Hinzunahme von 500 g gepellten und gesäuberten Krabben wird ein leckeres Hauptgericht daraus.

Ananas schälen und halbieren, harten Strunk entfernen und Fruchtfleisch schneiden.

Kardamom-, Koriander-, Kümmelsamen und Gewürznelken im Mörser zermahlen.

Frühlingszwiebeln, Ingwer, Kemirinüsse und Gewürzmischung im Topf anbraten.

Wasser, Sambal Oelek, Minze und Ananasstücke hinzugeben, zum Kochen bringen.

Pikanter Tofu, fritiert

Vorbereitungszeit:
10 Min.
Garzeit:
10 Min.
Personen: 4

375 g Tofu im Block
80 g Reismehl
2 TL Koriander,
  gemahlen
1 TL Kardamom,
  gemahlen
1 Knoblauchzehe,
  zerdrückt
125 ml Wasser
Öl zum Fritieren

1) Tofu abtrocknen, in 1 cm dicke Streifen schneiden.
2) Reismehl, Koriander, Kardamom und Knoblauch mit Wasser übergießen und gut verrühren.
3) Öl zum Sieden bringen, Tofustreifen durch Eintunken dick mit der Gewürzmischung überziehen.
4) Mit dem Schaumlöffel jeweils 3 Tofustreifen ins siedende Öl senken und bei mittlerer Hitze jede Seite etwa 1 Min. lang fritieren, bis der Tofu rundum knusprig und goldbraun ist. Abtropfen lassen.

Hinweis: Tofu ist in allen asiatischen Lebensmittelgeschäften und auch in Reformhäusern erhältlich. Tofu kann mit gebratenem Gemüse und jeder gewünschten Sauce serviert werden, da er geschmacksneutral ist.

Tofu in 1 cm dicke Streifen schneiden.

Reismehl, Koriander, Kardamom und Knoblauch mit Wasser vermischen und gut verrühren.

Tofustreifen durch Eintunken dick und gleich-mäßig mit der Gewürzmischung überziehen.

Die Streifen in siedendes Öl senken, knusprig und goldbraun fritieren.

Fleisch in dünne Scheiben schneiden und – wenn nötig – mürbe schlagen.

Knoblauch, Zitronenschale, Ingwer, Koriander, Gelbwurzpulver, Palmzucker und Öl vermischen.

FLEISCH UND GEFLÜGEL

Die meisten der folgenden Speisen können schon am Vortag zubereitet werden, damit sich das Aroma voll entfalten kann. Kurz vor dem Servieren aufwärmen.

Rinderfilet mit Kokosraspeln

Vorbereitungszeit:
15 Min. + 1 Std.
stehenlassen
Garzeit:
10 Min.
Personen: 4

500 g Rinderfilet
2 Knoblauchzehen,
zerdrückt
2 TL Zitronenschale,
gerieben
1 TL frischer Ingwer,
geraspelt
2 TL Koriander,
gemahlen

½ TL Gelbwurz-
pulver
2 TL Palmzucker
3 EL Erdnußöl
50 g Kokosraspeln
3 Frühlingszwiebeln,
in dünne Streifen
geschnitten

1) Fleisch in dünne Scheiben schneiden und – wenn nötig – mit dem Fleischhammer mürbe schlagen.

2) Knoblauch, Zitronenschale, Ingwer, Koriander, Gelbwurzpulver, Palmzucker und 2 EL Öl ver-

mengen und das Fleisch darin wenden, so daß beide Seiten damit überzogen sind. Mindestens 1 Std. ziehen lassen.

3) Den dritten EL Öl erhitzen, das Fleisch unter Rühren braun anbraten. Kokosraspeln und Frühlingszwiebeln dazugeben, unter Rühren 1 Min. braten, bis alle Zutaten gleichmäßig braun sind. Mit gedämpftem Reis servieren.

TIP
Rinderfilet läßt sich leichter schneiden, wenn es zuvor 1 Std. lang im Gefrierfach gekühlt wurde.

Das in der Gewürzmischung kräftig marinierte Rindfleisch in der Pfanne braten.

Mit Kokosraspeln und Frühlingszwiebeln 1 Min. lang gar braten. Sofort auftragen.

163

Lammcurry

Ein sehr beliebtes Gericht.

Vorbereitungszeit:
15 Min.
Garzeit:
1 1/2 Std.
Personen: 6

1 1/2 kg Beinscheibe vom Lamm, mit Knochen	*1 große Zwiebel, kleingehackt*
1 EL Koriandersamen	*2 Knoblauchzehen, zerdrückt*
2 TL schwarze Pfefferkörner	*2 TL frischer Ingwer, geraspelt*
2 TL Kardamomsamen	*1 Halm Zitronengras von 10 cm Länge*
2 TL Kümmelsamen	*400 g Tomaten aus der Dose*
6 ganze Gewürznelken	*500 ml Wasser*
1/2 Zimtstange, zerbröselt	*250 ml Kokosmilch*
2 EL Öl	

1) Lammfleisch vom Fett befreien und in große Würfel schneiden.
2) Koriander-, Kardamom-, Kümmelsamen, Pfefferkörner, Gewürznelken und Zimt gut im Mörser zermahlen.
3) Öl in der Pfanne erhitzen, Fleisch in 3 Schüben braun braten und wieder herausnehmen.
4) Zwiebeln, Knoblauchzehen, Ingwer und Zitronengras in der Pfanne unter Rühren braten, bis die Zwiebeln weich sind. Gewürze unter Rühren 3 Min. mitbraten.
5) Fleisch, zerdrückte Dosentomaten samt Flüssigkeit, Wasser und Kokosmilch hinzufügen, aufkochen. Dann bei niedriger Hitze unbedeckt und unter häufigem Rühren etwa 1 1/2 Std. köcheln lassen, bis das Fleisch zart ist.
Hinweis: Dieses Currygericht ist mild. Für eine schärfere Variante 1 - 4 fein zerhackte Chilischoten hinzufügen.

TIP
Die meisten Indonesier sind Moslems und dürfen also kein Schweinefleisch essen. Lamm-, Rind- und Ziegenfleisch ist ihnen gestattet.

Lammfleisch schneiden. Die Gewürze im Mörser zermahlen.

Öl in der Pfanne erhitzen, Fleisch braun braten und aus der Pfanne entnehmen

Zwiebeln, Knoblauchzehen, Ingwer und Zitronengras unter Rühren anbraten.

Zum Lamm die Tomaten samt Flüssigkeit, das Wasser und die Kokosmilch hinzugeben.

Pikante Rindfleischbällchen mit Tomaten und Nudeln

Vorbereitungszeit:
15 Min.
Garzeit:
15 Min.
Personen: 4

500 g Hackfleisch vom Rind	1 Ei, verquirlt
250 g Kartoffelpüree	185 ml Erdnußöl
2 TL Sambal Oelek	
1 EL Sojasauce	TOMATEN UND GLASNUDELN
1 EL Koriander, gemahlen	425 g Tomaten aus der Dose
1 TL Kreuzkümmel, gemahlen	250 ml Wasser
1 TL Kardamom, gemahlen	1 Zwiebel, gehackt
¹/₂ TL Muskatnuß, gemahlen	2 Knoblauchzehen, zerdrückt
	1 EL Sojasauce
	100 g Glasnudeln

1) Hackfleisch, Kartoffelpüree, Sambal, Sojasauce, Koriander, Kreuzkümmel, Kardamom, Muskat und Ei in einer Schüssel vermischen, eßlöffelweise entnehmen und zu Bällchen formen.
2) Öl in einer Bratpfanne erhitzen und darin die Fleischbällchen bei mittlerer Hitze gar und rundum braun braten. Auf Küchenpapier abtropfen lassen.
3) Für die Tomaten und Glasnudeln: Zerdrückte Dosentomaten samt Flüssigkeit mit Wasser, Zwiebel, Knoblauch und Sojasauce in einem Topf zum Kochen bringen. Unbedeckt 10 Min. köcheln lassen. Glasnudeln hinzugeben und 3 Min. mitkochen, bis sie weich sind. Mit den Fleischbällchen auftragen.
Hinweis: Glasnudeln sind in Supermärkten und asiatischen Lebensmittelgeschäften erhältlich.

TIP
Auch Kartoffelpüreepulver kann verwendet werden.

Mischung aus Hackfleisch, Gewürzen und Ei zu kleinen Bällchen rollen.

Öl in der Pfanne erhitzen und die Bällchen bei mittlerer Hitze rundum durchbraten.

Zwiebeln und Knoblauch zu den zerdrückten
Tomaten und dem Wasser geben.

Glasnudeln in die Tomatenmischung geben und
köcheln lassen, bis sie weich sind.

Steak »Rendang«

Mit Reis servieren.

Vorbereitungszeit:
15 Min.
Garzeit:
2 Std.
Personen: 4

---

1 kg Rumpsteak
2 Zwiebeln, gehackt
4 Knoblauchzehen,
*   kleingehackt*
1 EL frischer Ingwer,
*   geraspelt*
4 kleine rote Chili-
*   schoten, fein-*
*   gehackt*
125 ml Wasser
2 TL Koriander,
*   gemahlen*
2 EL Tamarindensauce
1 TL Gelbwurzpulver
10 Curryblätter
1 Halm Zitronengras
*   von 10 cm Länge*
1 l Kokosmilch

---

1) Das Fleisch von Fett und Sehnen befreien, in 3 cm große Würfel schneiden und beiseite stellen.
2) Zwiebeln, Knoblauch, Ingwer und Chilischoten zusammen mit dem Wasser in einem Küchenmixer sorgfältig pürieren.

Die Mischung zum Fleisch geben.
3) Koriander, Tamarindensauce, Gelbwurzpulver, Curryblätter und Zitronengras unterrühren. Anschließend die Kokosmilch dazugeben. Aufkochen und dann bei mittlerer Hitze unbedeckt

1 Std. köcheln lassen. Anschließend bei sehr niedriger Hitze weitere 30 Min. köcheln lassen, dabei häufig umrühren. Sobald das Fleisch sehr zart und die Flüssigkeit absorbiert ist, das Zitronengras entfernen und servieren.

Hinweis: Häufiges Umrühren ist unerläßlich, um während der letzten 30 Kochminuten zu verhindern, daß sich die Kokosmilch absetzt und klebrig wird. Dieses für die indonesische Küche typische und sehr wohlschmeckende Currygericht muß so lange bei mittlerer und niedriger Hitze gekocht werden, bis das Fleisch sehr saftig und die Kokosmilch vollständig absorbiert ist.

Zwiebeln, Knoblauch, frischen Ingwer und rote Chilischoten vorbereiten.

Gemisch aus Zwiebeln, Gewürzen, Chilis und Wasser zu den Fleischwürfeln geben.

Koriander, Tamarindensauce, Gelbwurzpulver,
Curryblätter und Zitronengras unterrühren.

Kokosmilch hinzurühren. Zum Kochen bringen,
bei niedriger Hitze köcheln lassen.

Gebackenes Huhn mit Zitrone

**4 Hühner
(jeweils 500 g)
2 Zwiebeln, gehackt
2 rote Chilischoten
2 Knoblauchzehen,
zerdrückt
1 Frühlingszwiebel,
gehackt
65 ml Erdnußöl
65 ml Zitronensaft**

Vorbereitungszeit: 15 Min.
+ 1 Std. stehenlassen
Garzeit: 40 Min.
Personen: 4

1) Hühner an Brustbein
und Wirbelsäule entlang
halbieren. Die Stücke ein
wenig flach drücken.
2) Zwiebeln, Chili-
schoten, Knoblauch-
zehen, Frühlingszwiebel,
Erdnußöl und Zitronen-
saft in einem Küchen-
mixer zu einer Marinade
pürieren und über das
Hühnerfleisch verteilen.
Mindestens 1 Std.– besser

eine Nacht – stehen-
lassen.
3) Hühnerhälften mit
einer Greifzange aus der
Marinade nehmen,
nebeneinander in eine
feuerfeste Form schichten
und 40 Min. bei 180 °C
backen, bis das Fleisch
gar und knusprig braun
ist. Gelegentlich mit
Marinade bestreichen.

TIP
Diese Marinade eignet sich
für alle Teile des Huhns
gleichermaßen gut.

Die Hühner an Brustbein und Wirbelsäule
entlang halbieren.

Zwiebeln, Chili, Knoblauch, Öl und Zitronensaft
in Küchenmixgerät zu einer Marinade pürieren.

Marinade über das Hühnerfleisch verteilen und
mindestens 1 Std. ziehen lassen.

Die Hühnerhälften nebeneinander in eine
feuerfeste Form schichten.

Huhn »Tamarinde«

Milde Chili nehmen.

Vorbereitungszeit:
15 Min. + 2 Std.
stehenlassen
Garzeit: 30 Min.
Personen: 4

4 Hühneroberschenkel	*zerdrückt*
4 Hühnerunterschenkel	*2 EL Erdnußöl*
85 ml Tamarinden-	*2 rote Chilischoten,*
sauce	*kleingehackt*
2 TL Koriander,	*6 Frühlingszwiebeln,*
gemahlen	*feingehackt*
1 TL Gelbwurzpulver	*Öl zum Fritieren*
2 Knoblauchzehen,	

1) Hühnerschenkel von der Haut befreien und in einem Topf mit Wasser etwa 15 Min. zugedeckt köcheln lassen, bis das Fleisch durch ist. Sorgfältig abtupfen und abkühlen lassen.
2) Tamarindensauce, Koriander, Gelbwurzpulver und Knoblauch verrühren und gleichmäßig über das Fleisch verteilen. Mindestens 2 Std. – besser eine Nacht – stehenlassen.
3) Erdnußöl in Bratpfanne erhitzen und darin Chilischoten und Frühlingszwiebeln bei niedriger Hitze 3 Min. unter Rühren anbraten.

Zur Seite stellen.
4) Fritieröl zum Sieden bringen und das Fleisch portionsweise bei mittlerer Hitze 5 Min. braten, bis die Stücke goldbraun und gar sind. Auf saugfähigem Papier abtropfen lassen und warmstellen, während die restlichen Schenkel auf die gleiche Weise gebraten werden.
5) Fleisch mit der Chili-Mischung als Beilage servieren.
Hinweis: Für eine mildere Variante grüne Chilischoten verwenden.

TIP

Statt das marinierte Hühnerfleisch zu fritieren, kann man es je nach Geschmack auch grillen.

Hühnerkeulen von der Haut befreien und in einen Topf mit Wasser legen.

Das Fleisch gleichmäßig mit der Gewürzmischung überziehen.

Öl erhitzen, Chilischoten und Frühlingszwiebeln
bei niedriger Hitze unter Rühren anbraten.

Hühnerfleisch goldbraun braten und auf
Küchenpapier abtropfen lassen.

Huhn mit Ananas

Vorbereitungszeit:
20 Min.
Garzeit:
35 Min.
Personen: 4

8 Hühnerkeulen	*1 Knoblauchzehe,*
1 kleine Ananas	*zerdrückt*
2 EL Erdnußöl	*2 kleine rote Chili-*
1 Zwiebel, grob	*schoten, in Ringe*
gehackt	*geschnitten*
1 TL frischen Ingwer,	*85 ml Kokosmilch*
geraspelt	*125 ml Wasser*

1) Mit einem Hackmesser die Knochenenden der Keulen entfernen. Das Fleisch von Haut und Fett befreien.

2) Ananas schälen, Strunk entfernen, Fruchtfleisch würfeln.

3) Öl in einer Pfanne erhitzen, Keulen und Zwiebel unter Rühren braun anbraten. Die Ananasstücke hinzugeben und 1 Min. ständig hin und her wenden. Ingwer, Knoblauch und Chilischoten 1 Min. durchbraten.

4) Kokosmilch und Wasser hinzugießen, aufkochen und bei niedriger Hitze zugedeckt unter gelegentlichem Umrühren etwa 30 Min. schmoren lassen, bis das Fleisch zart ist.

Fleisch von Haut und Fett befreien und zusammen mit den Zwiebeln unter Rühren anbraten.

Ananasstücke hinzugeben und 1 Min. beständig hin und her wenden.

Frischen Ingwer, Knoblauch und rote Chilischoten beifügen und 1 Min. durchbraten.

Kokosmilch und Wasser hinzugießen, zum Kochen bringen und bei niedriger Hitze schmoren lassen.

Huhn »Pandang«

Ein bekömmliches,
aromatisches Gericht.

Vorbereitungszeit:
15 Min. + 1 Std.
stehenlassen
Garzeit: 40 Min.
Personen: 4

---

*1 kg Hühnerbrustfilets
in 3 cm großen
Würfeln
125 ml Limonensaft
250 g reife Tomaten
250 ml Wasser
3 kleine rote Chili-
schoten, in kurze,
dünne Streifen*

*geschnitten
2 TL frischer Ingwer,
geraspelt
2 Knoblauchzehen,
zerdrückt
1 TL Gelbwurzpulver
1 Halm Zitronengras
250 ml Kokosmilch-
Creme*

---

1) Hühnerfleisch mit
Limonensaft beträufeln
und 1 Std. ziehen lassen.
2) Die Tomaten klein-
hacken, gut mit Wasser
verrühren und durch ein
Sieb in einen Topf
streichen.
3) Chilischoten, Ingwer,
Knoblauch, Gelbwurz-
pulver, Zitronengras und
Hühnerfleisch hinzu-
geben. Zum Kochen
bringen und zugedeckt
30 Min. köcheln lassen.
4) Kokosmilch-Creme
unterrühren und unbe-
deckt weitere 10 Min.
köcheln lassen. Zitro-
nengras entfernen.

*Hühnerbrustfilets in 3 cm große Würfel
schneiden, mit Limonensaft beträufeln.*

*Gehackte Tomaten mit Wasser verrühren und
durch ein Sieb in einen Topf streichen.*

Chilischoten, Ingwer, Knoblauch, Gelbwurzpulver, Zitronengras und Hühnerfleisch hinzugeben.

Kokosmilch-Creme unterrühren und unbedeckt weitere 10 Min. köcheln lassen.

Kokosmilch-Creme, Zitronenschale, Saft, Sojasauce und Krabbenpaste verrühren.

Öl in Pfanne erhitzen, darin Zwiebeln und Garnelen unter Rühren weich dünsten.

MEERESFRÜCHTE

Die indonesischen Gewässer sind reich an Fischen und Meeresfrüchten. Die Gerichte schmecken würzig-pikant und sind berühmt für die großzügige Verwendung von Kokosmilch-Creme.

Riesengarnelen mit Gewürzen und Kokosmilch-Creme

Vorbereitungszeit:
15 Min.
Garzeit:
5 Min.
Personen: 4

1¹/₄ kg frische
  Riesengarnelen
200 ml Kokosmilch-
  Creme
1 TL Limonen- oder
  Zitronenschale,
  gerieben
1 EL Limonen- oder
  Zitronensaft

2 TL Sojasauce
¹/₂ TL Krabbenpaste
1 EL Erdnußöl
1 kleine Zwiebel,
  in 8 Stücke zerteilt
Frühlingszwiebeln und
  roter Paprika in
  dünnen Streifen,
  gekräuselt

1) Krabben schälen, Schwanzstücke nicht abtrennen, säubern.
2) Kokosmilch-Creme, Schale und Saft von Limone (Zitrone), Sojasauce und Krabbenpaste verrühren.

3) Öl erhitzen, Zwiebelstücke unter Rühren weich schmoren. Garnelen unter Rühren 2 Min. mitbraten.
4) Kokosmischung hinzugeben und 3 Min. unter Rühren erhitzen, bis die Sauce eingedickt ist. Mit Frühlingszwiebel- und Paprikastreifen garnieren.

> **TIP** Dieses Gericht kann schon am Vortag zubereitet und kurz vor dem Auftragen aufgewärmt werden. Sehr fein geschnittene, 6 cm lange Streifen Frühlingszwiebeln und Paprika kräuseln sich, wenn sie in Eiswasser gekühlt werden. Abtropfen lassen.

Die Kokosmischung hinzugeben und etwa 3 Min. unter Rühren erhitzen.

Zwiebel und Paprika in sehr feine Streifen schneiden und in Eiswasser legen: zum Garnieren.

Riesengarnelen mit Erdnüssen

Vorbereitungszeit:
1 Std. 20 Min.
Garzeit:
3 Min.
Personen: 4

1) Garnelen schälen, Schwanzstücke nicht abtrennen, säubern.
2) Garnelen, Zwiebeln, Knoblauch, Ingwer, Sambal Oelek, Koriander, Gelbwurzpulver, Zitronenschale, Zitronensaft und Erdnußkerne mischen, mind. 1 Std. ziehen lassen.
3) Öl in Pfanne erhitzen und Krabbenmischung bei hoher Hitze 3 Min. unter Rühren braten, bis sie gar ist.

1¹/₄ kg frische Riesengarnelen
4 Frühlingszwiebeln, in Streifen geschnitten
1 Knoblauchzehe, zerdrückt
1 TL frischer Ingwer, geraspelt
1 TL Sambal Oelek
1 TL Koriander, gemahlen
¹/₂ TL Gelbwurzpulver
1 TL Zitronenschale, gerieben
1 EL Zitronensaft
100 g geröstete, ungesalzene Erdnußkerne
2 EL Erdnußöl

Garnelen schälen, Schwanzstücke nicht abtrennen, säubern.

Garnelen, Zwiebeln, Knoblauch, Ingwer, Sambal Oelek, Koriander und Gelbwurzpulver vermischen.

Zitronenschale, Zitronensaft und Erdnußkerne hinzugeben, ziehen lassen.

Garnelenmischung in das erhitzte Öl geben und unter Rühren braten, bis sie gar ist.

Gebackener pikanter Fisch

Vorbereitungszeit:
15 Min.
Garzeit:
30 Min.
Personen: 2

2 ganze Weißfische,
jeweils etwa 300 g
schwer
1 Zwiebel, gehackt
1 Knoblauchzehe,
zerdrückt
1 TL frischen Ingwer,
geraspelt

1 TL Zitronenschale,
gerieben
2 EL Tamarinden-
sauce
1 EL Sojasauce
1 EL Erdnußöl

1) Fisch auf große Folienstücke legen und mit einem scharfen Messer auf beiden Seiten in gleichmäßigem Abstand jeweils 3 tiefe Kerben schneiden.

2) Zwiebel, Knoblauch, Ingwer, Zitronenschale, Tamarinden-, Sojasauce und Erdnußöl in einem Küchenmixer zu einer dickflüssigen Mischung verrühren.

3) Mischung in die Einschnitte und auf beide Seiten der Fische streichen.

4) Jeden Fisch in Folie einschlagen und diese auf allen Seiten gut verschließen. Fische in einer feuerfesten Form etwa 30 Min. lang bei 180 °C gar backen.

Fisch auf große Stücke Folie legen, auf beiden Seiten 3 tiefe Kerben schneiden.

Die Gemüse, Gewürze, Saucen und das Öl verrühren.

Die Mischung in die Kerben und auf beide
Seiten der Fische streichen.

Fische in Folie einschlagen und gut verschließen.
In einer feuerfesten Form gar backen.

Fischkoteletts mit Currysauce

Vorbereitungszeit:
10 Min.
Garzeit:
15 Min.
Personen: 4

1 EL Öl	*1 TL Currypulver*
1 Zwiebel, in dicke	*2 TL Sojasauce*
längliche Streifen	*2 TL Zitronensaft*
geschnitten	*250 ml Wasser*
1 TL frischer Ingwer,	*4 Fischkoteletts, vom*
geraspelt	*Schwanzende*
8 Kemirinüsse, in	*2 Frühlingszwiebeln, in*
jeweils 8 Stücke zerteilt	*Streifen geschnitten*

1) Öl in Pfanne erhitzen und die Zwiebelstreifen unter Rühren weich braten. Ingwer, Kemiri-nüsse und Currypulver hinzugeben und bei niedriger Hitze weitere 3 Min. unter Rühren braten.

2) Sojasauce, Zitronensaft und Wasser hinzugießen, zum Kochen bringen, 3 Min. köcheln lassen.

3) Fischkoteletts zu den übrigen Zutaten in die Pfanne geben und zugedeckt auf jeder Seite 5 Min. schmoren lassen, bis sie gar sind.

Hinweis: Das Rezept eignet sich für alle Weißfischkoteletts oder -filets.

Ingwer, Kemirinüsse und Currypulver zu den angebratenen Zwiebeln geben.

Sojasauce, Zitronensaft und Wasser hinzugeben, zum Kochen bringen.

Fischkoteletts auf die Zwiebelmischung geben und zugedeckt schmoren lassen.

Die gehackten Zwiebeln auf Fischkoteletts und Zwiebelmischung streuen.

Eier und Milch verquirlen, zum gesiebten Mehl und Reismehl mit Kokosraspeln und Zucker geben.

2 EL der Teigmischung in die erhitzte Pfanne geben, goldbraun backen und wenden.

DESSERTS

Die frischen tropischen Früchte Indonesiens werden mit Kokosmilch-Creme sowie Palmzucker zu wohlschmeckenden Nachspeisen zubereitet.

Mango-Crêpes mit Kokosnuß-Sauce

Vorbereitungszeit:
10 Min.
Garzeit:
15 Min.
Personen: 4

---

80 g Mehl, gesiebt
80 g braunes Reismehl
80 g Kokosraspeln
2 EL Puderzucker
2 Eier, verquirlt
320 ml Milch

2 Mangos, geschält und gewürfelt
250 ml Kokosmilch-Creme
1 EL Palmzucker

---

1) Mehl und Reismehl in einer Schüssel mit Kokosraspeln und Zucker mischen. Eier und Milch verquirlen und mit einem Schneebesen kräftig unterrühren, bis der Teig glatt ist.

2) Bratpfanne einfetten und auf mittlere Temperatur erhitzen. 2 EL der Teigmischung anbacken, bis die Unterseite zartbraun wird. Crêpe wenden, 1 Min. backen und herausnehmen.

3) Mangostücke auf die Crêpes verteilen, zusammenrollen und die Enden umschlagen.

4) Kokosmilch-Creme und Palmzucker im Topf verrühren, bis sich der Zucker aufgelöst hat. Zum Servieren über die Crêpes gießen.

Hinweis: Statt frischer Mangos können Sie einfach Mangostücke aus der Dose oder andere frische Obstsorten verwenden.

TIP
Palmzucker ist dunkelbraun und wird aus dem Saft der Kokospalmblüte gewonnen.

Mangostücke auf Crêpes verteilen, zusammenrollen und die Enden einschlagen.

Kokosmilch-Creme und Palmzucker im Topf verrühren, bis sich der Zucker aufgelöst hat.

Heiße Bananen mit Zimt-Kokosnuß-Sauce

Vorbereitungszeit:
5 Min.
Garzeit:
10 Min.
Personen: 4

4 große Bananen

KOKOSNUSS-SAUCE
1 EL Mehl
2 EL Zucker

¹/₂ TL Zimt, gemahlen
320 ml Kokosmilch

1) Bananenenden abschneiden. Dann Bananen im zugedeckten Dämpfer über einem Topf mit kochendem Wasser 5 Min. garen.

2) Heiße Bananen mit Hilfe von Greifzange und Messer schälen.

3) Für die Kokosnuß-Sauce: Mehl, Zucker und Zimt sorgfältig in einem Topf verrühren. Die Kokosmilch unterrühren und die Mischung anschließend bei mittlerer Hitze ständig rühren, bis sie kocht und eindickt. 2 Min. köcheln lassen. Die Kokosnuß-Sauce über die heißen Bananen geben und servieren.

Hinweis: Die Bananenschalen bräunen während des Dämpfens, doch innen wird die Banane goldgelb.

Bananen abspülen und die Enden mit einem scharfen Messer abschneiden.

Bananen im zugedeckten Dämpfer über einem Topf mit kochendem Wasser 5 Min. dämpfen.

Bananen vorsichtig schälen. Innen sollten sie jetzt goldgelb sein.

Mehl, Zucker, Zimt und Kokosmilch verrühren, langsam dickflüssig kochen.

Schokoladen-Gewürz-Kuchen

Vorbereitungszeit: 30 Min.
Garzeit: 45 Min.
Ergibt einen Kuchen von 20 cm Durchmesser

185 g Butter	*100 g bittere*
150 g Zucker	*Schokolade,*
4 Eier	*zerkleinert*
300 g Mehl	*2 TL Backgewürz-*
1 TL Backpulver	*mischung*
190 ml Milch	*Puderzucker*

1) Den Ofen auf 180 °C vorheizen. Butter und Zucker mit einem Mixer schaumig rühren. Die Eier einzeln hinzugeben und gut verrühren.
2) Mehl und Backpulver mischen, sieben und zusammen mit der Milch unterrühren.

3) Teigmischung halbieren. Eine Portion mit der Schokolade und eine Portion mit der Backgewürzmischung verrühren.
4) Schokoladenteig in eine eingefettete Kuchenform geben. Teig mit Backgewürzmischung darüber verteilen und glattstreichen.
5) Den Kuchen etwa 45 Min. backen, dann auf ein Gitter stürzen und abkühlen lassen. Mit Puderzucker bestäubt servieren.

Mehl, Backpulver und Milch mit Butter, Zucker und Ei verrühren.

Eine Teighälfte mit Schokolade, die andere mit Backgewürzmischung vermengen.

Schokoladenteig mit Löffel in die Kuchenform geben und glattstreichen.

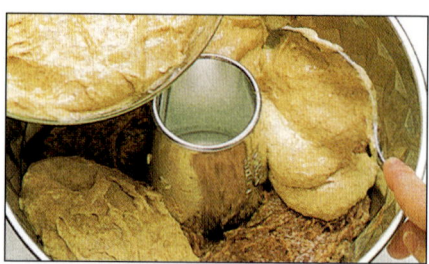

Teig mit der Backgewürzmischung darüber verteilen und ebenfalls glattstreichen.

Japanisch und
Koreanisch kochen

Sesamkörner zum Rösten in einer trockenen Pfanne rühren, bis sie goldgelb sind.

Die Gurke halbieren, dann die Samen mit
einem Teelöffel ausschaben.

JAPANISCHE KÜCHE

*Angesichts der Geheimnisse, die diese Küche umwittern, ist es verblüffend,
wie einfach die Gerichte zuzubereiten sind.*

Sunomono

(Garnelensalat mit
pikantem Dressing)

Vorbereitungszeit:
20 Minuten + 1
Stunde Einweichzeit
Kochzeit:
5 Minuten
Für 4 Personen

1/2 Salatgurke
375 g mittelgroße
rohe Garnelen
3 EL Reisessig
1 EL feiner Zucker
1 EL Sojasauce

1 TL frischer Ingwer,
feingerieben
1 EL geröstete
Sesamkörner

---

1. Die Gurke längs halbieren und den Samen mit einem Teelöffel herausschaben; mit einem Gemüseschäler schälen. Das Fruchtfleisch in dünne Scheiben schneiden, gut salzen und 5 Minuten stehen lassen.

Salz abspülen und mit Küchenpapier trockentupfen.
2. Die Garnelen 2 Minuten in einem Topf mit leicht gesalzenem Wasser köcheln lassen, bis sie gerade gar sind. Abtropfen lassen und

in kaltem Wasser abschrecken. Abkühlen lassen, dann schälen und putzen, ohne die Schwänze zu entfernen.
3. Essig, Zucker, Sojasauce und Ingwer in einer großen Schüssel miteinander verrühren, bis sich der Zucker aufgelöst hat. Garnelen und Gurke hineingeben und 1 Stunde marinieren.
4. Auf Tellern anrichten, mit Sesamkörnern bestreuen und anschließend servieren.

Hinweis: Diese rohen oder kurz gekochten, marinierten Gerichte mit Essigdressing eignen sich hervorragend als Vorspeisen.

Die Gurkenscheiben abspülen, dann mit
Küchenpapier trockentupfen.

Die gekochten Garnelen schälen und
putzen, ohne die Schwänze zu entfernen.

Tofu-Miso-Suppe

(Sättigender Hauptgang)

Vorbereitungszeit:
15 Minuten
Kochzeit:
7 Minuten
Für 4 Personen

250 g Tofu	*80 g Dashigranulat*
1 Frühlingszwiebel	*100 g Miso*
1 l Wasser	*1 EL Mirin*

1. Den Tofu mit einem scharfen Messer in Würfel schneiden. Die Frühlingszwiebel schräg in 1 cm lange Stücke schneiden. Tofu und Zwiebel beiseite stellen.

2. Wasser und Dashi in einem kleinen Topf mit einem Holzlöffel miteinander verrühren und dann zum Kochen bringen. Miso und Mirin in einer kleinen Schüssel miteinander verrühren und zur Brühe in den Topf geben. Die Suppe bei mittlerer Temperatur rühren, ohne sie aufkochen zu lassen, nachdem die Misopaste sich aufgelöst hat (Überhitzung führt zu Geschmacksverlust).

3. Die Tofuwürfel in die heiße Suppe geben und 5 Minuten bei mittlerer Temperatur unter Rühren erhitzen, aber nicht kochen.

4. In Suppenschüsseln mit der Frühlingszwiebel garniert servieren.

Den Tofu mit einem scharfen Messer in 1 cm große Würfel schneiden.

Die Frühlingszwiebel sorgfältig schräg in 1 cm große Stücke schneiden.

Wasser und Dashi mit einem Holzlöffel in einem kleinen Topf vermischen.

Miso und Mirin in einer kleinen Schüssel gründlich miteinander verrühren.

Sushiröllchen

(Köstlicher Reisimbiß)

Vorbereitungszeit:
45 Minuten
Kochzeit:
8–10 Minuten
Ergibt etwa 30 Röllchen

*220 g weißer Rund-
kornreis*
500 ml Wasser
2 EL Reisessig
1 EL feiner Zucker
1 TL Salz
4 Blätter Nori
Wasabi, nach Wunsch
*125 g geräucherter
Lachs, Forelle oder*

*frischer Sashimi-
Thunfisch*
*1 kleine Einlege-
gurke, geschält*
*1/2 kleine Avocado,
nach Wunsch*
*3 EL eingelegter Ing-
wer oder eingelegtes
Gemüse*
Sojasauce, als Dip

1. Den Reis in kaltem Wasser waschen, bis das ablaufende Wasser klar ist. Anschließend gut abtropfen lassen. Reis und Wasser in einem mittelgroßen Topf zum Kochen bringen, dann die Temperatur reduzieren und 4–5 Minuten köcheln lassen, bis das Wasser vollständig aufgenommen ist. Abdecken, die Temperatur auf sehr niedrige Stufe reduzieren und weitere 4–5 Minuten garen. Den Topf vom Herd nehmen und etwa 10 Minuten abgedeckt abkühlen lassen.

2. Den mit Zucker und Salz vermischten Essig zum Reis geben und mit einem Holzlöffel durchrühren, bis der Reis kühl ist.
3. Ein Noriblatt auf einer ebenen Arbeitsfläche auf ein Blatt Backpapier oder eine Bambusmatte legen und ein Viertel des Reises auf der unteren Hälfte verteilen. Dabei einen 2 cm breiten Rand lassen. Eine sehr geringe Menge Wasabi längs auf die Mitte des Reises geben. Den Fisch in dünne Streifen schneiden. Die Gurke und die Avocado in etwa 5 cm

lange Stifte schneiden. Ein Viertel der Fisch-, Gurken-, Avocado- und Ingwer- oder Gemüsestücke auf dem Wasabistreifen verteilen.
4. Das Noriblatt mit Hilfe von Backpapier oder Bambusmatte fest mit Reis und Füllung in der Mitte aufrollen und die Blattränder zusammendrücken.
5. Die Rolle mit einem scharfen Messer oder einem elektrischen Messer in 2,5 cm dicke Scheiben schneiden. Die Sushiröllchen auf kleinen Tellern servieren. Dazu Schälchen mit Sojasauce und Wasabipaste (die zu einem Dip gemischt werden) reichen.

Hinweis: Die Sushirollen können bis zu vier Stunden im voraus zubereitet und abgedeckt im Kühlschrank aufbewahrt werden. Schneiden Sie sie erst kurz vor dem Servieren auf. Sashimi-Thunfisch erhält man in guten Fischhandlungen – kaufen Sie stets nur absolut frischen Fisch.

Reis kochen, bis das Wasser aufgenommen ist. Abdecken; Temperatur reduzieren.

Ein Viertel des Reises auf der unteren Hälfte jedes Noriblatts verteilen.

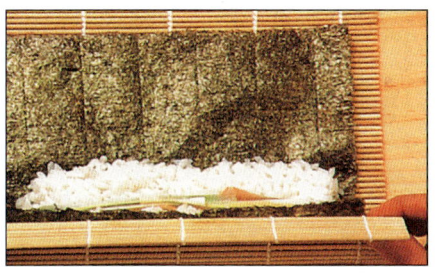

Das Noriblatt von unten her um Reis und Füllung aufrollen.

Die Sushirolle mit einem scharfen Messer in etwa 2,5 cm dicke Scheiben schneiden.

Yakitori (Hühnchenspieße)

Vorbereitungszeit:
20 Minuten + Einweichzeit
Kochzeit:
10 Minuten
Ergibt etwa 25 Spieße

1 kg Oberschenkelfilets vom Huhn
125 ml Sake
185 ml dunkle Sojasauce
125 ml Mirin

2 EL Zucker
65 g Frühlingszwiebeln, schräg in 2 cm große Stücke geschnitten

1. 25 Holzspießchen etwa 20 Minuten in Wasser einweichen und dann bereitlegen.
2. Die Hühnerfilets in mundgerechte Stücke schneiden. Sake, Sojasauce, Mirin und Zucker in einem kleinen Topf miteinander vermischen. Aufkochen lassen, dann beiseite stellen.
3. Filetstücke abwechselnd mit den Frühlingszwiebeln aufspießen. Die Spieße auf einem mit Alufolie ausgeschlagenen Backblech 7–8 Minuten unter dem heißen Backofengrill grillen. Dabei regelmäßig mit der Sauce bestreichen und wenden, bis das Hühnerfleisch gar ist.

Die Filets mit einem scharfen Messer in mundgerechte Stücke schneiden.

Sake, Sojasauce, Mirin und Zucker in einem kleinen Topf vermischen.

Filetstücke und Frühlingszwiebeln abwechselnd aufspießen.

Die Spieße während des Grillens regelmäßig mit der Sauce bestreichen.

Sashimi (Roher geschnittener Fisch)

Vorbereitungszeit:
30 Minuten
Kochzeit:
keine
Für 4 Personen

500 g frischer Fisch wie Thunfisch, Lachs, Königsmakrele, Seeforelle, Schnapper, Merlan oder Adlerfisch japanische Soja- *sauce, zum Servieren*
Wasabi, zum Servieren
1 Karotte, geschält
1 Daikon, geschält

1. Den Fisch mit einem sehr scharfen, flachen Messer häuten und im Tiefkühlfach so fest werden lassen, daß er in etwa 5 mm dünne, gleichmäßige Scheiben geschnitten werden kann. Mit einer durchgehenden Bewegung schneiden und nicht sägen.
2. Die Sashimistücke appetitlich auf einem Teller anrichten und auf traditionelle Weise mit japanischer Sojasauce und Wasabipaste servieren.
3. Mit einem Spargelschäler lange, dünne Streifen von Karotte und Daikon abziehen oder als Alternative in dünne Stifte schneiden und anschließend die Sashimistücke damit garnieren.

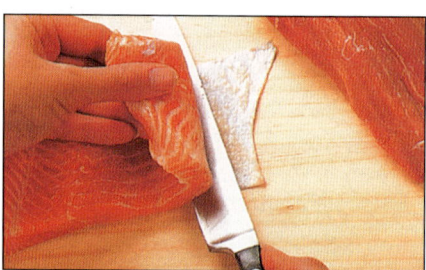

Den Fisch mit einem sehr scharfen, flachen Messer häuten.

Den Fisch in ca. 5 mm dünne Scheiben schneiden.

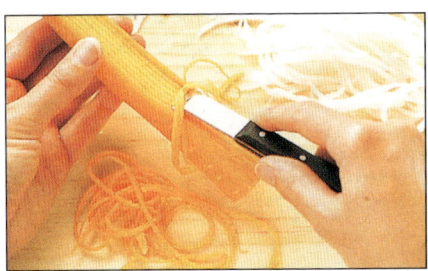

Mit dem Fadenschneider dünne Streifen von Karotte und Daikon abziehen.

Als Alternative Karotte und Daikon in dünne Stifte schneiden.

Garnelen-Tempura

(Delikate Happen)

Vorbereitungszeit:
40 Minuten
Kochzeit:
15 Minuten
Für 4 Personen

20 große rohe Garnelen	*250 ml eiskaltes Wasser*
1 Noriblatt	*155 g Tempuramehl*
Mehl, zum Wälzen	*2 Eigelb*
	Öl, zum Fritieren

1. Die Garnelen schälen und putzen, ohne die Schwänze zu entfernen. Die Unterseite jeder Garnele viermal einschneiden, dann die Garnele strecken, um die Schnitte zu öffnen. Noriblatt in Streifen schneiden und je einen Streifen um den Schwanzansatz jeder Garnele wickeln und mit etwas Wasser verschließen.

2. Die Garnelen leicht in Mehl wälzen (Noristreifen und Schwanz freilassen). Wasser, Tempuramehl und Eigelbe kurz miteinander vermischen und sofort verwenden (der Ausbackteig ist klumpig).

3. Öl in einem tiefen Topf erhitzen, die Garnelen bis zum Noristreifen in den Ausbackteig tauchen und schnell im heißen Öl fritieren, bis sie goldgelb sind. Auf Küchenpapier abtropfen lassen und anschließend sofort servieren.

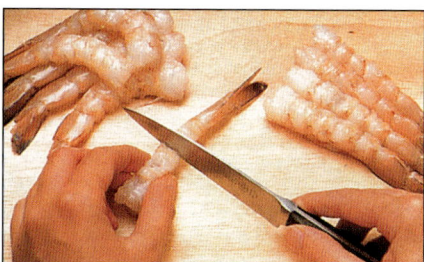

Die Unterseite jeder Garnele sorgfältig viermal einschneiden.

Die Noristreifen um den Schwanzansatz jeder Garnele wickeln.

Mehl, Wasser und Eigelb in einer Schüssel zu Ausbackteig vermischen.

Jede Garnele in den Teig tauchen und dann kurz im heißen Öl fritieren.

Teppan yaki (Gegrilltes Steak und Gemüse)

350 g Rindersteak, halb gefroren
4 kleine Auberginen
100 g frische Shiitakepilze
100 g junge grüne Bohnen
2 Zucchini
1 rote oder grüne Paprikaschote, entkernt

Vorbereitungszeit:
45 Minuten
Kochzeit:
etwa 25 Minuten
Für 4 Personen

6 Frühlingszwiebeln, äußere Haut abgezogen
210 g Bambussprossen aus der Dose, abgegossen
3 EL Pflanzenöl
Soja-Ingwer-Dip oder Sesam-Dip

1. Das Steak in sehr dünne Scheiben schneiden (das geht am besten, wenn das Fleisch halb gefroren ist). Anschließend jede Scheibe kreuzförmig einschneiden, die Scheiben in einer Lage auf einen großen Vorlegeteller legen und gründlich mit viel Salz und frisch gemahlenem Pfeffer würzen. Das Fleisch während der Vorbereitung des Gemüses beiseite stellen.
2. Die Enden der Auberginen abtrennen und das Fruchtfleisch schräg in lange, sehr dünne Scheiben schneiden. Eventuell holzige Stiele von den Pilzen abschneiden und die Bohnen putzen. Bohnen, die länger als 7 cm sind, werden halbiert. Die Zucchini in Scheiben schneiden und die Scheiben, abhängig von der Größe, vierteln, halbieren oder ganz lassen. Die Paprikaschote in dünne Streifen und die Frühlingszwiebeln in etwa 7 cm lange Stücke

schneiden. Die Bambussprossen auf vergleichbare Größe zurechtschneiden. Das Gemüse attraktiv auf einem Vorlegeteller arrangieren.
3. Sobald die Gäste Platz genommen haben, einen elektrischen Tischgrill oder eine Grillplatte auf höchste Stufe erhitzen und leicht mit Öl bestreichen. Schnell ein Viertel des Fleischs von beiden Seiten anbraten und dann an den Rand schieben. Nun etwa ein Viertel des Gemüses unter ständigem Wenden rasch anbraten. Bei Bedarf etwas mehr Öl hinzugeben. Jedem Gast eine kleine Portion Fleisch und Gemüse servieren. Die Gäste können die Stücke dann mit einer Sauce ihrer Wahl würzen. Dazu gedämpften Reis reichen.
4. Die verbleibenden Fleisch- und Gemüsestücke nach Bedarf in kleinen Portionen braten und servieren.

Steak mit einem großen, scharfen Messer in sehr dünne Scheiben schneiden.

Mit dem gleichen Messer jede Scheibe großzügig kreuzförmig einschneiden.

Harte Stiele von den frischen Shiitake-pilzen abschneiden.

Das Fleisch schnell von beiden Seiten unter Wenden anbraten.

Tonkatsu (Fritiertes Schweinefilet)

Vorbereitungszeit:
35 Minuten + 2 Stunden Kühlzeit
Kochzeit:
12 Minuten
Für 4 Personen

500 g Schweinefilet
je 1 reichliche Prise
   Salz und Pfeffer
60 g Mehl
6 Eigelb, mit 2 EL
   Wasser verschlagen
120 g japanisches
   Paniermehl
2 Frühlingszwiebeln
eingelegter Ingwer

und eingelegter
   Daikon
90 g China- oder
   Wirsingkohl, fein-
   gehackt
1 Noriblatt
375 ml Öl, zum Fri-
   tieren
250 ml Tonkatsu-
   sauce

1. Das Filet von Sehnen säubern und in 8 dünne Scheiben schneiden. Die Scheiben mit Salz und Pfeffer würzen und dünn mit Mehl überziehen.

2. Jedes Filet zunächst in der Eimischung, dann in Paniermehl wälzen. Das Paniermehl mit den Fingerspitzen andrücken, damit es gleichmäßig haftet. Die Filets in einer Lage auf einen Teller legen und mindestens 2 Stunden unabgedeckt in den Kühlschrank stellen.

3. In der Zwischenzeit die Garnitur vorbereiten. Die äußere Haut der Frühlingszwiebeln abziehen, dann die Stengel in sehr dünne Streifen schneiden und bis zum Servieren in eine Schüssel mit eiskaltem Wasser geben. Ingwer und Daikon in Streifen schneiden und mit den Kohlstreifen beiseite stellen. Dann das Noriblatt in sehr dünne Streifen schneiden und in etwa 4 cm lange Stücke brechen. Die Stücke bis zum

Servieren beiseite stellen.

4. Öl in einer gußeisernen Pfanne erhitzen und jeweils 2–3 Filets auf einmal goldbraun fritieren. Auf Küchenpapier abtropfen lassen. Die Filets in 1 cm dünne Streifen schneiden und dann wieder zu ihrer ursprünglichen Form zusammenfügen. Jedes Filet mit einem kleinen Bündel Noristreifen dekorieren und mit Tonkatsusauce, Kohlstreifen, abgetropften Frühlingszwiebeln, eingelegtem Ingwer, Daikon und gedämpftem Reis servieren.

Hinweis: Japanisches Paniermehl verleiht diesem Gericht einen authentischen, äußerst leichten und köstlichen Geschmack – man kann sowohl die feine wie auch die grobe Variante verwenden. Bewahren Sie Tonkatsusauce nach dem Öffnen immer im Kühlschrank auf.

Das Paniermehl auf den Filets mit den Fingerspitzen andrücken.

Ingwer und Daikon dünn schneiden und zum Kohl geben.

Das Noriblatt in dünne Streifen schneiden, dann in 4 cm große Stücke brechen.

Jeweils 2–3 Filets auf einmal goldbraun fritieren.

Fritiertes Hühnchen mit Seetang

(Goldene Köstlichkeit)

Vorbereitungszeit:
25 Minuten + 15 Minuten Marinierzeit
Kochzeit:
20 Minuten
Für 4 Personen

---

400 g Hühnerbrust-
filets
3 EL japanische
Sojasauce
3 EL Mirin
4 cm großes Stück
Ingwer, sehr fein
gerieben
1 Noriblatt, feinge-
hackt oder in sehr

kleine Stücke zer-
krümelt
40 g Stärke
250 ml Pflanzenöl,
zum Fritieren
eingelegter Ingwer
und dünne Gurken-
scheiben

---

1. Das Hühnerfleisch sorgfältig von Sehnen säubern, dann in mundgerechte Stücke schneiden und dünne Enden abtrennen, so daß die Stücke eine gleichmäßige Form erhalten. In eine Schüssel geben.

2. Sojasauce, Mirin und Ingwer in einer kleinen Schüssel miteinander vermischen und über das Fleisch geben. Die Stücke wälzen, um sie vollständig mit der Marinade zu überziehen. 15 Minuten marinieren, dann überschüssige Marinade abgießen.

3. Die Noristücke mit der Stärke vermischen und dann die Fleischstücke mit den Fingerspitzen in der Mischung wälzen. Öl in einer gußeisernen Bratpfanne bei mittlerer Temperatur erhitzen und jeweils 6–7 Stücke auf einmal unter regelmäßigem Wenden goldbraun fritieren. Auf Küchenpapier abtropfen lassen und mit gedämpftem Reis, eingelegtem Ingwer und Gurkenscheiben servieren. Nach Wunsch mit zusätzlichen Noristreifen garnieren.

Hinweis: Verwenden Sie ein sehr scharfes Messer oder eine Schere, um das Noriblatt zu schneiden.

Die Hühnerbrustfilets in mundgerechte Stücke schneiden.

Die mit Mirin und Ingwer gemischte Sojasauce über das Fleisch geben.

Jedes Hühnchenstück mit den Fingern in
der Panade wälzen.

Jeweils 6–7 Stücke goldbraun fritieren
und auf Küchenpapier abtropfen lassen.

Gegrillter Salz-fisch

Vorbereitungszeit:
25 Minuten
Kochzeit:
etwa 18 Minuten
Für 4 Personen

400 g kleine ganze Brasse, Merlan oder Schnapper, ausgenommen, geschuppt, ohne Augen (siehe Hinweis)	*2 EL japanische Sojasauce*
1/2 Zitrone, in dünnen Scheiben	*3 TL Salz*
5 cm großes Stück sehr frischer Ingwer	*GARNITUR*
1 EL Mirin	*1 große Karotte*
	1/4 Daikon
	5 cm großes Stück Ingwer, in sehr dünne Streifen geschnitten

1. Den Fisch unter kaltem Wasser waschen und mit Küchenpapier trockentupfen. Die Zitronenscheiben in den Bauchraum des Fisches geben. Dann den Ingwer mit der feinsten Seite einer Küchenreibe auf einen Teller reiben (man kann dazu auch eine japanische Ingwerreibe aus Holz oder Keramik verwenden). Mit den Fingerspitzen soviel Saft wie möglich aus den Ingwerstreifen herauspressen. Den Ingwersaft zurückbehalten und die ausgedrückten Streifen wegwerfen.

2. Ingwersaft, Mirin und Sojasauce in einer kleinen Schüssel verrühren. Den Fisch damit leicht bestreichen und jede Seite des Fischs mit etwa 1/4 TL Salz bestreuen. Eine etwas dickere Schicht Salz auf die Flossen und den Schwanz streuen (so verbrennen sie nicht so schnell).

3. Nun einen Grillrost mit Alufolie ausschlagen und ihn so weit wie möglich von den Heizstangen entfernt einsetzen – ist der Fisch zu nah an der Hitzequelle, gart er zu schnell und kann dann anbrennen.

Den Fisch von beiden Seiten goldbraun grillen und aufpassen, daß er nicht anbrennt (dies dauert etwa 6–8 Minuten, je nach Dicke und Sorte des Fischs – er ist gar, wenn sich das Fleisch mit einer Gabel leicht von den Gräten lösen läßt).

4. Karotte und Daikon mit der groben Seite der Küchenreibe zu länglichen Streifen reiben und mit den Ingwerstreifen auf einem Teller anrichten. Den Fisch auf den Teller geben und mit einigen Ingwerstreifen garnieren. Sofort mit gedämpftem Reis nach Wunsch servieren. Die Augenhöhle kann mit einem frischen Kräuterzweig dekoriert werden.

Hinweis: Da die Augen nach dem Grillen recht unappetitlich aussehen, lassen Sie sie am besten vom Fischhändler beim Schuppen und Ausnehmen gleich mit entfernen.

Die Zitronenscheiben vorsichtig in die Bauchhöhle des Fischs legen.

Den frischen Ingwer mit einer Reibe aus Metall, Holz oder Keramik reiben.

Eine dicke Schicht Salz über Flossen und Schwanz streuen.

Die Karotte und den Daikon in lange Streifen reiben.

Schweinefleisch mit Nudeln

Vorbereitungszeit:
25 Minuten
Kochzeit:
15 Minuten
Für 4 Personen

1 EL Pflanzenöl
150 g Schweinskarree,
in kleine Streifen
geschnitten
5 Frühlingszwiebeln,
in kurze Stücke ge-
schnitten
1 mittelgroße
Karotte, geschält
und in dünne Strei-
fen geschnitten
200 g Chinakohl, in
Streifen geschnitten
500 g Hokkien-
nudeln, vorsichtig
auseinandergezupft
2 EL Wasser
2 EL japanische Soja-
sauce
1 EL Worcestersauce
1 EL Mirin
2 TL feiner Zucker
90 g Mungobohnen-
sprossen, die dünnen
Enden entfernt
1 geröstetes Noriblatt,
in dünne, kurze
Streifen geschnitten

1. Öl in einem tiefen Topf oder in einem Wok bei mittlerer Temperatur erhitzen.

Schweinefleisch, Frühlingszwiebeln und Karotte 1–2 Minuten verrühren, bis das Fleisch die Farbe wechselt. Die Mischung nicht zu lange braten, da das Fleisch sonst zäh wird und das Gemüse zusammenfällt.

2. Kohl, Nudeln, Wasser, Sojasauce, Worcestersauce, Mirin und Zucker hinzugeben. Wok oder Topf abdecken und 1 Minute kochen lassen. Bohnensprossen hinzufügen und mit Hilfe von zwei langen Metallöffeln oder Spateln das Gemüse und die Nudeln in der Sauce durchmischen und sofort mit dem zerkleinerten Nori bestreut servieren.

Hinweis: Nudeln spielen in der japanischen Küche eine große Rolle. Die dicken Weizennudeln nach chinesischer Art (Hokkien) erhält man in asiatischen Lebensmittelgeschäften.

Den Chinakohl mit einem scharfen Messer kleinschneiden.

Die dünnen Enden der Bohnensprossen mit den Fingern entfernen.

Fleisch und Gemüse anbraten, bis das
Fleisch die Farbe wechselt.

Gemüse und Nudeln vorsichtig mit der
Sauce durchrühren.

Shabu-Shabu (Geschmortes Rindfleisch mit Gemüse)

750 g Rinderfilet, halb gefroren
15 Frühlingszwiebeln, äußere Haut abgezogen
3 mittellange, dünne Karotten, geschält
400 g Champignons
1/2 Chinakohl

150 g fester Tofu
2 l Hühnerbrühe
Sesamsauce (siehe Seite 33) oder fertig gekaufte Shabu-Shabu-Sauce, zum Servieren

Vorbereitungszeit:
50 Minuten + 30 Minuten Kühlzeit
Kochzeit:
30 Minuten
Für 4 Personen

1. Das Filet in dünne Scheiben schneiden und beiseite stellen. Den festen Teil der Frühlingszwiebeln in 4 cm lange Stücke schneiden und die grünen Blätter wegwerfen. Die Champignonstiele entfernen oder die ganzen Champignons in Scheiben schneiden. Den Kohl in mundgerechte Stücke schneiden und die festen Teile wegwerfen. Den Tofu in mundgerechte Würfel schneiden.
2. Gemüse, Tofu und Fleisch in getrennten Häufchen auf einem Vorlegeteller anrichten, mit Frischhaltefolie abdecken und 30 Minuten vor dem Kochen in den Kühlschrank stellen.
3. Jeden Tischplatz mit einer Eßschale, einer Schale Sesamsauce, einer Schüssel Reis, Eßstäbchen, einem Suppenlöffel und einer Serviette decken. Teller und das Kochgefäß (elektrischer Wok, Pfanne oder Topf auf einem Brenner) so aufstellen, daß jeder Gast bequem heranreichen kann.
4. Sobald die Gäste Platz genommen haben, die Brühe in den Topf geben, abdecken und zum Köcheln bringen. Jeder Gast nimmt dann eine oder zwei Zutaten mit den Stäbchen und gibt sie für etwa 1 Minute in die köchelnde Brühe. Das Essen wird dann in die Sesamsauce getaucht und mit Reis gegessen. Die restliche Brühe am Ende des Mahls als Suppe servieren.

Hinweis: Anstelle der Brühe kann man auch Dashi aus Pulver oder Granulat verwenden. Dieses Gericht darf nicht zu lange gegart werden – das Gemüse sollte gerade zart und das Fleisch in der Mitte noch rosa sein. Fertige Sesamsauce erhält man in asiatischen Lebensmittelgeschäften.

Das halb gefrorene Filet mit einem scharfen Messer in dünne Scheiben schneiden.

Stiele der Champignons abtrennen, wenn die Köpfe als Ganzes verwendet werden.

Den Tofu mit einem scharfen Messer in mundgerechte Würfel schneiden.

Gemüse, Tofu und Fleisch appetitlich auf einem Vorlegeteller anrichten.

Soja-Ingwer-Dip

Vorbereitungszeit:
10 Minuten
Kochzeit:
keine
Für 4 Personen

Den frischen Ingwer fein reiben.

250 ml japanische Sojasauce	*Ingwer, geschält und feingerieben*
5 cm großes Stück sehr frischer	*2 TL feiner Zucker*

Sojasauce mit Ingwer und Zucker mischen.

1. Sojasauce, Ingwer und Zucker in einer kleinen Schüssel mischen. Gut schlagen und spätestens 15 Minuten nach Zubereitung servieren.

Reis

(In Japan endet nahezu jedes Mahl mit einer Schale Reis.)

Vorbereitungszeit:
5 Minuten
Kochzeit:
20 Minuten + 15 Minuten Ruhezeit
Für 4–6 Personen

15 Minuten köcheln lassen, dann die Temperatur für 30 Sekunden erhöhen. Den Topf vom Herd nehmen und 15 Minuten stehen lassen. Den Deckel nicht vor dem Servieren öffnen (der eingeschlossene Dampf ist für den Garprozeß sehr wichtig).

440 g weißer Rundkornreis	*600 ml kaltes Wasser*

1. Den Reis in einem Sieb unter laufendem kaltem Wasser abwaschen oder in einer Schüssel mit Wasser bedecken und abgießen; diesen Vorgang wiederholen, bis das ablaufende Wasser klar ist.

2. Den abgegossenen Reis mit dem kalten Wasser in einen großen Topf geben. Zum Kochen bringen, mit einem fest schließenden Deckel abdecken und die Temperatur auf niedrige Stufe reduzieren.

Den Reis gründlich in kaltem Wasser waschen.

Von links: Sesamsauce, Soja-Ingwer-Dip, Reis

Sesamsauce

Vorbereitungszeit:
20 Minuten
Kochzeit:
keine
Für 4 Personen

100 g weiße Sesamkörner	*2 EL Mirin*
	3 TL feiner Zucker
2 TL Pflanzenöl	*80 g Dashigranulat*
125 ml japanische	*250 ml warmes*
Sojasauce	*Wasser*

1. Die Sesamkörner in einer trockenen Pfanne 3–5 Minuten bei geringer Hitze unter ständigem Schütteln goldbraun rösten. Die gerösteten Körner in einem Mörser oder in einer sauberen Kaffeemühle zu einer Paste zermahlen. Das Pflanzenöl nur hinzugeben, wenn dies für die Konsistenz der Paste nötig wird.
2. Die Paste mit Sojasauce, Mirin, Zucker, Dashigranulat und Wasser vermischen und abgedeckt bis zu 2 Tagen im Kühlschrank aufbewahren.

Sesamkörner im Mörser zermahlen.

219

Mariniertes Sakehühnchen

(Zart und lecker)

500 g Hühnerbrust mit Haut
1 TL Salz
4 EL Sake
2 EL Zitronensaft
4 cm großes Stück frischer Ingwer, geschält und in sehr dünne Stifte geschnitten

Vorbereitungszeit:
25 Minuten + 30–40 Minuten Marinierzeit
Kochzeit:
15–20 Minuten
Für 4 Personen

SAUCE
2 EL jap. Sojasauce
1 EL Mirin
1 TL Sesamöl
1 Frühlingszwiebel, in Scheiben

GARNITUR
2 Frühlingszwiebeln
1/2 kleine rote Paprikaschote

1. Die Haut des Hühnchens mehrere Male mit einer Gabel einstechen. Die Hühnerbrust mit der Haut nach oben in eine flache Schüssel geben und mit Salz bestreuen. Sake, Zitronensaft und Ingwer in einer kleinen Schüssel miteinander vermischen, das Fleisch damit übergießen und 30–40 Minuten marinieren.
2. **Sauce:** Sojasauce, Mirin, Sesamöl und Frühlingszwiebel in einer kleinen Schüssel miteinander vermischen und dann beiseite stellen.
3. **Garnitur:** Die äußere Haut der Frühlingszwiebeln abziehen, dann die Zwiebeln schräg in kleine Stücke schneiden. Die Paprikaschote mit der Haut nach oben auf ein Arbeitsbrett legen. Mit einem Messer dicht unter der Haut entlangschneiden, um die oberste Schicht zu entfernen. Den Rest der Schote in sehr dünne, 3 cm lange Streifen schneiden.
4. Einen Dämpfeinsatz aus Bambus oder Metall mit Backpapier auslegen und das Hühnerfleisch mit der Haut nach oben hineingeben. Einen Wok oder eine Pfanne mit 500 ml Wasser füllen und den Dämpfeinsatz darüberstellen. 15–20 Minuten über leicht kochendem Wasser dämpfen, bis das Hühnerfleisch gar ist.
5. Das Fleisch in mundgerechte Stücke schneiden (nach Wunsch die Haut entfernen), in der Mitte eines Tellers arrangieren und mit der Sauce beträufeln. Paprikastreifen am Tellerrand anrichten und das Hühnchen mit Frühlingszwiebeln bestreuen. Warm oder kalt mit Reis nach Wunsch servieren.

Hinweis: Sie können jeden Dämpfeinsatz verwenden oder einen Dreifuß in die Pfanne stellen und einen Teller darauflegen. Geben Sie das Hühnchen in einer Lage auf den Teller, füllen Sie das Wasser etwa 2 cm hoch in die Pfanne, schließen Sie den Deckel, und dämpfen Sie das Fleisch.

Die Haut des Hühnchens mehrfach mit der Gabel einstechen.

Sake, Zitronensaft und Ingwer über das Hühnchen gießen.

Die oberste Schicht der Paprikaschote mit dem Messer abtrennen.

Das Hühnchen 15–20 Minuten dämpfen, bis es gar ist.

Steak in Sesammarinade

Vorbereitungszeit:
25 Minuten + 30 Minuten Marinierzeit
Kochzeit:
8–12 Minuten
Für 4 Personen

2 EL Sesamkörner
1 Knoblauchzehe,
  zerdrückt
3 cm großes Stück
  Ingwer, geschält
  und gerieben
2 EL japanische Soja-
  sauce
1 EL Sake
1 TL feiner Zucker
500 g Rinderfilet, in
  4 Steaks geschnit-
  ten
1 EL Pflanzenöl

DIP
3 Frühlingszwiebeln,
  äußere Haut abge-
  zogen
4 cm großes Stück
  Ingwer, geschält
1/2 TL Shichimi Toga-
  rashi
125 ml japanische
  Sojasauce
2 TL Dashipulver
  oder -granulat
2 EL Wasser

1. Die Sesamkörner 2 Minuten in einer trockenen Pfanne bei mittlerer bis niedriger Temperatur unter ständigem Schütteln rösten, bis sie aufzuspringen beginnen. Anschließend in einem Mörser oder in einer sauberen Kaffeemühle zermahlen.
2. Gemahlene Sesamkörner, Knoblauch, Sojasauce, Sake und Zucker in einer Schüssel miteinander verschlagen, bis sich der Zucker aufgelöst hat. Die Steaks in einer flachen Schüssel mit der Marinade übergießen und 30 Minuten marinieren.
3. Dip: Frühlingszwiebeln und Ingwer zunächst längs in dünne Scheiben, dann in 4 cm lange, dünne Stifte schneiden. Die Frühlingszwiebeln in eine Schüssel mit eiskaltem Wasser geben und stehen lassen, bis sie sich einrollen. Ingwer, Shichimi Togarashi, Sojasauce, Dashi und Wasser in einer Schüssel miteinander verschlagen.
4. Die Steaks leicht mit Öl bestreichen und 4–6 Minuten von jeder Seite grillen oder braten – aber nicht zu lange braten, da das Fleisch sonst sehr fest wird. 5 Minuten ruhen lassen, dann schräg in Streifen schneiden. Anschließend die Scheiben auf Tellern anrichten und mit einer geringen Menge des Dips beträufeln. Nun mit den gekräuselten Frühlingszwiebeln garnieren und mit gedämpftem Reis und dem Dip servieren.

Die gerösteten Sesamkörner im Mörser zermahlen.

Die Marinade über die Steaks geben und 30 Minuten marinieren.

Frühlingszwiebeln und Ingwer in feine Streifen, dann in kurze Stifte schneiden.

Das Fleisch kurz ruhen lassen, dann schräg in Scheiben schneiden.

Kalte Soba-nudeln

250 g getrocknete Soba (Buchweizen)-nudeln
4 cm großes Stück Ingwer, geschält
1 mittelgroße Karotte, geschält
4 Frühlingszwiebeln, äußere Haut abgezogen

SAUCE
375 ml Instant-Dashibrühe

Vorbereitungszeit:
25 Minuten
Kochzeit:
15 Minuten
Für 4 Personen

125 ml japanische Sojasauce
4 EL Mirin
1 reichliche Prise Salz und Pfeffer

GARNITUR
eingelegter Ingwer
eingelegter Daikon, in dünne Streifen geschnitten
1 geröstetes Noriblatt

1. Die Nudeln in einen großen Topf mit kochendem Wasser geben. Wenn das Wasser wieder aufkocht, 250 ml kaltes Wasser hineingießen. Das Wasser wieder aufkochen lassen und die Nudeln 2–3 Minuten kochen, bis sie gerade bißfest sind. In ein Sieb abgießen und unter kaltem Wasser abkühlen. Gründlich abtropfen lassen und beiseite stellen.

2. Ingwer und Karotte zunächst in dünne Scheiben, dann in 3,5 cm lange, dünne Stifte schneiden. Die Frühlingszwiebeln in sehr dünne Scheiben schneiden. Wasser in einem kleinen Topf zum Kochen bringen, dann Ingwer, Karotte und Frühlingszwiebeln etwa 30 Sekunden blanchieren. Abgießen und zum Abkühlen in eine Schüssel mit eiskaltem Wasser geben. Erneut ab-

gießen, wenn das Gemüse kalt ist.
3. Sauce: Dashi, Sojasauce, Mirin, Salz und Pfeffer in einem kleinen Topf miteinander vermischen, zum Kochen bringen und dann vollständig abkühlen lassen. Vor dem Servieren in vier flache, weite Schalen füllen.
4. Die kalten Nudeln und das Gemüse vorsichtig durchmischen und auf mehrere Eßschalen verteilen.
5. Garnitur: Das Noriblatt mit einer Schere in dünne Streifen schneiden und die Nudeln damit garnieren. Ein wenig eingelegten Ingwer und zerkleinerten Daikon am Rand jedes Tellers anrichten. Mit der Sauce servieren, in die die Nudeln vor dem Essen getaucht werden.

Hinweis: Die aus Buchweizenmehl hergestellten Sobanudeln sehen aus wie Vollkornnudeln, haben aber eine wirklich einzigartige Konsistenz. Man serviert sie kalt mit einem Dip, oder auch als Bestandteil einer heißen Suppe.

Wenn das Wasser wieder kocht, eine
Tasse kaltes Wasser hinzufügen.

Karotten und Ingwer in dünne Stifte schneiden; Frühlingszwiebeln fein hacken.

Das abgegossene Gemüse in eine
Schüssel mit eiskaltem Wasser geben.

Dashi, Sojasauce, Mirin und Gewürze in
einem kleinen Topf verrühren.

Champignons in Frühlingszwiebel-Dressing

Vorbereitungszeit:
15 Minuten
Kochzeit:
keine
Für 4 Personen

2 cm großes Stück Ingwer, geschält	3 EL japanischer Reisweinessig
500 g Champignons	3 EL japanische Sojasauce
6 Frühlingszwiebeln, äußere Haut abgezogen	2 EL Mirin

1. Ingwer in dünne Scheiben schneiden, dünn mit eiskaltem Wasser bedecken und beiseite stellen.

2. Champignons mit feuchtem Küchenpapier säubern, die Stiele entfernen. Frühlingszwiebeln mit ihren grünen Blättern in dünne Scheiben schneiden. Champignons und Zwiebeln in einer Schüssel verrühren.

3. Essig, Sojasauce und Mirin mischen und salzen. Über die Pilze geben und gut rühren. 15 Minuten stehen lassen. Champignons und Zwiebeln mit dem Schaumlöffel herausnehmen; abtropfen lassen. Auf einem Vorlegeteller anrichten. Mit Ingwerscheiben garnieren.

Ingwer in sehr dünne Scheiben schneiden und in eiskaltes Wasser geben.

Champignons mit feuchtem Küchenpapier von Sand und Schmutz säubern.

Das Dressing über die Champignons geben und vorsichtig durchmischen.

Champignons mit einem Schaumlöffel herausnehmen und abtropfen lassen.

Reisbällchen

(Mit Lachsfüllung)

Vorbereitungszeit:
50 Minuten
Kochzeit:
2 Minuten
Für 4–6 Personen

2 TL *schwarze*
Sesamkörner
50 g *Räucherlachs,*
gehackt
2 EL *eingelegter*
Ingwer, feingehackt

2 *Frühlingszwiebeln,*
feingehackt
740 g *gekochter*
weißer Rundkorn-
reis, noch warm

1. Die Sesamkörner 1–2 Minuten in einer trockenen Pfanne bei geringer Hitze unter ständigem Schütteln rösten, bis sie aufzuspringen beginnen.

2. Lachs, Ingwer und Frühlingszwiebeln in einer kleinen Schüssel miteinander vermischen. Ungefähr 1/3 Tasse Reis mit nassen Händen zu einer Kugel formen; 2 TL Füllung in die Mitte des Bällchens drücken und einschließen. Diesen Vorgang mit dem übrigen Reis und der Füllung wiederholen. Hände dabei feucht halten, damit der Reis nicht haftet.

3. Reisbällchen auf einem Vorlegeteller anrichten und mit den Sesamkörnern bestreuen.

Sesamkörner 1–2 Minuten rösten, bis sie aufspringen.

Lachs, Ingwer und Frühlingszwiebeln in einer Schüssel vermischen.

Den Reis mit nassen Händen zu kleinen Bällchen formen.

2 TL Füllung in das Bällchen geben und einschließen.

Die gerösteten Sesamkörner im Mörser zermahlen.

Das Fleisch quer zur Faser in Scheiben schneiden.

KOREANISCHE KÜCHE

*Die eher schlichte koreanische Küche hat viele köstliche Gerichte zu
bieten – hier finden Sie einige der Klassiker.*

Mariniertes Rindfleisch

(Ein beliebtes Gericht
für Fleischliebhaber)

Vorbereitungszeit:
15 Minuten + 30 Mi-
nuten Gefrierzeit + 2
Stunden Marinierzeit
Kochzeit:
15 Minuten
Für 4–6 Personen

---

*500 g Rinderfilet
oder Lendensteak
40 g Sesamkörner
125 ml Sojasauce
2 Knoblauchzehen,
feingehackt*

*3 Frühlingszwiebeln,
feingehackt
1 EL Sesamöl
1 EL Öl*

---

1. Das Steak 30 Minu-
ten ins Gefrierfach stel-
len. Sesamkörner 3–4
Minuten in einer trok-
kenen Pfanne bei mitt-
lerer Temperatur unter
Rütteln braun rösten.

Aus der Pfanne nehmen
und in einer Getreide-
mühle oder einem Mör-
ser mahlen.
2. Das Fleisch quer zur
Faser in dünne Schei-
ben schneiden.

3. Steak, Sojasauce,
Knoblauch, Frühlings-
zwiebeln und die
Hälfte der Sesamkörner
gründlich miteinander
vermischen und 2 Stun-
den marinieren.
4. Die Öle vermischen
und eine gußeiserne
Grill- oder Bratpfanne
damit einfetten. Auf
große Hitze vorheizen
und das Fleisch in drei
Portionen je 1 Minute
von jeder Seite rasch
anbraten (nicht zu
lange braten, da das
Steak sonst zäh wird).
Die Pfanne nach jeder
Portion erneut einfetten
und erhitzen. Dann die
Steaks mit den restli-
chen Sesamkörnern
bestreuen und mit Kim
Chi servieren.

Steak, Sojasauce, Knoblauch, Zwiebeln
und die Hälfte der Sesamkörner mischen.

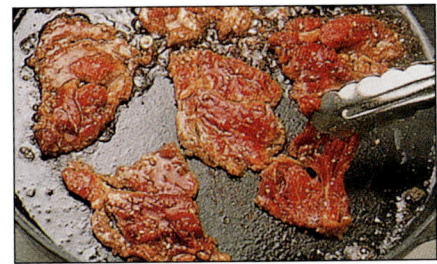

Das Fleisch etwa 1 Minute von jeder
Seite anbraten, aber nicht länger.

231

Kim Chi

(Eingelegtes Gemüse)

Vorbereitungszeit:
9 Tage
Kochzeit:
keine
Ergibt etwa 3 Schalen

1 großer Chinakohl	*3 TL bis 3 EL frische*
160 g Steinsalz	*Chilischoten, gehackt*
1/2 TL Cayenne-	*(siehe Hinweis)*
pfeffer	*1 EL feiner Zucker*
5 Frühlingszwiebeln,	*600 ml kaltes*
feingehackt	*Wasser*
2 Knoblauchzehen,	
feingehackt	
5 cm großes Stück	
Ingwer, gerieben	

1. Den Kohl halbieren und in große, mundgerechte Stücke schneiden. Eine Lage Kohl in eine große Schüssel geben und mit etwas Salz bestreuen. Weitere Lagen Kohl und Salz hinzufügen und mit einer Lage Salz abschließen. Mit einem umgedrehten Teller abdecken, der groß genug ist, um den Kohl zu bedecken. Den Teller mit Konservendosen oder einem kleinen Stein beschweren und die Schüssel 5 Tage an einem kühlen Platz stehen lassen.
2. Gewichte und Teller entfernen, Flüssigkeit abgießen und den Kohl gründlich unter fließendem, kaltem Wasser waschen. Überschüssiges Wasser herausdrücken und den Kohl mit Cayennepfeffer, Frühlingszwiebeln, Knoblauch, Ingwer, Chili und Zucker mischen. Gründlich durchrühren, dann den Kohl in ein steriles Einmachglas füllen. Das Wasser darübergießen und mit einem dicht schließenden Deckel versiegeln. Vor dem Verzehr 3–4 Tage in den Kühlschrank stellen.

Hinweis: Kim Chi ist eine Beilage, die zu koreanischen Hauptgerichten und gedämpftem Reis gereicht wird. Das authentische Aroma erreichen Sie mit 3 EL Chilischoten. Sie können statt dessen auch gekaufte Chilipaste verwenden.

Kohlstücke und Salz in mehreren Lagen in eine Schüssel schichten.

Die Schüssel mit einem Teller bedecken und mit Konservendosen beschweren.

Überschüssiges Wasser mit den Händen aus den Kohlstücken pressen.

Kohl mit Cayennepfeffer, Zwiebeln, Knoblauch, Chili und Zucker vermischen.

Gebratene Nudeln

(Für Nudelliebhaber)

Vorbereitungszeit:
30 Minuten
Kochzeit:
25 Minuten
Für 4 Personen

---

40 g Sesamkörner
2 EL Öl
2 TL Sesamöl
4 Frühlingszwiebeln,
gehackt
2 Knoblauchzehen,
feingehackt
2 TL rote Chilischo-
ten, feingehackt
150 g rohes Krabben-
fleisch, gewaschen
150 g frischer fester
Tofu, in Würfeln

100 g Champignons,
in dünne Scheiben
geschnitten
1 rote Paprikaschote,
in dünne Scheiben
geschnitten
2 EL Wasser
2 EL Sojasauce
2 TL Zucker
300 g Hokkien-
nudeln

---

1. Sesamkörner 3–4 Minuten in einer Pfanne bei mittlerer Hitze unter ständigem Rütteln braun rösten. Sofort herausnehmen und in einer Getreidemühle oder einem Mörser zermahlen.

2. Öl und Sesamöl in einer kleinen Schüssel miteinander verrühren und etwa die Hälfte in einem Wok oder einer gußeisernen Pfanne bei mittlerer bis hoher Temperatur erhitzen.

Zwiebeln, Knoblauch, Chili und Krabbenfleisch 2 Minuten unter Rühren anbraten, aus dem Wok nehmen und beiseite stellen. Tofu in den Wok geben und rühren, bis er hellgolden ist. Dann aus dem Wok nehmen. Das restliche Öl in den Wok geben, das Gemüse hinzufügen und 3 Minuten unter Rühren anbraten. **3.** Wasser, Sojasauce und Zucker in den Wok geben und vorsichtig durchrühren, um die Nudeln zu trennen und mit Sauce zu überziehen. Abdecken und 5 Minuten dämpfen. Gut durchrühren. Krabbenfleisch und Tofu zugeben und 3 Minuten bei mittlerer Hitze rühren. Mit gemahlenen Sesamkörnern bestreuen und servieren.

Zwiebeln, Knoblauch und Krabbenfleisch bei mittlerer Temperatur anbraten.

Tofu rühren, bis er hellgolden ist; dann beiseite stellen.

Wasser, Sojasauce, Zucker und Nudeln in den Wok geben.

Die Nudeln vorsichtig mit der Sauce vermischen.

Gekochter Gemüsesalat

Vorbereitungszeit:
45 Minuten
Kochzeit:
15 Minuten
Für 4 Personen

---

*1 kleine weiße Rübe,
in feine Streifen
geschnitten*

2 TL Salz

2 EL Sesamöl

1 EL Öl

*2 Knoblauchzehen,
feingehackt*

*1 große Zwiebel, in
dünne Ringe
geschnitten*

*2 Selleriestangen, in
Scheiben*

*200 g Champignons,
in Scheiben*

*1 große Karotte, in
dünne Streifen
geschnitten*

*1/2 rote Paprikaschote,
in dünnen Streifen*

*4 Frühlingszwiebeln,
gehackt*

DRESSING

3 EL Sojasauce

1 EL Weißweinessig

*3 cm großes Stück
frischer Ingwer, erst
in dünne Scheiben,
dann in dünne
Streifen geschnitten*

*1–2 TL brauner
Zucker*

*80 g geröstete Pinien-
kerne, zum Gar-
nieren*

---

1. Die Rübenstreifen auf einem mit Küchen- papier ausgelegten Teller mit Salz bestreuen und mindestens 20 Minuten stehen lassen. Unter kaltem Wasser abspülen, mit Küchenpapier trockentupfen.

2. Öle in einer großen Pfanne oder einem Wok erhitzen und Knoblauch, Rübe und Zwiebel 3 Minuten bei mittlerer Temperatur unter Rühren hellgolden anbraten. Das übrige Gemüse hinzugeben, gut durchmischen, abdecken und 1 Minute dämpfen lassen. Gemüse aus dem Wok nehmen und abkühlen lassen.

3. Dressing: Sojasauce, Essig, Ingwer und Zucker in einer Schüssel vermischen.

4. Dressing über das abgekühlte Gemüse geben und mischen. Auf einem Vorlegeteller anrichten und mit Pinienkernen bestreuen. Nach Wunsch mit gedämpftem Reis servieren.

*Die Rübenstreifen auf einem mit Küchen-
papier ausgelegten Teller salzen.*

*Rübenstreifen gründlich waschen und mit
Küchenpapier trockentupfen.*

Knoblauch, Rübe und Zwiebel 3 Minuten
bei mittlerer Temperatur anbraten.

Sojasauce, Essig, Ingwer und Zucker in
einer Schüssel vermischen.

Maultaschen-suppe

Vorbereitungszeit:
45 Minuten
Kochzeit:
35 Minuten
Für 4–6 Personen

1 EL Sesamkörner
2 EL Öl
2 Knoblauchzehen,
feingehackt
150 g mageres Schwei-
nehackfleisch
200 g mageres Rin-
derhackfleisch
4 EL Wasser
200 g Chinakohl,
feingehackt
100 g Mungobohnen-
sprossen, gehackt
und ohne die dün-
nen Enden
100 g Champignons,
feingehackt

3 Frühlingszwiebeln,
feingehackt
150 g runde Wantan-
blätter

SUPPE
2,5 l Rinderbrühe
2 EL Sojasauce
3 cm großes Stück
Ingwer, in sehr
dünne Streifen
geschnitten
4 Frühlingszwiebeln,
gehackt

1. Die Sesamkörner 3–4 Minuten in einer trockenen Pfanne bei mittlerer Temperatur unter leichtem Rütteln nußbraun rösten. Sofort aus der Pfanne nehmen, damit sie nicht anbrennen und in einer Getreidemühle oder einem Mörser zermahlen.
2. Öl in einem Topf erhitzen und Knoblauch und Hackfleisch bei mittlerer Temperatur anbraten, bis das Fleisch die Farbe wechselt; größere Stücke mit der Gabel zerkleinern. Wasser, Kohl, Bohnensprossen und Champignons hinzugeben und 5–6 Minuten unter gelegentlichem Rühren kochen, bis das Wasser verdampft und das Gemüse weich wird.

Frühlingszwiebeln und zermahlene Sesamkörner hinzufügen und mit Salz und Pfeffer abschmecken. Beiseite stellen.

3. Jeweils nur ein Wantanblatt in die Hand nehmen und die anderen mit einem feuchten Küchenhandtuch abdecken. 1 TL der Füllung knapp neben der Mitte auf das Blatt geben und ein wenig glattstreichen. Die Ränder mit etwas Wasser bestreichen und das Blatt in der Mitte über die Füllung falten. Die Ränder fest zusammendrücken. Den Vorgang mit den übrigen Blättern und der Füllung wiederholen.

4. **Suppe:** Brühe, Sojasauce, Ingwer und die Hälfte der Frühlingszwiebeln in einem großen Topf miteinander vermischen, aufkochen und 15 Minuten köcheln lassen.

5. Die Maultaschen in die Suppe geben und 5 Minuten leicht kochen lassen, bis sie die Farbe wechseln und aufgehen. Mit den übrigen Frühlingszwiebeln garnieren und sofort servieren.

Das Hackfleisch während des Bratens mit der Gabel zerkleinern.

1 TL Füllung etwas neben der Mitte auf das Wantanblatt geben.

Das Blatt über die Füllung schlagen, dann die Ränder zusammendrücken.

Die Maultaschen in die köchelnde Suppe geben und leicht kochen lassen.

Kartoffelpuffer

Vorbereitungszeit:
25 Minuten
Kochzeit:
30 Minuten
Ergibt etwa 18 Puffer

DIP
2 TL Sesamkörner
2 Knoblauchzehen,
feingehackt
2 Frühlingszwiebeln,
in sehr dünne Schei-
ben geschnitten
3 EL Sojasauce
1 EL Weißwein
1 EL Sesamöl
2 TL feiner Zucker

1 TL frische rote
Chilischoten,
gehackt

500 g Kartoffeln
1 große Zwiebel, sehr
fein gehackt
2 Eier, geschlagen
2 EL Stärke
3 EL Öl

1. Dip: Die Sesamkörner 3–4 Minuten in einer trockenen Pfanne bei mittlerer Temperatur unter ständigem Rütteln goldbraun rösten. Aus der Pfanne nehmen, damit sie nicht anbrennen und 5 Minuten abkühlen lassen. Anschließend gründlich mit Knoblauch, Frühlingszwiebeln, Sojasauce, Weißwein, dem Sesamöl, Zucker und Chili vermischen und in eine Servierschale füllen.
2. Die Kartoffeln schälen und mit einer groben Reibe reiben. Die Kartoffeln mit Zwiebel, Eiern und Stärke in eine Schüssel geben und mit Salz und Pfeffer abschmekken. Dann gründlich durchrühren, so daß die Stärke gut verteilt wird.
3. Öl in einer großen gußeisernen Pfanne erhitzen (dazu eignet sich eine elektrische Bratpfanne sehr gut). Einen reichlichen Eßlöffel der Mischung mit Hilfe von zwei Löffeln in das Öl geben und mit dem Löffel-

rücken auf etwa 6 cm Durchmesser ausbreiten. Dann 2–3 Minuten goldbraun backen. Jeweils 4–5 Kartoffelpuffer auf einmal bakken. Mit dem Pfannenwender umdrehen und weitere 2 Minuten von der anderen Seite backen. Das Öl nicht zu heiß werden lassen, da die Puffer sonst anbrennen und innen roh bleiben. Die Puffer im auf 120 °C (Gasherd: Stufe 1/2) vorgeheizten Backofen warm halten.
4. Schließlich mit dem Dip als Imbiß oder mit Reis und eingelegtem Kohl (Kim Chi) als Teil eines Gerichts servieren.

Hinweis: Stellen Sie am besten alle Zutaten bereit, bevor Sie die Kartoffeln reiben, da sie sich recht schnell verfärben.

Die geschälten Kartoffeln mit der groben Reibe reiben.

Einen reichlichen EL der Mischung in das heiße Öl geben.

Die Puffer auf etwa 6 cm Durchmesser ausbreiten.

Die Puffer mit Hilfe eines Pfannenwenders umdrehen.

Glasnudeln mit gebratenem Rindfleisch und Gemüse

Vorbereitungszeit:
40 Minuten
Kochzeit:
25 Minuten
Für 4 Personen

---

150 g Glasnudeln
8 getrocknete China-
  pilze
1 EL Sesamkörner
150 g Lendensteak,
  halb gefroren
4 Knoblauchzehen,
  feingehackt
2 EL Sojasauce
2 EL Wasser
2 TL Sesamöl

1–2 TL frische rote
  Chilischoten, gehackt
1 große Karotte
1/2 mittelgroße rote
  Paprikaschote
75 g grüner Spargel
2 EL Öl
6 Frühlingszwiebeln,
  in dünne Scheiben
  geschnitten

---

1. Nudeln und Pilze in getrennten Schüsseln mit ausreichend warmem Wasser bedecken und 20–30 Minuten einweichen. Die Sesamkörner 3–4 Minuten in einer trockenen Pfanne bei mittlerer Temperatur unter ständigem Schütteln nußbraun rösten. Aus der Pfanne nehmen, damit sie nicht anbrennen.
2. Das Steak quer zur Faser in sehr dünne Streifen schneiden. Mit Knoblauch, Sojasauce, Wasser, Sesamöl und Chili vermischen und 15 Minuten marinieren. Die Karotte schälen, Samen und Stege der Paprika entfernen und die holzigen Enden des Spargels abbrechen. Gemüse in etwa 4 cm lange, dünne Streifen schneiden. Die Nudeln und die Pilze abgießen und 2 EL der Pilzflüssigkeit zurückbehalten. Die Pilze kleinschneiden und die harten Stiele entfernen. Anschließend mit dem Fleisch vermischen, etwaige Flüssigkeit abgießen und beiseite stellen.
3. Nun einen Wok oder eine große gußeiserne Pfanne stark erhitzen. Etwas Öl hineingeben und das Fleisch und die Pilze in 2 Portionen verrühren. Schnell anbraten, aber nicht zu lange garen. Aus der Pfanne nehmen. Dann etwas Öl in den Wok geben und das Gemüse 2 Minuten unter Rühren anbraten. Nun den Deckel schließen und 1 Minute dämpfen. Nudeln, zurückbehaltene Flüssigkeit und Frühlingszwiebeln hinzugeben und gut durchrühren. Das Fleisch wieder in die Pfanne geben, abdecken und 1 Minute dämpfen lassen.
4. Schließlich die Nudeln auf vier Eßschalen aufteilen, mit Sesamkörnern bestreuen und ein wenig zusätzlicher Sojasauce und Sesamöl servieren.

Pilze und Nudeln in getrennten Schüsseln
einweichen.

Das Steak quer zur Faser in sehr dünne
Streifen schneiden.

Vorsichtig die holzigen Enden der Spargel-
stangen abbrechen.

Fleisch und Pilze schnell verrühren; aber
nicht zu lange garen.

Kartoffelnudeln mit Gemüse

300 g Nudeln aus
Kartoffelstärke
4 EL getrocknete
Chinamorcheln
3 EL Sesamöl
2 EL Pflanzenöl
3 Knoblauchzehen,
feingehackt
4 cm großes Stück
Ingwer, gerieben
2 Frühlingszwiebeln,
feingehackt
2 Karotten, in 4 cm
langen Stiften
2 Frühlingszwiebeln
(zusätzlich), in

Vorbereitungszeit:
25 Minuten
Kochzeit:
25 Minuten
Für 4 Personen

4 cm lange Stücke
geschnitten
500 g junger Pak
Choi oder 250 g
Blattspinat, grob-
gehackt
3 EL japanische Soja-
sauce
2 EL Mirin
1 TL Zucker
2 EL Sesam- und
Seetanggewürz

1. Die Kartoffelnudeln 5 Minuten in einem großen Topf kochen, bis sie durchscheinend sind. Abgießen und gründlich unter fließend kaltem Wasser abspülen, bis sie kalt sind (dadurch wird überschüssige Stärke entfernt). Die Nudeln mit einer Schere auf etwa 14 cm Länge zurechtschneiden – so sind sie leichter mit Stäbchen zu essen. Die Chinamorcheln etwa 10 Minuten in heißem Wasser einweichen.

2. 1 EL Sesamöl mit dem Pflanzenöl in einem großen Topf oder in einem Wok erhitzen. Knoblauch, Ingwer und feingehackte Frühlingszwiebeln hineingeben und 3 Minuten bei mittlerer Temperatur unter regelmäßigem Rühren anbraten. Dann die Karotte hinzugeben und 1 Minute verrühren. Nudeln, zusätzliche Frühlingszwiebeln, Pak Choi, verbleibendes Sesamöl, Sojasauce, Mirin und Zucker hinzufügen und gut durchmischen, um die Nudeln gut mit der Sauce zu überziehen. Abdecken und 2 Minuten bei geringer Hitze kochen lassen. Die Morcheln hineingeben, abdecken und weitere 2 Minuten kochen lassen. Anschließend mit Sesam- und Seetanggewürz bestreuen und sofort servieren.

Hinweis: Kartoffelnudeln werden auch als »koreanische Nudeln« bezeichnet. Chinamorcheln sind köstliche getrocknete Pilze – eingeweicht verdreifachen sie ihre Größe. Man erhält sowohl koreanische Nudeln als auch Chinamorcheln in asiatischen Lebensmittelgeschäften.

Die Kartoffelnudeln in einem großen Topf mit kochendem Wasser garen.

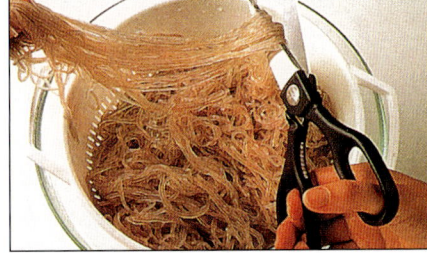

Die Nudeln mit Hilfe einer Schere in etwa 14 cm lange Stücke schneiden.

Knoblauch, Ingwer und feingehackte Frühlingszwiebeln 3 Minuten anbraten.

Nudeln, Zwiebeln, Pak Choi, Sesamöl, Sojasauce und Mirin hinzufügen.

Binatok (Erbsen-und-Reis-Pfannkuchen mit Gemüse)

Vorbereitungszeit:
30 Minuten
Kochzeit:
50 Minuten
Für 4–6 Personen, ergibt etwa 15 Pfannkuchen

200 g getrocknete halbe grüne Erbsen
100 g Rundkornreis
60 g Mehl
2 Eier, geschlagen
250 ml Wasser
1 mittelgroße Karotte
1/2 grüne Paprikaschote
1/2 rote Paprikaschote
6 Frühlingszwiebeln
3 cm großes Stück Ingwer
2 Knoblauchzehen

2 TL Sojasauce
2 EL Pflanzenöl
1 EL Sesamöl
Frühlingszwiebeln, in dünne Scheiben geschnitten, zum Garnieren

SAUCE
2 Frühlingszwiebeln, sehr fein gehackt
3 EL Sojasauce
2 EL Wasser
2 TL Sesamöl

1. Erbsen und Reis in einem Sieb unter fließend kaltem Wasser waschen, bis das Wasser klar ist. In einen Topf geben, mit kaltem Wasser bedecken und zum Kochen bringen. 25 Minuten kochen lassen und bei Bedarf mehr Wasser zugeben, bis die Erbsen sehr weich sind. Abkühlen lassen, dann in der Küchenmaschine pürieren. Mehl, Eier und den größten Teil des Wassers hinzugeben und zu einem glatten Teig verarbeiten. Dabei mehr Wasser zugeben, bis die Mischung eine dickflüssige Konsistenz bekommt (dazu können mehr als 250 ml Wasser nötig sein).
2. Die Karotte schälen, Samen und Stege der Paprikaschoten entfernen und die Frühlingszwiebeln putzen. Das Gemüse in 3 cm lange, dünne Stifte schneiden. Den Ingwer fein reiben und den Knoblauch hacken. Den Teig in eine Schüssel füllen und Gemüse, Ingwer, Knoblauch und Sojasauce einrühren.
3. Eine gußeiserne Pfanne bei mittlerer Temperatur erhitzen und dann mit etwas Pflanzen- und Sesamöl bestreichen. 2 EL Teig hineingießen und 3–5 Minuten backen. Wenn die Unterseite fest ist, den Pfannkuchen vorsichtig mit einem Pfannenwender vom Boden lösen, wenden und weitere 2 Minuten von der anderen Seite backen. Die Pfanne etwa 30 Sekunden abdecken, damit der Pfannkuchen auch wirklich gar ist; auf einen Teller geben und im Backofen warm halten, während die anderen Pfannkuchen gebacken werden.
4. Sauce: Frühlingszwiebeln, Sojasauce, Wasser und Öl in einer Schüssel gut mischen.
5. Pfannkuchen mit Frühlingszwiebeln bestreuen und mit der Sauce servieren.

Erbsen und Reis kochen, dann in der Küchenmaschine pürieren.

Das Gemüse mit einem scharfen Messer in dünne Stifte schneiden.

2 Eßlöffel Teig in die heiße Pfanne geben.

Pfannkuchen vorsichtig wenden und weitere 2 Minuten backen.

Thai Küche

SNACKS UND VORSPEISEN

Am Anfang einer Thai-Mahlzeit stehen leckere Appetithäppchen, die den Gaumen mit dem raffinierten Aroma von Zitronengras, Zitronenblättern und pikanten Gewürzen kitzeln. Wählen Sie zwei oder drei als idealen Auftakt zum Essen.

Garnelen-Hackfleisch-Toast

Vorbereitungszeit:
20 Min.
Zubereitungszeit:
20 Min.
Ergibt 24 Stück

---

1 EL getrocknete chinesische Garnelen
1 EL gehackte Korianderblätter und -stengel
2 Knoblauchzehen
125 g gekochte, geschälte Garnelen
500 g mageres Schweineback
4 TL Fischsauce
1 Ei
6 Scheiben Toastbrot (1 Tag alt)
Pflanzenöl zum Fritieren

---

1 Getrocknete Garnelen, Koriander und Knoblauch im Mixer fein hacken. Frische Garnelen und Hackfleisch dazugeben; zu einer glatten Masse verarbeiten.

2 Mit Fischsauce würzen, das Ei zugeben. Im Mixer gründlich vermischen.

3 Mischung gleichmäßig auf die Toastscheiben verteilen. Rinde abschneiden; jede Scheibe in vier Dreiecke teilen.

4 Öl erhitzen. Je vier oder fünf Toaststückchen gleichzeitig mit der Füllung nach unten ins heiße Öl gleiten lassen und goldgelb fritieren, wenden und kurz von der anderen Seite garen.

5 Mit einem Sieb oder Schaumlöffel herausnehmen; auf Küchenpapier abtropfen lassen.

6 Auf kleingeschnittenen Salatblättern anrichten, und ein Schälchen süß-saure Sauce dazu reichen. Heiß servieren.

TIP
Man kann den Toast auch halbieren, um 12 größere Portionen zu erhalten.

Garnelen, Koriander, Knoblauch und Hackfleisch zu einer glatten Masse verarbeiten.

Die Mischung gleichmäßig auf die Toastscheiben verteilen.

Die Rinde vom Toast abschneiden und jede Scheibe in vier Dreiecke teilen.

Portionsweise bei mittlerer Hitze goldgelb fritieren.

Frühlingsrollen

Füllen Sie sie mit beliebigem frischem Gemüse.

Vorbereitungszeit:
30 Min. + 20 Min.
Einweichzeit
Zubereitungszeit:
10 Min.
Ergibt 36 kleine o.
12 große Stücke

1 Pack. tiefgefrorene Frühlingsrollen-Teigblätter
50 g Glasnudeln, 20 Min. in heißem Wasser eingeweicht
4 getrocknete China-Pilze, 20 Min. in heißem Wasser eingeweicht
1 EL feingehackte Korianderblätter und -stengel
¹/₂ TL gehackter Knoblauch

50 g feingehackte Bambussprossen
1 große Frühlingszwiebel, feingehackt
1 kleine Möhre, gerieben
1 Weißkohlblatt, feingehackt
100 g Sojabohnensprossen, gehackt
125 g Rinder- oder Schweinehack
4 TL Fischsauce
Pflanzenöl zum Fritieren

1 Teigblätter mit einem Tuch abgedeckt auftauen lassen.
2 Glasnudeln abtropfen lassen, auf ca. 4 cm Länge schneiden. Pilze abtropfen lassen, Stiele entfernen, Hüte fein hakken. Pilze und Glasnudeln mit zerkleinertem Gemüse und Fleisch mischen, Fischsauce und Knoblauch dazugeben, gut verrühren.
3 Für kleine Rollen die Teigblätter vierteln und voneinander lösen. Eine Portion der Füllung auf die Mitte des Teigblattes geben, Ecke über die Füllung klappen. Seiten rechts und links über die Füllung einschlagen, und das Teigblatt bis zur Spitze aufrollen. Ende befeuchten und andrükken. Für große Rollen die Teigblätter unzerteilt verwenden.
4 Öl in Friteuse oder Wok erhitzen. Ein mit Küchenpapier abgedecktes Abtropfgitter bereitstellen. Je drei oder vier Rollen ins heiße Öl geben und goldgelb fritieren. Auf dem Gitter abtropfen lassen.
5 Frühlingsrollen auf einem Teller anrichten, mit Koriander oder Petersilie garnieren. Dazu thailändische süße Chilisauce reichen.

TIP
Nicht verbrauchte Teigblätter in zwei Lagen Folie einwickeln und wieder einfrieren. Falls sie nach dem Wiederauftauen etwas trocken sind, mit einem feuchten Tuch abwischen.

Fischsauce mit Hackfleisch, zerkleinertem
Gemüse und Nudeln mischen.

Teigblätter vierteln und voneinander lösen.

Etwa 1 EL der Füllung auf die Ecke des Teigblatts geben und diese zuklappen.

Die Seiten von rechts und links einschlagen und
bis zur Spitze aufrollen.

Fischküchlein

Mit süßer Chilisauce
servieren.

Vorbereitungszeit:
15 Min.
Zubereitungszeit:
10 Min.
Ergibt 24 Stück

**2 getrocknete Kaf-
fir-Zitronenblät-
ter, eingeweicht
(s. Hinweis)
1 kleine Zwiebel
3 dicke Scheiben
Ingwer
1 EL gehackte Ko-
rianderblätter,
-wurzeln und
-stengel
1 große Knoblauch-**

**zehe
1 Zitronengraswur-
zel (1 x 2 cm
groß)
1 grüne Chilischote,
entkernt
350 g Fischfilet
1 Ei
2 EL Fischsauce
8 grüne Bohnen, in
Scheibchen ge-
schnitten**

1 Kaffir-Zitronen-
blätter abtropfen las-
sen, in sehr feine
Streifen schneiden.
Mittelrippe wegwer-
fen.
2 Zwiebel, Ingwer,
Koriander, Knob-
lauch, Zitronengras
und Chilischote im

Mixer zu einer gleich-
mäßigen Masse zer-
kleinern.
3 Fisch in Würfel
schneiden und im
Mixer zu einer relativ
glatten Masse verar-
beiten. 4–7 EL kaltes
Wasser, das Ei und
die Fischsauce dazu-

geben und zu einer
glatten Masse weiter-
verarbeiten.
4 Bohnen und zer-
kleinerte Zitronen-
blätter dazugeben, gut
unterrühren.
5 Öl erhitzen. Die
Mischung mit einem
großen Eßlöffel por-
tionsweise in das Öl
geben und die Küch-
lein von beiden Seiten
goldgelb garen.
6 Auf Küchenpapier
abtropfen lassen. Heiß
auf einem mit Zitro-
nenspalten und Peter-
silie garnierten Teller
servieren; Gurken-
sauce dazu reichen.
Hinweis. Kaffir-Zitronenblätter mindestens
15 Min. in heißem
Wasser einweichen.
Frische Zitronen-
oder Limonenblätter
kurz in kochendem
Wasser blanchieren.

*Den Fisch mit den Zutaten zu einer glatten Mas-
se verarbeiten.*

*Fischteig in eine Schüssel geben. Bohnen und
Zitronenblätter unterrühren.*

Mischung mit einem Eßlöffel portionsweise in
die Pfanne geben. Goldgelb ausbacken.

Fischküchlein mit Sieb oder Schaumlöffel aus
dem Öl nehmen und gut abtropfen lassen.

Fleischbällchen mit Erdnußsauce

Idealer Snack.

Vorbereitungszeit:
15 Min.
Zubereitungszeit
15 Min.
Für 4–6 Personen

**500 g Schweinehack
2 EL feingehackte
  Korianderblätter
2 TL zerdrückter
  Knoblauch
4 EL Fischsauce
ca. 200 ml Pflanzenöl
1 rote Chilischote,
  entkernt u.
  feingehackt**

**1 TL geraspelter
  Ingwer
2 EL grobe
  Erdnußbutter
1 EL brauner
  Zukker
125 ml Kokoscreme
1 TL gehacktes
  Basilikum**

1 Hackfleisch mit jeweils der Hälfte des Korianders, des Knoblauchs und der Fischsauce mischen. Zu einem glatten Teig kneten. Mit angefeuchteten Händen Bällchen formen.

2 Fleischbällchen im heißen Öl rundum goldbraun braten (ca. 5 Min.). Aus der Pfanne nehmen und warmstellen. Öl abschütten, Pfanne auswischen und etwa 2 EL Öl in die Pfanne geben.

3 Restlichen Knoblauch mit Chilischote und Ingwer ca. 1 Min. anbraten. Koriander, Fischsauce, Erdnußbutter, Zukker und Kokoscreme dazugeben und Sauce bei mittlerer Hitze bis zum Eindicken rühren. Das gehackte Basilikum untermischen.

4 Die Fleischbällchen auf einer Platte anrichten und die Sauce dazureichen.

TIP
Koriander findet in der Thai-Küche ausgiebige Verwendung. Wurzeln, Blätter und Stengel werden in Currypasten und würzigen Saucen verarbeitet. Da das Aroma des Korianders nicht jedermanns Sache ist, kann man ihn auch weglassen.

Hackfleisch, Koriander, Knoblauch und Fischsauce zu einem glatten Teig kneten.

Mit angefeuchteten Händen Bällchen formen.

*Die Fleischbällchen in reichlich Öl ca. 5 Min.
goldbraun braten.*

*Kokoscreme zu der Erdnußmischung geben;
Sauce bis zum Eindicken rühren.*

Hühnerspieße

**500 g Hühnerbrust-
filet
1 Knoblauchzehe
1 kleine Zwiebel,
halbiert
2 EL brauner
Zucker
2 EL Fischsauce
4 EL Erdnuß- oder
Pflanzenöl
120 g grobe Erdnuß-
butter
200 ml Kokoscreme
2 EL süße Chili-
sauce
1 TL Zitronengras-
pulver
Erdnuß- o. Pflan-
zenöl zum Braten**

Vorbereitungszeit:
25 Min. + 3–4 Std.
Marinierzeit
Zubereitungszeit:
10 Min.
Ergibt 24 Spießchen

1 Hühnerfilet in ca.
2 cm breite Streifen
schneiden. Auf ein-
geölte Holzspießchen
stecken. In einen tie-
fen Teller legen.
2 Knoblauch, Zwie-
bel und jeweils die
Hälfte des Zuckers
und der Fischsauce
in den Mixer geben,
zu einer glatten Paste
verarbeiten und mit
kaltem Wasser ver-
dünnen. Über das
Fleisch gießen, mit
Folie abdecken und
3–4 Std. marinieren
lassen, dabei gele-
gentlich wenden.
3 Die restlichen Zu-
taten in einer kleinen
Stielkasserolle bei

mittlerer Hitze in ca.
4 Min. zu einer
dickflüssigen Sauce
einkochen.
4 Fleischspießchen
mit Öl bepinseln und
auf Holzkohlengrill
oder im Backofen bei
Oberhitze goldbraun
garen. Zwischen-
durch öfter wenden
und bei Bedarf mit
Öl bepinseln.
5 Die Spießchen
fächerförmig auf ei-
ner runden Platte an-
richten, und die
Sauce in einem
Schälchen dazu rei-
chen.

TIP
Holzspießchen vorher in
kaltes Wasser einlegen,
damit sie beim Grillen
nicht verbrennen.

Hühnerbrust in 2 cm breite Streifen schneiden.

*Fleischstreifen ziehharmonikaförmig auf eingeöl-
te Holzspießchen stecken.*

Das Fleisch etwa 4 Std. in der Zwiebelmischung marinieren.

Restliche Zutaten in einen Topf geben. Unter Rühren zu einer cremigen Sauce einkochen.

Krabben-Dip

Kann mit Reis-Crakkern serviert werden.

**200 ml Kokoscreme
300 g Krabbenfleisch, frisch, tiefgefroren o. aus der Dose
¼ TL Salz
2 sehr feingehackte Frühlingszwiebeln
2 EL feingehackter Koriander oder Minze
4 TL Zitronensaft**

**1 frische grüne Chilischote, entkernt u. feingehackt
weißer Pfeffer
2 Teller Gemüsestreifen (z.B. Möhre, Paprika, Stangensellerie, Frühlingszwiebeln, Gurke, Blumenkohl o. Brokkoli)**

1 Kokoscreme, Krabbenfleisch und Salz in einer kleinen Stielkasserolle 5 Min. einköcheln.

2 Restliche Zutaten mit Ausnahme der Gemüse unterrühren; abkühlen lassen. Dip auf zwei kleine Schüsseln verteilen. Mit dem Gemüse reichen.

TIP

Kokoscreme bei mittlerer Hitze unter häufigem Umrühren erwärmen. Auf keinen Fall zum Kochen bringen!

Krabbenfleisch mit einer Gabel gleichmäßig zerkleinern.

Krabbenfleisch zu der Kokoscreme in eine kleine Stielkasserolle geben.

Chilischote entkernen und fein hacken. Dabei Handschuhe tragen.

Das Gemüse in ca. 4 cm breite Streifen schneiden.

Hackfleisch-Dip

Kann am Vortag zubereitet werden.

Vorbereitungszeit:
10 Min.
Zubereitungszeit:
10 Min.
Für 4 Personen

Hinweis. Nur die hellgrün-weißliche Wurzelknolle des Zitronengrases verwenden. Aus den schilfartigen grünen Blättern kann ein Tee bereitet werden, der kühlend, erfrischend und beruhigend wirken soll.

---

180 g Schweineback
2 EL Erdnuß- o.
  Pflanzenöl
¹/₂ TL zerdrückter
  Knoblauch
¹/₂ TL feingebackte
  Zitronengraswurzel (s. Hinweis)
1 TL scharfe Chilisauce
2 EL Erdnußbutter,
  glatt

250 ml Kokoscreme
1¹/₂ EL Fischsauce
1¹/₂ TL brauner
  Zucker
2 TL gebackter
  Koriander (auf
  Wunsch)
1 Packung japanische Reis-Cracker

TIP
Sie können den Hackfleisch-Dip auch mit frischen Gemüsestreifen servieren. Auf Wunsch kann auch Hackfleisch vom Rind oder Huhn verwendet werden.

1 Hackfleisch in Öl gut anbraten, Knoblauch und Zitronengras dazugeben und weitere 1–2 Min. braten.
2 Chilisauce, Erdnußbutter, Kokoscreme, Fischsauce und Zucker zugeben und unter Rühren eindikken lassen. Ggf. den Koriander unterrühren.
3 Sauce in 2 kleine Schälchen geben und mit den Crackern heiß servieren.

Das Hackfleisch in einer kleinen Stielkasserolle gut anbraten.

Zerkleinerten Knoblauch und Zitronengras dazugeben; 2 Min. mitbraten.

Erdnußbutter, Kokoscreme, Zucker, Fisch- und Chilisauce dazugeben.

Mischung unter Rühren eindicken lassen. Koriander unterrühren. Heiß servieren.

Teigkörbchen

Diese Köstlichkeit wird am besten noch heiß verzehrt.

1 Frühlingszwiebel, grob gehackt
5 Wasserkastanien aus der Dose, abgetropft
200 g Schweineback
3 TL helle Sojasauce o. Fischsauce
30 Wan-Tan-Teigplatten
Öl zum Fritieren

1 Frühlingszwiebel und Wasserkastanien im Mixer hacken. Hackfleisch und Sauce dazugeben und zu einer relativ glatten Masse verarbeiten.

Vorbereitungszeit:
30 Min.
Zubereitungszeit:
12 Min.
Ergibt 30 Portionen

2 Teigblätter mit einem Küchenpinsel in der Mitte mit Wasser befeuchten; rundum einen Rand von ca. 2 cm trocken lassen.
3 Eine Portion der Füllung in die Mitte jedes Teigblattes geben.
4 Die Ränder des Teigblattes nach oben falten, über der Füllung fest zusammendrücken, die Spitzen auseinander fächern. Die Teigkörbchen auf einen bemehlten Teller stellen.
5 Fritieröl stark erhitzen. Hitze etwas reduzieren und je 6

Teigkörbchen goldgelb fritieren.
6 Teigkörbchen mit einem Schaumlöffel herausnehmen und auf einem mit Küchenpapier abgedeckten Gitterrost abtropfen lassen.
7 Mit süßer Chilisauce heiß servieren.

TIP
Wasserkastanien bekommt man normalerweise als Konserven. Nach Öffnen der Dose kann man sie bis zu 1 Woche in Wasser aufbewahren (täglich erneuern). Sie machen Pfannengerichte, Gemüse, Nudeln und pikante Füllungen knuspriger und verleihen ihnen eine leicht süßliche Geschmacksnote.

Teigblätter in der Mitte mit einem in Wasser getauchten Küchenpinsel anfeuchten.

Einen Teelöffel der Füllung auf jedes Teigblatt geben.

Ränder nach oben klappen, über der Füllung zusammendrücken und Spitzen auffächern.

Fritierte Teigkörbchen auf einem mit Küchenpapier abgedeckten Gitterrost abtropfen lassen.

Knusprig-süße Nudeln

250 ml Pflanzen- o. Erdnußöl
Tofuwürfel (4 x 4 cm), schnittfest
100 g Hühnerbrustfilet, gewürfelt
200 g dünne Reisnudeln
100 g geschälte, gekochte Krabben
2 Frühlingszwiebeln, gehackt
1 TL gehackter Knoblauch
2 verrührte Eier
4 EL weißer Zucker

Vorbereitungszeit:
30 Min.
Zubereitungszeit:
20 Min.
Für 6 Personen

4 EL Limonensaft
5 TL Weißweinessig
2 EL Wasser
3 EL Fischsauce
1 TL mildes Chilipulver
100 g Sojabohnensprossen
6 Schnittlauchhalme, in 5 cm langen Streifen

4 Zucker, Limonensaft, Essig, Wasser und Fischsauce zusammen in die Pfanne gießen und aufkochen lassen. Chilipulver dazugeben und 1–2 Min. kochen. Die gebratenen Nudeln dazugeben und bei starker Hitze gründlich in der Sauce wenden. Tofu, Hühnerfleisch, Krabben, Frühlingszwiebeln, Knoblauch und Eier dazugeben. Alles verrühren und ca. 3 Min. zusammen erhitzen.
5 Mit Sojabohnensprossen und Schnittlauch garnieren.

1 Öl im Wok oder in einer Pfanne erhitzen. Tofu in dünne Scheiben, dann in Streifen schneiden und knusprig braun braten. Die Hühnerwürfel anbraten, bis sie Farbe annehmen. Herausnehmen und beiseite stellen. Nudeln braten, bis sie aufgehen und knusprig weiß werden. Herausnehmen und abtropfen lassen. Das Öl bis auf etwa 3 EL abgießen.
2 Krabben, Frühlingszwiebeln und Knoblauch unter ständigem Rühren 1½ Min. braten. Herausnehmen.
3 Rührei in die Pfanne gießen. Während des Stockens zerkleinern. Herausnehmen, sobald es fest ist. Pfanne auswischen.

TIP
Statt beide Eier in die Pfanne zu geben, können Sie aus einem Ei ein sehr dünnes Omelett bereiten, dieses zusammenrollen und in dünne Streifen schneiden. Das fertige Gericht auf dem Servierteller anrichten und mit den Eistreifen dekorieren.

Tofu in dünne Scheiben und dann in Streifen
schneiden.

Nudeln in Stücke brechen. Portionsweise jeweils einige Sekunden anbraten.

Krabben, Frühlingszwiebeln und Knoblauch unter ständigem Rühren ca. 2 Min. braten.

Rührei in die Pfanne geben; während des Stok-
kens mit einem Pfannenwender zerkleinern.

SUPPEN UND SALATE

In thailändischen Suppen und Salaten verbinden sich Geschmack, Konsistenz und Farbe zu einem harmonischen Ganzen.

Sauer-scharfe Garnelensuppe

Vorbereitungszeit:
10 Min.
Zubereitungszeit:
12 Min.
Für 4 Personen

1 l Fischbrühe	*8 Riesengarnelen,*
1 Zitronengraswur-	*roh mit Schale*
zel, feingehackt	*2 küchenfertige*
1 kleine Limone,	*Tintenfische, in*
dünn geschnitten	*Ringen*
2 getrocknete Kaffir-	*2 EL Fischsauce*
Zitronenblätter	*1 Frühlingszwiebel,*
1 frische rote Chili-	*gehackt*
schote, entkernt	*4 Zweige Koriander*

1 Fischbrühe aufkochen. Zitronengras, Limone, Chilischote hineingeben. 5 Min. köcheln. Durch ein Sieb gießen.

2 Garnelen schälen, Schwanzende dranlassen. Darm entfernen.

3 Garnelen, Tintenfisch und Fischsauce in die Brühe geben, 4 Min. köcheln. Mit Frühlingszwiebel und Koriander garnieren.

Zitronengras, Zitronenblätter, Limonenscheiben und Chilischote in die Fischbrühe geben.

Garnelen schälen; Schwanzende der Schale am Körper lassen.

Garnelen längs des Rückens aufschneiden und Darm entfernen.

Garnelen, Tintenfischringe und Fischsauce in die durchgesiebte Fischbrühe geben.

Hühnersuppe mit Kokosmilch

Vorbereitungszeit:
10 Min. + 15 Min.
Einweichzeit
Zubereitungszeit:
8 Min.
Für 4 Personen

---

2 getrocknete Kaf-
fir-Zitronenblät-
ter, 15 Min. einge-
weicht, o. 1 Zitro-
nengraswurzel,
längs halbiert
1 Stück Thai-
Ingwer (kha) o.
junger Ingwer
(1 x 3 cm)

1 frische rote Chili-
schote, entkernt,
in Scheibchen
400 ml Kokosmilch
150 g Hühnerbrust-
filet, gewürfelt
2 EL Fischsauce
1 EL Limonensaft

---

1 Zitronenblätter abtropfen lassen. Zitronenblätter bzw. Zitronengraswurzel, dick geschnittene Ingwerscheiben, Chilischote, Kokosmilch und 400 ml Wasser in einen Topf geben. Mit geschlossenem Deckel aufkochen. 5 Min. köcheln.

2 Restliche Zutaten in die Suppe geben. Weiterkochen, bis die Hühnerwürfel sich weiß verfärben (ca. 3 Min.) und servieren.

Zitronengraswurzel längs halbieren. (Sie können stattdessen Zitronenblätter verwenden.)

Kokosmilch, Chilischote, Ingwer, Zitronengras und Wasser in den Topf geben.

Hühnerfilet in 2 cm große Würfel schneiden.

Restliche Zutaten in den Topf geben. Ca. 3 Min. kochen lassen.

Thailändischer Papaya-Salat

Zubereitungszeit:
15 Min.
Für 4–6 Personen

---

1 mittelgroße Papaya (ca. 750 g)
3 EL getrocknete chinesische Garnelen, 10 Min. in kochendem Wasser eingeweicht
1 TL zerdrückter Knoblauch

5–8 EL Limonen- o. Zitronensaft
5–8 EL Fischsauce
1–2 TL Zucker
1–4 TL süße Chilisauce
Gurke und Frühlingszwiebeln zum Garnieren

---

1 Papaya schälen, entkernen und in Würfel schneiden.

2 Garnelen und Knoblauch zerkleinern. Die Hälfte des Limonensafts und der Fischsauce dazugeben. Unter die Papaya rühren.

3 Restlichen Limonensaft und Fischsauce mit dem Zucker und der Chilisauce nach Geschmack unterrühren.
Der Salat sollte süßsauer schmecken.

4 Salat anrichten. Mit dünn geschnittener Gurke und in Streifen geschnittenen Frühlingszwiebeln garnieren.

Mittelgroße Papaya mit einem Schälmesser dünn schälen.

Papaya entkernen und in Würfel schneiden.

Garnelen und Knoblauch zu einer glatten Masse verarbeiten.

Dressing über die Papaya-Würfel gießen und vorsichtig unterheben.

Warmer Hühnchensalat

Vorbereitungszeit:
10 Min.
Zubereitungszeit:
5 Min.
Für 4 Personen

**400 g Hühnerbrust-
filet
2 mittelgroße rote
Zwiebeln
¹/₄ grüne Paprika
1 kleine rote Chili-
schote, entkernt
1 Bund Minze
4 TL helle Soja-
sauce
4 TL Fischsauce
2 EL Zitronensaft**

**¹/₄ TL feingehackter
Knoblauch
¹/₂ TL feingehackter
Ingwer
1¹/₂ TL Zucker
¹/₂–¹/₄ TL geröstete
Chiliflocken
(s. Hinweis)**

---

1 Hühnerfilet würfeln. Wok oder beschichtete Pfanne erhitzen. Hühnerfleisch ohne Öl bei starker Hitze garen, bis es sich weiß verfärbt. Herausnehmen und warmstellen.
2 Zwiebeln schälen, senkrecht schneiden, s. Abb. Die Paprika in Streifen von ähnlicher Größe schneiden. Chilischote fein hacken.
3 Minzeblätter von den Stengeln entfernen; die größeren halbieren. Hühnerfleisch, Zwiebeln, Paprika, Chilischote und zwei Drittel der Minzeblätter vermengen.
4 Soja- und Fischsauce, Zitronensaft, Knoblauch, Ingwer, Zucker und Chilischote mit einem Schneebesen verrühren. Unter den Salat heben. Mit den restlichen Minzeblättern garniert servieren.
Hinweis. Geröstete Chiliflocken haben einen sehr aromatischen, nussigen Geschmack, der besonders gut zu Salaten paßt. Hierzu ganze getrocknete Chilischoten im heißen Backofen oder Wok tiefbraun rösten, aber nicht schwarz werden lassen. Abkühlen lassen und in einem Mörser zerstoßen.

Rote Zwiebeln senkrecht schneiden, um schön geschwungene Streifen zu erhalten.

Die Paprika in ca. 3 cm lange, dünne Streifen schneiden.

Hühnerfleisch und Gemüse in einer Glasschüssel mischen.

Soja- und Fischsauce mit restlichen Zutaten verrühren.

Schweinebraten-Salat

Vorbereitungszeit:
15 Min.
Zubereitungszeit:
5 Min.
Für 4–6 Personen

---

350 g Schweinebraten mit Kruste
3 EL geröstete, ungesalzene Erdnüsse
200 g geschälte, gekochte Garnelen
1 mittelgr. Möhre, geraspelt, blanchiert u. in Eiswasser abgeschreckt
1 große rote Zwiebel, dünn geschnitten
1 große Frühlingszwiebel, in Streifchen
1 EL gehackter Koriander
1 EL gehackte Minze
1 EL gehacktes Thai-Basilikum
1/2 rote Chilischote, entkernt u. gehackt
4 EL Fischsauce
4 EL Limonensaft
Zucker nach Geschmack
1 mittelgr. Zwiebel, dünn geschnitten
4 Knoblauchzehen, in Scheibchen
4 EL Öl

---

1 Schweinebraten in Streifen schneiden. Erdnüsse im Mixer hacken.

2 Fleisch, Garnelen, abgetropfte Möhre, rote Zwiebel und Frühlingszwiebel in einer Schüssel mischen.

3 Erdnüsse, Koriander, Minze, Basilikum und Chilischote mischen. Die Hälfte davon unter den Salat heben. Fischsauce und Limonensaft nach Geschmack mit Zucker mischen. Unter den Salat heben.

4 Den Salat auf einer Platte anrichten, mit Folie abdecken und bis zum Verzehr kühlen.

5 Zwiebel mit dem Knoblauch im Öl knusprig braun braten. Mit einem Schaumlöffel herausnehmen und auf Küchenpapier abtropfen lassen.

6 Geröstete Zwiebel und Knoblauch mit den restlichen Kräutern und Erdnüssen über den Salat verteilen.

TIP
Sie können den Salat auch mit Roastbeef, Huhn oder gedünsteten Tintenfischringen zubereiten.

Den Schweinebraten in Streifen schneiden.

Fleisch, Garnelen, Möhre, rote Zwiebel und Frühlingszwiebel mischen.

Erdnüsse, Koriander, Minze, Basilikum und Chilischote mischen.

Geröstete Zwiebeln und Knoblauch mit einem Schaumlöffel aus der Pfanne nehmen.

Meeresfrüchte-Salat mit Gurke

Vorbereitungszeit:
25 Min.
Zubereitungszeit:
5 Min.
Für 6 Personen

200 g Tintenfischringe
4 EL Zitronensaft
1 Stück Zitronen-
graswurzel
200 g Fischfilet
2 mittelgr. Gurken
1 Stangensellerie
200 g geschälte, ge-
kochte Garnelen
200 g Dosenmuscheln,
abgetropft
1 kleine Zwiebel, sehr
feingehackt

1 kleine rote Chili-
schote, entkernt u.
sehr fein gehackt
2 EL gehackte Minze
1 TL gehackter
Knoblauch
2 EL gehackte Früh-
lingszwiebel (nur
das Grüne)
4 EL Fischsauce
Zucker nach
Geschmack
Salatblätter

1 Tintenfisch in leicht gesalzenem Wasser mit 2 TL Zitronensaft und dem Zitronengras ca. 30 Sek. blanchieren, dann herausnehmen. Fischfilet in dem Wasser ca. 2 Min. dünsten, herausnehmen, abtropfen lassen und würfeln.
2 Gurken schälen, längs halbieren. Mit einem Teelöffel entkernen, in dünne Scheiben schneiden.
3 Sellerie waschen, in dünne Ringe schneiden.

4 Tintenfisch, Fischfilet, Gurke, Sellerie, Garnelen und Muscheln in einer Salatschüssel mischen.
5 In einem Schälchen die restlichen Zutaten, mit Ausnahme der Salatblätter, vermischen, nach Belieben abschmecken. Über den Salat geben und kurz unterheben.
6 Eine Servierplatte mit den Salatblättern auslegen und den Salat darauf anrichten. Auf Wunsch mit zerstoßenen Erdnüssen garnieren.

TIP
Die Muschelaufgußflüssigkeit können Sie einfrieren und bei einem anderen Rezept, z.B. statt Fischbrühe, verwenden.

Tintenfisch und Fischfilet in mundgerechte Stücke schneiden.

Gurken mit einem Teelöffel entkernen.

Gurke und Sellerie mit Fisch und Meeresfrüchten mischen.

Die restlichen Zutaten gut verrühren und unter den Salat heben.

FISCH UND MEERESFRÜCHTE

Der Golf von Thailand wimmelt von Fisch und anderem Meeresgetier, und die Thais wissen ihren Fang zu nutzen. Sie haben die chinesische Technik des Pfannenrührens übernommen, eine ideale Garmethode für Fisch und Meeresfrüchte.

Knoblauch-garnelen

Vorbereitungszeit:
8-10 Min.
Zubereitungszeit:
10 Min.
Für 4 Personen

1 kg rohe Garnelen
1 mittelgr. Zwiebel
1 EL gehackter
  Knoblauch
2 TL geraspelter
  Ingwer
1 frische rote Chili-
  schote, entkernt,
  in Scheibchen
4 EL Pflanzenöl
60 g Bambusspros-
  sen in Streifen
2 EL süße Chili-
  sauce
2 EL Fischsauce
4 EL Wasser
1 TL Maismehl
1 kl. Bund süßes
  Basilikum

unter ständigem Rühren im Öl andünsten. Garnelen dazugeben, unter Rühren garen, bis sie Farbe annehmen und sich krümmen. Bambussprossen dazugeben und erhitzen.

4 Süße Chilisauce, Fischsauce, Wasser und Maismehl verrühren, in die Pfanne geben und bis zum Eindicken rühren.

5 Basilikumblätter unter das Gericht heben.

1 Garnelen schälen. Schwanzende der Schale am Körper lassen. Entlang des Rückens aufschneiden und Darm entfernen.

Garnelen flachdrücken.
2 Zwiebel schälen, senkrecht in halbe Ringe schneiden.
3 Zwiebel, Knoblauch, Ingwer und Chilischote

TIP
Ingwer schälen und in Scheibchen schneiden. Je drei oder vier zusammengenommen in sehr feine Streifen schneiden.

Garnelen schälen; dabei Schwanzende der Schale am Körper lassen.

Zwiebel, Knoblauch, Ingwer und Chilischote unter ständigem Rühren weich dünsten.

Bambussprossen zu den Garnelen geben;
1 Min. unter Rühren erhitzen.

Saucen-Maismehl-Mischung in die Pfanne
geben und bis zum Eindicken rühren.

Sahniges Garnelen-Curry

Vorbereitungszeit:
20 Min.
Zubereitungszeit:
18–20 Min.
Für 4 Personen

1 kg mittelgr. rohe Garnelen
1 mittelgr. Zwiebel, feingehackt
4 EL Pflanzenöl
1 TL gehackter Knoblauch
1 TL gehackter Ingwer
1 große rote Chilischote, entkernt u. gehackt
1 EL feingehackte Zitronengraswurze
1 TL Korianderpulver
1 TL Kurkuma
1 TL Krabbenpaste (s. Hinweis)
400 ml Kokoscreme
1 TL Tamarindenkonzentrat
2 EL Fischsauce
1 kl. Bund Koriander

1 Garnelen schälen; Schwanzende der Schale am Körper lassen. Entlang des Rückens aufschneiden und Darm entfernen. Garnelen flachdrücken.

2 Zwiebel im Öl goldgelb dünsten. Zwiebel, Knoblauch, Ingwer, Chilischote und Zitronengras im Mixer oder Mörser zu einer gleichmäßigen Masse verarbeiten. Koriander, Kurkuma und Krabbenpaste dazugeben und mit etwas Kokoscreme gut untermischen.

3 Diese Gewürzmischung in der vorher für die Zwiebeln verwendeten Pfanne etwa 5 Min. anbraten. Kokoscreme und Tamarindenkonzentrat dazugeben. Fast aufkochen lassen,

Hitze reduzieren und unter ständigem Rühren ca. 5 Min. köcheln lassen.

4 Knapp 200 ml Wasser, die Garnelen und die Fischsauce zugeben und 3 Min. garen.

5 Korianderblätter abpflücken, unter das Curry mischen und sofort mit Reis servieren.

Hinweis. Die Krabbenpaste wird noch aromatischer, wenn man sie vor der Verwendung »röstet«. In Alufolie wickeln und von beiden Seiten je 2 Min. in einem trockenen Wok erhitzen. Krabbenpaste stets im fest verschlossenen Glas und vor Licht geschützt aufbewahren.

TIP
Chilischoten werden durch Entkernen milder. Bei ihrer Verarbeitung immer Gummihandschuhe tragen; Handschuhe und Hände anschließend gut waschen.

Garnelen schälen. Schwanzende dranlassen.
Darm entfernen. Garnelen flachdrücken.

Gehackte Zwiebel goldgelb dünsten.

Die Gewürzmischung ca. 5 Min. anbraten.

Kokoscreme und Tamarinde zugeben und ca.
5 Min. köcheln lassen.

Kalmar mit Chillies

Schön für Gäste.

Vorbereitungszeit:
20 Min.
Zubereitungszeit:
5–6 Min.
Für 4 Personen

Hinweis. Palmzucker im Mörser zerstoßen. In einem luftdicht verschlossenen Behälter aufbewahren. Mangels Palmzucker können Sie auch braunen Zucker verwenden.

---

500 g küchenfertiger Kalmar	*2 EL Fischsauce*
1 mittelgr. Zwiebel	*4 TL Reisessig*
1½ TL gebackter Knoblauch	*1½ EL Palmzucker (s. Hinweis)*
3 frische rote Chilischoten, entkernt u. gebackt	*2 EL Wasser*
4 EL Pflanzenöl	*1 TL Maismehl*

1 Den Kalmar in ca. 4 x 4 cm große Stücke schneiden. Die Stücke auf einer Seite kreuzweise dünn einschneiden (s. Abb.)
2 Zwiebel schälen und senkrecht schneiden, um halbe Ringe zu erhalten. Zwiebel, Knoblauch und Chillies im Öl bißfest dünsten. Kalmarstücke dazugeben und unter ständigem Rühren garen, bis sie sich zusammenrollen.
3 Fischsauce, Essig, Palmzucker, Wasser und Maismehl mischen, in die Pfanne geben und bis zum Eindicken rühren. Mit Reis servieren.

TIP
Reisessig wird aus vergorenem Reis gewonnen. Er hat eine klare bis blaßgoldene Farbe und einen leicht herben Geschmack. Man verwendet ihn in pfannengerührten Gerichten und asiatischen Dressings.

Kalmar in etwa 4 x 4 cm große Quadrate schneiden.

Die Stücke auf einer Seite kreuzweise dünn einschneiden.

Zwiebeln, Knoblauch und Chilischote unter ständigem Rühren bißfest andünsten.

Kalmar dazugeben und unter Rühren braten, bis sich die Stücke zusammenrollen.

Fisch mit Ingwersauce

Vorbereitungszeit:
18 Min.
Zubereitungszeit:
18 Min.
Für 4–6 Personen

1 kg Fisch (Brasse, Barsch o.ä.)
80 g Mehl
80 g Maismehl
Öl zum Ausbacken

Ingwersauce
6 getrocknete schwarze China-Pilze, eingeweicht
4 TL Sojasauce
6 EL brauner Zucker
4 EL Reisessig

6 EL japanischer eingelegter Ingwer, in Streifen
4 EL Wasser
1/2 TL Maismehl

Zum Garnieren:
1 frische rote Chilischote, entkernt, in feinen Streifchen
1 Frühlingszwiebel, in feinen Streifen
Korianderblätter

1 Den küchenfertigen Fisch auf beiden Seiten kreuzweise einschneiden.
2 Mehl und Maismehl mit kaltem Wasser zu einem dünnen Ausbackteig verrühren. Öl in einem Wok oder einer großen Pfanne erhitzen. Fisch im Ausbackteig wenden. Im heißen Öl ausbacken, dabei einmal wenden, bis das Fleisch an der dicksten Stelle mit einer Gabel abzulösen ist.

3 Fisch herausnehmen und auf einer Platte anrichten.
4 Für die Sauce die Pilze abtropfen lassen und ausdrücken. Stiele entfernen, Hüte in feine Streifen schneiden. Alle Saucenzutaten in einem Topf erhitzen und unter Umrühren ca. 4 Min. köcheln lassen.
5 Sauce über den Fisch gießen und mit Chilischote, Frühlingszwiebel und Koriander garnieren. Mit gekochtem Reis servieren.

Hinweis. Falls Sie keinen Reisessig bekommen, verwenden Sie so viel Weißwein- oder Apfelessig, daß die Zuckersüße ausgeglichen wird. Die Sauce sollte süß-sauer schmecken.

Fisch bratfertig zubereiten und abspülen. Mit Küchenpapier gut trockentupfen.

Fisch auf beiden Seiten kreuzweise einschneiden.

Fisch gründlich im Ausbackteig wenden. Bei mittlerer Hitze in reichlich Öl ausbacken.

Pilze abtropfen lassen und ausdrücken. Hüte in feine Streifen schneiden.

Thai-Nudeln

Vorbereitungszeit:
20 Min.
Zubereitungszeit:
20 Min.
Für 4–6 Personen

300 g flache Reisnudeln
200 g geschälte, gekochte Krabben
200 g Hühnerbrustfilet, gewürfelt
1 TL gehackter Knoblauch
4 EL Pflanzenöl
2 verrührte Eier
150 g Sojabohnensprossen
4 TL helle Sojasauce
2 EL Fischsauce
4 TL Tomatenketchup

¹/₂ TL Chiliflocken
2 TL Zucker

Zum Garnieren:
2 EL gehackte Frühlingszwiebel o. Schnittlauch
2 EL geröstete, gehackte Erdnüsse
Korianderblätter
Limonenschnitze (auf Wunsch)

1 Nudeln in kochendes Wasser geben, ca. 5 Min. garen. Gut abtropfen lassen und zum Trocknen ausbreiten.
2 Krabben, Huhn und Knoblauch in der Hälfte des Öls unter Rühren anbraten, bis die Filetstücke sich weiß verfärben. Herausnehmen und beiseitestellen.
3 Verrührte Eier in die Pfanne geben, bei starker Hitze ein hauchdünnes Omelett zubereiten. Omelett wenden, wenn die Unterseite fest ist. Herausnehmen, aufrollen und in feine Streifen schneiden, oder schon in der Pfanne mit dem Pfannenwender zerkleinern.
4 Bohnensprossen unter Rühren bißfest anbraten; nicht zu weich werden lassen. Aus der Pfanne nehmen.
5 Restliches Öl in die Pfanne geben und die Nudeln unter Rühren anbraten, bis sie mit Öl überzogen sind. Krabben, Hühnerfleisch, die Hälfte des Omeletts, die Bohnensprossen und die restlichen Zutaten zu den Nudeln in die Pfanne geben. Alles gut durchmischen und zusammen erhitzen.
6 Die Nudeln mit den restlichen Omelettstreifen und der Garnierung dekorieren.

TIP
In Thailand nimmt man 5 mm breite, flache Reisnudeln, das Gericht kann aber auch mit Eiernudeln, Glasnudeln oder dünnen Reisnudeln zubereitet werden.

Gekochte Nudeln gleichmäßig zum Trocknen
ausbreiten.

Krabben, Hühnerfleisch und Knoblauch unter
ständigem Rühren anbraten.

Aus den Eiern in einer flachen Pfanne ein sehr
dünnes Omelett zubereiten.

Das Omelett eng aufrollen und in feine Streifen
schneiden.

FLEISCH UND GEFLÜGEL

In Thailand ißt man in der Regel mit Löffel und Gabel. Zu Beginn der Mahlzeit werden kleine Appetithappen gereicht, dann folgt eine Suppe oder die Hauptgerichte mit Fleisch oder Geflügel.

Würziges Rindfleisch-Curry

Vorbereitungszeit:
20 Min.
Zubereitungszeit:
1 ³/₄ Std.
Für 6 Personen

750 g Schmorfleisch vom Rind, z.B. Keule, Bug, Hesse
3 getrocknete rote Chilischoten, entkernt
1 EL Koriandersamen
¹/₂ TL Krabbenpaste
1 Stück Thai-Ingwer (kha), 2 cm
1 Zitronengraswurzel, gehackt
4 Knoblauchzehen
4 EL Pflanzenöl
1 mittelgr. Zwiebel, feingehackt
1 Zimtstange
2 Gewürznelken
4 Kardamomkapseln
8 Curryblätter o. 3 Lorbeerblätter
400 ml Kokoscreme
2 EL Erdnußbutter mit Stückchen
2 TL Essig o. Tamarindenkonzentrat
1 EL brauner Zucker
4 TL Fischsauce

1 Fleisch in ca. 2 cm große Würfel schneiden.
2 Chillies, Koriander und Krabbenpaste im Wok oder in einer beschichteten Pfanne ohne Öl anrösten, bis sie stark duften.
3 Dann mit Ingwer, Zitronengras und Knoblauch im Mixer oder Mörser zu einer glatten Masse verarbeiten.
4 Öl erhitzen. Zwiebel braun anbraten, an den Pfannenrand schieben, und die Gewürzpaste 2–3 Min. anbraten. Die restlichen Gewürze, die Lorbeerblätter und 1 EL Wasser dazugeben. Unter Rühren köcheln, bis die Flüssigkeit verdampft ist.
5 Fleisch dazugeben, in der Gewürzmischung wenden. Kokoscreme, Erdnußbutter und 400 ml Wasser zugeben. Bei geschlossenem Deckel und schwacher Hitze 1¹/₂–1³/₄ Std. ziehen lassen, ab und zu umrühren.
6 Essig oder Tamarindenkonzentrat in 3–4 EL Sauce auflösen und unter das Gericht heben, nach Geschmack mit Zucker und Fischsauce würzen. Weitere 5–6 Min. köcheln lassen!
7 Mit Reis servieren.
Hinweis. Gemahlenen Thai-Ingwer (kha) erhalten Sie in Asien-Läden unter der Bezeichnung Laos-Pulver.

Chilischoten, Koriandersamen und Krabbenpaste trocken anrösten, bis sie duften.

Die gerösteten Gewürze mit Ingwer, Knoblauch
und Zitronengras zerstoßen.

1 EL Wasser zu der Zwiebel und den restlichen
Gewürzen geben.

Die Kokoscreme über das Fleisch und die
Gewürzmischung geben und gut unterrühren.

Rotes Rindfleisch-Curry

»Rot« wegen der vielen roten Chilischoten.

Vorbereitungszeit:
20 Min. + 15 Min.
Einweichzeit
Zubereitungszeit:
40 Min.
Für 6 Personen

6-10 getrocknete rote Chilischoten, 15 Min. in beißem Wasser eingeweicht
3 getrocknete Kaffir-Zitronenblätter, 15 Min. in beißem Wasser eingeweicht
1 EL Koriandersamen
1/2 TL Kümmelsamen
1 TL Krabbenpaste
1 Zitronengraswurzel, gehackt
1 mittelgr. Zwiebel, feingehackt

4 Knoblauchzehen
1 Stück Thai-Ingwer, 2 cm, o. 1 EL Laos-Pulver
2 EL Pflanzenöl
800 ml Kokosmilch
1 kg Schmorfleisch vom Rind, z.B. Keule o. Oberschale
1 frische rote Chilischote, entkernt, in Scheibchen
200 g grüne Bohnen, auf etwa 5 cm geschnitten
2 EL Fischsauce

---

1 Chilischoten abtropfen lassen, aufschneiden und entkernen. Zitronenblätter abtropfen lassen.
2 Koriander, Kümmel und Krabbenpaste im Wok oder in einer beschichteten Pfanne ohne Öl anrösten, bis sie stark duften. Im Mixer oder Mörser mit Zitronengras, Zwiebel, Knoblauch und Ingwer zusammen zerkleinern. Eingeweichte Chilischoten und Zitronenblät-

ter dazugeben und zu einer relativ glatten Masse verarbeiten.
3 Diese Mischung 3–4 Min. im Öl anbraten, dann die Kokosmilch dazugeben und ca. 25 Min. bei schwacher Hitze köcheln, bis sich das Öl an der Oberfläche sammelt.
4 Inzwischen das Fleisch in kurze, schmale Streifen schneiden. Mit der frischen Chilischote und den Bohnen zusammen in die Sauce geben und köcheln lassen, bis die Bohnen und das Fleisch gar sind. Nach Belieben mit Fischsauce abschmecken.
5 Das Rindfleisch-Curry mit gekochtem Reis servieren und mit Korianderzweigen oder dünn geschnittener Gurke garnieren.

> **TIP**
> Vorsicht bei der Verarbeitung der Chilischoten. Falls Sie es nicht ganz so scharf mögen, lieber weniger als angegeben verwenden.

Bei der Verarbeitung der Chilischoten Handschuhe tragen. Kerne sorgfältig entfernen.

Abgetropfte Chillies und Zitronenblätter zu den
Gewürzen und der Krabbenpaste geben.

Kokosmilch mit der Gewürzmischung verrühren;
ca. 25 Min. bei schwacher Hitze köcheln.

Fleischstreifen, Bohnen und Chilischote in die
Sauce geben und bei schwacher Hitze garen.

Grünes Hühner-Curry

Vorbereitungszeit:
30 Min.
Zubereitungszeit:
30 Min.
Für 6 Personen

2 TL Koriander-
samen
1 TL schwarze
Pfefferkörner
3–5 frische grüne
Chilischoten, ent-
kernt u. gehackt
1 cm Thai-Ingwer
(kha) o. 2 TL
Laos-Pulver
3 EL gehackte Ko-
rianderblätter,
-wurzeln u.
-stengel
2 große Knoblauch-
zehen

3 EL gehackte
Frühlingszwiebeln
(grüne u. weiße
Teile)
1 Zitronengraswur-
zel, grob gehackt
2 EL Pflanzenöl
400 ml Kokoscreme
4 Kaffir-Zitronen-
blätter
850 g Hühnerfilet
1 kl. Bund Basili-
kum
4 TL Fischsauce

1 Koriander und Pfefferkörner im Mörser oder in einer Gewürzmühle zu Pulver zermahlen.
2 Frische Gewürze (Chillies, Ingwer, Koriander, Knoblauch, Frühlingszwiebeln, Zitronengras) dazugeben; zu einer Paste verarbeiten.
3 Diese Gewürzmischung in einer mittelgroßen Stielkasserolle in dem Öl ca. 3–4 Min. anbraten. Kokoscreme dazugeben und 10 Min. köcheln lassen.
4 Das Hühnerfilet in 2 cm große Würfel schneiden. Zusammen mit 250 ml Wasser zu der Sauce geben und köcheln lassen, bis das Fleisch gar ist (ca. 20 Min).
5 Mit Basilikum und Fischsauce abschmekken.

TIP
Kaufen Sie sich eine preiswerte elektrische Kaffeemühle als Gewürzmühle.

Koriandersamen und Pfefferkörner zu Pulver zerstoßen.

Frische Gewürze dazugeben und zu einer Paste verarbeiten.

*Das gewürfelte Hühnerfleisch in die Sauce ge-
ben. Köcheln lassen, bis das Huhn gar ist.*

*Mit Basilikum und Fischsauce abschmecken.
Sofort servieren.*

Nussiges Hühner-Curry

Vorbereitungszeit:
20 Min.
Zubereitungszeit:
65 Min.
Für 4–6 Personen

---

1 Huhn, ca. 1,5 kg
400 ml Kokoscreme
2 frische grüne Chilischoten, entkernt
2 EL Koriandersamen
1 TL Kreuzkümmelsamen
1-2 TL Chiliflocken
1 TL Krabbenpaste
1 TL gehackter Knoblauch
1 TL gehackter Ingwer

2 TL Zucker
2 EL Pflanzenöl
3 EL grobe Erdnußbutter
2 EL Fischsauce
Saft von 2 Limonen

---

1 Huhn in portionsgerechte Stücke teilen, mit der Kokoscreme und 250 ml Wasser in einen Topf geben. Die grünen Chillies dazugeben. Aufkochen lassen, Hitze reduzieren und mit geschlossenem Deckel ca. 30 Min. köcheln, bis das Huhn gar ist.
2 Koriander, Kreuzkümmel, Chiliflocken und Krabbenpaste im Wok oder in einer beschichteten Pfanne ohne Öl anrösten, bis sie stark duften. Mit Knoblauch, Ingwer und Zucker zu einer Paste verarbeiten.
3 Gewürzmasse 2–3 Min. im Öl anbraten. Huhn aus der Brühe nehmen, beiseite stellen. Die Brühe, mit den Chillies, zur Gewürzmischung geben. Leicht köcheln, bis das Öl auf der Oberfläche schwimmt und die Flüssigkeit gut eingekocht ist (ca. 20 Min.).
4 Die Erdnußbutter unterrühren. Fleisch zurück in die Sauce geben, etwa 10 Min. bei schwacher Hitze ziehen lassen. Mit Fischsauce und Limonensaft abschmecken; mit Reis servieren.

Huhn in portionsgerechte Stücke teilen.

Koriander, Kreuzkümmel, Chiliflocken und Krabbenpaste ohne Öl anrösten.

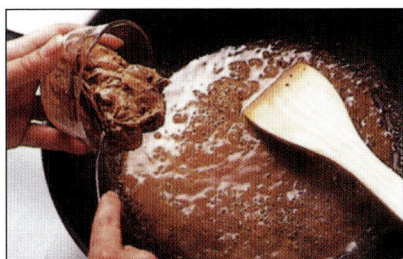

Erdnußbutter in die Sauce geben. Gut unterrühren.

Hühnerteile zurück in die Sauce geben und weitere ca. 10 Min. mitgaren.

Rindfleisch in Austernsauce mit Pilzen

Vorbereitungszeit:
15 Min. + 1 Std.
Marinierzeit
Zubereitungszeit:
6 Min.
Für 4 Personen

---

600 g zartes Rindfleisch (Blume o. Roastbeef)
4 TL Fischsauce
1 TL Zucker
2 TL fein geraspelter Ingwer
1 mittelgr. Zwiebel, in Ringen
2 EL Pflanzenöl

200 g Strohpilze aus der Dose, abgetropft
ca. 60 ml Rinderbrühe o. Wasser
1 TL Maismehl
2 EL Austernsauce
2 EL gebackte Frühlingszwiebeln

---

1 Das Fleisch in feine Streifen schneiden. Zusammen mit der Fischsauce und dem Zucker in eine Schüssel geben. 1 Std. marinieren, dabei gelegentlich wenden.

2 Ingwer und Zwiebel im Öl weich dünsten. An den Pfannenrand schieben und das Fleisch bei starker Hitze unter ständigem Rühren braten, bis es Farbe annimmt. Die Pilze dazugeben und erhitzen.

3 Brühe mit dem Maismehl verrühren. In die Pfanne geben und bis zum Eindikken rühren. Austernsauce und die Hälfte der Frühlingszwiebeln dazugeben. Unterheben und bei schwacher Hitze erwärmen.

4 Mit gekochtem Reis servieren.

> **TIP**
> Das Fleisch nicht »schmoren« lassen, da es sonst zäh wird. Wenn die Pfanne nicht groß oder heiß genug ist, portionsweise anbraten.

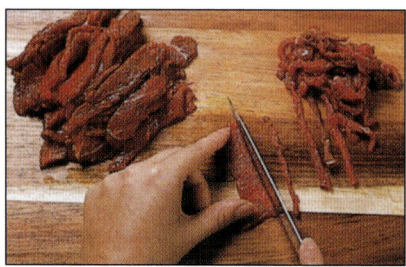

Etwaiges Fett vom Fleisch abschneiden. Fleisch in feine Streifen schneiden.

Fleisch in eine Schüssel geben. Fischsauce und Zucker unterrühren. 1 Std. marinieren.

Fleisch in die Pfanne zu den Zwiebeln geben und ca. 2 Min. unter ständigem Rühren braten.

Pilze mit in die Pfanne geben und erhitzen.

Feurig scharfes Rindfleisch

Vorbereitungszeit:
15 Min. + 1 Std.
Marinierzeit
Zubereitungszeit:
6–8 Min.
Für 4–6 Personen

*1 EL Palmzucker o.
brauner Zucker
500 g Rindfleisch
(Blume o. Ober-
schale)
3 TL geriebener Ing-
wer
1 kleine Zwiebel, ge-
rieben
1 TL feingehackter
Knoblauch
4 TL dunkle Soja-
sauce
3 EL Pflanzen- o.
Erdnußöl
3 Frühlingszwiebeln,*

*längs geviertelt u.
auf 3 cm Länge ge-
schnitten
200 g Maiskölbchen
aus der Dose, ab-
getropft
80 g Bambussprossen
in Streifen, abge-
tropft
4 Chilischoten (2
grüne, 2 rote), ent-
kernt, in
Scheibchen
2 EL Fischsauce
125 ml Wasser
1 TL Maismehl*

1 Palmzucker fein zerstoßen. Rindfleisch in sehr feine Streifen schneiden. Mit Ingwer, Zwiebel, Knoblauch, Zucker und Sojasauce in eine Schüssel geben. Gut durchmischen, mit Folie abdecken und 1 Std. ziehen lassen, ab und zu umrühren.

2 Öl erhitzen. Frühlingszwiebeln, Maiskölbchen, Bambussprossen und Chillies 1½ Min. unter ständigem Rühren anbraten, dann herausnehmen. Pfanne sehr heiß werden lassen und das Fleisch kurz unter Rühren braten, bis es Farbe annimmt.

3 Fischsauce, Wasser und Maismehl verrühren, mit der Marinade zum Fleisch geben und bis zum Eindikken rühren.

4 Gemüse zurück in die Pfanne geben und alles unter Rühren 1–2 Min. garen.

TIP
Wenn Sie die Chillies durch grüne und rote Paprika ersetzen, ist das Gericht weniger scharf, aber ebenso lecker und appetitlich anzusehen.

Palmzucker im Mörser mit einem Stößel oder Löffel zu feinem Pulver zerstoßen.

Fleisch, Zwiebel, Ingwer, Knoblauch, Sojasauce und Zucker gut vermischen.

Frühlingszwiebeln, Mais, Chillies und Bambussprossen unter Rühren anbraten.

Gemüse zurück in die Pfanne geben und mit dem Fleisch unter Rühren weitere 2 Min. garen.

Pfannengerührtes Huhn mit Chillies und Basilikum

300 g Hühnerbrust-filet
2 EL Erdnuß- o. Pflanzenöl
2 Frühlingszwie-beln, gewürfelt
2 Extrascharfe Chillies, gehackt
4 TL dunkle Soja-sauce
2 EL Palmzucker
2 EL Fischsauce
1 Becher Thai-Ba-silikumblätter

Vorbereitungszeit:
10 Min.
Zubereitungszeit:
5 Min.
Für 4 Personen

2 Fleisch bei starker Hitze unter ständigem Rühren braten, bis es sich weiß verfärbt.
3 Frühlingszwiebeln und Chillies dazuge-ben und 1 Min. unter Rühren garen.
4 Saucen und zer-stoßenen Zucker zuge-ben, kurz durchrüh-ren, Basilikumblätter unterheben.

TIP
Auf Wunsch können Sie die extrascharfen Chillies durch gehackte rote oder grüne Chillies ersetzen, deren Schärfe durch Ent-kernen gemildert wird.

1 Hühnerfleisch in klei-ne Würfel schneiden. Öl im Wok erhitzen.

Hühnerfilet in ca. 2 cm große Würfel schneiden.

Hühnerfleisch bei starker Hitze unter ständigem Rühren garen, bis es sich weiß verfärbt.

*Frühlingszwiebeln und Chillies dazugeben.
1 Min. unter Rühren garen.*

*Fischsauce, Sojasauce und zerstoßenen Palm-
zucker untermischen.*

Gebratener Reis mit Huhn

Vorbereitungszeit:
15 Min.
Zubereitungszeit:
25 Min.
Für 6 Personen

---

600 g thailändischer Duftreis o. anderer Langkornreis
900 ml Wasser
4 EL Pflanzenöl
200 g Hühnerbrustfilet, gewürfelt
1 mittelgr. Zwiebel, in halben Ringen
1 Knoblauchzehe, gehackt

150 g Mungobohnensprossen
2 EL Fischsauce
helle Sojasauce
Frühlingszwiebel in Streifen
1 rote Chilischot entkernt, in Streifchen (s. Hinweis)

---

1 Reis und Wasser in einen Topf geben. Schnell aufkochen, bei fest geschlossenem Deckel und sehr schwacher Hitze ca. 16 Min. ziehen lassen, bis der Reis weich ist und die Flüssigkeit aufgesogen hat.
2 Öl erhitzen. Huhn unter Rühren garen, bis es sich weiß verfärbt. Aus der Pfanne nehmen. Zwiebel in der Pfanne weich dünsten, Knoblauch und Bohnensprossen dazugeben und unter Rühren kurz anbraten.
3 Reis und Huhn dazugeben, mit Fischsauce würzen. Bei starker Hitze einige Minuten unter Rühren anbraten. Mit Sojasauce abschmecken.
4 In eine Schüssel geben und mit den Frühlingszwiebel- und Chilistreifen garnieren.
Hinweis. Um Chillies zum Garnieren vorzubereiten, die Schoten der Länge nach aufschneiden und entkernen. Chillies diagonal in sehr feine Streifen schneiden. In Eiswasser abschrecken.

Reis kochen, bis die Flüssigkeit aufgesogen ist und sich kleine Löcher bilden.

Zwiebeln andünsten. Bohnensprossen und Knoblauch dazugeben.

Fischsauce zu der Reis-Huhnmischung geben.

Frühlingszwiebeln zum Garnieren in feine Streifen schneiden.

DESSERTS

Den Abschluß einer Thai-Mahlzeit bildet meist ein süßes Gericht oder eine Platte mit kunstvoll geschnitzten tropischen Früchten, natürlich frisch. Aus Kokosmilch und Reis lassen sich köstliche Süßspeisen bereiten.

Kokoscreme

125 g weißer Zucker
400 ml Kokoscreme
6 Eier
30 g Butter

Vorbereitungszeit:
10 Min.
Zubereitungszeit:
50 Min.
Für 6 Personen

1 Im Wasserbad bei schwacher Hitze den Zucker in der Kokoscreme auflösen.
2 Eier gut verschlagen, durch ein feines Nylonsieb in die Kokosmilch streichen und gut unterrühren.
3 Creme über siedendem Wasser unter langsamem Rühren so lange einkochen, bis sie an einem Löffelrücken haftet (ca. 8 Min.). Vom Herd nehmen. Butter unterrühren.
4 Sechs Puddingförmchen (je ca. 125 ml) mit geschmolzener Butter ausstreichen. Creme in die Förmchen gießen.
5 Die Förmchen in eine Auflaufform stellen. In die Auflaufform soviel warmes Wasser gießen, daß die Förmchen zur Hälfte im Wasser stehen. Im Backofen bei 180 °C ca. 30 Min. stocken lassen.
6 Aus dem Ofen nehmen und im heißen Grill goldbraun überbacken.
7 Heiß oder kalt mit Schlagsahne oder dickflüssiger Kokoscreme und in Scheiben geschnittenen exotischen Früchten servieren.

TIP
Alternativ die Creme in einer runden Kuchenform mit 20 cm Durchmesser ca. 35 Min. backen. Vor dem Servieren in keilförmige Stücke schneiden.

Zucker und Kokoscreme im Wasserbad erhitzen.

Geschlagene Eier unter die Kokoscreme rühren. Unter Rühren 8 Minuten köcheln.

Kokoscreme sollte am Löffelrücken haften.

Mangohälften kreuzweise einschneiden, dann die Unterseite nach oben drücken.

Klebreis mit Mangos

Vorbereitungszeit:
20 Min. + über
Nacht stehen lassen
Zubereitungszeit:
30 Min.
Für 6 Personen

300 g Klebreis, über Nacht eingeweicht
3 EL Palmzucker
4 EL heißes Wasser
3 große reife Mangos, in Scheiben geschnitten
400 ml Kokoscreme

1 Reis abgetropft in einen mit Alufolie ausgelegten Dämpfeinsatz geben. Mit Wasser auffüllen (ca. 1,5 cm hoch). In ca. 30 Min. gar dämpfen. Reis in eine eingeölte Form geben, andrükken und stehen lassen, bis er abgekühlt und fest ist.

2 Reis in keilförmige Stücke, Mangos in Scheiben schneiden. Kokoscreme und in heißen Wasser aufgelösten Palmzucker darüber gießen.

TIP
Statt Klebreis kann man auch anderen Rundkornreis verwenden, der gekocht und fest in eine Form gedrückt wird.

Abgetropften Reis in einen mit Folie ausgelegten Dämpfeinsatz geben und Wasser zugießen.

Den gekochten Reis gleichmäßig in eine eingeölte Form pressen.

Heißes Wasser auf den Palmzucker gießen; unter Rühren auflösen.

Mango längs halbieren, schälen und in dünne Scheiben schneiden.

ASIATISCH KOCHEN MIT NUDELN

Nudelküche

Appetit auf eine leckere Mahlzeit oder einen leichten Snack? Mit Nudeln liegen Sie immer richtig. Ob Suppe oder Wokgericht – einfach Nudeln dazu, und schon ist angerichtet!

Nudelsuppe mit Garnelen

Zubereitungszeit:
 20 Min.
Garzeit: 30 Min.
Für 6 Personen

500 g Garnelen
1–2 EL Öl, zum Braten
4 Stängel Zitronengras,
 gehackt*
2 Knoblauchzehen,
 gehackt
2 Chilischoten, halbiert
2 Limettenblätter
1 Limette, geviertelt
4 Frühlingszwiebeln,
 in Ringe geschnitten
2 l Wasser
500 g getrocknete
 Udon-Nudeln*
2 EL Sojasauce
100 g Shiitake-Pilze,
 halbiert*
7 g Korianderblätter*
1 Bund Pak-Soi-Kohl,
 geputzt*
etwas Salz und Pfeffer
je 1 Limettenspalte,
 zum Garnieren
(* in Asia-Märkten
 erhältlich)

1. Garnelen putzen, Darm entfernen, Köpfe und Schalen beiseite stellen. Öl in einem Topf erhitzen, Garnelenköpfe und -schalen zugeben und auf höchster Stufe rosarot garen.
2. Zitronengras, Knoblauch, Chilischoten, Limettenblätter, Limettenspalten, die Hälfte der Frühlingszwiebeln und 2 l Wasser zugeben. Aufkochen, Hitze reduzieren und 20 Minuten köcheln lassen. Durch ein Sieb passieren und alle festen Bestandteile entfernen.
3. Nudeln 5 Minuten in Salzwasser weich kochen. Durch ein Sieb abgießen.
4. Brühe aufkochen. Sojasauce und Garnelen zufügen. Garnelen rosarot garen. Restliche Zutaten zugeben und mit Salz und Pfeffer abschmecken. Nudeln in einer Schüssel mit der Brühe übergießen und mit einer Limettenspalte garniert servieren.

Nudelsuppe mit Garnelen

Pikante Eiernudeln mit gegrilltem Schweinefleisch

Zubereitungszeit: 15 Min.
Garzeit: 10 Min.
Für 4 Personen

125 g Erdnussbutter mit Stücken
3 EL Öl
2 TL Sesamöl
2 EL Sojasauce
2 TL Garam Masala*
2 Knoblauchzehen, zerdrückt
1 EL süße Chilisauce
250 g getrocknete Eiernudeln*
250 g chinesisch gegrilltes Schweinefleisch*
120 g Brokkoliröschen
2 Frühlingszwiebeln, in Ringe geschnitten
(* in Asia-Märkten erhältlich)

1. Erdnussbutter mit dem Öl, Sojasauce, Garam Masala, Knoblauch und süßer Chilisauce vermengen und beiseite stellen. 2. Nudeln weich kochen, durch ein Sieb abgießen und beiseite stellen. Saucenmischung in denselben Topf geben und kurz ruhen lassen. Schweinefleisch und Nudeln zufügen und abgedeckt warm stellen.

3. Brokkoli in kochendem Salzwasser 3 Min. garen. Durch ein Sieb abgießen und zu den restlichen Zutaten geben. Unter Rühren erwärmen. 4. Mit Frühlingszwiebeln garniert servieren.

Frühlingsrollen mit Sesamsauce

Zubereitungszeit: 35 Min.
Garzeit: 30–35 Min.
Ergibt 12 Stück

Sesamsauce
2 EL Fischsauce*
4 EL Limettensaft
3 TL Sesamöl
1 EL Sesamsamen, geröstet

8 Eier
4 EL Wasser
50 g Glasnudeln*
1 EL Öl
1 Knoblauchzehe, zerdrückt
2 TL frischer geriebener Ingwer
150 g Schweinehack
150 g Garnelen, geputzt und zerkleinert
1 Karotte, gerieben
2 Frühlingszwiebeln, in Ringe geschnitten
50 g Chinakohl, in Streifen geschnitten
3 EL süße Chilisauce*

2 EL frische Korianderblätter*
(* in Asia-Märkten erhältlich)

1. Zutaten für die Sauce gründlich mischen und beiseite stellen. 2. Eier mit 4 EL Wasser verquirlen. Eine leicht eingefettete kleine Pfanne erhitzen, 2 EL Eimischung zugeben und schwenken, sodass der ganze Boden bedeckt ist. Bei schwacher Hitze 1–2 Minuten braten, Omelett wenden und kurz weiter braten. Auf einen Teller geben und mit der restlichen Mischung fortfahren. 3. Nudeln in einer feuerfesten Schüssel mit kochendem Wasser begießen, 3–4 Minuten quellen lassen und in kleine Stücke schneiden. 4. Öl in einem Wok erhitzen, Knoblauch und Ingwer hineingeben und auf höchster Stufe kurz andünsten. Hackfleisch zufügen und 4–5 Minuten braten, dabei alle Klumpen zerdrücken. Alle Zutaten außer den Omeletts untermischen und gut rühren. 5. Mit einem Löffel je 2 EL der Hack-Garnelen-Mischung auf ein Omelett geben. Seiten einschlagen und das Omelett vorsichtig aufrollen. Mit den restlichen Zutaten ebenso verfahren und mit Sesamsauce servieren.

Pikante Eiernudeln mit gegrilltem Schweinefleisch (oben) und Frühlingsrollen mit Sesamsauce

Nudeln auf Singapurart

Zubereitungszeit:
35 Min.
Quellzeit: 5 Min.
Garzeit: 15 Min.
Für 2–4 Personen

300 g getrocknete
Reisnudeln*
2 EL Öl
2 Knoblauchzehen,
fein gehackt
350 g Schweinelende, in
Streifen geschnitten
300 g Garnelen,
geputzt, ohne Darm
1 große Zwiebel, in
dünne Streifen
geschnitten
1–2 EL Curry-Pulver
150 g grüne Bohnen, in
Stücke geschnitten
1 große Karotte,
in Scheiben
geschnitten
1 TL Zucker
1 TL Salz
1 EL Wasser
1 EL Sojasauce
200 g Bohnensprossen*
Salz, Zucker und Pfeffer,
nach Geschmack
1 Frühlingszwiebel, in
dünne Streifen
geschnitten, zum
Garnieren
(* in Asia-Märkten
erhältlich)

1. Reisnudeln 5 Minuten in kochendem Wasser einweichen. Durch ein Sieb abgießen und beiseite stellen.

2. 1 EL Öl im Wok auf höchster Stufe erhitzen, Knoblauch, Schweinefleisch und Garnelen zugeben und unter Rühren 2 Minuten anbraten. Aus dem Wok nehmen und beiseite stellen.
3. Wok auf mittlerer Stufe erhitzen, 1 EL Öl hineingeben und Zwiebelstreifen und Curry-Pulver unter Rühren 2–3 Minuten dünsten. Bohnen, Karotte, Zucker und Salz zufügen und mit Wasser besprenkelt unter Rühren 2 Minuten garen.
4. Reisnudeln und Sojasauce unter die Bohnen-Karottenmischung heben. Bohnensprossen, Schweinefleisch und Garnelen zugeben und mit Salz, Zucker und Pfeffer abschmecken. Gut umrühren und mit Frühlingszwiebelstreifen garniert servieren.

Nudel-Rösti

Zubereitungszeit:
25 Min.
Garzeit: 35 Min.
Ergibt 12 Stück

250 g getrocknete
Eiernudeln
2 TL Sesamöl
2 EL Sesamsamen,
geröstet
1 TL Salz

2 Knoblauchzehen,
zerdrückt
2 TL frischer geriebener
Ingwer
1 Zwiebel, fein gehackt
2 EL Schnittlauch,
frisch gehackt
Olivenöl, zum Braten

1. Nudeln 6–8 Minuten in Salzwasser weich kochen. Durch ein Sieb abgießen und mit allen Zutaten außer dem Olivenöl vermengen.
2. Eine große beschichtete Pfanne mit 1 EL Olivenöl einfetten. Auf höchster Stufe erhitzen. Mit beiden Händen aus jeweils ½ Tasse der Nudelmischung kleine Nester formen.
3. Mehrere Röstinester in die Pfanne geben, mit einem Pfannenwender leicht flach drücken und von beiden Seiten jeweils 2–3 Minuten goldbraun braten. Dabei die Seiten mit etwas Öl besprenkeln.
4. Rösti auf einem Küchenpapier abtropfen lassen und warm stellen, während die restlichen Rösti braten. Warm als Beilage servieren oder kleinere Rösti mit Sojasauce zum Aperitif reichen.

Hinweis: Geben Sie die Sesamsamen zum Rösten ohne Fett in eine Pfanne und rühren Sie, bis sie springen.

Nudeln auf Singapurart (oben) und Nudel-Rösti

Huhn mit Chilikruste und Nudeln

Zubereitungszeit:
25 Min.
Garzeit:
20 Min.
Für 4–6 Personen

1½ TL Chilipulver
3 EL Maismehl
1½ TL Salz
2 EL Öl
350 g Hähnchenfilet, in Streifen geschnitten
4 Frühlingszwiebeln, in Ringe geschnitten
1 Karotte, in Scheiben geschnitten
1 Selleriestange, gewürfelt
2 EL Mirin* oder Sherry
500 g Hokkien-Nudeln, getrennt
2 EL Austernsauce*
2 EL Wasser
250 g Pak-Soi-Kohl, geputzt*
(* in Asia-Märkten erhältlich)

1. Chilipulver, Maismehl und Salz vermengen. Öl in einem Wok auf höchster Stufe erhitzen. Jeweils 5 Hähnchenstreifen in die Chili-Mehl-Mischung tauchen und 3 Minuten goldbraun braten. Anschließend das Fleisch aus dem Wok

nehmen, mit Küchenpapier trocken tupfen und beiseite stellen.
2. Wok auf mittlerer Stufe erhitzen, Frühlingszwiebeln, Karotte und Selleriewürfel hineingeben und unter Rühren 1 Minute dünsten. Mirin und Nudeln mit zwei Holzlöffeln unterheben.
3. Austernsauce und 2 EL Wasser zugeben und abgedeckt 2–4 Minuten dämpfen, bis die Nudeln weich sind.
4. Hühnerstreifen und Pak-Soi-Kohl dazugeben, mischen und abgedeckt weitere 30 Sekunden dämpfen. Sofort servieren.

Pikante Soba-Nudeln mit Paprika

Zubereitungszeit:
15 Min.
Garzeit:
12 Min.
Für 4 Personen

Pikantes Dressing
3 EL helle Sojasauce*
1 EL Sesamöl
1 EL Weißweinessig
1 TL frischer geriebener Ingwer
Saft von 2 Limetten

3 EL frisch gehackter Koriander*
Tabascosauce, nach Geschmack

2 rote Paprika
1 kleine grüne Paprika
1 gelbe Paprika
1 EL Sesamöl
250 g getrocknete Soba-Nudeln*
2 EL Sesamsamen, geröstet
3 EL Korianderblätter*
(* in Asia-Märkten erhältlich)

1. Sojasauce, Sesamöl, Essig, Ingwer, Limettensaft, Koriander und Tabasco für das Dressing mischen und beiseite stellen.
2. Paprika in 5 mm breite Streifen schneiden. 1 EL Sesamöl in einem Wok oder einer großen Pfanne erhitzen und Paprika auf höchster Stufe 3–4 Minuten dünsten. Dann aus dem Wok nehmen und warm stellen.
3. Nudeln in Salzwasser 6 Minuten weich kochen. Durch ein Sieb abgießen, Paprika zufügen, mit Dressing beträufeln und umrühren. Mit Sesamsamen und Korianderblättern bestreut warm servieren.

Hinweis: Helle Sojasauce ist salziger als dunkle und verändert die Farbe des Gerichts nicht.

Huhn mit Chilikruste und Nudeln (oben)
und Pikante Soba-Nudeln mit Paprika

Gefüllte Champignons mit Nudeln und Taschenkrebsen

Zubereitungszeit:
  20 Min.
Garzeit: 20 Min.
Ergibt 6 Stück

6 große Champignons
50 g Glasnudeln
1 EL Öl
1 Knoblauchzehe,
  zerdrückt
2 TL frischer
  geriebener Ingwer
1 kleine rote
  Chilischote, fein
  gehackt
170 g (1 Dose)
  Taschenkrebsfleisch,
  abgegossen *
140 ml (1 Dose)
  Kokosmilch *
10 g Korianderblätter *
2 rote Chilischoten, in
  Streifen geschnitten,
  zum Garnieren
Limettenspalten, zum
  Garnieren
Salz und Pfeffer, nach
  Geschmack
(* in Asia-Märkten
  erhältlich)

1. Backofen auf 180 °C
vorheizen. Champignonstiele entfernen, hacken
und beiseite stellen.
Köpfe ganz lassen.
2. Nudeln in heißem
Wasser 5 Minuten einweichen. Durch ein Sieb
abgießen und in kleine
Stücke schneiden.

3. Öl in einer Pfanne
auf höchster Stufe erhitzen. Knoblauch, Ingwer
und Chili hineingeben
und 30 Sekunden anbraten. Krebsfleisch
und Champignonstiele
zugeben und 1 Minute
dünsten. Nudeln, Kokosmilch und Korianderblätter unterrühren.
Salzen und pfeffern.
4. Nudelmischung auf
die umgedrehten Champignonköpfe verteilen
und diese in eine eingefettete feuerfeste Form
geben. 10–15 Minuten
backen. Mit Chilistreifen garnieren und mit
Limettenstücken zum
Beträufeln servieren.

Salat mit Fadennudeln und Rindfleisch

Zubereitungszeit:
  20 Min.
Quellzeit: 20 Min.
Garzeit: 10–15 Min.
Für 4 Personen

125 g getrocknete
  Reisfadennudeln *
600 g Rumpsteak
2 EL Öl
2–3 Knoblauchzehen,
  in dünne Scheiben
  geschnitten
1 kleine rote Chilischote, fein gehackt
1 kleine rote Paprika,
  in Streifen geschnitten
1 rote Zwiebel, in
  Ringe geschnitten
30 g Korianderblätter *
30 g Basilikum

Dressing
1–2 Knoblauchzehen,
  zerdrückt
1 rote Chilischote, gehackt
2 EL Sojasauce
2 EL Limettensaft
1 EL Fischsauce *
3 EL Palmzucker *
(* in Asia-Märkten
  erhältlich)

*Gefüllte Champignons mit Nudeln und Taschenkrebsen (links)
und Salat mit Fadennudeln und Rindfleisch*

1. Nudeln in heißem Wasser 5 Minuten quellen lassen. Durch ein Sieb abgießen.
2. Zutaten für das Dressing mischen und beiseite stellen.
3. Das Fleisch quer zu den Fasern in dünne Streifen schneiden. 1 EL Öl auf höchster Stufe in einem Wok erhitzen und das Fleisch portionsweise unter Rühren 2 Minuten braten. Aus dem Wok nehmen und beiseite stellen.
4. Restliches Öl im Wok erhitzen und Knoblauch, Chili, Paprika und Zwiebelringe unter Rühren 2–3 Minuten weich dünsten.
5. Fleisch zugeben und kurz erwärmen. Alles unter die Nudeln mischen, mit Dressing beträufeln und Koriander- und Basilikumblätter unterheben.

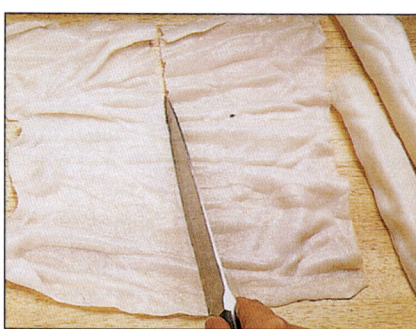

1 Reisnudelrolle vorsichtig entrollen und
mit einem scharfen Messer halbieren.

2 Garnelen und danach die anderen Zutaten entlang der Schnittkante platzieren.

Gedämpfte Garnelenrollen

Zubereitungszeit:
40 Min.
Garzeit: 15–20 Min.
Für 4–6 Personen

Ingwer-Sojasauce
3 EL helle Sojasauce
2 cm Ingwer, fein
* gehackt*
2 Knoblauchzehen,
* zerdrückt*
1 TL Zucker

6 Blätter chinesischer
* Brokkoli, fein gehackt**
4 frische
* Reisnudelrollen**
24 Garnelen, geputzt,
* ohne Darm*
3 Knoblauchzehen,
* zerdrückt*
3 cm Ingwer, fein
* gehackt*
5 Frühlingszwiebeln, in
* Ringe geschnitten*
(* in Asia-Märkten
* erhältlich)*

Gedämpfte Garnelenrollen

1. Zutaten für die Ingwer-Sojasauce mischen und beiseite stellen.
2. Chinesischen Brokkoli dämpfen, bis er leicht zusammenfällt. Beiseite stellen.
3. Vorsichtig eine Reisnudelrolle aufrollen und halbieren. 3 Garnelen, etwas Knoblauch und Ingwer wie abgebildet an der Schnittkante platzieren. Mit einigen Frühlingszwiebeln und etwas Brokkoli bedecken. Die schmaleren Seiten einfalten und dann wie eine Frühlingsrolle aufrollen. Während der Zubereitung der restlichen Rollen mit einem feuchten Küchentuch abgedeckt beiseite stellen.
4. 3–4 Rollen in einen großen, mit Backpapier ausgelegten Bambus-Dämpfeinsatz legen. Den Einsatz in einen Wok oder einen großen Topf mit kochendem

Wasser stellen und die Rollen 7–10 Minuten dämpfen. Die Rollen entnehmen und mit einer Alufolie bedeckt warm stellen. Mit den restlichen Rollen ebenso verfahren. Warm mit der Ingwer-Sojasauce servieren.

Hinweis: Frische Reisnudelrollen werden in Paketen zu 4–6 Blättern verkauft. Die Rollen müssen unbedingt frisch sein. Drücken Sie die Pakete leicht – sie müssen sich weich anfühlen. Ist dies nicht der Fall, so lassen sie sich schwer aufrollen und können sogar reißen. Wenn Sie sie am selben oder am nächsten Tag verwenden, müssen die Reisnudelrollen nicht kühl aufbewahrt werden. Waren sie beim Händler im Kühlregal, sollten Sie sie über Nacht offen stehen lassen, damit sie weich werden.

3 Beide Seiten zur Mitte hin einschlagen und wie eine Frühlingsrolle aufrollen.

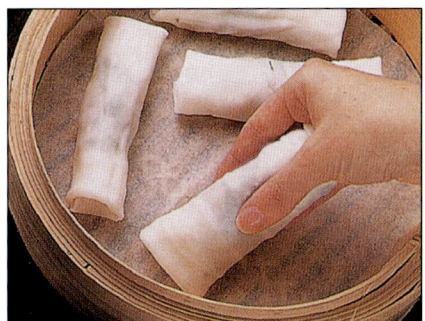

4 3–4 Rollen in einen mit Backpapier ausgelegten Bambus-Dämpfeinsatz legen.

Gemüse-Nudel-Curry

Zubereitungszeit:
20 Min.
Garzeit: 20 Min.
Für 4–6 Personen

2 EL Öl
1½ EL Madras-Curry-
Paste*
1 kleine Zwiebel, in
Ringe geschnitten
500 g gemischtes
Gemüse aus Kürbis,
Karotten und Pasti-
naken, in dünne Stifte
geschnitten
2 EL Wasser
125 ml Kokosmilch*
½ rote Paprika, in
Streifen geschnitten
2 TL brauner Zucker
Salz und schwarzer
Pfeffer, nach
Geschmack
500 g Hokkien-Nudeln,
vorsichtig getrennt*
2 EL Limettensaft
3 EL geriebene
Limettenschale
(* in Asia-Märkten
erhältlich)

1. Öl in einem Wok erhitzen. Currypaste und Zwiebelringe hineingeben und auf unterster Stufe unter Rühren 7 Minuten dünsten. **2.** Gemischtes Gemüse und 2 EL Wasser zufügen, umrühren und 5 Minuten garen. **3.** Kokosmilch, Paprika und Zucker zugeben, mit Salz und Pfeffer abschmecken und 2 Minuten offen köcheln lassen. **4.** Nudeln untermengen und 2–3 Minuten unter Rühren erwärmen. In eine Schüssel geben und anschließend mit Limettensaft beträufelt sowie mit Limettenschale bestreut servieren.

Sojahuhn mit knusprigen Nudeln

Zubereitungszeit:
30 Min.
Garzeit: 35 Min.
Für 4–6 Personen

750 g Hähnchenfilet
3 TL Maismehl
5 EL Sojasauce
Öl, zum Frittieren
100 g getrocknete
Reisfadennudeln*
1 Knoblauchzehe,
zerdrückt
2 TL frischer geriebener
Ingwer
1 Karotte, in Scheiben
geschnitten
2 Selleriestangen,
gewürfelt
1 rote Paprika, in
Streifen geschnitten
1 grüne Paprika, in
Streifen geschnitten
100 g Zuckererbsen,
geputzt
6 Frühlingszwiebeln, in
Ringe geschnitten
4 EL Hühnerbrühe
(* in Asia-Märkten
erhältlich)

1. Fleisch in 2 cm große Würfel schneiden. Maismehl mit der Hälfte der Sojasauce mischen, Hähnchenfleisch hineingeben und kalt stellen. **2.** Frittieröl in einem großen Topf erhitzen. Fadennudeln in kleinere Stücke zerbrechen. Eine Nudel in das Öl werfen – zischt das Öl, ist es heiß genug. Nudeln in kleinen Portionen frittieren, bis sie aufgehen und weiß werden. Auf Küchenpapier trocknen und beiseite stellen. **3.** 1 EL Öl im Wok erhitzen und das Fleisch portionsweise auf höchster Stufe unter Rühren 4 Minuten braten. Aus dem Wok nehmen und beiseite stellen. **4.** Erneut 1 EL Öl im Wok erhitzen und Knoblauch und Ingwer 30 Sekunden andünsten. Die verschiedenen Gemüsesorten zugeben und unter Rühren 2–3 Minuten garen. **5.** Fleisch, Brühe und restliche Sojasauce zufügen und unter Rühren kochen, bis die Sauce eindickt. Auf Servierteller geben und darum herum die Nudeln anrichten.

Gemüse-Nudel-Curry (oben)
und Sojahuhn mit knusprigen Nudeln

Nudeln mit Spargel und Sesam

Zubereitungszeit:
15 Min.
Garzeit: 15 Min.
Für 4 Personen

2 Eier, leicht verquirlt
etwas Salz und Pfeffer
400 g frische
Eiernudeln*
1 EL Reisweinessig*
2 EL Ketjap Manis*
2 TL frischer
geriebener Ingwer
1 TL Sesamöl
3 EL Olivenöl
150 g grüner Spargel, in
Stücke geschnitten
1 rote Paprika, in
Streifen geschnitten
2 Frühlingszwiebeln, in
Ringe geschnitten
2 EL Sesamsamen
(* in Asia-Märkten
erhältlich)

1. Eier leicht salzen und pfeffern. Eine kleine Pfanne einfetten und auf mittlerer Stufe ein goldbraunes Omelett braten. Abkühlen lassen und in lange dünne Streifen schneiden.
2. Nudeln 4 Minuten in kochendem Salzwasser kochen. Gut durch ein Sieb abgießen.
3. Essig, Ketjap Manis, Ingwer und Sesamöl mischen und beiseite stellen.

4. Olivenöl in einem Wok erhitzen. Gemüse auf höchster Stufe unter Rühren 3 Minuten dünsten. Nudeln und Saucenmischung zugeben und unter Rühren erwärmen. Mit Omelettstreifen belegt und mit Sesamsamen bestreut servieren.

Schweinelende mit Ingwer auf Udon-Nudeln

Zubereitungszeit:
30 Min.
Marinierzeit: 20 Min.
Garzeit: 25 Min.
Für 4 Personen

10 cm Ingwer, geschält
1 Prise Zucker
etwas Salz und Pfeffer
200 g Schweinelende
500 g getrocknete
Udon-Nudeln*
2 EL Maismehl
2 EL Öl, zum Braten
4 Frühlingszwiebeln, in
Ringe geschnitten
150 g Brokkoli, in
Röschen geschnitten
100 g sauer eingelegtes
chinesisches Gemüse,
in Streifen geschnitten*
1 EL Wasser
3 EL Sojasauce
3 EL Mirin* oder Sherry
1 kleine Gemüsegurke,
halbiert und in dünne
Scheiben geschnitten

2 EL Sesamsamen,
geröstet
(* in Asia-Märkten
erhältlich)

1. 3 cm Ingwer in dünne Scheiben schneiden und in eine Schüssel geben. Den Rest fein darüber reiben, trockene Stücke wegwerfen. Mit Zucker, Salz und Pfeffer abschmecken.
2. Schweinelende in 5 cm lange Streifen schneiden und zum Ingwer geben. 20 Minuten kalt stellen.
3. Nudeln 12 Minuten in Salzwasser weich kochen und abgießen.
4. Schweinefleisch und Ingwer trennen und das Fleisch mit Maismehl panieren. Die Hälfte des Öls in einem Wok auf höchster Stufe erhitzen und das Fleisch unter Rühren goldbraun braten. Zum Schluss den Ingwer wieder zugeben. Aus dem Wok nehmen und beiseite stellen.
5. Restliches Öl erhitzen und Frühlingszwiebeln, Brokkoli und chinesisches Gemüse unter Rühren 30 Sekunden andünsten. 1 EL Wasser zufügen und abgedeckt 30 Sekunden dämpfen.
6. Nudeln, Sojasauce und Mirin unterrühren und erwärmen. Fleisch und Ingwer zugeben. Auf Schälchen verteilen, mit Gurkenscheiben und Sesam garnieren und sofort servieren.

Nudeln mit Spargel und Sesam (oben)
Schweinelende mit Ingwer auf Udon-Nudeln

Vegetarisches Linsenmus

Zubereitungszeit:
15 Min.
Garzeit: 40 Min.
Für 4 Personen

1 EL Öl
1 große Zwiebel,
  fein gehackt
2 Knoblauchzehen,
  fein gehackt
1 TL gemahlener
  Kümmel
1 TL gemahlener
  Koriander*
200 g rote Linsen
2 große Karotten,
  geraspelt
440 g (1 Dose) Toma-
  ten, in kleine Stücke
  geschnitten, Flüssig-
  keit aufbewahrt
250 ml Gemüsebrühe
Salz und schwarzer
  Pfeffer, nach
  Geschmack
375 g frische dicke
  Eiernudeln*
1 große Zucchini,
  geraspelt
3 EL frisch gehackter
  Koriander*
2 EL Zitronensaft
Korianderblätter,
  zum Garnieren*
(* in Asia-Märkten
  erhältlich)

1. Öl auf mittlerer Stufe in einem Topf erhitzen. Zwiebel, Knoblauch und gemahlene Gewürze unter häufigem Rühren 8 Minuten dünsten. Linsen, Karotten, To-maten und Tomatensaft und Brühe zugeben und mit Salz und Pfeffer ab-schmecken. Unter Rüh-ren auf höchster Stufe zum Kochen bringen, Hitze reduzieren und 25 Minuten köcheln lassen.
2. Nudeln in Salzwasser 4 Minuten weich ko-chen. Durch ein Sieb abgießen. Warm stellen.
3. Zucchini, Koriander und Zitronensaft in das Linsenmus einrühren und mit Salz und Pfef-fer abschmecken.
4. Nudeln auf 4 Schäl-chen verteilen und et-was Linsensauce unter-heben. Restliches Mus auf die Schüsseln vertei-len und sofort mit Kori-anderblättern garniert servieren.

Soba-Nudel Salat mit gerösteten Schalotten

Zubereitungszeit:
20 Min.
Garzeit: 1 Std.
Für 4 Personen

100 g Schalotten,
  abgespült
1 TL Olivenöl
200 g Brokkoliröschen,
  bissfest gekocht
400 g Tomaten, ent-
  kernt und gewürfelt
1 grüne Chilischote,
  in Ringe geschnitten

250 g getrocknete
  Soba-Nudeln*
2 TL Sesamkörner*

Dressing
5 EL Reisweinessig*
5 EL helle Sojasauce
1 TL Sesamöl
1 EL fein gehackter
  Ingwer
1 Knoblauchzehe,
  zerdrückt
(* in Asia-Märkten
  erhältlich)

*Vegetarisches Linsenmus (links)
und Soba-Nudel Salat mit gerösteten Schalotten*

1. Backofen auf 180 ° C vorheizen. Ungeschälte Schalotten in eine feuerfeste Schüssel geben und mit Olivenöl bestreichen. 1 Stunde im Backofen weich werden lassen. Abkühlen lassen und vierteln. Die Viertel dann herausdrücken und die Schalottenhaut wegwerfen.
2. Die Zutaten für das Dressing in einer Schüssel mischen. Brokkoli, Tomaten und Chili vermengen.
3. Die Nudeln 5 Minuten in Salzwasser weich kochen, dann durch ein Sieb abgießen und auf 4 Schälchen verteilen. Brokkoli-Tomaten-Chili-Mischung darüber geben und mit Dressing beträufeln. Die Schalotten auf dem Salat anrichten und alles mit Sesamkörnern bestreut servieren.

Würzige Laksa mit Meeresfrüchten

Zubereitungszeit: 1 Std.
Einweichzeit: 20 Min.
Garzeit: 70 Min.
Für 4 Personen

4–5 große getrocknete rote Chilischoten
500 g Garnelen
1,5 l Wasser
10 Kerzennüsse
1 rote Zwiebel, gehackt
5 cm Galgantwurzel, geschält und grob gehackt*
4 Stängel Zitronengras (nur der weiße Teil) in Ringe geschnitten*
3 rote Chilischoten, ohne Kerne und grob gehackt
2 TL Shrimppaste*
2 TL frische geriebene Kurkuma oder 1 TL Kurkuma- pulver*
3 EL Öl
500 ml Kokosmilch*
8 frittierte Fisch- klößchen, in Scheiben geschnitten*
400 g frische Reisspa- ghetti (Laksa-Nudeln)*
2 kleine Salatgurken, in kurze dünne Stifte geschnitten
100 g Bohnensprossen, ohne holzige Enden
10 g vietnamesische Minzeblätter oder Korianderblätter*
(* in Asia-Märkten erhältlich)

Würzige Laksa mit Meeresfrüchten

1. Getrocknete Chili- schoten 20 Minuten in heißem Wasser einwei- chen.
2. 4 Garnelen beiseite stellen. Die restlichen Garnelen schälen und das Fleisch aufbewahren. Schalen, Köpfe, Beine und Schwänze in einen Topf geben und ohne Fettzugabe rösten, bis sich ihr Aroma entfaltet und sie sich orange verfärben.
3. 250 ml Wasser ein- rühren und einkochen lassen, bis es fast ver- dunstet ist. Weitere 250 ml Wasser zugeben und aufkochen lassen. 1 l Wasser einrühren. (Wird das Wasser zu Anfang langsam zugegossen, erhält man eine kräftige, dunkle Brühe.)
4. Brühe auf höchster Stufe aufkochen lassen, Hitze reduzieren und 30 Minuten auf etwa die Hälfte einkochen lassen. Die restlichen 4 Garnelen zugeben, rosarot garen und beiseite stellen. Brühe durch ein Sieb passieren und die Scha- len wegwerfen.
5. Eingeweichte Chili- schoten durch ein Sieb abgießen und mit Ker- zennüssen, Zwiebel, Galgant, Zitronengras, frischen Chilischoten, Shrimppaste, Kurkuma und 2 EL Öl in einem Küchenmixer pürieren. Die Paste gelegentlich

mit einem Spatel von den Wänden des Mixbechers streichen.
6. Das restliche Öl in einem Wok erhitzen und die Paste unter Rühren auf schwacher Hitze 8 Minuten garen. Gar- nelenbrühe und Kokos- milch einrühren, auf höchster Stufe einmal aufkochen lassen. Hitze wieder reduzieren und 5 Minuten köcheln las- sen. Geschälte Garnelen und Fischklößchen- Scheiben zugeben und köcheln lassen, bis sich das Garnelenfleisch rosa- rot verfärbt.
7. Die Nudeln trennen und 30 Sekunden in Wasser kochen. Durch ein Sieb abgießen und auf 4 Servierschüsseln verteilen.
8. Suppe über die Nu- deln geben. Mit etwas Gurken, Bohnenspros- sen, Minzeblättern und je einer kompletten Gar- nele garnieren. Sofort servieren und die restli- che Garnitur auf einer Platte angerichtet zur Selbstbedienung dazu reichen.

Hinweis: Kerzennüsse sollten nicht roh ver- zehrt werden. Frische Kurkuma ist eine ing- werähnliche Wurzel, die vor dem Reiben geschält werden muß. Die Laksa-Nudeln können auch durch feine Reisnudeln ersetzt werden.

Schweinefleisch-Reisnudel-Küchlein

Zubereitungszeit:
20 Min.
Garzeit: 30 Min.
Ergibt 6 Stück

200 g getrocknete
Reisbandnudeln*
4 Knoblauchzehen,
fein gehackt
2 cm frischer Ingwer,
fein gehackt
200 g chinesisch
gegrilltes Schweine-
fleisch, fein gewürfelt*
6 Frühlingszwiebeln,
fein gehackt
1 EL Sojasauce
1 TL Zucker
2 Eier, leicht verquirlt
Öl, zum Braten
süße Chilisauce, zum
Servieren*
(* in Asia-Märkten
erhältlich)

1. Nudeln in heißem Wasser 5–10 Minuten einweichen. Durch ein Sieb abgießen und in kurze Stücke schneiden.
2. Mit Knoblauch, Ingwer, Schweinefleisch und Frühlingszwiebeln vermengen. Sojasauce, Zucker und Eier mischen und in die Nudelmischung einrühren.
3. Ausreichend Öl in einer gusseisernen Pfanne erhitzen. Je 3 EL der Mischung auf mittlerer Stufe 5 Minuten gold-

braun braten, wenden und braten, bis auch die Rückseite goldbraun ist. Mit Küchenpapier trocken tupfen und warm stellen, während die restlichen Küchlein gebraten werden. Warm mit süßer Chilisauce servieren.

Rindfleischburger mit Kokos und Koriander

Zubereitungszeit:
25 Min.
Garzeit: 20 Min.
Für 4 Personen

50 g getrocknete dünne
Udon- oder Somen-
Nudeln*
1 EL frischer
Koriander*
60 g Kokosraspel
350 g Rinderhack
2 Knoblauchzehen,
zerdrückt
½ TL frischer
geriebener Ingwer
2 TL gemahlener
Koriander
1 TL gemahlener
Kümmel
½ TL Paprikapulver
2 Eier, leicht verquirlt
etwas Mehl, zum
Panieren
125 ml Pflanzenöl
Salz und schwarzer
Pfeffer, nach
Geschmack

Sauce
200 ml küchenfertige
Tomatensauce
1 große Tomate, fein
gehackt
1 TL Sambal Oelek
1 EL gehackte vietna-
mesische Minze*
etwas Salz und Pfeffer
(* in Asia-Märkten
erhältlich)

1. Nudeln im Salzwasser weich kochen. In einem Sieb kalt abspülen und abtropfen lassen. Mit Koriander mischen.
2. Zutaten für die Sauce in einem kleinen Topf auf mittlerer Stufe unter Rühren erwärmen. Mit Salz und Pfeffer abschmecken. Abgedeckt warm stellen
3. Kokosraspel 3 Minuten in heißem Wasser einweichen und durch ein Sieb abgießen. Mit Rinderhack, Knoblauch, Ingwer, Gewürzen und Eiern vermengen. Mit Salz und Pfeffer abschmecken. In 4 Portionen teilen, in jede Portion eine Mulde drücken, mit Nudeln auffüllen und je einen flachen Kloß formen. Klöße in Mehl wälzen.
4. Öl erhitzen und die Burger auf mittlerer Stufe 5–6 Minuten von jeder Seite braten. Mit Küchenpapier trocken tupfen und mit Sauce und Salat servieren.

Schweinefleisch-Reisnudel-Küchlein (oben)
und Rindfleischburger mit Kokos und Koriander

1 Nudeln locker trennen und in Portionen teilen.

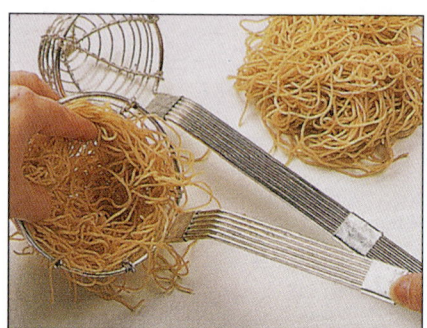

2 Die erste Portion in den größeren Drahtkorb füllen.

Nudelkörbchen mit Garnelen

Zubereitungszeit:
40 Min.
Garzeit: 20–25 Min.
Für 4 Personen

700 g Garnelen
Öl, zum Frittieren
200 g frische Eiernudeln
2 Frühlingszwiebeln,
  gehackt
1 Knoblauchzehe,
  zerdrückt
½ TL fein geriebener
  Ingwer
½ TL Sesamöl
½ TL Fischsauce*
100 g grüne Erbsen,
  gekocht
3 EL Wasserkastanien-
  scheiben*
Salz und Pfeffer, nach
  Geschmack
1 EL gehackte Minze
2 TL gehackter
  Schnittlauch
80 g Zuckererbsen-
  sprossen*

Schnittlauchstängel,
  zum Garnieren
(* in Asia-Märkten
  erhältlich)

1. Garnelen putzen,
Darm entfernen und
beiseite stellen.
2. Fritteuse oder großen
Topf zur Hälfte mit
Frittieröl füllen und auf
180 ° C erhitzen. Bevor
das Öl zu heiß ist,
2 Drahtkörbe mit Griff,
von denen der eine et-
was kleiner ist, in das
Öl tauchen. Eine trocke-
ne Nudel in das Öl wer-
fen. Wird sie in 8–10
Sekunden goldbraun,
ist das Öl heiß genug.
3. Nudeln trennen und
in 4 Portionen teilen.
Eine Portion in den
größeren Drahtkorb ge-
ben und den kleineren
hineindrücken, um ein
Körbchen zu formen.
Körbchen langsam in
das Öl tauchen. Den
oberen Drahtkorb vor-
sichtig abziehen, damit

die Nudeln nicht daran
kleben bleiben. Das
Körbchen gleichmäßig
braun frittieren. Mit
Küchenpapier trocken
tupfen. Mit den restli-
chen Portionen ebenso
verfahren.
4. Öl in einem Wok er-
hitzen. Garnelen, Früh-
lingszwiebeln, Knob-
lauch und Ingwer auf
höchster Stufe unter
Rühren 2 Minuten düns-
ten. Sesamöl, Fisch-
sauce, Erbsen und Was-
serkastanien einrühren.
Wok vom Herd nehmen,
salzen und pfeffern und
Minze, Schnittlauch
sowie Zuckererbsen-
sprossen untermengen.
5. Garnelen-Erbsen-
Mischung in die Nudel-
körbchen füllen, mit
Schnittlauch garnieren
und sofort servieren.

Hinweis: Drahtkörbe
mit Griff sind im Haus-
haltswarenhandel oder
in Asia-Märkten erhält-
lich. Vor dem ersten
Gebrauch gut einölen.

Nudelkörbchen mit Garnelen

3 Drahtkörbe zusammendrücken, festhalten und langsam in das Öl tauchen.

4 Garnelen auf höchster Stufe unter
Rühren rosarot braten.

Hühnersuppe mit Nudeln

Zubereitungszeit:
15 Min.
Garzeit: 20–25 Min.
Für 4 Personen

1 EL Öl
4 Hähnchenfilets
2 l Hühnerbrühe
3 Frühlingszwiebeln, in
Ringe geschnitten
100 g getrocknete
dünne Eiernudeln, in
Stücke gebrochen
Salz und frisch
gemahlener Pfeffer,
nach Geschmack
50 g Petersilie, gehackt
(in Asia-Märkten*
erhältlich)

1. Öl in einer großen beschichteten Pfanne erhit-
zen. Hähnchenfilets auf
mittlerer Stufe 15 Minu-
ten goldbraun braten, da-
bei einmal wenden. Aus
der Pfanne nehmen, ab-
kühlen lassen und in dün-
ne Streifen schneiden.
2. Brühe einmal aufkochen lassen und die Hitze
reduzieren. Fleisch, Frühlingszwiebeln und Nu-
deln hinzufügen und
5–10 Minuten köcheln
lassen. Mit Salz und
frisch gemahlenem Pfef-
fer abschmecken, Petersi-
lie einrühren und sofort
servieren.

Hinweis: Lassen Sie für
eine leichtere Suppe die
Hühnerstreifen weg.

Chiang-Mai-Nudeln

Zubereitungszeit:
25 Min.
Garzeit:
15 Min.
Für 4 Personen

Nam-Prik-Sauce
3 EL Fischsauce*
1 EL Weißweinessig
2–3 TL fein gehackte
rote Chilischoten
1 TL Zucker
2 TL gehackte
Korianderstiele

500 g frische
Eiernudeln
1 EL Öl
3 französische oder
asiatische Schalotten,
in dünne Ringe
geschnitten*
6 Knoblauchzehen,
gehackt
rote Chilischoten,
fein gehackt, nach
Geschmack
1–2 EL rote Currypaste*
350 g Hühner- oder
Schweinefilet,
in dünne Streifen
geschnitten
1 Karotte, in dünne
Scheiben geschnitten
2 EL Fischsauce*
2 TL brauner Zucker
3 Frühlingszwiebeln, in
Ringe geschnitten
10 g Korianderblätter*
(in Asia-Märkten*
erhältlich)

1. Zutaten für die
Nam-Prik-Sauce vermi-
schen und den Zucker
unter Rühren auflösen.
Beiseite stellen.
2. Nudeln 4 Minuten
in Salzwasser weich
kochen. Durch ein Sieb
abgießen und warm
stellen.
3. Öl in einem Wok
oder einer großen Pfan-
ne erhitzen. Schalotten,
Knoblauch, gehackte
Chilischoten und
Currypaste zugeben
und auf höchster Stufe
unter Rühren 2 Minu-
ten dünsten.
4. Filetstreifen portionsweise zugeben und jede
Portion 3 Minuten un-
ter Rühren braten.
5. Alles Fleisch wieder
in Wok oder Pfanne ge-
ben. Karotten, Fisch-
sauce und Zucker hin-
zufügen und unter
Rühren einmal aufko-
chen lassen.
6. Nudeln auf Schüsseln
verteilen und Fleischmi-
schung und Frühlings-
zwiebelringe darüber
geben. Mit Koriander-
blättern garnieren und
sofort mit der Nam-
Prik-Sauce servieren.

Hinweis: Dieses Gericht
sollte sofort serviert
werden. Einige Curry-
pastesorten sind schär-
fer als andere; variieren
Sie die Menge je nach
Geschmack.

Hühnersuppe mit Nudeln (oben)
und Chiang-Mai-Nudeln

Scharfer Garnelen-Nudel-Salat

Zubereitungszeit:
20 Min.
Garzeit: 10 Min.
Für 4 Personen

Dressing
2 Knoblauchzehen,
  zerdrückt
1 kleine rote
  Chilischote, gehackt
1 EL Öl
2 EL Fischsauce*
3 EL Limettensaft*
1 TL Shrimppaste*
20 g Palmzucker,
  gerieben*

100 g Glasnudeln
4 Frühlingszwiebeln, in
  Ringe geschnitten
375 g gekochte
  Garnelen, geputzt,
  ohne Darm
10 g Korianderblätter,
  gehackt*
2 EL gesalzene
  Erdnüsse, gehackt
(* in Asia-Märkten
  erhältlich)

1. Zutaten für das
Dressing mischen und
den Zucker unter
Rühren auflösen. Bei-
seite stellen.
2. Nudeln in kochen-
dem Wasser 10 Minu-
ten weich kochen.
Durch ein Sieb ab-
gießen und in kurze
Stücke schneiden.

3. Dressing mit den Nu-
deln vermischen. Früh-
lingszwiebeln, Garnelen
und Koriander unterhe-
ben. In Schüsseln vertei-
len und mit den Nüssen
bestreut auf Zimmer-
temperatur abgekühlt
servieren.

Knusprige Nudeln mit Schweinefleisch

Zubereitungszeit:
25 Min.
Garzeit:
15 Min.
Für 4 Personen

*Etwas Butter, zum
  Braten
2 Eier, verquirlt
1 EL Öl
150 g chinesisch
  gegrilltes
  Schweinefleisch,
  in kleine Würfel
  geschnitten*
1 kleine rote Zwiebel,
  in dünne Stifte
  geschnitten
2 Knoblauchzehen,
  fein gehackt
500 g frische
  Reisnudeln*
1 EL Sojasauce
2 TL Sesamöl
2 TL Hoisinsauce*
30 g Schnittknoblauch,
  gehackt*
(* in Asia-Märkten
  erhältlich)

1. Eine kleine beschich-
tete und leicht eingefet-
tete Pfanne erhitzen. Ei-
er zugeben, schwenken
und 1 Minute braten.
Omelett wenden und
von der Rückseite kurz
goldbraun braten. Aus
der Pfanne nehmen,
abkühlen lassen und in
Streifen schneiden.
2. Öl in einem Wok er-
hitzen und das Schwei-
nefleisch auf mittlerer
Stufe unter Rühren
3 Minuten kross braten.
Aus dem Wok nehmen
und beiseite stellen.
3. Zwiebelringe und
Knoblauch in den Wok
geben und 3 Minuten
weich dünsten.
4. Nudeln, Sojasauce,
Sesamöl und Hoisin-
sauce zufügen und
umrühren, bis alles mit
der Sauce bedeckt ist.
Abgedeckt 2 Minuten
dämpfen. Die Nudeln
dürfen nicht anbrennen.
5. Das Schweinefleisch
und die Hälfte Schnitt-
knoblauch unter Rüh-
ren in den Wok geben.
Auf Servierteller vertei-
len und sofort mit Ome-
lettstreifen und restli-
chem Schnittknoblauch
bestreut servieren.

Hinweis: Lassen Sie frische Reisnudeln vor der
Verwendung 30 Minu-
ten bei Zimmertempe-
ratur weich werden.
Gegrilltes Schweine-
fleisch ist in Asia-Märk-
ten oder China-Imbis-
sen erhältlich.

Scharfer Garnelen-Nudel-Salat (oben)
Knusprige Nudeln mit Schweinefleisch

Kartoffel-Nudeln süß-sauer

Zubereitungszeit:
30 Min.
Garzeit: 15 Min.
Für 4 Personen

1 EL Öl
5 cm Ingwer, in
hauchdünne Scheiben
geschnitten
1 große Zwiebel, in
Streifen geschnitten
1 große Karotte, in
Scheiben geschnitten
1 rote Paprika, in
Streifen geschnitten
150 g frische Ananas,
gewürfelt
1 EL brauner Zucker
1 EL Balsamessig
5 EL chinesischer
Kochwein*
340 g dünne
Kartoffelnudeln*
½ Salatgurke, in dünne
Scheiben geschnitten
30 g eingelegter
Ingwer*
(* in Asia-Märkten
erhältlich)

1. Öl in einem Wok erhitzen. Ingwer, Zwiebelstreifen, Karotte und Paprika hineingeben und auf unterster Stufe 2–3 Minuten unter Rühren dünsten. **2.** Ananas, Zucker und Essig dazugeben und bei gelegentlichem Rühren 4 Minuten garen. Kochwein hinzufügen und leise köcheln lassen, bis die Nudeln gar sind.

3. Nudeln 5 Minuten (oder bis sie durchscheinend glasig und weich sind) in kochendem Salzwasser weich kochen. Durch ein Sieb abgießen und auf 4 Schüsseln verteilen. Das Gemüse auf den Nudeln anrichten und zusammen mit den Salatgurken und dem eingelegten Ingwer servieren.

Hühner-Garnelen-Tonkatsu

Zubereitungszeit:
25 Min.
Garzeit: 15 Min.
Für 4 Personen

250 g frische
Eiernudeln
2 EL Öl
2 Hähnchenfilets, in
dünne Streifen
geschnitten
100 g Schinkenspeck
oder chinesisch
gegrilltes
Schweinefleisch,
gewürfelt*
12 Garnelen, geputzt,
ohne Darm, mit
Schwanz
6 Frühlingszwiebeln, in
Ringe geschnitten
1 Selleriestange, in
Scheiben geschnitten
1 Karotte, in Scheiben
geschnitten
100 g Chinakohl

100 g grüne
Bohnen oder
Zuckererbsen, in
Streifen geschnitten
90 g Bohnensprossen

Tonkatsu-Dressing
3 EL Tonkatsu- oder
Barbecuesauce*
1 EL helle Sojasauce
1 EL Mirin oder Sake*
1 EL geriebener
Ingwer
1 EL Zucker
(* in Asia-Märkten
erhältlich)

1. Nudeln in kochendem Salzwasser unter Rühren 4–5 Minuten weich kochen. Durch ein Sieb abgießen, spülen, erneut abgießen und beiseite stellen. **2.** Zutaten für das Dressing mischen und beiseite stellen. **3.** Öl in einem Wok auf höchster Stufe erhitzen. Hähnchen- und Schweinefleisch unter Rühren 2–3 Minuten anbraten. Garnelen zugeben und rosa dünsten. **4.** Gemüse in den Wok geben, einige Frühlingszwiebelringe als Garnitur aufheben. Alles unter Rühren 2–3 Minuten garen. **5.** Dressing und Nudeln unterheben und alles unter Rühren 1 Minute erwärmen. Mit Frühlingszwiebelringen garniert servieren.

Kartoffel-Nudeln süß-sauer (oben)
mit Hühner-Garnelen-Tonkatsu

1 Geschälte Garnelen auf dem Rücken einschneiden, um den Darm zu entfernen.

2 Nudeln auf die gleiche Länge schneiden wie die Garnelenkörper.

Japanische Seetangpäckchen mit Garnelen und Nudeln

Zubereitungszeit:
45 Min.
Garzeit: 10 Min.
Ergibt 24 Stück

24 Garnelen
250 g getrocknete
Somen-Nudeln*
4 Blätter getrockneter
Seetang*
60 g Weizenmehl
2 Eidotter
3–4 EL Wasser
Öl, zum Frittieren
1 kleiner
Brotwürfel

Dip
5 EL Tonkatsu-
oder Barbecue-
Sauce*
2 EL Zitronensaft

1 EL Sake
oder Mirin*
1–2 TL geriebener
Ingwer
(* in Asia-Märkten
erhältlich)

1. Garnelen schälen, Schwänze intakt lassen. Entlang des Rückens aufschneiden und Darm entfernen. Beiseite stellen.
2. Nudeln auf die Länge der Garnelenkörper (ohne Schwanz) zurechtschneiden, fest bündeln und dann beiseite legen. Seetang in 2,5 cm breite Streifen schneiden.
3. Mehl in eine Schüssel geben. Eidotter mit 3 EL Wasser verquirlen und in das Mehl einrühren. Wird die Mischung zu zäh, 1 weiteren EL Wasser einrühren. Beiseite stellen.
4. Zutaten für den Dip mischen, mit Ingwer abschmecken und beiseite stellen.
5. Fritteuse oder großen Topf zur Hälfte mit Frittieröl füllen und auf 180 °C erhitzen.
6. Eine Garnele in die Eimischung tauchen und abtropfen lassen. Garnele der Länge nach in eine Schicht Nudeln hüllen und mit einem Seetangstreifen fixieren. Seetang mit einem Tropfen Teig verkleben. Mit restlichen Garnelen ebenso verfahren.
7. Einen Brotwürfel in das Öl werfen. Bräunt er in 5 Sekunden, ist das Öl heiß genug. 2–3 Päckchen gleichzeitig 1 Minute frittieren. Auf Küchenpapier abtropfen lassen und warm stellen. Warm mit dem Dip servieren.

Hinweis: Seetangblätter und Tonkatsu-Sauce sind in Asia-Märkten oder japanischen Spezialgeschäften erhältlich.

Japanische Seetangpäckchen mit Garnelen und Nudeln

3 Die Garnelen in die Nudeln einrollen und mit einem Seetangstreifen umhüllen.

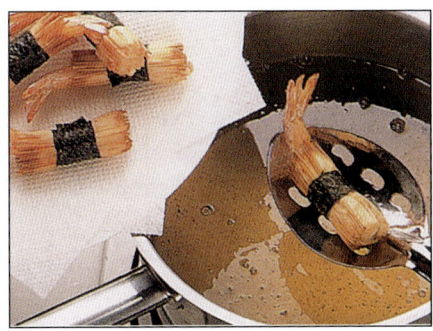

4 Die Seetangpäckchen goldbraun frittieren.

Nudeln mit Sesam und Erdnussbutter

Zubereitungszeit:
15 Min.
Garzeit: 15 Min.
Für 4 Personen

3 EL geröstete
Sesamsamen
160 g Erdnussbutter
mit Stücken
2 EL süße
Chilisauce*
3 TL Sojasauce*
3 TL Sesamöl
2 TL Reisweinessig*
1 EL Zitronensaft
7 EL Wasser, evtl.
3 weitere EL
1 Prise frisch
gemahlener schwarzer
Pfeffer
4 EL Wasser
750 g Hokkien-
Nudeln, getrennt*
6 Frühlingszwiebeln,
in sehr dünne
Streifen geschnitten
süße Chilisauce zum
Servieren
(* in Asia-Märkten
erhältlich)

1. Sesamsamen in einem Mörser mahlen und in einer Pfanne auf unterster Stufe rösten.
2. Erdnussbutter, flüssige Zutaten und 1 Prise schwarzen Pfeffer dazugeben. Vorsichtig unter Rühren 2–3 Minuten erwärmen. Wird die Sauce zu dick, bis zu

3 weitere EL Wasser zufügen. Abgedeckt warm stellen.
3. 4 EL Wasser in einem Wok erhitzen und die Nudeln hineingeben. Abgedeckt 3–4 Minuten weich dämpfen. In Schälchen geben und mit Sauce bedecken. Mit Frühlingszwiebeln bestreuen und nach Geschmack mit süßer Chilisauce servieren.

Hinweis: Wer das Gericht ganz authentisch genießen möchte, bereitet die Erdnussbutter selbst frisch zu.

Hühnchenpfanne mit Spinat und Champignons

Zubereitungszeit:
15 Min.
Garzeit:
20 Min.
Für 4 Personen

Sauce
1 TL gehackter
Ingwer
2 TL Zucker
1 EL Reisweinessig*
2 EL Hoisinsauce*

250 g getrocknete
Udon-Nudeln*

2 EL Erdnussöl
300 g Hähnchenfilet,
in dünne Streifen
geschnitten
1 rote Paprika, in
Streifen geschnitten
300 g kleine braune
Champignons,
halbiert
150 g Austernpilze,
halbiert
2 Frühlingszwiebeln,
fein gehackt
500 g Spinat, grob
gehackt
(* in Asia-Märkten
erhältlich)

1. Alle Saucenzutaten mischen und beiseite stellen.
2. Nudeln in Salzwasser 10 Minuten weich kochen. Durch ein Sieb abgießen und abgedeckt warm stellen.
3. Erdnussöl in einem Wok erhitzen. Hähnchenfleisch auf höchster Stufe unter Rühren anbraten. Aus dem Wok nehmen und beiseite stellen.
4. Paprika, Pilze und Frühlingszwiebeln in den Wok geben und unter Rühren 3–4 Minuten garen.
5. Sauce, Nudeln, Fleisch und Spinat dazugeben und alles unter Rühren erwärmen, bis der Spinat leicht zusammenfällt. Anschließend sofort servieren.

Nudeln mit Sesam und Erdnussbutter (oben)
und Hühnchenpfanne
mit Spinat und Champignons

Phad Thai

Zubereitungszeit:
30 Min.
Garzeit: 10–15 Min.
Für 4 Personen

250 g getrocknete
Reisbandnudeln*
2 EL Öl
3 Knoblauchzehen,
gehackt
1–2 rote Chilischoten,
gehackt
150 g Schweinefleisch,
in Streifen geschnitten
100 g geschälte
Garnelen, ohne Darm
und gewürfelt
80 g Schnittknoblauch,
gehackt
2 EL Fischsauce*
2 EL Limettensaft*
2 TL brauner Zucker
2 Eier, verquirlt
90 g Bohnensprossen
frische Korianderzwei-
ge, zum Garnieren*
3 EL geröstete
Erdnüsse, gehackt
(* in Asia-Märkten
erhältlich)

1. Nudeln in heißem
Wasser einweichen.
Durch ein Sieb abgie-
ßen und beiseite stellen.
2. Wok auf höchster
Stufe erhitzen, Knob-
lauch, Chili und
Schweinefleisch zuge-
ben und unter Rühren
2 Minuten andünsten.
Garnelen zugeben und

unter Rühren weitere
3 Minuten dünsten.
3. Schnittknoblauch
und Nudeln zufügen.
Abgedeckt 1 Minute kö-
cheln lassen. Fischsauce,
Limettensaft, Zucker
und Eier einrühren und
alles erwärmen. Mit
Bohnensprossen, Ko-
riander und Erdnüssen
bestreut servieren.

Nudelecken mit Bündner Fleisch

Zubereitungszeit:
15 Min.
Garzeit: 20–25 Min.
Für 4 Personen

250 g frische
Eiernudeln*
Öl, zum Braten
1 Porreestange, in feine
Ringe geschnitten
1 gelbe Paprika, in
Streifen geschnitten
1 TL fein gehackter
Ingwer
1 Knoblauchzehe,
zerdrückt
½ TL Chiliflocken
1 TL Sesamöl
2 EL Sojasauce
125 ml Hühnerbrühe
200 g frischer oder
eingelegter Tofu,
abgetropft*
50 g Wasserkastanien,
in Scheiben geschnitten
200 g Bündner Fleisch,
in Scheiben

geschnitten
50 g Zuckererbsen-
sprossen
3 EL gehackte Pekan-
nüsse, geröstet

1. Nudeln 5 Minuten in
Salzwasser weich ko-
chen. Abspülen, durch
ein Sieb abgießen, et-
was Öl unterrühren
und auf einem großen
Teller abkühlen lassen.
2. Öl in einer großen
beschichteten Pfanne
erhitzen. Nudeln hi-
neingeben und auf bei
mittlerer Hitze 5–7 Mi-
nuten goldbraun bra-
ten. Auf einen Teller ge-
ben, Pfanne erneut ein-
fetten und die Rückseite
braten. Warm stellen.
3. 2 EL Öl in einem
Wok erhitzen und
Porree und Paprika
auf mittlerer Stufe
unter Rühren 3–4 Mi-
nuten dünsten. Ingwer,
Knoblauch und Chili-
flocken einrühren,
Sesamöl und Sojasauce
dazugeben und alles
kurz erwärmen.
4. Hitze auf höchste
Stufe erhöhen, Brühe,
Wasserkastanien, Tofu
und Fleisch dazugeben
und unter Rühren er-
wärmen. Vom Herd
nehmen und die Zucker-
erbsensprossen unter-
heben. Auf einer vorge-
wärmten Platte anrich-
ten und mit Pekannüs-
sen bestreuen. Nudel-
kuchen in Ecken schnei-
den und mit der Fleisch-
Mischung servieren.

---

*Phad Thai (oben) und
Nudelecken mit Bündner Fleisch*

Enten-Mandarinen-Suppe

Zubereitungszeit:
15 Min.
Garzeit: 25 Min.
Für 4–5 Personen

1 kg chinesisch
gebratene Ente*
2 l Hühnerbrühe
1 Zwiebel, gehackt
3 x 6 cm breite Streifen
Orangenschale
1 Sternanis
2 EL gehackter Ingwer
100 g Instantnudeln,
zerbrochen*
310 g (2 Dosen)
Mandarinenstücke,
abgegossen
3 EL gehackter
Koriander*
2 Frühlingszwiebeln, in
Ringe geschnitten
(* in Asia-Märkten
erhältlich)

1. Entenfleisch von den Knochen lösen. Überschüssiges Fett entfernen und das Fleisch in 1 cm große Würfel schneiden. Abgedeckt beiseite stellen. Haut und Knochen grob hacken und mit Brühe, Zwiebel, Orangenschale, Sternanis und Ingwer in einen großen Topf geben. Einmal aufkochen lassen, Hitze reduzieren und abgedeckt 15 Minuten köcheln lassen. Brühe durch ein Sieb in einen neuen Topf abgießen.

2. Brühe einmal aufkochen, Nudeln hineingeben und 2 Minuten kochen lassen. Hitze reduzieren, Entenfleisch und Mandarinen zufügen, weitere 2 Minuten köcheln lassen. Mit Koriander und Frühlingszwiebeln servieren.

Reisnudeln mit Meeresfrüchten und Chili

Zubereitungszeit:
20 Min.
Marinierzeit: 30 Min.
Garzeit: 15 Min.
Für 4 Personen

250 g Garnelen
150 g Tintenfischringe
250 g festes Fischfilet,
entgrätet
125 ml Olivenöl
3 kleine rote
Chilischoten, ohne
Kerne und in dünne
Streifen geschnitten
3 Knoblauchzehen, fein
gehackt
2 EL Öl
2 EL trockener
Weißwein
4 EL Wasser
500 g frische dicke
Reisnudeln*
Salz und schwarzer
Pfeffer, nach
Geschmack
2 reife Tomaten,
gewürfelt

30 g gehacktes
Basilikum
(* in Asia-Märkten
erhältlich)

1. Garnelen schälen und Darm entfernen. Große Tintenfischringe halbieren, Fisch in mundgerechte Stücke schneiden. Olivenöl, Chili und Knoblauch mischen und zu den Meeresfrüchten geben. Abgedeckt 30 Minuten kalt stellen.

2. Öl in einem Wok auf höchster Stufe erhitzen und Meeresfrüchte unter Rühren portionsweise jeweils 2 Minuten braten. Den Wok dabei immer wieder erhitzen. Beiseite stellen.

3. Wein und 4 EL Wasser in den Wok geben, Hitze reduzieren und die Nudeln einrühren. Abgedeckt 2 Minuten weich dämpfen.

4. Meeresfrüchte und Flüssigkeiten dazugeben, rühren und mit Salz und Pfeffer abschmecken. Tomaten und Basilikum unterheben und die Reisnudeln sofort servieren.

Hinweis: Lassen Sie frische Reisnudeln vor dem Kochen mindestens 30 Minuten bei Zimmertemperatur weich werden, da sie sonst brechen können.

Enten-Mandarinen-Suppe (oben)
und Reisnudeln mit Meeresfrüchten und Chili

Pak-Soi-Kohl-Pfanne mit Kastanien

Zubereitungszeit:
15 Min.
Garzeit: 7 Min.
Für 4 Personen

450 g Hokkien-
Nudeln*
125 ml Hühnerbrühe
2 EL Austernsauce*
2 EL helle Sojasauce
1 EL Sesamöl
2 EL Olivenöl
1 Karotte, in dünne
Scheiben geschnitten
2 Selleriestangen, in
Scheiben geschnitten
4 Frühlingszwiebeln, in
Ringe geschnitten
3 kleine Pak-Soi-
Kohlköpfe, geputzt*
2 EL fein gehackter
Ingwer
100 g Zuckererbsen, in
Streifen geschnitten
90 g Bohnensprossen
100 g Wasserkastanien,
gehackt*
(* in Asia-Märkten
erhältlich)

1. Nudeln 1 Minute in heißem Wasser einweichen. Durchs Sieb abgießen und beiseite stellen.
2. Brühe, Austernsauce, Sojasauce und Sesamöl mischen.
3. Olivenöl in einem Wok auf höchster Stufe erhitzen. Karotte, Selleriescheiben, Frühlingszwiebelringe, Pak-Soi-Kohl und Ingwer hineingeben und unter Rühren 2 Minuten dünsten. Restliche Zutaten zugeben und weitere 3–4 Minuten garen. Sofort servieren.

Huhn-Nudel-Teriyaki

Zubereitungszeit:
25 Min.
Marinierzeit: 2 Std.
Garzeit: 25 Min.
Für 4–6 Personen

Teriyaki-Marinade
3 EL Mirin*
5 EL Sojasauce*
2 TL Zucker
3 Knoblauchzehen,
fein gehackt
3 cm Ingwer, fein
gehackt

500 g Hähnchenfilet
500 g Udon-Nudeln
(frisch/getrocknet)*
Öl, zum Braten
3 Karotten, in dünne
Scheiben geschnitten
10 Frühlingszwiebeln,
in Ringe geschnitten
3 EL Sesamsamen
Chiliflocken und
Frühlingszwiebelringe,
zum Garnieren*
(* in Asia-Märkten
erhältlich)

1. Zutaten für die Marinade mischen. Hähnchenfleisch in Streifen schneiden und in die Marinade legen. Dann abgedeckt 2 Stunden kalt stellen.
2. Nudeln 10 Minuten in Salzwasser weich kochen. Gut abspülen und durch ein Sieb abgießen.
3. Die Marinade durch ein Sieb abgießen und beiseite stellen. Das Öl in einem Wok auf höchster Stufe erhitzen und Fleisch portionsweise unter Rühren 3–4 Minuten anbraten. Aus dem Wok nehmen und dann beiseite stellen.
4. Erneut Öl im Wok erhitzen und Karotten und Frühlingszwiebeln auf höchster Stufe unter Rühren 3–4 Minuten dünsten. Die Nudeln hinzufügen und alles unter Rühren erwärmen. Aus dem Wok nehmen und beiseite stellen.
5. Die Marinade in den Wok geben und einmal auf höchster Stufe aufkochen lassen. Hitze reduzieren und 1–2 Minuten köcheln lassen. Fleisch, Nudeln, Gemüse und Sesamsamen in die Sauce einrühren. Auf tiefe Schüsseln verteilen. Anschließend sofort mit den Chiliflocken und den Frühlingszwiebelringen bestreut servieren.

Pak-Soi-Kohl-Pfanne mit Kastanien (oben)
und Huhn-Nudel-Teriyaki

Kross frittierte Nudeln (Mee Grob)

Zubereitungszeit:
  30 Min.
Garzeit:
  20 Min.
Für 4 Personen

100 g getrocknete
  Reisfadennudeln*
500 ml Öl, zum
  Frittieren
1 Brotwürfel
100 g Tofu, in lange
  dünne Streifen
  geschnitten
2 Knoblauchzehen,
  fein gehackt
4 cm Ingwer,
  gerieben
150 g Hühner- oder
  Schweinehack
100 g Garnelen,
  geschält, ohne Darm
  und fein gehackt
2 EL Fischsauce*
1 EL Weißweinessig
2 EL brauner
  Zucker

2 EL Chilisauce*
1 TL gehackte rote
  Chilischoten
2 kleine eingelegte
  Knoblauchknollen,
  gehackt*
40 g Schnittknoblauch,
  gehackt*
30 g Korianderblätter*
(* in Asia-Märkten
  erhältlich)

1. Nudeln in einer Schüssel mit heißem Wasser 1 Minute quellen lassen. Durch ein Sieb abgießen und beiseite stellen.
2. Frittieröl in einem tiefen Topf erhitzen. Brotwürfel in das Öl werfen – bräunt er in 5 Sekunden, ist das Öl heiß genug.
3. Tofu auf höchster Stufe portionsweise 1–2 Minuten goldbraun frittieren. Überschüssiges Öl durch ein Sieb

abgießen und beiseite stellen.
4. Nudeln portionsweise 10 Sekunden kross frittieren. Sofort herausnehmen, damit die Nudeln nicht zu viel Öl aufsaugen. Auf Küchenpapier abkühlen lassen.
5. 1 EL Öl in einem Wok auf höchster Stufe erhitzen. Knoblauch, Ingwer, Hack und Garnelen zugeben und unter Rühren 2 Minuten goldbraun braten.
6. Fischsauce, Essig, Zucker, Chilisauce und Chilischoten zufügen und unter Rühren aufkochen lassen. Nudeln und Tofu einrühren und den eingelegten Knoblauch, Schnittknoblauch und Koriander rasch unterheben. Anschließend sofort servieren, da die Nudeln sonst klebrig werden.

*Kross frittierte Nudeln
(Mee Grob)*

1 *Rote Chilischoten und Knoblauchknollen hacken.*

2 *Die Tofustreifen goldbraun frittieren.*

3 Getrocknete Fadennudeln portionsweise frittieren.

4 Knoblauch, Ingwer, Hack und Garnelen unter Rühren goldbraun braten.

Würzige Hähnchen-Nudeln

Zubereitungszeit:
15 Min.
Garzeit: 20 Min.
Für 4 Personen

2 EL Zucker
5 EL Fischsauce*
3 EL Öl
2 Zwiebeln,
gehackt
2 TL rote
Currypaste*
1 Knoblauchzehe,
zerdrückt
600 g Hähnchenfilet,
in Streifen
geschnitten
300 g Instantnudeln*
4 Frühlingszwiebeln,
gehackt
50 g Koriander,
gehackt*
(* in Asia-Märkten
erhältlich)

1. Zucker in Fischsauce auflösen und beiseite stellen.
2. Die Hälfte des Öls in einem Wok auf höchster Stufe erhitzen und Zwiebeln unter Rühren 3 Minuten goldgelb dünsten. Beiseite stellen.
4. Hitze auf unterste Stufe reduzieren, restliches Öl hineingeben, Currypaste und Knoblauch zugeben und unter Rühren 1 Minute mitdünsten. Hitze wieder auf höchste Stufe erhöhen, Fleisch zufügen und alles unter Rühren 10 Minuten garen.
4. Die Zwiebeln wieder in den Wok geben und die Temperatur zum Warmhalten leicht reduzieren.
5. Nudeln 2 Minuten in Wasser weich kochen und durch ein Sieb abgießen. Zusammen mit Fischsauce, Frühlingszwiebeln und Koriander in den Wok einrühren und alles erwärmen. Sofort servieren.

Vietnamesische Frühlingsrollen

Zubereitungszeit:
50 Min.
Quellzeit:
15 Min.
Ergibt 20 Stück

20 große gekochte
Garnelen
50 g Glasnudeln*
20 Blatt Reispapier
40 Minzeblätter
10 Stängel Schnitt-
knoblauch,
halbiert*

Dip
1 EL Sataysauce*
2 EL Hoisinsauce*
1 rote Chilischote,
fein gehackt
1 EL gehackte,
geröstete Erdnüsse
(* in Asia-Märkten
erhältlich)

1. Die Garnelen schälen, den Darm entfernen und dann der Länge nach halbieren.
2. Alle Dip-Zutaten mischen und beiseite stellen.
3. Nudeln 15 Minuten in heißem Wasser quellen lassen. Durch ein Sieb abgießen und in kurze Stücke hacken.
4. Beide Seiten der Reisblätter mit einem Teigpinsel mit Wasser bestreichen. 2 Minuten weich werden lassen. Blätter vorsichtig aufeinander schichten und zwischen jede Schicht etwas Wasser träufeln, damit die Blätter nicht austrocknen.
5. 1 EL gehackte Nudeln auf das obere Drittel eines Reispapiers geben. Darauf 2 Minzeblätter, 2 Garnelenhälften und einen halben Stängel Schnittknoblauch legen. Reispapier so zu Frühlingsrollen aufrollen, dass oben noch etwas Schnittknoblauch herausragt. Mit den restlichen Zutaten ebenso verfahren. Die Rollen dann zusammen mit dem Dip servieren.

Würzige Hähnchen-Nudeln (oben)
und Vietnamesische Frühlingsrollen

Warmer Nudelsalat im Körbchen

Zubereitungszeit: 30 Min.
Garzeit: 20–25 Min.
Für 4 Personen

2 EL helle Sojasauce
2 EL Austernsauce*
1 EL Honig
150 g frische dünne
 Eiernudeln*
Öl, zum Frittieren
2 Knoblauchzehen,
 zerdrückt
2 EL Öl, zum Braten
1 kleine rote Chili-
 schote, fein gehackt
4 cm Ingwer, geschält
 und gerieben
4 Frühlingszwiebeln, in
 Ringe geschnitten
100 g grüner Spargel, in
 Scheiben geschnitten
1 kleine grüne Paprika,
 gewürfelt
125 g grüne Bohnen, in
 Streifen geschnitten
180 g Babymaiskolben,
 halbiert
90 g Bohnensprossen
50 g Chinakohl, in
 dünne Streifen
 geschnitten
1 EL Sesamsamen
(* in Asia-Märkten
 erhältlich)

1. Sojasauce, Austernsauce und Honig mischen. Beiseite stellen.
2. Fritteuse oder großen Topf zur Hälfte mit Frittieröl füllen und auf 180 °C erhitzen. Bevor das Öl heiß ist, 2 Drahtkörbchen mit Griff (der eine kleiner als der andere) in das Öl tauchen und überschüssiges Öl abschütteln.
Eine Nudel in das Öl geben: wirft das Öl Blasen und die Nudel wird in 8–10 Sekunden goldbraun, ist das Öl heiß genug.
3. Nudeln in 4 Portionen aufteilen. 1 Portion in das größere Körbchen geben und das kleinere hineindrücken. Beide Griffe festhalten und die Körbe in das Öl tauchen. Vorsichtig das kleinere Körbchen abheben. Nudelkörbchen goldbraun frittieren. Mit den restlichen Nudeln ebenso verfahren.
4. 2 EL Öl in einem Wok erhitzen. Knoblauch, Chili, Ingwer und Frühlingszwiebeln auf mittlerer Stufe unter Rühren 1 Minute dünsten.
5. Auf höchste Stufe erhöhen, Spargel, Paprika, Bohnen und Mais zugeben und unter Rühren 2–3 Minuten garen. Bohnensprossen und Chinakohl dazugeben und 1 Minute weitergaren. Saucenmischung in den Wok einrühren. Salatmischung in die Nudelkörbchen füllen und mit Sesamsamen bestreut servieren.

Warmer Nudelsalat in Körbchen

Thailändische Garnelen mit Kokos-Nudeln

Zubereitungszeit:
25 Min.
Garzeit: 7 Min.
Für 4 Personen

375 g grüne Bohnen, in
Stücke geschnitten
200 ml Kokoscreme*
2 TL fein geriebene
Limettenrinde*
3 EL Öl
300 g Instantnudeln*
1 EL fein gehacktes
Zitronengras*
4 Frühlingszwiebeln, in
Ringe geschnitten
750 g Garnelen,
geschält, ohne Darm
2 EL gehackter
Koriander*
1–2 EL süße
Chilisauce*
2 EL Limettensaft*
2 EL Fischsauce*
(* in Asia-Märkten
erhältlich)

1. Bohnen 1 Minute kochen. Durch ein Sieb abgießen, kalt abspülen, erneut abgießen und beiseite stellen.
2. Kokoscreme, Limettenrinde und 1 EL Öl mischen und beiseite stellen.
3. Nudeln 2 Minuten in Salzwasser weich kochen. Durch ein Sieb

abgießen, in einem Topf mit der Kokosmischung vermengen und abgedeckt warm stellen.
4. Restliches Öl in einem Wok erhitzen und Zitronengras, Frühlingszwiebeln, Garnelen und Bohnen auf höchster Stufe unter Rühren dünsten, bis die Garnelen eine rosarote Färbung annehmen. Restliche Zutaten einrühren, Nudeln auf Schüsseln verteilen und Garnelenmischung darüber geben. Sofort servieren.

Scharfe Peking-Nudeln

Zubereitungszeit:
20 Min.
Garzeit: 15 Min.
Für 4 Personen

2 EL Öl
3 Knoblauchzehen,
gehackt
350 g Schweinehack
1½ EL scharfe
Sojabohnenpaste*
2 Selleriestangen, in
Scheiben geschnitten
1 rote Paprika, in
Streifen geschnitten
1 EL Sojasauce
1 EL Sesamöl
etwas Salz, weißer
Pfeffer und Zucker
450 g Hokkien-Nudeln,
getrennt*

3 EL Wasser
70 g Zuckererbsen,
halbiert
(* in Asia-Märkten
erhältlich)

1. Öl in einem Wok auf höchster Stufe erhitze, Knoblauch und Schweinehack unter Rühren 4 Minuten bräunen – der Wok muß dabei sehr heiß sein, da das Fleisch sonst eher dünstet als brät.
2. Temperatur auf unterste Stufe reduzieren, Sojabohnenpaste zugeben und 3 Minuten köcheln lassen. Selleriescheiben, Paprika, Sojasauce und Sesamöl hinzufügen. Mit Salz, weißem Pfeffer und Zucker abschmecken. Abgedeckt 3 Minuten weich dämpfen und beiseite stellen.
3. Nudeln mit 3 EL Wasser in einen großen Topf geben und bei mittlerer Hitze unter gelegentlichem Rühren 3 Minuten weich werden lassen. Zuckererbsen darüber geben und abgedeckt 1 Minute dämpfen, evtl. noch etwas Wasser zugeben.
4. Zuckererbsen aus dem Topf nehmen und die Nudeln auf Schüsseln verteilen, überschüssiges Wasser abgießen. Fleisch-Gemüse-Mischung darüber verteilen und die Zuckererbsen darüber streuen. Sofort servieren.

Thailändische Garnelen mit Kokos-Nudeln (oben)
und Scharfe Peking-Nudeln

Soba-Nudeln mit „Surprise"-Hähnchen

Zubereitungszeit:
25 Min.
Garzeit: 45 Min.
Für 4 Personen

5 EL Olivenöl
4 schlanke Auberginen,
  in Scheiben geschnitten
Salz und schwarzer
  Pfeffer, nach
  Geschmack
½ kleine Zwiebel, in
  dünne Streifen
  geschnitten
1 rote Paprika, in
  Streifen geschnitten
2–3 TL gemahlener
  Kümmel
½ TL Cayennepfeffer
350 g Hähnchenfilet,
  in 1 cm breite Streifen
  geschnitten
30 g Butter
1 EL Zitronensaft
1 EL Mirin oder
  trockener Sherry*
200 g getrocknete
  Grüntee-Soba-Nudeln
  oder getrocknete Soba-
  Nudeln*
1 EL gehackte Petersilie
(* in Asia-Märkten
  erhältlich)

1. 3 EL Öl in einer großen Pfanne erhitzen und Auberginen 3 Minuten von beiden Seiten goldbraun braten. Mit Salz und Pfeffer abschmecken und in eine Schüssel geben.

2. Zwiebelstreifen und Paprika auf unterster Stufe 5 Minuten goldgelb dünsten. Zu den Auberginenscheiben geben.
3. Kümmel und Cayennepfeffer mischen und das Hähnchenfleisch darin wälzen. Butter und restliches Öl bei mittlerer Hitze erwärmen und das Fleisch darin 5–6 Minuten bräunen.
4. Temperatur auf höchste Stufe erhöhen, Zitronensaft und Mirin zufügen und kochen, bis die Sauce auf die Hälfte reduziert ist. Mit Salz und Pfeffer abschmecken. Vom Herd nehmen, Fleisch mit Gemüse mischen und die Flüssigkeit aus dem Topf beiseite stellen. Backofen auf 180 °C vorheizen.
5. Nudeln 5 Minuten in Salzwasser weich kochen. Durchs Sieb abgießen und unter warmem Wasser abspülen.
6. Nudeln in 4 Portionen jeweils auf einem 30 cm breiten Backpapierblatt anrichten. Seiten auffalten, Hähnchenmischung auf die Nudeln geben, mit der Flüssigkeit beträufeln und mit Petersilie bestreuen. Das Papier zu Paketen falten und 15 Minuten backen.

Jedes Paket auf einem eigenen Teller servieren.

Nudeln mit Garnelen und Zitronen

Zubereitungszeit:
15 Min.
Garzeit: 5 Min.
Für 4 Personen

3 EL Olivenöl
1 Knoblauchzehe,
  zerdrückt
4 Frühlingszwiebeln,
  in Ringe geschnitten
750 g Garnelen,
  geschält, ohne Darm
500 g frische
  Eiernudeln, gekocht
  und abgegossen*
30 g Korianderblätter*
150 g tiefgekühlte
  Erbsen, gekocht
3 EL fein gehackte
  eingelegte Zitronen*
1–2 TL Harissa*
(* in Asia-Märkten
  erhältlich)

1. Öl in einem Wok auf höchster Stufe erhitzen, Knoblauch, Frühlingszwiebeln und Garnelen hineingeben und unter Rühren andünsten, bis die Garnelen ihre Farbe ändern.
2. Nudeln und alle restlichen Zutaten zufügen und alles unter Rühren erwärmen. Dann sofort servieren.

Soba-Nudeln mit „Surprise"-Hähnchen (oben)
und Nudeln mit Garnelen und Zitronen

Rindfleisch-„Pho"

Zubereitungszeit:
15 Min.
Quellzeit: 15 Min.
Garzeit: 5 Min.
Für 4 Personen

225 g getrocknete
Reisbandnudeln*
½ Zwiebel, in dünne
Streifen geschnitten
Saft von 1 Limette*
100 g Rumpsteak,
angefroren
1 ½ l Rinderbrühe
20 g Koriander, gehackt*
20 g Minze, gehackt
4 Blätter Chinakohl, in
Streifen geschnitten
1 rote Chilischote, in
Ringe geschnitten
5 EL Fischsauce*
Limettenspalten, zum
Servieren*
(* in Asia-Märkten
erhältlich)

1. Nudeln 10 Minuten
in warmem Wasser
quellen lassen. Zwiebel-
streifen in Limettensaft
einlegen. **2.** Steak quer zur Faser
in 2 mm breite Streifen
schneiden. Abgedeckt
kalt stellen. **3.** Nudeln durchs Sieb
abgießen und auf Schäl-
chen verteilen. Brühe
auf höchster Stufe ein-
mal aufkochen, Tempe-
ratur reduzieren und
sachte köcheln lassen.

Rindfleisch-„Pho" (oben)
und Chow-Mein-Hähnchen

4. Koriander, Minze,
Chinakohl, Chiliringe
und Zwiebelstreifen auf
die Nudeln geben und
das Fleisch darauf
anrichten. **5.** Kochende Brühe
über die Nudeln und
das Fleisch gießen,
damit das Aroma der
Würzmittel sich entfal-
ten kann. 1 EL Fisch-
sauce zu jeder Schüssel
geben und mit je 1 Li-
mettenspalte garniert
servieren.

Hinweis: Chinakohl
sollte in jedem Super-
markt erhältlich sein.
Sonst können Sie ihn
auch durch Kopfsalat
ersetzen.

Chow-Mein-Hähnchen

Zubereitungszeit:
25 Min.
Garzeit: 30 Min.
Für 4–6 Personen

Sauce
2 TL Maismehl
125 ml Hühnerbrühe
3 EL Hoisinsauce*
375 g getrocknete
dünne Eiernudeln*
3 TL Sesamöl
3 EL Hoisinsauce*
Öl, zum Braten
1 Knoblauchzehe,
zerdrückt

1 TL geriebener Ingwer
1 Zwiebel, gewürfelt
500 g Hähnchenfilet, in
2 cm große Würfel
geschnitten
1 rote Paprika, in
Streifen geschnitten
1 grüne Paprika, in
Streifen geschnitten
12 Blatt chinesischer
Brokkoli, gehackt*
(* in Asia-Märkten
erhältlich)

1. Alle Saucenzutaten
mischen und dann bei-
seite stellen. **2.** Nudeln 6–8 Minuten
weich kochen. Durch
ein Sieb abgießen, mit
Sesamöl und Hoisin-
sauce mischen und
beiseite stellen. **3.** 2 EL Öl im Wok erhitzen. Nudeln bei mitt-
lerer Hitze 10 Minuten
kross braten. Öl durch
ein Sieb abgießen und
warm stellen. **4.** Erneut etwas Öl erhitzen und Knoblauch,
Ingwer und Zwiebel
2 Minuten andünsten.
Hähnchenfleisch darin
portionsweise braten.
Alles vermengen, Papri-
ka zufügen, 2 Minuten
mitdünsten. Sauce
dazugeben und unter
Rühren etwas eindicken
lassen. **5.** Brokkoli in den Wok
geben und garen, bis er
leicht zusammenfällt.
Die Nudeln auf einen
großen Servierteller
geben und darauf
Fleisch und Gemüse
anrichten.

Hokkien-Nudeln mit Pesto-Rind

Zubereitungszeit:
40 Min.
Marinierzeit: 2 Std.
Garzeit: 20–25 Min.
Für 4 Personen

500 g Rumpsteak,
   angefroren
Salz und Pfeffer
3 EL Limettensaft*
1 TL Sesamöl
2 rote Zwiebeln, in
   Streifen geschnitten
2 TL Olivenöl
450 g Hokkien-
   Nudeln*
2 EL Wasser
2 TL Zucker
Koriander und rote
   Zwiebelstreifen, zum
   Garnieren

Koriander-Pesto
2 kleine rote
   Chilischoten
90 g Koriander mit
   Wurzeln*
6 Kerzennüsse,
   geröstet*

4 Knoblauchzehen
4 cm Ingwer, geschält
125 ml Olivenöl
(* in Asia-Märkten
   erhältlich)

1. Fleisch quer zur Faser in dünne Streifen schneiden. In einer Schüssel beiseite stellen.
2. Für das Pesto Chilischoten, Koriander und Kerzennüsse grob hacken. Knoblauch und Ingwer fein hacken und alles in einen Küchenmixer geben. Während des Mixens langsam das Olivenöl in den Mixer geben, um eine zähe Paste zu erhalten.
3. Pesto mit dem Fleisch vermengen, mit Salz und Pfeffer bestreuen und 1 EL Limettensaft unterheben. Abgedeckt 2 Stunden kalt stellen.
4. Sesamöl im Wok erhitzen und die Zwiebeln bei mittlerer Hitze unter Rühren 3–4 Minuten dünsten. Aus dem Wok

nchmen und beiseite stellen.
5. Olivenöl erhitzen und das Fleisch auf höchster Stufe unter Rühren portionsweise 3–4 Minuten braten. Aus dem Wok nehmen und beiseite stellen.
6. Nudeln trennen, mit 2 EL Wasser in den Wok geben und bei mittlerer Hitze *al dente* garen. Abdecken und 3–4 Minuten dämpfen. Wenn die Nudeln kleben, etwas mehr Wasser zugeben.
7. Zwiebeln, Fleisch und 1 EL Limettensaft zugeben und 2 Minuten schnell rühren. Zucker und restlichen Saft hinzufügen und erneut rühren. Sofort mit Koriander und Zwiebelstreifen garniert servieren.

Hinweis: Kerzennüsse sollten nicht roh verzehrt werden. Sie können durch Macadamianüsse ersetzt werden.

Hokkien-Nudeln mit Pesto-Rind

1 Das angefrorene Fleisch quer zur Faser in dünne Streifen schneiden.

2 Korianderbündel mitsamt Wurzeln grob hacken.

3 Die Hokkien-Nudeln vorsichtig mit den Finger trennen.

4 Nudeln abdecken und 3–4 Minuten dämpfen.

Nudelsalat mit gerösteten Erdnüssen

Zubereitungszeit:
20 Min.
Kühlzeit:
3 Std.
Garzeit:
12 Min.
Für 4 Personen

250 g getrocknete
Eiernudeln*
2 TL Chiliöl*
5 EL Reiswein*
5 EL helle
Sojasauce
2 EL Erdnussöl
1 rote Paprika,
klein gewürfelt
20 g Koriander-
blätter
120 g geröstete
Erdnüsse
(* in Asia-Märkten
erhältlich)

1. Nudeln 6–8 Minuten in Salzwasser weich kochen. In einem Sieb mit kaltem Wasser abschrecken, abtropfen lassen.
2. In eine Glasschüssel geben und mit Chiliöl, Reiswein, Sojasauce und der Hälfte Erdnussöl vermengen. Abgedeckt 3 Stunden kalt stellen.
3. Restliches Öl auf höchster Stufe erhitzen

und Paprika unter Rühren dünsten. Zum Abkühlen beiseite stellen.
4. Korianderblätter, geröstete Erdnüsse und Paprikawürfel unter die Nudeln heben, auf Servierteller verteilen und bei Zimmertemperatur servieren.

Garnelenklöße im Nudelnest

Zubereitungszeit:
30 Min.
Garzeit:
25 Min.
Für 4 Personen

500 g Hokkien-
Nudeln, getrennt*
125 g kleine
Zuckererbsen,
geputzt
500 g Garnelen,
geschält,
ohne Darm
3 cm Ingwer,
gerieben
30 g Maismehl
1 EL chinesischer
Kochwein*
Salz und schwarzer
Pfeffer, nach
Geschmack
500 ml Öl, zum
Frittieren
2 EL Austernsauce*
2 EL Hühnerbrühe

1 EL Sojasauce
(* in Asia-Märkten
erhältlich)

1. Nudeln 5 Minuten in heißem Wasser quellen lassen. Durch ein Sieb abgießen und in einen Dämpfeinsatz über einen Topf mit kochendem Wasser geben. Die Zuckererbsen darauf legen und leicht mitdämpfen. Abgedeckt beiseite stellen.
2. Garnelen, geriebenen Ingwer, Maismehl und chinesischen Reiswein in einen Küchenmixer geben, mit Salz und Pfeffer abschmecken und pürieren.
3. Öl in einem Wok bei mittlerer Hitze erhitzen. Aus der Garnelen-Mischung mit feuchten Händen 16 Bällchen formen. Die Klöße portionsweise im Wok goldbraun frittieren. Auf Küchenpapier abtropfen lassen und warm stellen.
4. Austernsauce, Brühe und Sojasauce in einem kleinen Topf mischen und langsam unter Rühren zum Kochen bringen.
5. Die Nudeln zu Nestern aufgerollt auf Serviertellern anrichten. Die Zuckererbsen in die Nudelnester legen und darauf die Garnelenklöße geben. Mit der Sauce beträufeln und anschließend sofort servieren.

Nudelsalat mit gerösteten Erdnüssen (oben)
mit Garnelenklöße im Nudelnest

LECKERE GERICHTE AUS ASIEN

Leckere Gerichte aus Asien

Die Rezepte wurden speziell für eine einfache und rasche Zubereitung geschrieben.

Thailändischer Rindfleischsalat

Vorbereitungszeit:
20 Min.
Gesamtkochzeit:
10 Min.
Für 4 Personen

500 g Rumpsteak
2 EL Öl
1 kleiner Kopfsalat, geputzt
und gewaschen
200 g Cherrytomaten, hal-
biert
1 kleine Salatgurke, gewür-
felt
4 Frühlingszwiebeln, gehak-
kt
3 EL frische Koriander-
blätter

Dressing
2 EL Fischsauce
2 EL Limettensaft
1 EL Sojasauce
1 EL süße Chilisauce
2 Knoblauchzehen, zersto-
ßen
1 EL gehackter, frischer
Koriander

1 Steak mit Öl einstrei-
chen und eine Pfanne mit
schwerem Boden oder
einen Wok stark erhitzen.
Das Fleisch darin von jeder
Seite 4 Min. braten, dabei
nur einmal wenden. He-
rausnehmen und 5 Min.
ruhen lassen.
2 Für das Dressing Fischsauce, Limettensaft, Sojasauce, süße Chilisauce,
Knoblauch und Koriander
in einer Schüssel verrühren.
3 Das abgekühlte Fleisch
in dünne Streifen schnei-
den. Salatblätter auf einer
Servierplatte anrichten,
Cherrytomaten, Gurke,
Frühlingszwiebeln und
Fleischstreifen darüber verteilen. Das Dressing darüber löffeln und mit den Korianderblättern garnieren.
Sofort servieren.

NÄHRWERT PRO PORTION:
Eiweiß 30 g, Fett 15 g, Koh-
lenhydrate 5 g, Ballaststoffe
4 g, Cholesterin 85 mg;
1120 kJ (265 cal)

Thailändischer Rindfleischsalat

Hühner-Kokos-Suppe
(Tom Kha Gai)

Vorbereitungszeit:
20 Min.
Gesamtkochzeit:
20 Min.
Für 4 Personen

500 ml Kokosmilch
250 ml Hühnerbrühe
5 cm frischer Galgant,
  geschält und in Scheiben
3 Hühnerbrüste, in mundgerechten Stücken
1–2 TL fein gehackte rote
  Chilis
1 EL Fischsauce
1 TL brauner Zucker
3 EL frische Koriander-
  blätter
frische Korianderblätter,
  als Garnitur

1 Kokosmilch, Brühe,
und Galgant in einem Topf
zum Kochen bringen und
unter gelegentlichem Rüh-
ren bei niedriger Hitze
10 Min. köcheln lassen.
2 Hühnerfleisch und Chili
zugeben und 8 Min. kö-
cheln lassen.
3 Fischsauce und braunen
Zucker unterrühren. Ko-
rianderblätter untermischen
und die Suppe sofort mit
den übrigen Korianderblättern garniert servieren.

NÄHRWERT PRO PORTION:
Eiweiß 20 g, Fett 25 g, Kohlenhydrate 5 g, Ballaststoffe 0 g,

Cholesterin 40 mg; 1445 kJ
(345 cal)

Scharfsaure
Garnelensuppe
(Tom Yum Goong)

Vorbereitungszeit:
25 Min.
Gesamtkochzeit:
50 Min.
Für 4–6 Personen

500 g mittelgroße, rohe
  Riesengarnelen
1 EL Öl
2 EL rote Currypaste
2 EL Tamarindenkonzentrat
2 TL gemahlene Kurkuma
1 TL gehackte, frische rote
  Chilis (nach Belieben)
4 Kaffir-Limettenblätter,
  dünn geschnitten
2 EL Fischsauce
2 EL Limettensaft
2 TL brauner Zucker
1 1/2 EL frische
  Korianderblätter

1 Garnelen bis auf das
Schwanzende schälen, die
Schalen und Körper aufbe-
wahren. Garnelenschwänze
vom Darm befreien.
2 Öl in einem großen
Wok oder einer Pfanne mit
schwerem Boden erhitzen.
Die Garnelenschalen und –
körper darin bei mittlerer
Hitze 10 Min. pfannenrüh-
ren, bis sie sich dunkel-
orange färben.
3 Die Hitze erhöhen und
nach und nach 250 ml

Wasser und die Currypaste
zugeben. 5 Min. kochen,
dabei leicht eindicken.
1 3/4 l Wasser dazugießen
und 20 Min. köcheln las-
sen. Die Suppe durch ein
Sieb abgießen, Schalen und
Körper wegwerfen und die
Suppe zurück in den Wok
gießen.
4 Tamarindenkonzentrat,
Kurkuma, Chili und Li-
mettenblätter zugeben. Die
Suppe zum Kochen brin-
gen und 2 Min. köcheln
lassen. Garnelenschwänze
zugeben und 5 Min. garen,
bis sie rosa sind.
Fischsauce, Limettensaft
und Zucker unterrühren.
Die Suppe in Portions-
schüsseln aufteilen, mit Korianderblättern garnieren
und sofort servieren.

NÄHRWERT PRO PORTION:
Eiweiß 20 g, Fett 4 g, Kohlenhydrate 2 g, Ballaststoffe 0 g,
Cholesterin 125 mg; 505 kJ
(120 cal)

Hühner-Kokos-Suppe (oben) und Scharfsaure Garnelensuppe

Chiang-Mai-Nudeln

Vorbereitungszeit:
20 Min.
Gesamtkochzeit:
15 Min.
Für 4 Personen

500 g Hokkien-Nudeln
1 EL Öl
3 asiatische Schalotten,
* gehackt*
6 Knoblauchzehen, gehackt
2–3 TL fein gehackte, frische
* rote Chilis (nach Belie-*
* ben)*
1–2 EL rote Currypaste
350 g mageres Hühnerfleisch
* oder Schweinefilet, in*
* dünnen Scheiben*
1 Möhre, in dünnen Streifen
2 EL Fischsauce
2 TL brauner Zucker
3 Frühlingszwiebeln, dünn
* geschnitten*
1 1/2 EL frische Koriander-
* blätter*

1 Nudeln in einem Wok oder einem Topf in etwa 2–3 Min. in sprudelnd kochendem Wasser bissfest kochen. Abgießen und warmstellen.
2 Öl in einem Wok oder einer großen Pfanne stark erhitzen. Schalotten, Knoblauch, Chili und Currypaste zugeben und 2 Min. pfannenrühren. Das Fleisch portionsweise in zwei Gängen 3 Min. darin pfannenrühren, bis es leicht Farbe annimmt.
3 Möhre, Fischsauce, braunen Zucker und Früh-

lingszwiebeln untermischen und zum Kochen bringen. Die Nudeln in Portionsschüsseln aufteilen und die Fleischsauce darüber löffeln. Mit Koriander garnieren und sofort servieren.

NÄHRWERT PRO PORTION:
Eiweiß 25 g, Fett 8 g, Kohlenhydrate 35 g, Ballaststoffe 4 g, Cholesterin 45 mg;
1355 kJ (320 cal)

Pfannengerührte Reisnudeln (Phad Tai)

Vorbereitungszeit:
25 Min.
Gesamtkochzeit:
25 Min.
Für 4 Personen

250 g getrocknete, dicke
* Reis-Bandnudeln*
2 EL Öl
3 Knoblauchzehen, zersto-
* ßen*
1 TL gehackter roter Chili
200 g Hühnerfleisch aus der
* Oberkeule, in kleinen*
* Stücken*
100 g rohes Garnelenfleisch,
* grob gehackt*
100 g gebratener Tofu, in
* dünnen Streifen*
75 g Schnittknoblauch, in 2
* cm langen Röllchen*
2 EL Fischsauce
2 EL Limettensaft
2 TL brauner Zucker
2 Eier, verquirlt
90 g Bohnensprossen
40 g geröstete, ungesalzene,
* Erdnüsse, gehackt*

1 Reisnudeln 10 Min. in kochend heißem Wasser einweichen. Abgießen und beiseite stellen. Öl in einem Wok oder einer großen Pfanne erhitzen. Knoblauch, Chili und Fleisch darin 2 Min. pfannenrühren.
2 Garnelenfleisch zugeben und weitere 3 Min. pfannenrühren. Tofu, Schnittknoblauch und die Nudeln in den Wok geben und zugedeckt 1 weitere Min. garen.
3 Fischsauce, Limettensaft, brauen Zucker und Eier zugeben und mit 2 Holzlöffeln gründlich unterrühren, bis das Ei gestockt ist. Nudeln auf 4 Portionsschüsseln verteilen, mit Bohnensprossen und Erdnüssen bestreuen und sofort servieren.

NÄHRWERT PRO PORTION:
Eiweiß 30 g, Fett 25 g, Kohlenhydrate 60 g, Ballaststoffe 4 g, Cholesterin 160 mg;
2345 kJ (560 cal)

Chiang-Mai-Nudeln (oben) und Pfannengerührte Reisnudeln

*Das Zitronengras durch Drücken auf die Sei-
te einer großen Messerklinge zerdrücken.*

*Die Bauchhöhle mit Zitronengras, Limetten-
blättern und Koriander füllen.*

Thai-Brasse mit süßer Chiliglasur

Vorbereitungszeit:
30 Min. +
2 Std. Marinieren
Gesamtkochzeit:
30 Min.
Für 4–6 Personen

2 Meerbrassen (je 1 kg)
1 Stängel Zitronengras, zerdrückt
6 Kaffir-Limettenblätter,
  grob in Hälften gezupft
5 geh. EL frischer Koriander, ohne Wurzeln
Erdnussöl zum Frittieren

Marinade
125 ml Fischsauce
Saft von 2 Limetten

Süße Chili-Marinade
1 TL Garnelenpaste
180 g Palmzucker, gerieben
1 Stängel Zitronengras, zerdrückt
5 cm frischer Galgant, halbiert

4 kleine frische rote Chilis,
  dünn geschnitten
fein abgeriebene Schale und
  Saft und 2 Limetten

1   Fische waschen und mit Küchenpapier auch die Bauchhöhlen trocken tupfen. Die Bauchhöhlen des ersten Fisches mit je der Hälfte des Zitronengrases, Limettenblättern und Koriander füllen. Den zweiten Fisch auf die gleiche Art füllen. Beide Bauchhöhlen mit Zahnstochern verschließen.

2   Für die Marinade Fischsauce und Limettensaft verrühren, über die Fische gießen und etwa 2 Std. marinieren, dabei die Fische nach einer Stunde wenden. Abtropfen und trocken tupfen.

3   Für die süße Chiliglasur die Garnelenpaste in etwas Öl rösten oder in Alufolie einschlagen und 2 Min. von jeder Seite grillen. In einen Topf geben und mit Zucker, Zitronengras, Gal-

gant, Chili, Limettenschale und –saft und 200 ml Wasser erhitzen, bis sich der Zucker auflöst. Zum Kochen bringen und in etwa 10 Min. bei niedriger Hitze leicht eindicken. Galgant und Zitronengras entfernen und die Glasur warm halten.

4   Öl in einem Wok oder einer Friteuse erhitzen. Jeden Fisch in etwas 10 Min. knusprig und goldbraun backen, dabei mit einem Esslöffel öfters heißes Öl über die Oberseite des Fisches löffeln. Herausnehmen und auf Küchenpapier abtropfen lassen.

5   Die Fische auf einer Servierplatte anrichten, die Glasur über die heißen Fische löffeln und servieren.

NÄHRWERT PRO PORTION:
Eiweiß 70 g, Fett 25 g, Kohlenhydrate 30 g, Ballaststoffe 1 g, Cholesterin 235 mg;
2715 kJ (645 cal)

Thai-Brasse mit süßer Chiliglasur

Die süße Chiliglasur köcheln lassen, bis sie leicht eingekocht ist.

Jede Brasse in Erdnussöl knusprig und goldbraun frittieren.

Musaman Rindfleischcurry

Vorbereitungszeit:
30 Min.
Gesamtkochzeit:
50 Min.
Für 4 Personen

2 EL Öl
500 g Rumpsteak, in große
    Würfel geschnitten
2–3 EL Musaman-
    Currypaste
2 Zwiebeln, gehackt
4 Kartoffeln, geschält u. in
    große Stücke geschnitten
600 ml Kokosmilch
1/4 TL gemahlener
    Kardamom
1 Zimtstange
2 EL Tamarindenkonzentrat
3 TL brauner Zucker
40 g gehackte, ungesalzene,
    geröstete Erdnüsse

1 Öl in einem Wok oder
einer großen Pfanne mit
schwerem Boden erhitzen.
Das Fleisch darin portionsweise bei starker Hitze von
allen Seiten gut bräunen.
Herausnehmen und auf
Küchenpapier abtropfen
lassen.
2 Currypaste zugeben
und 1 Min. pfannenrühren.
Zwiebeln und Kartoffeln
untermischen und goldgelb
dünsten.
3 Die Fleischwürfel wieder in den Wok geben und
Kokosmilch, Zimtstange,
Tamarinde, Zucker und
125 ml Wasser unterrüh-
ren. Aufkochen und bei
niedriger Hitze 20 Min.

köcheln lassen, bis das
Fleisch zart und weich ist.
4 Die Zimtstange herausnehmen und die Erdnüsse
entweder untermischen
oder darüber streuen. Mit
gedämpftem Reis servieren.

NÄHRWERT PRO PORTION:
Eiweiß 40 g, Fett 50 g, Kohlenhydrate 30 g, Ballaststoffe 4 g,
Cholesterin 85 mg;
2945 kJ (700 cal)

Grünes Hühnercurry

Vorbereitungszeit:
25 Min.
Gesamtkochzeit:
30 Min.
Für 4 Personen

500 ml Kokosmilch
2 EL Öl
1 Zwiebel, gehackt
2 EL grüne Currypaste
500 g Hühnerfleisch (Ober-
    schenkel), in Streifen
4 Kaffir-Limettenblätter
1 EL Fischsauce
1 EL Limettensaft
1 TL fein geriebene
    Limettenschale
1 EL brauner Zucker

1 Kokosmilch in einem
kleinen Topf zum Kochen
bringen und etwa 10 Min.
bei starker Hitze einko-
chen, bis sich das Fett an
der Oberfläche absetzt.
2 Öl in einem Wok oder
einer Bratpfanne mit
schwerem Boden erhitzen.

Zwiebeln und Currypaste
zugeben und bei mittlerer
Hitze 3 Min. pfannenrüh-
ren. Hühnerfleisch zugeben
und 5 Min. pfannenrühren.
3 Kokosmilch, Limettenblätter und 60 ml Wasser
zugeben und unter häufi-
gem Rühren zum Kochen
bringen. Die Hitze reduzieren und das Curry 10 Min.
köcheln lassen, bis das
Fleisch zart und weich ist.
4 Fischsauce, Limettensaft
und -schale und braunen
Zucker unterrühren. Das
Curry mit gedämpftem
Reis servieren.

NÄHRWERT PRO PORTION:
Eiweiß 30 g, Fett 40 g,
Kohlenhydrate 10 g, Bal-
laststoffe 1 g, Cholesterin 85
mg; 2145 kJ (510 cal)

Hinweis: Möchte man das
Curry mit Gemüse zube-
reiten, 100 g Spargel- oder
grüne Bohnen zusammen
mit der Kokosmilch, Li-
mettenblättern und Wasser
dazugeben.

Musaman Rindfleischcurry (oben) und Grünes Hühnercurry

Pfannengerührtes Gemüse

Vorbereitungszeit:
20 Min.
Gesamtkochzeit:
15 Min.
Für 4–6 Personen

1 TL Sesamöl
2 EL Erdnussöl
1 Knoblauch, zerstoßen
2 EL geriebener, frischer
Ingwer
2 Möhren, in dünnen
Streifen
1 rote Paprika, grob gehackt
2 Zucchini, in dünnen
Scheiben
200 g Brokkoli, in Röschen
4 Frühlingszwiebeln, in lan-
gen Stücken
500 g Pak-Choi, grob
gehackt
100 g Austernpilze
2 EL süße Chilisauce
2 EL Austernsauce
2 EL Sojasauce

1 Sesamöl und Erdnussöl in einem Wok oder einer großen Pfanne mit schwerem Boden stark erhitzen. Knoblauch und Ingwer zugeben und 1 Min. pfannenrühren.
2 Möhre, Paprika, Zucchini und Brokkoli zugeben und bei starker Hitze ca. 3 Min. pfannenrühren.
3 Frühlingszwiebeln, Pak-Choi und Pilze zugeben und weitere 2 Min. pfannenrühren, bis der Kohl etwas zusammenfällt.

4 Süße Chilisauce, Austern- und Sojasauce in einer kleinen Schüssel verrühren. Über die Gemüse gießen und untermischen, bis die Sauce heiß ist.

NÄHRWERT PRO PORTION:
Eiweiß 4 g, Fett 8 g, Kohlenhydrate 60 g, Ballaststoffe 4 g, Cholesterin 0 mg;
465 kJ (110 cal)

Thai-Fischküchlein (Tod Man Pla)

Vorbereitungszeit:
25 Min.
Gesamtkochzeit:
5–10 Min.
Für 4–6 Personen

500 g Rotbarsch- oder
Seelachsfilet
4 Kaffir-Limettenblätter,
dünn geschnitten
1 EL gehackter, frischer
Thai-Basilikum
2 EL rote Currypaste
100 g grüne Bohnen, in sehr
dünnen Scheiben
2 Frühlingszwiebeln, fein
gehackt
Öl zum Braten

Gurken-Dippsauce
1 kleine Salatgurke, fein
gehackt
3 EL süße Chilisauce
2 EL Reisweinessig
1 EL gehackte, ungesalzene,
geröstet Erdnüsse
1 EL gehackter, frischer
Koriander

1 Fisch in eine Küchenmaschine geben und in 20 Sek. glatt mixen. Limettenblätter, Basilikum und Currypaste zugeben und weitere 10 Sek. pürieren.
2 Fischmasse in eine große Schüssel umfüllen, grüne Bohnen und Frühlingszwiebeln zufügen und untermischen. Je zwei gehäufte Esslöffel Fischteig mit feuchten Händen zu flachen Küchlein formen, bis der Teig aufgebraucht ist.
3 Für die Gurken-Dippsauce alle Zutaten in einer Schüssel mischen.
4 Öl in einer Bratpfanne mit schwerem Boden erhitzen. Jeweils 4 Küchlein bei mittlerer Hitze von beiden Seiten goldbraun braten. Auf Küchenpapier abtropfen lassen und sofort mit der Dippsauce servieren.

NÄHRWERT PRO PORTION:
Eiweiß 20 g, Fett 20 g, Kohlenhydrate 3 g, Ballaststoffe 2 g, Cholesterin 60 mg;
1150 kJ (275 cal)

Pfannengerührtes Gemüse (oben) und Thai-Fischküchlein

Gurkensalat mit Erdnüssen und Chili

Vorbereitungszeit
25 Min. +
45 Min. Marinieren
Gesamtkochzeit:
keine
Für 4–6 Personen

3 mittelgroße Salatgurken
2 EL Weißweinessig
2 TL weißer Zucker
1–2 EL Chilisauce
1/2 rote Zwiebel, gehackt
3 EL frische Koriander-
* blätter*
160 g geröstete, ungesalzene
* Erdnüsse, gehackt*
2 EL knusprig gebratener
* Knoblauch (s. Hinweis)*
1/2 TL gehackter frischer
* roter Chili*
1 EL Fischsauce

1 Gurken längs halbieren, mit einem Teelöffel die Kerne entfernen und die Gurken in dünne Scheiben schneiden.
2 Weißweinessig und Zucker rühren, bis sich der Zucker auflöst. In eine große Schüssel umfüllen und Gurken, Chilisauce, rote Zwiebel und Korianderblätter untermischen. Salatsauce 45 Min. stehen lassen.
3 Kurz vor dem Servieren Erdnüsse, Knoblauch, Chili und Fischsauce untermischen.

Nährwert pro Portion:
Eiweiß 8 g, Fett 15 g, Kohlenhydrate 10 g, Ballaststoffe 3 g,

Cholesterin 0 mg;
880 kJ (210 cal)

Hinweis: Knusprig gebratener Knoblauch ist in Asia-Shops erhältlich. Man kann ihn selbst zubereiten, indem man mehrere Zehen in dünne Scheiben schneidet und in heißem Fett knusprig und goldbraun brät. Abtropfen lassen und vor dem Servieren salzen.

Thai-Salat mit grüner Mango

Vorbereitungszeit:
20 Min.
Gesamtkochzeit:
15 Min.
Für 2–4 Personen

4 kleine Pak-Choi
1/2 Bittergurke oder
* Gartenkürbis*
1 EL Erdnussöl
2 kleine Stangen Lauch, in
* dünnen Streifen*
1 Salatgurke, in dünnen
* Streifen*
1 grüne Mango, Fruchtfleisch
* in dünnen Streifen*
1 1/2 EL frische Koriander-
* blätter*
gebratene Zwiebeln, als
* Garnitur*

Dressing
3 EL Erdnussöl
2 EL Fischsauce
1 EL Limettensaft
125 ml süße Chilisauce

1 Pak-Choi dämpfen oder in der Mikrowelle garen, bis er gerade zusammenfällt. Abtropfen und dünn schneiden. Bittergurke schälen, entkernen und in dünne Streifen schneiden.
2 Öl in einem Wok erhitzen und Bittergurke mit Lauch darin 3 Min. pfannenrühren. Gurke und Mango zugeben und weitere 2 Min. pfannenrühren, bis das Gemüse gar ist. Beiseite stellen.
3 Für das Dressing Erdnussöl, Fischsauce, Limettensaft und süße Chilisauce verrühren.
4 Gemüse und Pak-Choi vermischen und das Dressing darüber gießen. Abkühlen lassen.
5 Koriander unter das Gemüse heben, mit gebratenen Zwiebeln bestreuen und servieren.

NÄHRWERT PRO PORTION:
Eiweiß 3 g, Fett 20 g, Kohlenhydrate 20 g, Ballaststoffe 5 g, Cholesterin 0 mg;
1010 kJ (240 cal)

Hinweis: Gebratene Zwiebeln sind in Asia-Shops erhältlich.

Gurkensalat mit Erdnüssen und Chili (oben) und Thai-Salat mit grüner Mango

Den Reis 5 Min. köcheln lassen, bis alles
Wasser absorbiert ist.

Zucker, Salz, Reisweinessig und Mirin verrühren und unter den Reis mischen.

Sushi-Rollen

Vorbereitungszeit:
45 Min. +
10 Min. Abkühlen
Gesamtkochzeit:
10 Min.
Ergibt etwa 30 Stück

220 g japanischer Rund-
  kornreis
1 EL Zucker
1 TL Salz
2 EL Reisweinessig
1 EL Mirin
4 Noriblätter
Wasabi, nach Geschmack
125 g frischer Thunfisch, in
  dünnen Streifen
1 kleine Salatgurke, geschält
  und in dünnen Streifen
1/2 kleine Avocado, in dünnen Streifen
3 EL eingelegter Ingwer
japanische Sojasauce

1 Reis mit 500 ml Wasser in einem Topf zum Kochen bringen und 5 Min. köcheln lassen, bis alles Wasser absorbiert ist. Zugedeckt bei niedriger Hitze weitere 5 Min. garen. Vom Herd nehmen und etwa 10 Min. zugedeckt abkühlen lassen.

2 Zucker, Salz, Reisweinessig und Mirin verrühren und gründlich unter den Reis mischen. Abkühlen lassen.

3 Auf einer ebenen Arbeitsfläche ein Noriblatt quer auf eine Sushi-Matte oder ein Stück Backpapier legen, sodass die langen Seiten das untere und obere Ende bilden. Ein Viertel des Reis gleichmäßig auf der unteren Hälfte des Noriblattes verteilen, dabei ein 2 cm breites Stück am unteren Rand frei lassen. Eine durchgehende, kleine Vertiefung in den Reis drücken (siehe Abb.) und diese mit einer sehr kleinen Menge Wasabi bestreichen. Je ein Viertel des Fischs, Gurke, Avocado und Ingwers in die Vertiefung legen.

4 Das Noriblatt mit dem Reis mit Hilfe der Matte oder des Backpapiers vorsichtig und gleichmäßig einrollen und die freien Ränder auf die Rolle drücken, um die Rolle zu verschließen. Mit einem sehr scharfen Messer die Rolle in 7–8 gleich große Stücke schneiden. Mit den übrigen Zutaten 3 weitere Rollen herstellen und portionieren. Mit einem Schälchen Sojasauce und etwas Wasabi extra zum Dippen servieren.

NÄHRWERT PRO PORTION:
Eiweiß 2 g, Fett 1 g, Kohlenhydrate 15 g, Ballaststoffe 0 g, Cholesterin 3 mg;
360 kJ (85 cal)

Sushi-Rollen

Fisch, Gurke, Avocado und Ingwer in die im Reis gebildete Vertiefung legen.

Noriblatt fest aufrollen, sodass der Reis die Zutaten fest umschließt.

Sashimi

Vorbereitungszeit:
30 Min.
Gesamtkochzeit:
keine
Für 4 Personen

500 g sehr frischer Fisch
(z.b. Thunfisch, Lachs,
Meerforelle, Makrele,
Meerbrasse, Goldbrasse
Wittling, Zackenbarsch)
1 Möhre, als Garnitur
1 Daikon-Rettich, als
Garnitur
1 Salatgurke, in dünnen
Scheiben
japanische Sojasauce, extra
Wasabi, extra

1 Fische säubern und mit
einer sehr scharfen und flachen Messerklinge in dün-
ne, 5 mm dicke, gleich große Stücke schneiden. Dabei
gleichmäßig schneiden und
sägeartige Schnitte vermeiden.
2 Mit einem Zester dünne
Streifen von der geschälten
Möhre und dem Daikon-
Rettich abziehen.
Alternativ die Gemüse mit
einem sehr scharfen Messer
in dünne Streifen schnei-
den.
3 Die Sashimi-Stücke,
Gurkenscheiben, Möhren-
und Daikonstreifen deko-
rativ auf einer Servierplatte
anrichten und mit einem
Schälchen Sojasauce und
etwas Wasabi servieren.

NÄHRWERT PRO PORTION:

Eiweiß 25 g, Fett 4 g, Kohlenhydrate 3 g, Ballaststoffe 2 g,
Cholesterin 90 mg;
635 kJ (150 cal)

Hinweis: Wichtig ist, dass
der für Sashimi verwendete
Fisch sehr frisch und von
höchster Qualität ist. Ge-
frorenen Fisch oder Mee-
resfrüchte sollte man nicht
verwenden. Sashimi berei-
tet man stets kurz vor dem
Servieren zu, wobei man
zwischen einer oder meh-
reren Fischarten wählt. Die
Gemüsegarnituren kann
man nach Belieben zusam-
menstellen.

Garnelen- Gemüse-Tempura

Vorbereitungszeit:
40 Min.
Gesamtkochzeit:
15 Min.
Für 4 Personen

20 rohe Riesengarnelen
etwas Weizen- oder Tempu-
ramehl für den Teig-
mantel
225 g Tempuramehl
450 ml Eiswasser
2 Eigelbe
Öl zum Frittieren
1 große Zucchini, in Streifen
1 rote Paprika, in Streifen
japanische Sojasauce

1 Garnelen bis auf das
Schwanzende schälen und
den Darm entfernen. An
den Unterseiten je 4 flache

Einschnitte vornehmen
und die Garnelen gerade-
ziehen.
2 Garnelen in Mehl wenden, den Schwanz aber un-
bedeckt lassen. In einer
großen Schüssel Eiswasser,
Mehl und Eigelbe rasch zu
einem dünnflüssigen Teig
verquirlen. Kleine Klümp-
chen sind normal für diese
Art von Teig, darum nicht
zu kräftig rühren.
3 Öl in einem Wok oder
einer Pfanne erhitzen.
Garnelen durch den Teig
ziehen, dabei die
Schwanzende frei lassen
und stets 2–3 Stück im heißen Öl goldgelb backen.
Herausnehmen und auf
Küchenpapier abtropfen
lassen. Dann die Zucchini
und Paprikastreifen kurz
frittieren. Mit Sojasauce
servieren.

NÄHRWERT PRO PORTION:
Eiweiß 25 g, Fett 35 g, Kohlenhydrate 50 g, Ballaststoffe 2 g,
Cholesterin 230 mg;
2520 kJ (600 cal)

Hinweis: Tempuramehl ist
in Asia-Shops erhältlich
und ergibt einen besonders
leichten Tempura-Teig. Mit
Weizenmehl wird er etwas
schwerer.

Sashimi (oben) und Garnelen-Gemüse-Tempura

Hühnerfleischspieße (Yakitori)

Vorbereitungszeit:
20 Min. +
20 Min. Einweichen
Gesamtkochzeit:
10 Min.
Ergibt 25 Spieße

Yakitori-Sauce
125 ml Sake
190 ml japanische Sojasauce
125 ml Mirin
2 EL Zucker

*1 kg Hühnerfleisch
(Oberschenkel), ausgelöst*
*10 Frühlingszwiebeln, dia-
gonal geschnitten*

1 25 Holzspieße etwa
20 Min. in Wasser legen.
Abtropfen und beiseite
stellen.
2 Für die Yakitorisauce
Sake, Sojasauce, Mirin und
Zucker in einem Topf zum
Kochen bringen und beiseite stellen.
3 Abwechselnd Hühner-
fleisch und Frühlingszwiebeln aufspießen. Die Spieße
auf ein mit Alufolie ausgelegtes Backblech legen und
unter dem vorgeheizten
Grill unter häufigem Wen-
den 7–8 Min. grillen.

Nährwert pro Portion:
Eiweiß 10 g, Fett 2 g, Kohlenhydrate 2 g, Ballaststoffe 0 g,
Cholesterin 30 mg;
1015 kJ (240 cal)

Sobanudeln mit warmem Soja-Dressing

Vorbereitungszeit:
30 Min.
Gesamtkochzeit:
10 Min.
Für 2 Personen

Warmes Soja-Dressing
*2 TL geriebener, frischer
Ingwer*
*1 EL fein gehackte rote
Paprika*
2 TL Mirin
1 EL Reisweinessig
1 EL japanische Sojasauce
2 EL Dashi-Granulat

1 EL Sesamöl
125 g Soba-Nudeln, gekocht
2 Eier, verquirlt
*1/2 rote Paprika, in dünnen
Streifen*
*1 kleine Möhre, in dünnen
Scheiben*
*1 kleine Zucchini, in dün-
nen Scheiben*
*1 kleine Salatgurke, in dün-
nen Streifen*
*6 Zuckerschoten, diagonal
geschnitten*
*2 Frühlingszwiebeln, dünn
geschnitten*
*1 EL schwarze Sesamsamen
eingelegter Ingwer*

1 Für das Dressing Ingwer, Paprika, Mirin, Reisweinessig, Sojasauce und
Dashi in einem kleinen

Topf zum Kochen bringen,
vom Herd nehmen und
warm stellen.
2 Einen Wok erhitzen
und die Hälfte des Sesam-
öls zugeben. Nudeln mit
den Eiern bei großer Hitze
pfannenrühren, bis das
gestockte Ei die Nudeln
überzieht. Beiseite und
warm stellen.
3 Übriges Öl erhitzen und
Paprika, Möhre und
Zucchini bei großer Hitze
3 Min. pfannenrühren.
Gurke, Zuckerschoten und
Frühlingszwiebeln zugeben
und eine weitere Min.
pfannenrühren, bis die
Gemüse knapp gar sind.
4 Nudeln mit dem Sesam
zurück in den Wok geben
und erhitzen. Das Gericht
mit etwas darüber gestreu-
tem, eingelegten Ingwer in
großen Portionsschüsseln
servieren. Zuvor das war-
me Soja-Dressing darüber
löffeln.

NÄHRWERT PRO PORTION:
Eiweiß 15 g, Fett 20 g, Kohlenhydrate 30 g, Ballaststoffe 7 g,
Cholesterin 180 mg;
1800 kJ (430 cal)

---

*Hühnerfleischspieße (oben) und Soba-Nudeln mit warmem
Soja-Dressing*

Udon-Nudelsuppe mit Tofu

Vorbereitungszeit:
15 Min.
Gesamtkochzeit:
20 Min.
Für 6–8 Personen

120 g Dashi-Granulat
2 EL Mirin
2 EL rote Misopaste
500 g getrocknete Udon-
Nudeln
250 g fester Tofu, in 1 cm
großen Würfeln
6 Frühlingszwiebeln, diago-
nal geschnitten

1 Dashi, Mirin, Miso mit 1,5 l Wasser in einem Topf unter Rühren bei starker Hitze zum Kochen bringen. Die Hitze sofort reduzieren und die Suppe 2 Min. köcheln lassen.
2 Nudeln in sprudelnd kochendem Wasser bissfest garen, rasch unter fließend kaltem Wasser abschrecken und gut abtropfen lassen.
3 Nudeln, Tofu und Frühlingszwiebeln auf Portionsschüsseln aufteilen, die heiße Suppe darüber gießen und sofort servieren.

NÄHRWERT PRO PORTION:
Eiweiß 8 g, Fett 2 g, Kohlenhydrate 60 g, Ballaststoffe 1 g, Cholesterin 2 mg; 1245 kJ (295 cal)

Hinweis: Anstelle von festem Tofu kann man auch weicheren Seidentofu nehmen. Miso ist ein Püree aus Sojabohnen, das mit weiteren Zutaten gemischt wird. Allgemein gilt: Je heller die Farbe, desto milder und süßer ist der Geschmack.

Japanischer Garnelen-Gurkensalat

Vorbereitungszeit:
20 Min. +
1 Std. Marinieren
Gesamtkochzeit:
5 Min.
Für 4 Personen

1 mittelgroße Salatgurke
375 g rohe, ganze, mittel-
große Garnelen
60 ml Reisweinessig
1 EL Zucker
1 EL Sojasauce
1 TL fein gehackter, frischer
Ingwer
1 EL geröstete Sesamsamen

1 Gurke längs halbieren und mit einem Teelöffel entkernen. In dünne Scheiben schneiden, leicht salzen und mit Küchenpapier abgedeckt 5 Min. stehen lassen. Dann mit den Händen die entstandene Flüssigkeit vorsichtig aus den Gurkenscheiben drücken und die Scheiben auf frisches Küchenpapier legen.
2 Garnelen in 2 Min. in leicht kochendem und gesalzenem Wasser knapp garen. In kaltem Wasser abschrecken, schälen und den Darm entfernen.
3 Essig, Zucker, Sojasauce und Ingwer in einer großen Schüssel rühren, bis sich der Zucker auflöst. Garnelen und Gurken zugeben und 1 Std. stehen lassen.
4 Garnelen und Gurken in einem Sieb abtropfen lassen. Auf vier Teller aufteilen und mit Sesamsamen garnieren.

NÄHRWERT PRO PORTION:
Eiweiß 20 g, Fett 2 g, Kohlenhydrate 7 g, Ballaststoffe 1 g, Cholesterin 140 mg; 550 kJ (130 cal)

Hinweis: Für das Rösten der Sesamsamen, eine kleine Pfanne ohne Fett leicht erhitzen und die Samen darin bei mäßiger Hitze schwenken und wenden, bis sie goldbraun sind. Aus der Pfanne nehmen und abkühlen lassen.

Udon-Nudelsuppe mit Tofu (oben) und Japanischer
Garnelen-Gurkensalat

Teppanyaki

Vorbereitungszeit:
50 Min.
Gesamtkochzeit:
25 Min.
Für 4 Personen

350 g Rinderfilet, leicht
*   angefroren*
4 kleine schmale Auberginen
100 g frische Shitake-Pilze
100 g grüne Bohnen
6 gelbe oder grüne Baby-
*   Kürbisse*
1 rote oder grüne Paprika
6 Frühlingszwiebeln, äußere
*   Schicht entfernt*
200 g Bambussprossen
*   (Abtropfgewicht) aus der*
*   Dose*
60 ml Öl

Dippsauce
250 ml japanische Sojasauce
5 cm Ingwer, geschält und
*   fein gerieben*
2 TL Zucker

1 Rinderfilet in sehr dünne Scheiben schneiden und in einer Lage auf einer großen Platte anrichten, mit reichlich Salz und frisch gemahlenem Pfeffer würzen, in den Kühlschrank stellen.
2 Auberginen von den Enden befreien und diagonal in sehr dünne, lange Scheiben schneiden. Von den Pilzen die harten Stielenden entfernen, Bohnen putzen. Sind sie länger als 7 cm, einmal teilen. Baby-Kürbisse je nach Größe halbieren oder vierteln.

3 Paprika in dünne Streifen schneiden, Frühlingszwiebeln ohne die oberen Spitzen in etwa 7 cm lange Stücke schneiden. Bambussprossen in ähnlich große Stücke schneiden. Alle Gemüse nebeneinander auf einer Servierplatte anrichten.
4 Für die Dippsauce alle Zutaten verrühren und innerhalb von 15 Min. servieren.
5 Einen elektrischen Tischgrill in die Mitte des Tisches stellen, heiß werden lassen und leicht mit Öl bepinseln. Etwa ein Viertel des Fleisches auflegen, von beiden Seiten rösten und an die Seite schieben. Nun etwa ein Viertel des Gemüses unter ständigem Bewegen braten, evtl. etwas Öl zugeben. Jeweils eine kleine Portion Fleisch und Gemüse mit der Dippsauce servieren. Den Vorgang wiederholen, bis alle Zutaten verbraucht sind. Dazu passt gedämpfter Reis.

NÄHRWERT PRO PORTION:
Eiweiß 30 g, Fett 20 g, Kohlenhydrate 15 g, Ballaststoffe 10 g, Cholesterin 60 mg;
1475 kJ (350 cal)

Misosuppe

Vorbereitungszeit:
5 Min.
Gesamtkochzeit:
5 Min.
Für 4 Personen

80 g Dashi-Granulat
2 EL rote Misopaste
2 Frühlingszwiebeln, dünn
*   geschnitten*

1 Dashi in 1 l Wasser in einem großen Topf bei mittlerer Hitze rühren, bis sich das Granulat auflöst.
2 2 EL Flüssigkeit abnehmen und mit Misopaste glatt rühren.
3 Misopaste unter die heiße Flüssigkeit rühren und zum Kochen bringen. Die Suppe auf Portionsschüsseln aufteilen und mit Frühlingszwiebeln garnieren.

NÄHRWERT PRO PORTION:
Eiweiß 2 g, Fett 1 g, Kohlenhydrate 10 g, Ballaststoffe 1 g, Cholesterin 1 mg;
240 kJ (55 cal)

Teppanyaki (oben) und Misosuppe

Garnelen-Koriander-Toasts

Vorbereitungszeit:
25 Min.
Gesamtkochzeit:
15 Min.
Ergibt 32 Stück

500 g geschälte, rohe
Garnelen
8 Frühlingszwiebeln, gehakkt
1 Stängel Zitronengras,
gehackt
1 Knoblauchzehe, zerstoßen
1 Eiweiß
1 EL Öl
1 EL gehackte, frische
Korianderblätter
1 EL Fischsauce
2 TL Chilisauce
1 TL Zitronensaft
8 Scheiben Toast, entrindet
Öl zum Braten

1 Garnelen, Frühlingszwiebeln, Zitronengras, Knoblauch, Eiweiß, Öl, Koriander, Saucen und Zitronensaft in eine Küchenmaschine geben und fein hacken.
2 Toastscheiben mit der Garnelenmischung bestreichen und jede Scheibe in 4 Dreiecke schneiden.
3 Eine Pfanne 1–2 cm hoch mit Öl füllen und erhitzen. Die Toasts mit der Fülle nach unten 2–3 Min. braten, dann wenden und 1 weitere Min. braten, bis die Toasts gold-

braun und knusprig sind. Auf Küchenpapier abtropfen lassen.

NÄHRWERT PRO PORTION:
Eiweiß 4 g, Fett 4 g, Kohlenhydrate 3 g, Ballaststoffe 0 g, Cholesterin 25 mg; 270 kJ (65 cal)

Dim-Sum

Vorbereitungszeit:
1 Std. +
1 Std. Kühlen
Gesamtkochzeit:
30 Min.
Ergibt 30 Stück

6 getrocknete chinesische
Pilze
200 g Schweinehack
100 g rohes Garnelenfleisch
40 g dünn geschnittener
Chinakohl
2 Frühlingszwiebeln, fein
gehackt
1 EL gehackte Bambussprossen
3 TL Speisestärke
1 TL Sesamöl
2 TL Sojasauce
1 TL Zucker
1 Ei, leicht geschlagen
30 Wan-Tan-Hüllen

1 Pilze 10 Min. in kochend heißem Wasser einweichen, abtropfen, dann die Stiele entfernen und die Kappen fein hacken.
2 Pilze, Schweinehack, Garnelenfleisch, Kohl, Frühlingszwiebeln und

Bambussprossen in einer Schüssel gründlich vermischen. Stärke, Sesamöl, Sojasauce, Zucker, Ei, Salz u. Pfeffer in einer weiteren Schüssel zu einer glatten Paste mischen. Die Fleischmischung untermischen. Zugedeckt 1 Std. in den Kühlschrank stellen.
3 Jeweils eine Teighülle füllen, die übrigen zugedeckt halten. 1 EL Fülle in die Mitte jedes Teigblattes geben. Die Enden über der Fülle zusammenschlagen und fest drücken, dabei auch die Fülle leicht nach unten drücken, sodass der Boden des Säckchens ein wenig platt gedrückt wird.
4 Den Boden eines Bambuskörbchens mit einem runden Stück Backpapier auslegen, die Dim-Sum mit ausreichend Zwischenplatz darauf verteilen, falls nötig, in mehreren Gängen garen. Zugedeckt 10 Min. dämpfen, bis sie fest sind. Mit Chili- oder Sojasauce servieren.

NÄHRWERT PRO PORTION:
Eiweiß 2 g, Fett 1 g, Kohlenhydrate 2 g, Ballaststoffe 0 g, Cholesterin 15 mg; 120 kJ (30 cal)

Hinweis: Dim-Sum kann man auch braten. In Stärke wenden und 5–7 Min. in Öl braten.

Garnelen-Koriander-Toasts (oben) und Dim Sum

Hühnersuppe mit Mais

Vorbereitungszeit:
15 Min.
Gesamtkochzeit:
10 Min.
Für 4 Personen

200 g Hühnerbrustfilet, in
kleinen Stücken
1 TL Salz
2 Eiweiß
750 ml Hühnerbrühe
250 Zuckermais, püriert
1 EL Speisestärke
1 TL Sojasauce
2 Frühlingszwiebeln, diago-
nal in Ringe geschnitten

1 Hühnerfleisch in eine
Schüssel geben und salzen.
Eiweiß schaumig schlagen
und unter das Fleisch he-
ben. Zugedeckt in den
Kühlschrank stellen.
2 Brühe zum Kochen
bringen und Mais zugeben.
Stärke mit etwas Wasser
glatt rühren und in die
Suppe geben. Ständig Rüh-
ren bis die Suppe eindickt.
3 Die Hitze reduzieren
und die Fleischmasse mit
einem Schneebesen unter
die Suppe rühren. Die Hitze erhöhen und die Suppe
5 Min. köcheln lassen, mit
Sojasauce abschmecken
und mit Frühlingszwiebeln
garniert servieren.

NÄHRWERT PRO PORTION:
Eiweiß 15 g, Fett 2 g, Kohlenhydrate 15 g, Ballaststoffe 2 g,
Cholesterin 25 mg; 560 kJ (135
cal)

San Choi Bau

Vorbereitungszeit:
20 Min.
Gesamtkochzeit:
10 Min.
Für 2–4 Personen

1 EL Erdnussöl
1 TL Sesamöl
1–2 Knoblauchzehen, zer-
stoßen
4 Frühlingszwiebeln, gehak-
kt
500 g mageres Schweine-
hack
1 rote Paprika, entkernt und
in kleinen Würfeln
230 ml Dose
Wasserkastanien, abge-
tropft und grob gehackt
1–2 EL Sojasauce
1 EL Austernsauce
2 EL trockener Sherry
1 Eisbergsalat

1 Erdnuss- und Sesamöl
in einer großen beschichteten Pfanne oder einem
Wok erhitzen. Knoblauch,
Ingwer und Frühlingszwie-
beln zugeben und etwa
2 Min. pfannenrühren.
Schweinehack zugeben und
bei mittlerer Hitze gut
bräunen, dabei entstehende
mit dem Kochlöffel
Klümpchen zerdrücken.

2 Paprika, Wasserkastanien, Soja- und Austern-
sauce und Sherry untermi-
schen. Köcheln lassen, bis
die Flüssigkeit einkocht
und eindickt. Warm stellen.
3 Salat putzen, waschen,
gut abtropfen lassen. 2–4
ganze Blätter abtrennen,
evt. zurückgebliebenes
Wasser herausschütteln
und die Blätter gründlich
auf Küchenpapier abtrop-
fen lassen. Blätter auf einer
Platte anrichten und mit
der warmen Hackfleisch-
mischung füllen.

NÄHRWERT PRO PORTION:
Eiweiß 30 g, Fett 25 g, Kohlenhydrate 10 g, Ballaststoffe 5 g,
Cholesterin 70 mg;
163 kJ (390 cal)

Hinweis: Die Salatblätter
und die Hackfleischfülle
lassen sich auch getrennt
servieren. So kann man das
Blatt selbst füllen und zu
einem Päckchen gefaltet in
den Fingern halten.

Hühnersuppe mit Mais (oben) und San Choi Bau

Zitronenhuhn

Vorbereitungszeit:
15 Min. +
30 Min. Marinieren
Gesamtkochzeit:
10 Min.
Für 4 Personen

1 Eiweiß, geschlagen
2 TL Speisestärke
¼ TL gemahlener Ingwer
500 g Hühnerbrust, in
*   Streifen*
3 EL Öl

Zitronensauce
2 TL Speisestärke
1 ½ EL Zucker
2 EL Zitronensaft
185 ml Hühnerbrühe
2 TL Sojasauce
1 TL trockener Sherry

1 Eiweiß, Stärke, Ingwer
und etwas Salz in einer
Schüssel verrühren und die
Fleischstreifen untermi-
schen. 30 Min. kalt stellen.
2 Öl in einem Wok oder
einer Pfanne mit schwerem
Boden erhitzen. Fleisch abtropfen lassen (Marinade
wegwerfen), zugeben und
pfannenrühren, bis es Farbe
annimmt, aber noch nicht
bräunt. Herausnehmen
und warm stellen.
3 Für die Zitronensauce
Stärke mit 2 EL Wasser
glatt rühren und mit den
übrigen Zutaten in den
Wok geben. Rühren und
1 Min. kochen. Hühner-
fleisch zugeben und unter
die Sauce mischen. Mit
Reis servieren.

NÄHRWERT PRO PORTION:
Eiweiß 30 g, Fett 15 g, Kohlenhydrate 10 g, Ballaststoffe 0 g,
Cholesterin 65 mg;
1315 kJ (315 cal)

Vegetarische Frühlingsrollen

Vorbereitungszeit:
35 Min.
Gesamtkochzeit:
30 Min.
Ergibt etwa 20 Stück

4 getrocknete chinesische
*   Pilze*
1 Knoblauchzehe, zerstoßen
¾ TL fein geriebener
*   Ingwer*
6 Frühlingszwiebeln, gehak-
*   kt*
135 g fein geschnittener
*   Chinakohl*
1 große Möhre, gerieben
150 g Wasserkastanien aus
*   der Dose, gehackt*
1 EL Austernsauce
1 Pack. Frühlingsrollen-
*   Teigblätter*
Öl zum Frittieren
süße Chilisauce, extra

1 Pilze 10 Min. in kochend heißem Wasser ein-
weichen. Abtropfen und
gut ausdrücken. Stiele entfernen und die Kappen fein
hacken.
2 Etwas Öl in einem Wok
oder einer Pfanne mit
schwerem Boden erhitzen.
Knoblauch, Ingwer, Früh-
lingszwiebeln, Kohl, Möh-
re, Wasserkastanien und
Pilze darin bei großer Hitze 5 Min. pfannenrühren.
Austernsauce untermischen
und das Gemüse beiseite
stellen.
3 Jeweils eine Teighülle
füllen, die übrigen mit einem befeuchteten Bogen
Küchenpapier zudecken. 2
EL Fülle auf das Teigblatt
geben und die Blatt einmal
einschlagen. Die seitlichen
Ränder leicht einschlagen
und die Teighülle vom un-
teren Ende her aufrollen.
Das lose Ende mit ein
wenig mit Wasser ange-
rührter Speisestärke ver-
schließen. Die übrigen
Teighüllen auf die gleiche
Art füllen.
4 Öl in einem Wok erhitzen und je 4 Rollen in etwa
3 Min. goldgelb backen.
Auf Küchenpapier abtrop-
fen lassen und mit süßer
Chilisauce servieren.

NÄHRWERT PRO PORTION:
Eiweiß 1 g, Fett 10 g, Kohlenhydrate 6 g, Ballaststoffe 1 g,
Cholesterin 3 mg;
545 kJ (130 cal)

Zitronenhuhn (oben) und Vegetarische Frühlingsrollen

Rindfleisch mit schwarzer Sauce

Vorbereitungszeit:
20 Min.
Gesamtkochzeit:
10 Min.
Für 4 Personen

2 EL gesalzene schwarze
  Bohnen
2 TL Speisestärke
125 ml Rinderbrühe
1 EL Sojasauce
1 TL Zucker
1 Knoblauchzehe, zerdrückt
1 Zwiebel, in Spalten
1 kleine rote Paprika, gehakkt
1 kleine grüne Paprika, gehackt
400 g Rumpsteak oder Rinderfilet, in kleinen Stücken
Öl zum Braten

1 Bohnen mehrmals waschen, abtropfen lassen und fein zerdrücken. Stärke in der Brühe auflösen, Sojasauce und Zucker zugeben.
2 Etwas Öl in einem Wok oder einer Pfanne mit schwerem Boden erhitzen, Knoblauch, Zwiebeln, rote und grüne Paprika und etwas schwarzen Pfeffer zugeben und bei großer Hitze 1 Min. pfannenrühren. Beiseite stellen.
3 Etwas Öl in den Wok geben, ihn damit ausschwenken. Rindfleisch zugeben und bei starker Hitze 2 Min. pfannenrühren. Schwarze Bohnen, Stärkemischung und Gemüse zugeben und rühren, bis die Sauce kocht und eindickt.

NÄHRWERT PRO PORTION:
Eiweiß 25 g, Fett 20 g,
Kohlenhydrate 8 g, Ballaststoffe 3 g, Cholesterin 65
mg; 1290 kJ (305 cal)

Süßsaures Schweinefleisch

Vorbereitungszeit:
35 Min. +
30 Min. Marinieren
Gesamtkochzeit:
40 Min.
Für 6 Personen

2 TL Zucker
3 EL Sojasauce
1 EL trockener Sherry
1 Eigelb
1 kg mageres Schweinefleisch, gewürfelt
125 g Speisestärke
Öl zum Frittieren
1 Zwiebel, in Streifen
1 rote Paprika, gehackt
1 grüne Paprika, gehackt
440 g Dose Ananasstücke
3 EL Tomatensauce
3 EL Weißweinessig
1 EL Speisestärke, extra

1 Zucker, Sojasauce, Sherry und Eigelb in einer Schüssel glatt rühren, Schweinefleisch untermischen und zugedeckt 30 Min. in den Kühlschrank stellen.
2 Schweinefleisch abtropfen lassen (die Marinade aufbewahren) und mit Küchenpapier trocken tupfen. Fleisch in der Stärke wenden und abklopfen. Portionsweise in heißem Fett frittieren, bis es knusprig und goldbraun ist. Auf Küchenpapier abtropfen lassen.
3 Etwas Öl in einem Wok erhitzen, Zwiebeln zugeben und in 3 Min. goldbraun braten. Rote und grüne Paprika zugeben und weitere 2 Min. garen.
4 Ananassaft aus der Dose mit Tomatensauce, Essig und aufbewahrter Marinade mischen und unter das Gemüse mischen. 1 EL Stärke in 250 ml Wasser auflösen, zum Gemüse geben und unter ständigem Rühren erhitzen, bis die Flüssigkeit kocht und eindickt.
5 Fleisch- und Ananasstücke zugeben und erhitzen.

NÄHRWERT PRO PORTION:
Eiweiß 40 g, Fett 35 g, Kohlenhydrate 35 g, Ballaststoffe 3 g,
Cholesterin 110 mg;
2680 kJ (640 cal)

Rindfleisch mit schwarzer Bohnensauce (oben) und Süßsaures
Schweinefleisch

Schweinefleisch mit Pflaumensauce

Vorbereitungszeit:
15 Min.
Gesamtkochzeit:
15 Min.
Für 4 Personen

2 Knoblauchzehen, gehackt
1 große Zwiebel, in Spalten
500 g Schweinerückensteaks,
in dünnen Stücken
2 EL Speisestärke
60 ml Pflaumensauce
1 EL Sojasauce
2 TL Hoisin-Sauce
Öl zum Braten

1 1 EL Öl in einem Wok erhitzen und Knoblauch und Zwiebel darin bei mittlerer Hitze weich dünsten. Herausnehmen und beiseite stellen.
2 Fleisch in einer Schüssel leicht salzen und pfeffern und Stärke gründlich untermischen. 2 EL Öl im Wok stark erhitzen und das Fleisch darin in zwei Gängen scharf anbraten. Herausnehmen und beiseite stellen.
3 Pflaumen, Soja- und Hoisin-Sauce in den Wok geben und erhitzen. Gemüse und Fleisch zugeben, erhitzen und gründlich mischen. Mit gedämpftem Reis servieren.

NÄHRWERT PRO PORTION:
Eiweiß 30 g, Fett 15 g, Kohlenhydrate 20 g, Ballaststoffe 1 g, Cholesterin 60 mg;
1445 kJ (345 cal)

Huhn mit Mandeln

Vorbereitungszeit:
30 Min.
Gesamtkochzeit:
20 Min.
Für 4 Personen

1 EL Sojasauce
1 EL Speisestärke
300 g Hühnerbrustfilet, diagonal in Scheiben geschnitten
2 EL Öl
2 cm frischer Ingwer, fein gerieben
1 Zwiebel, grob gehackt
1 Stange Bleichsellerie, diagonal in dünne Scheiben geschnitten
50 g grüne Bohnen, halbiert
60 g Bambussprossen aus der Dose, abgetropft
60 ml Hühnerbrühe
2 EL chinesischer Reiswein oder Sherry (Medium)
1 TL Sesamöl
2 TL Speisestärke extra
125 g blanchierte Mandeln, geröstet

1 Sojasauce und Stärke in einer kleinen Schüssel glatt rühren, über das Fleisch gießen und 5 Min. stehen lassen.
2 Öl in einem Wok oder Pfanne mit schwerem Boden stark erhitzen. Das Fleisch darin 2 Min. pfannenrühren, herausnehmen und beiseite stellen.
3 Falls nur sehr wenig Öl im Wok zurückbleibt,

1 weiteren EL Öl zugeben und den Wok erneut erhitzen. Ingwer, Zwiebel und Sellerie darin 4 Min. pfannenrühren. Grüne Bohnen und Bambussprossen zugeben und 1 weitere Min. garen. Brühe, Reiswein, Sesamöl und 2 EL Wasser zugeben und zugedeckt 30 Sek. dämpfen.
4 1 EL Stärke mit 1 EL Wasser glatt rühren, in die Sauce rühren und zum Kochen bringen. Hühnerfleisch und Mandeln zugeben und gründlich untermischen. Mit gedämpftem Reis servieren.

NÄHRWERT PRO PORTION:
Eiweiß 25 g, Fett 30 g, Kohlenhydrate 10 g, Ballaststoffe 4 g, Cholesterin 40 mg;
1780 kJ (425 cal)

Schweinefleisch mit Pflaumensauce (oben) und Huhn mit Mandeln

Kleine Häppchen

Als Vorspeise oder einfach als Imbiss sind diese köstlichen Leckerbissen unvergleichlich gut. In Asien kauft man sie häufig dampfend heiß von einem Straßenstand. Also sollte man sie möglichst frisch aus dem Ofen oder der Pfanne servieren.

Hühner-Wan-Tans

1 gehackte Zwiebel und 1 zerstoßene Knoblauchzehe in 1 EL Öl braten. 250 g Hühnerhack zugeben und bei starker Hitze bräunen. 2 EL Erdnussbutter und je 1 EL süße Chilisauce und Zitronensaft untermischen. Beiseite stellen und abkühlen lassen.
1 EL Fülle in die Mitte einer Wan-Tan-Hülle geben und die Ränder mit Wasser bestreichen. Eine zweite Hülle so darüber legen, dass sich ein Stern bildet. Übrige Zutaten auf die gleiche Art verarbeiten. In heißem Öl knusprig und goldgelb frittieren. Mit einer Dippsauce servieren. Ergibt 15 Stück.

NÄHRWERT PRO PORTION:
Eiweiß 5 g, Fett 8 g, Kohlenhydrate 3 g, Ballaststoffe 1 g, Cholesterin 10 mg; 435 kJ (105 cal)

Garnelen-Happen

250 g rohe, gehackte Garnelen mit 2 EL gehackten Wasserkastanien, 2 gehackte Frühlingszwiebeln, 1 EL Sojasauce und $1/2$ TL Sesamöl mischen. 1 TL der Masse in die Mitte einer Wan-Tan-Hülle geben, die Ränder mit Wasser bestreichen und über der Fülle zu einem Säckchen zusammenschlagen. Übrige Zutaten auf die gleiche Art verarbeiten und 20 Min. dämpfen. Mit Sojasauce servieren.

NÄHRWERT PRO PORTION:
Eiweiß 2 g, Fett in Spuren, Kohlenhydrate 5 g, Ballaststoffe 0 g, Cholesterin 9 mg; 115 kJ (30 cal)

Fischbällchenspieße

500 g Fischbällchen auf Bambusspieße aufspießen, etwa 3 Stück pro Spieß. 125 ml süße Chilisauce und je 1 EL Fischsauce und gehackten frischen Koriander mischen. Die Spieße in einer Pfanne braten oder auf einem Grill goldbraun grillen, dabei häufig mit der Marinade bestreichen. Ergibt 14 Stück.

NÄHRWERT PRO PORTION:
Eiweiß 5 g, Fett in Spuren, Kohlenhydrate 5 g, Ballaststoffe 0 g, Cholesterin 25 mg; 175 kJ (40 cal)

Kleine Teigtaschen

Ofen auf 220 °C (Gas: Stufe 7) vorheizen. 270 g gefrorenes asiatisches Gemüse auftauen und grob hacken. 2 TL milde Currypaste und $1/4$ TL braunen Zucker untermischen. Aus aufgetauten Blätterteigplatten 16 ca. 10 cm große, runde Scheiben ausschneiden. Die Fülle mit einem Teelöffel jeweils auf einer Hälfte der Teigkreise verteilen, dann den Teig einschlagen und die Ränder mit einer Gabel fest drücken.

Die Halbmonde mit verquirltem Ei bestreichen und in 15 Min. goldgelb backen. Volljoghurt mit gehackter, frischer Minze, Salz und Pfeffer würzen und dazu servieren. Ergibt 16 Stück.

NÄHRWERT PRO PORTION:
Eiweiß 3 g, Fett 10 g, Kohlenhydrate 15 g, Ballaststoffe 2 g, Cholesterin 10 mg;
680 kJ (160 cal)

Von links nach rechts: Hühner-Wan-Tans, Garnelen-Happen, Fischbällchenspieße und Kleine Teigtaschen

Satay-Hühnerspieße

Vorbereitungszeit:
25 Min. +
2 Std. Marinieren
Gesamtkochzeit:
25 Min.
Ergibt 16 Spieße

2 cm frischer Ingwer, gerieben
1 Knoblauchzehe, zerstoßen
1 TL Sesamöl
1 EL Erdnussöl
1 kg Hühnerbrustfilet, in Streifen

Erdnusssauce
1 EL Erdnussöl
1 Zwiebel, fein gehackt
185 g grobe Erdnussbutter
60 ml Ketjap Manis
1 EL gemahlener Koriander
2 TL Chilisauce
185 ml Kokoscreme
1 TL Palmzucker, gerieben
1 EL Zitronensaft

1 Ingwer, Knoblauch, Sesam-und Erdnussöl mischen, über das Fleisch gießen und zugedeckt 2 Std. kalt stellen.
2 16 Holzspieße 30 Min. in Wasser legen, damit sie beim Grillen nicht verbrennen. Die Spieße abtropfen lassen und leicht einölen. Fleisch auf die Spieße aufstecken und unter dem vorgeheizten Grill des Ofens oder auf einem Holzkohlengrill etwa 5 Min. grillen.
3 Für die Sauce Öl in einer Pfanne erhitzen, Zwiebel darin 5 Min. dünsten. Erdnussbutter, Ketjap Manis, Koriander, Chilisauce und Kokoscreme zugeben, zum Kochen bringen und 5 Min. köcheln lassen. Zucker und Zitronensaft unterrühren, bis sich der Zucker auflöst. Zu den Spießen servieren.

NÄHRWERT PRO PORTION:
Eiweiß 20 g, Fett 15 g, Kohlenhydrate 4 g, Ballaststoffe 2 g, Cholesterin 35 mg; 870 kJ (205 cal)

Garnelen-Laksa

Vorbereitungszeit:
45 Min.
Gesamtkochzeit:
1 Std.
Für 4 Personen

1 kg rohe Riesengarnelen
2 Stängel Zitronengras
1 Zwiebel, fein gehackt
2–3 EL rote Currypaste
1 TL Garnelenpaste
400 ml Kokosmilch
3 TL Palmzucker, gerieben
250 g getrocknete Reisnudeln oder Vermicelli
geschnittene Gurke,
Bohnensprossen und gehackte frische Minze, als Garnitur

1 Garnelen bis auf das Schwanzende schälen und den Darm entfernen. Schalen und Körper aufbewahren. Zitronengras mit der Seite einer Messerklinge zerdrücken.
2 2 EL Öl in einem großen Topf erhitzen, Schalen und Körper zugeben und pfannenrühren, bis sie glänzend orange werden. 1 l Wasser zugießen, zum Kochen bringen und 30 Min. köcheln lassen. Durch ein Sieb in einen sauberen Topf abgießen, Schalen wegwerfen.
3 3 EL Öl in einem Wok erhitzen. Zwiebel, Curry, Garnelenpaste und Zitronengras darin 2–4 Min. pfannenrühren.
4 Die Brühe zugießen und 10 Min. köcheln lassen. Kokosmilch und Zucker zugeben und weitere 5 Min. köcheln lassen. Garnelen zugeben und in 2 Min. rosa garen. Herausnehmen und beiseite stellen.
5 Die Nudeln kochen und auf 4 Portionsschüsseln verteilen, Garnelen darauf verteilen. Suppe erneut zum Kochen bringen, Zitronengras entfernen und über die Nudeln gießen. Mit Gurke, Bohnensprossen und Minze bestreuen.

NÄHRWERT PRO PORTION:
Eiweiß 60 g, Fett 45 g, Kohlenhydrate 60 g, Ballaststoffe 1 g, Cholesterin 375 mg; 3695 kJ (880 cal)

Hühnerspieße (oben) und Garnelen-Laksa

Reisnudeln 1 Min. in kochendem Wasser einweichen.

Reisnudeln portionsweise 10 Sek. im heißem
Öl backen.

Knusprig gebratene Nudeln (Mee Grob)

Vorbereitungszeit:
30 Min. +
20 Min. Trocknen
Gesamtkochzeit:
15 Min.
Für 4 Personen

100 g getrocknete dünne
Reisnudeln
500 ml Öl
100 g Tofu, in Streifen
2 Knoblauchzehen, fein
gehackt
4 cm frischer Ingwer, fein
gerieben
150 g Hühner- oder Schweinehack (oder gemischt)
100 g rohes Garnelenfleisch,
grob gehackt
2 EL Fischsauce
1 EL Weißweinessig
2 EL brauner Zucker
2 EL Chilisauce
1 TL fein gehackte rote
Chilis
2 kleine Stücke eingelegter
Knoblauch, gehackt
40 g frischer Schnittknoblauch, dünn geschnitten
6 EL frische Koriander-
blätter

1 Reisnudeln in einer
Schüssel mit kochend hei-
ßem Wasser 1 Min. einwei-
chen. Abtropfen und etwa
20 Min. trocknen lassen.
2 Öl in einem Wok oder
einer Pfanne mit schwerem
Boden stark erhitzen, Tofu
portionsweise in 2 Gängen
in je etwa 1 Min. knusprig
und goldgelb backen. He-
rausnehmen und auf Kü-
chenpapier abtropfen lassen.
3 Die vollständig getrock-
neten Nudeln portions-
weise in 10 Sek. knusprig
frittieren. Sofort aus dem
Öl nehmen, damit sie nicht
zu viel Öl absorbieren. Auf
Küchenpapier abtropfen
und abkühlen lassen.
4 Alles Öl bis auf einen
Esslöffel abgießen und den
Wok erneut stark erhitzen.
Knoblauch, Ingwer, Hack-
fleisch und Garnelenfleisch
zugeben und 3 Min. pfan-
nenrühren. Fischsauce,
Essig, Zucker, Chilisauce
und Chili zugeben und
rühren, bis die Masse
kocht.
5 Kurz vor dem Servieren
Nudeln und Tofu zugeben
und mit dem eingelegten
Knoblauch, Schnittknob-
lauch und Korianderblät-
tern gründlich untermi-
schen. Sofort servieren.

NÄHRWERT PRO PORTION:
Eiweiß 20 g, Fett 65 g, Kohlenhydrate 35 g, Ballaststoffe
3 g, Cholesterin 65 mg;
3275 kJ (780 cal)

Knusprig gebratene Nudeln

Knusprige Nudeln aus dem Fett nehmen und
abtropfen lassen.

Knoblauch, Ingwer, Hackfleisch und Garne-
lenfleisch 3 Min. pfannenrühren.

Gado Gado

Vorbereitungszeit:
25 Min.
Gesamtkochzeit:
10 Min.
Für 6 Personen

2 Möhren, in Stäbchen
100 g Spargelbohnen, in
  5 cm langen Stücken
2 EL Erdnussöl
250 g fester Tofu, gewürfelt
100 g junge Spinatblätter
2 Salatgurken, in dicken
  Streifen
1 große rote Paprika, in dik-
  ken Streifen
100 g Bohnensprossen
6 hartgekochte Eier
Erdnusssauce

1 Möhren und Bohnen
getrennt in kochendem
Wasser blanchieren, in Eiswasser abschrecken und
gut abtropfen lassen.
2 Öl in einer beschichteten Pfanne erhitzen und
Tofu darin portionsweise
knusprig und goldbraun
braten. Abtropfen lassen.
3 Gemüse auf einer Platte
anrichten. Eier pellen, vierteln und in der Mitte an-
richten. Mit der Erdnuss-
sauce servieren.

NÄHRWERT PRO PORTION:
Eiweiß 15 g, Fett 35 g, Kohlenhydrate 20 g, Ballaststoffe
7 g, Cholesterin 0 mg;
1790 kJ (425 cal)

Nasi Goreng

Vorbereitungszeit:
35 Min.
Gesamtkochzeit:
25–30 Min.
Für 4 Personen

2 Eier
3 Knoblauchzehen
5 asiatische Schalotten
2 rote Chilis
1 TL Garnelenpaste
1 TL Koriandersamen
1/2 TL Zucker
200 g Rumpsteak, in
  dünnen Streifen
200 g rohes Garnelenfleisch
550 g kalter, gekochter Reis
2 TL Ketjap Manis
1 EL Sojasauce
4 Frühlingszwiebeln, fein
  gehackt
1 Salatgurke, halbiert und in
  Scheiben geschnitten
1 Tomate, in Scheiben

1 Eier mit etwas Salz
schaumig schlagen. Eine
Pfanne mit etwas Öl be-
streichen und erhitzen.
Etwa 1/4 des Eis in die
Pfanne gießen und 1–
2 Min. backen, bis das
Omelett stockt. Wenden
und auf der anderen Seite
30 Sek. backen.
Herausnehmen und das
übrige Ei auf die gleiche
Art zubereiten. Die 4 abgekühlten Omeletts einrollen
und in dünne Streifen
schneiden, beiseite stellen.
2 Knoblauch, Schalotten,

Chilis, Garnelenpaste,
Koriandersamen und Zu-
cker in einer Küchenma-
schine fein pürieren.
3 Einen Wok oder eine
Pfanne mit schwerem Bo-
den stark erhitzen, etwa 1
EL Öl zugeben und das
Püree 1 Min. pfannenrüh-
ren. Fleisch und Garnelen
zugeben und pfannenrüh-
ren, bis sie Farbe anneh-
men. Herausnehmen und
beiseite stellen.
4 Hitze erhöhen, etwas
Öl zugeben und den kalten
Reis zugeben. Pfannenrüh-
ren, bis der Reis vollständig
erhitzt ist, dabei Klumpen
mit einem Kochlöffel zer-
drücken. Fleisch und
Garnelen untermischen,
Ketjap Manis, Sojasauce
und Frühlingszwiebeln zu-
geben und 1 Min. pfannen-
rühren.
5 Auf einer Platte anrichten und mit Eistreifen,
Gurke und Tomaten gar-
nieren.

NÄHRWERT PRO PORTION:
Eiweiß 30 g, Fett 5 g, Kohlenhydrate 45 g, Ballaststoffe
3 g, Cholesterin 200 mg;
1445 kJ (345 cal)

Gado Gado (oben) und Nasi Goreng

Gedämpfter Fisch mit Ingwer und Chili

Vorbereitungszeit:
20 Min.
Gesamtkochzeit:
10 Min.
Für 4 Personen

4 mittelgroße Fischsteaks
(z.b. Meerbrasse, Kabel-
jau, Seehecht)
2 EL geriebener frischer
Ingwer
2 Knoblauchzehen, gehackt
2 TL fein gehackte rote
Chilis
2 EL fein gehackter
Koriander
3 Frühlingszwiebeln, dünn
geschnitten
2 EL Limettensaft
8 Limettenspalten

1 Ein Bambuskörbchen mit Bananenblättern oder Backpapier auslegen.
2 Fischsteaks in das Körbchen legen. Ingwer, Knoblauch, Chili und Koriander darüber geben. Zugedeckt in einem Wok oder einem großen Topf mit köchelndem Wasser 5–6 Min. dämpfen.
3 Deckel abnehmen, Frühlingszwiebeln und Limettensaft über den Fisch geben. Körbchen schließen und den Fisch in weiteren 30–60 Sek. gar dämpfen. Mit Limettenspalten und gedämpftem Reis servieren.

NÄHRWERT PRO PORTION:
Eiweiß 30 g, Fett 3 g, Kohlenhydrate 1 g, Ballaststoffe 1 g, Cholesterin 90 mg; 650 kJ (155 cal)

Vietnamesischer Hühnersalat

Vorbereitungszeit:
40 Min.
Gesamtkochzeit:
5 Min.
Für 4 Personen

4 Hühnerkeulen (Ober-
schenkel), gekocht
und in Streifen
1 Stange Bleichsellerie, in
dünnen Scheiben
2 Möhren, halbiert und in
dünnen Scheiben
75 g dünn geschnittener
Weißkohl
1 kleine Zwiebel, halbiert
und in dünnen Scheiben
1 1/2 EL frische Koriander-
blätter
3 EL frische Minzeblätter

Dressing
3 EL süße Chilisauce
1 EL Fischsauce
3 Knoblauchzehen, zersto-
ßen
2 EL Weißweinessig

Garnitur
2 EL Erdnussöl
2 Knoblauchzehen, gehackt
50 g geröstete, ungesalzene
Erdnüsse, fein gehackt
2 TL Zucker oder 1 EL
brauner Zucker

1 Huhn mit Sellerie, Möhre, Kohl, Zwiebel, Koriander und Minze in einer großen Schüssel mischen.
2 Für das Dressing Chili- und Fischsauce, Knoblauch, Essig und 2 EL Wasser mit einem Schneebesen in einer Schüssel glatt rühren. Dressing unter das Fleisch und die Gemüse mischen. Den Salat auf einer Platte anrichten.
3 Für die Garnitur Erdnussöl in einem Wok mäßig erhitzen. Knoblauch zugeben und unter Rühren goldgelb braten. Erdnüsse und Zucker unterrühren, bis sich der Zucker auflöst. Kurz vor dem Servieren über den Salat streuen.

NÄHRWERT PRO PORTION:
Eiweiß 25 g, Fett 20 g, Kohlenhydrate 15 g, Ballaststoffe 5 g, Cholesterin 65 mg; 1450 kJ (345 cal)

Gedämpfter Fisch mit Ingwer und Chili (oben) und
Vietnamesischer Hühnersalat

Balti-Huhn

Vorbereitungszeit:
20 Min.
Gesamtkochzeit:
50 Min.
Für 4 Personen

2 EL Ghee oder Öl
2 Knoblauchzehen, zersto-
ßen
1 Zimtstange
1/2 TL Kardamomsamen
1 EL Garam Masala
1 TL Sesamsamen
1 TL Mohnsamen
1/2 TL Fenchelsamen
2 Zwiebeln, gehackt
3 EL Balti-Paste
1 kg Hühnerfleisch (Ober-
schenkel), gewürfelt
250 ml Hühnerbrühe
2 TL Zucker
175 ml Sahne
1 EL gehackte frische
Korianderblätter

1 Ghee oder Öl in einer
Balti-Pfanne oder einem
Wok erhitzen und Knob-
lauch, Zimtstange, Karda-
momsamen und Garam
Masala darin 1 Min. anbraten. Sesam, Mohn und
Fenchelsamen zugeben und
30 Sek. braten. Die Hitze
reduzieren, Zwiebeln zugeben und in 10 Min. leicht
bräunen.
2 Baltipaste und Hühnerfleisch zugeben und unter
Rühren 5 Min. garen.
3 Die Hitze reduzieren,
Brühe und Zucker zugeben
und 30 Min. köcheln las-
sen. Anschließend die
Zimtstange entfernen, Sah-

ne dazugießen und unter
häufigem Rühren weitere
10 Min. köcheln lassen.
4 Korianderblätter untermischen und das Balti-
Huhn mit Roti- oder
Naan-Brot servieren.

NÄHRWERT PRO PORTION:
Eiweiß 55 g, Fett 40 g, Kohlenhydrate 7 g, Ballaststoffe 1
g, Cholesterin 255 mg;
2565 kJ (610 cal)

Balti-Lamm

Vorbereitungszeit:
20 Min.
Gesamtkochzeit:
1 Std. 30 Min.
Für 4 Personen

1 kg Lammfleisch, gewürfelt
5 EL Balti-Paste
2 EL Ghee oder Öl
3 Knoblauchzehen, zersto-
ßen
1 EL Garam Masala
1 große Zwiebel, dünn
geschnitten
2 EL gehackte, frische
Korianderblätter
Salz und schwarzer Pfeffer

1 Den Ofen auf 190 °C
(Gas: Stufe 5) vorheizen.
2 Lammfleisch, 1 EL
Balti-Paste und 375 ml
kochend heißes Wasser in
eine große Stielkasserolle
geben, zum Kochen brin-
gen und zugedeckt 30–
40 Min. köcheln lassen, bis
das Fleisch noch nicht ganz

durch ist. Das Fleisch herausnehmen, beiseite stellen
und die Flüssigkeit eben-
falls beiseite stellen.
3 Ghee oder Öl in einer
Balti-Pfanne oder einem
Wok erhitzen und Knob-
lauch und Garam Masala
30 Sek. unter Rühren an-
braten. Zwiebeln zugeben
und bei mittlerer Hitze
goldbraun dünsten. Die
Hitze heraufschalten und
die übrige Balti-Paste zusammen mit dem Fleisch
zugeben. Etwa 5 Min.
pfannenrühren, bis das
Fleisch leicht gebräunt ist.
4 Nach und nach 250 ml
der Kochflüssigkeit dazu-
gießen – evtl. muss dazu
die Brühe mit Wasser auf-
gossen werden, um die be-
nötigte Menge zu erhalten.
Das Balti-Lamm etwa
10 Min. köcheln lassen.
5 Die Hälfte der Korianderblätter zugeben und das
Gericht weitere 15 Min.
köcheln lassen, bis das
Fleisch zart und weich und
die Sauce leicht eingedickt
ist. Die Sauce nach Ge-
schmack mit Salz und
schwarzem Pfeffer
abschmecken. Mit dem
übrigen Koriander garnie-
ren und servieren.

NÄHRWERT PRO PORTION:
Eiweiß 55 g, Fett 25 g, Kohlenhydrate 2 g, Ballaststoffe
1 g, Cholesterin 190 mg;
1855 kJ (440 cal)

Balti-Huhn (oben) und
Balti-Lamm

Dhal

*Vorbereitungszeit:
10 Min.
Gesamtkochzeit:
1 Std. 10 Min.
Für 4–6 Personen*

*200 g rote Linsen
4 cm frischer Ingwer, in
3 Stücke geschnitten
1/2 TL gemahlene Kurkuma
Salz
3 EL Ghee oder Öl
2 Knoblauchzehen, zersto-
ßen
1 Zwiebel, fein gehackt
1 Msp. Asant (nach
Geschmack)
1 TL Kreuzkümmelsamen
1 TL gemahlener Koriander
1/4 TL Chilipulver
2 EL gehackte frische Korianderblätter*

1 Linsen und 1 l Wasser
in einem Topf zum Kochen
bringen, die Hitze reduzieren. Ingwer und Kurkuma
zugeben und die Linsen bei
niedriger Hitze zugedeckt
in etwa 60 Min. weich ko-
chen. 30 Min. vor Ende
der Garzeit alle 5 Min. umrühren, damit die Linsen
nicht anbrennen. Ingwer
herausnehmen und die
Linsen salzen.
2 Ghee oder Öl in einer
Pfanne erhitzen, Knob-
lauch und Zwiebeln zuge-
ben und in 3 Min. goldgelb
dünsten. Asant, Kreuz-
kümmel, gemahlenen Ko-
riander und Chili zugeben

und 2 Min. kochen.
3 Die Zwiebelmischung
zu den Linsen geben und
behutsam unterrühren. Mit
Koriander bestreuen und
servieren.

NÄHRWERT PRO PORTION:
Eiweiß 10 g, Fett 10 g, Kohlenhydrate 15 g, Ballaststoffe 5 g,
Cholesterin 30 mg;
765 kJ (180 cal)

Würzige Rindfleisch-Samosas

*Vorbereitungszeit:
50 Min.
Gesamtkochzeit:
15 Min.
Ergibt 20 Stück*

*2 EL Öl
1 Zwiebel, fein gehackt
2 TL fein gehackter, frischer
Ingwer
400 g Rinderhack
1 EL Currypaste
1 Tomate, geschält und
gehackt
1 Kartoffel, gewürfelt
1 EL gehackte, frische Minze
1 kg küchenfertige Blätterteigplatten, aufgetaut
1 Eigelb, verquirlt*

*Minz-Joghurt-Dipp
1 Salatgurke, fein gehackt
1/4 TL Kurkuma
1 Knoblauchzehe, zerstoßen
125 ml Joghurt
2 EL gehackte, frische Minze
Salz und weißer Pfeffer*

1 Öl in einem Topf erhitzen, Zwiebeln und Ingwer

zugeben und goldgelb dün-
sten. Hackfleisch und Currypaste zugeben und pfan-
nenrühren, bis das Fleisch
gebräunt ist. Tomate zugeben und zugedeckt 5 Min.
garen. Kartoffel und 60 ml
Wasser hinzufügen und
5 Min. köcheln lassen.
Vom Herd nehmen,
abkühlen lassen, dann die
Minze unterrühren.
2 Den Ofen auf 210 °C
(Gas: Stufe 6–7) vorheizen.
Blätterteig in Kreise mit 10
cm Durchmesser schnei-
den.
3 Je 2 EL Füllung in die
Mitte eines jeden Blätter-
teigstückes geben. In der
Mitte einschlagen und die
Ränder mit den Fingern
zusammendrücken. Die
Teigtaschen mit Ei bestreichen und in 10 Min. gold-
braun und knusprig ba-
cken.
4 Für den Minze-Joghurt-
Dipp alle Zutaten in einer
Schüssel verrühren und mit
Salz und Pfeffer abschme-
cken. Zu den Samosas ser-
vieren.

NÄHRWERT PRO PORTION:
Eiweiß 8 g, Fett 15 g, Kohlenhydrate 20 g, Ballaststoffe 1 g,
Cholesterin 35 mg;
1015 kJ (240 cal)

Dhal (oben) und Würzige Rindfleisch-Samosas

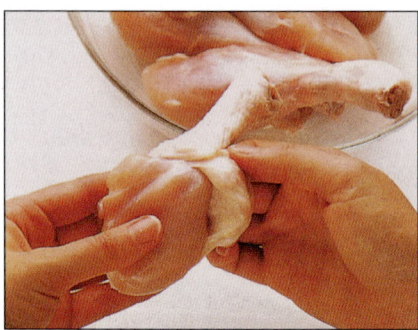

Die Haut von den Hühnerkeulen abziehen
und wegwerfen.

Die Keulen tief einschneiden, damit sie den
Zitronensaft besser aufnehmen.

Tandoori-Huhn

Vorbereitungszeit:
25 Min. +
12 Std. Marinieren
Gesamtkochzeit:
45 Min.
Für 4–6 Personen

12 Hühnerkeulen
(Unterschenkel)
80 ml Zitronensaft
4 Knoblauchzehen
1 EL geriebener frischer
Ingwer
125 g Tandoori-Paste
1 EL gemahlener Kreuz-
kümmel
1/4 TL Paprika
1 Msp. Chilipulver
250 ml Joghurt
1 TL Salz
Zitronenspalten

1 Die Haut von den Keulen abziehen und das Fleisch mehrfach von beiden Seiten tief einschneiden. Fleisch mit 3/4 des Zitronensaftes bestreichen und 30 Min. marinieren.

2 Knoblauch, Ingwer, Tandooripaste, gemahlenen Kreuzkümmel, Paprika, Chilipulver, Joghurt, Salz und den übrigen Zitronensaft in eine kleine Schüssel geben und glatt rühren.

3 Die Hühnerkeulen in eine flache große Form legen. Die Joghurtmischung gleichmäßig darüber verteilen, die Form mit Klarsichtfolie zudecken und mehrere Stunden, am besten über Nacht, kalt stellen.

4 Den Ofen auf 180 °C (Gas: Stufe 4) erhitzen. Die Keulen aus der Form nehmen und auf ein Ofengitter legen. Gitter mit einem tiefen Blech darunter in den vorgeheizten Ofen schieben und die Hühnerkeulen 45 Min. backen, bis sie durch sind und Farbe angenommen haben. Mit Zitronenspalten servieren.

NÄHRWERT PRO PORTION:
Eiweiß 25 g, Fett 8 g, Kohlenhydrate 5 g, Ballaststoffe 0 g, Cholesterin 110 mg; 855 kJ (205 cal)

Hinweis: Tandoori-Paste kann man auch selbst herstellen. Dazu 1/2 Zwiebel, 4 Knoblauchzehen, 1 EL geriebener, frischer Ingwer, 3 TL Koriandersamen und 1 EL Kreuzkümmelsamen mit 1 EL Zitronensaft und 1 TL Salz in einer Küchenmaschine zu einer glatten Paste mixen. Die Würzpaste mit 1/4 TL Paprika, 1 Msp. Chilipulver und 250 ml Joghurt glatt rühren. Nach Belieben ein paar Tropfen rote Lebensmittelfarbe untermischen und die Mischung über die Hühnerkeulen geben.

Tandoori-Huhn

Knoblauch, Ingwer, Tandoori-Paste, Gewürze, Joghurt, Salz und Zitronensaft vermischen.

Die Keulen 45 Min. auf einem Ofengitter über einem tiefen Blech backen.

Trockenes Kartoffel-Erbsen-Curry

*Vorbereitungszeit:
15 Min.
Gesamtkochzeit:
20–25 Min.
Für 4 Personen*

2 TL braune Senfkörner
2 EL Ghee oder Öl
2 Zwiebeln, dünn ge-
schnitten
2 Knoblauchzehen, zersto-
ßen
2 TL geriebener frischer
Ingwer
1 TL gemahlene Kurkuma
1/2 TL Chilipulver
1 TL gemahlener Kreuz-
kümmel
1 TL Garam Masala
750 g Kartoffeln, geschält
und gewürfelt
100 g Erbsen
Salz und schwarzer Pfeffer
aus der Mühle
2 EL gehackte frische Minze

1 Senfkörner in einen großen Topf geben und bei
mittlerer Hitze trocken
rösten, bis die Samen plat-
zen. Ghee oder Öl, Zwie-
beln, Knoblauch und Ing-
wer zugeben und unter
Rühren weich dünsten.
2 Kurkuma, Chilipulver,
gemahlenen Kreuz-
kümmel, Garam Masala
und Kartoffeln zugeben
und die Kartoffeln unter
Wenden mit den Gewür-
zen überziehen. 125 ml
Wasser dazugießen und das
Curry 15–20 Min. unter
gelegentlichem Rühren kö-
cheln lassen, bis die Kartoffeln knapp gar sind.
3 Erbsen zugeben, salzen,
pfeffern und zugedeckt
5 Min. köcheln lassen, bis
die Kartoffeln gar sind und
die Flüssigkeit absorbiert
ist. Gehackte Minze untermischen und servieren.

NÄHRWERT PRO PORTION:
Eiweiß 8 g, Fett 10 g, Kohlenhydrate 30 g, Ballaststoffe 6 g,
Cholesterin 30 mg;
1075 kJ (255cal)

Rindfleisch-Vindaloo

*Vorbereitungszeit:
20 Min.
Gesamtkochzeit:
1 Std. 45 Min.
Für 4 Personen*

2 EL Ghee oder ÖL
1 kg Rinderschmorfleisch,
gewürfelt
1 EL ÖL
3 Zwiebeln, dünn ge-
schnitten
3 TL geriebener, frischer
Ingwer
3 Knoblauchzehen, zersto-
ßen
1 Zimtstange
80 ml schwarzer Reisessig
125 ml Rinderbrühe
Salz und schwarzer Pfeffer
aus der Mühle
1 TL Zucker

Gewürzmischung
1/2 TL gemahlener
Kreuzkümmel
1 EL Koriandersamen
1/2 TL Kardamomsamen
1 TL Bockshornklee,
gemahlen
1/2 TL Chilipulver
1 TL gemahlene Kurkuma
1 TL Senfpulver

1 2 EL Ghee oder Öl in
einem Topf erhitzen. Die
Fleischwürfel portionsweise
von allen Seiten bräunen
und beiseite stellen.
2 Für die Gewürzmi-
schung alle Zutaten in eine
Küchenmaschine geben
und fein pürieren.
3 1 EL Öl Zwiebeln,
Ingwer, Knoblauch und
Zimt in einen Topf geben
und die Zwiebeln bei mittlerer Hitze unter häufigem
Rühren weich dünsten. Die
Gewürzmischung und das
Fleisch zugeben und das
Fleisch mit den Zutaten im
Topf unter Wenden gleich-
mäßig überziehen.
4 Reisessig, Brühe und
Zucker zugeben. Leicht
salzen, pfeffern und zugedeckt bei niedriger Hitze
etw 1 1/2 Std. schmoren,
bis das Fleisch zart und
weich ist. Zimtstange herausnehmen und das Vinda-
loo mit Reis servieren.

NÄHRWERT PRO PORTION:
Eiweiß 55 g, Fett 15 g, Kohlenhydrate 6 g, Ballaststoffe
2 g, Cholesterin 190 mg;
1630 kJ (390 cal)

---

*Trockenes Kartoffel-Erbsen-Curry (oben) und
Rindfleisch-Vindaloo*

Lamm-Spinat-Curry

Vorbereitungszeit:
25 Min.+
20 Min. Marinieren
Gesamtkochzeit:
1 Std.
Für 4–6 Personen

800 g Lammfleisch, gewürfelt
1 EL geriebener frischer Ingwer
2 Knoblauchzehen, zerstoßen
1 TL Salz
4 EL Ghee oder Butter
1/2 TL Chilipulver
2 TL Garam Masala
2 Kardamomkapseln, geschält und zerstoßen
1 Zimtstange
125 ml Joghurt
500 g Tiefkühl-Spinat, aufgetaut
1/2 TL gemahlene Muskatnuss
60 ml Sahne
Salz und schwarzer Pfeffer

1 Lammfleisch, Ingwer und Knoblauch vermischen und etwa 20 Min. kalt stellen. In einen Topf geben, mit Wasser bedecken, salzen, zum Kochen bringen, 30 Min. köcheln lassen.
2 Das Fleisch herausnehmen und 185 ml der Kochflüssigkeit beiseite stellen. Ghee in einem Topf erhitzen und das Lammfleisch darin leicht bräunen. Gewürze und Joghurt zugeben, 8 Min. kochen, bis der Joghurt absorbiert ist.

3 Spinat, Muskat und Brühe zugeben und zugedeckt 8 Min. köcheln lassen. Die Zimtstange herausnehmen, Sahne untermischen und erhitzen. Mit Salz und Pfeffer abschmecken und servieren.

NÄHRWERT PRO PORTION:
Eiweiß 30 g, Fett 20 g, Kohlenhydrate 2 g, Ballaststoffe 2 g, Cholesterin 140 mg; 1380 kJ (330 cal)

Butterhuhn

Vorbereitungszeit:
30 Min.+ 4 Std.
Marinieren
Gesamtkochzeit:
30 Min.
Für 4 Personen

1 kg Hühnerfleisch (Oberschenkel), in Streifen
80 ml Zitronensaft
1/2 TL Salz
250 ml Joghurt
1 Zwiebel, gehackt
2 Knoblauchzehen, zerstoßen
5 cm Ingwer, gerieben
1 grüner Chili, gehackt
3 TL Garam Masala
2 TL gelbe und 1 TL rote Lebensmittelfarbe
125 ml Tomatenmark
250 ml Sahne
1/4 TL Chilipulver
2 TL Zucker
1 TL gemahlener Kreuzkümmel
100 g Butter

1 Hühnerfleisch mit 3 EL des Zitronensaftes und Salz vermischen.
2 Joghurt, Zwiebeln, Knoblauch, die Hälfte des Ingwers, grünen Chili und 2 TL Garam Masala in einer Küchenmaschine glatt pürieren.
3 Lebensmittelfarben mischen und das Hühnerfleisch damit bestreichen. Das Fleisch mit der Gewürzmischung vermischen und zugedeckt 4 Std. in den Kühlschrank stellen. Hühnerfleisch aus der Marinade nehmen, abtropfen lassen. Ofen auf 220 °C (Gas: Stufe 7) vorheizen.
4 Hühnerfleisch in einer großen Auflaufform 15 Min. backen, herausnehmen und beiseite stellen. Überschüssige Flüssigkeit abgießen.
5 Tomatenmark, Sahne, Chilipulver, Zucker, Kreuzkümmel, 125 ml Wasser und das übrige Garam Masala, Ingwer und Zitronensaft vermischen.
6 Butter in einem Topf zerlassen, Tomatenmischung untermischen und 2 Min. kochen. Die Hitze reduzieren, Hühnerfleisch untermengen und ein paar Minuten köcheln lassen. Mit Reis servieren.

NÄHRWERT PRO PORTION:
Eiweiß 55 g, Fett 40 g, Kohlenhydrate 10 g, Ballaststoffe 2 g, Cholesterin 270 mg; 2625 kJ (625 cal)

Lamm-Spinat-Curry (oben) und Butterhuhn

SCHNELLE

ASIATISCHE GERICHTE

AUS ASIENS KÜCHEN

Hier finden Sie Rezepte für herzhafte Suppen, knackige Salate, schnelle Wokgerichte und würzige Curries. Alles steht in höchstens 30 Minuten auf dem Tisch. Ob Sie Klassiker bevorzugen oder gern Neues ausprobieren, es gibt keinen Grund mehr, den Lieferservice anzurufen.

THAI-SUPPE MIT HUHN UND KOKOS

Zubereitungszeit: 30 Minuten
Für 4 Portionen

2 Stängel Zitronengras,
    weißer Teil gehackt,
    restlicher Stängel halbiert
6 Knoblauchzehen, gehackt
3 rote Zwiebeln, gehackt
8 schwarze Pfefferkörner
1 TL rote Currypaste
250 ml Kokoscreme
400 ml Kokosmilch
400 ml Hühnerbrühe
2½ TL dünne Scheiben
    frischer Galgant
7 Kaffir-Limettenblätter,
    grob gehackt
400 g Hähnchenbrustfilets,
    in Streifen geschnitten
2 EL Limettensaft
2 EL Fischsauce
1 TL geriebener Palmzucker
3 EL frische Korianderblätter
1 kleine rote Chilischote,
    in feine Ringe geschnitten

Nährwertangaben pro Portion:
Fett 36,5 g; Eiweiß 28 g; Kohlenhydrate 10 g; Ballaststoffe 4,5 g; Cholesterin 50 mg; 2000 kJ (475 Kalorien)

1 Gehacktes Zitronengras, Knoblauch, Zwiebeln, Pfefferkörner und Currypaste im Mixer glatt pürieren.
2 Einen Wok bei niedriger Temperatur vorheizen. Die Kokoscreme zugeben, die Temperatur erhöhen und aufkochen. Die Würzpaste einrühren und unter Rühren 5 Minuten köcheln lassen. Kokosmilch und Brühe einrühren, wieder aufkochen. Galgant, Limettenblätter und Zitronengras-Stiele zugeben. Die Temperatur reduzieren und 5 Minuten köcheln lassen.
3 Das Fleisch zugeben und 8 Minuten gar ziehen lassen. Limettensaft, Fischsauce, Palmzucker, Korianderblätter und Chili einrühren und sofort servieren.

Thai-Suppe mit Huhn und Kokos

SESAMTUNFISCH MIT NORI-REIS

Zubereitungszeit: 30 Minuten
Für 4 Portionen

4 Tunfischsteaks à 200 g
120 g Sesamsaat
200 g Reis
2 ½ EL Reisessig
1 EL Mirin
1 TL Zucker
1 Blatt Nori, in sehr feine
    Streifen geschnitten
60 ml Erdnussöl
125 g Mayonnaise
2 TL Wasabi-Paste
eingelegter Ingwer,
    zum Servieren

1 Die Tunfischsteaks in Sesam wenden, die Körner gut andrücken. Den Fisch bis zur Verarbeitung kalt stellen.
2 Reis waschen, bis das Wasser klar abfließt. Mit 500 ml Wasser in einen Topf geben, aufkochen. Temperatur so weit wie möglich reduzieren und abgedeckt 10–12 Minuten köcheln lassen. Herd abschalten und abgedeckt 5 Minuten quellen lassen. Reisessig, Mirin, Zucker und ¼ TL Salz vermischen und über den heißen Reis gießen. Die Körner mit einer Gabel auflockern und die Nori-Streifen einrühren. Warm stellen.
3 Öl in einer großen Pfanne erhitzen. Die Tunfischsteaks von jeder Seite 1–2 Minuten braten, bis der Sesam goldbraun ist. Der Fisch soll innen noch rosa sein. Auf Küchenpapier abtropfen lassen.
4 Reis in leicht gefettete Ramequin-Förmchen (125 ml) füllen und etwas andrücken. Auf Teller stürzen und Förmchen abnehmen. Mayonnaise und Wasabi in kleiner Schüssel verrühren. Den Fisch mit dem Reis und etwas Wasabi-Mayonnaise anrichten, nach Geschmack mit eingelegtem Ingwer garnieren.

Nährwertangaben pro Portion:
Fett 52 g; Eiweiß 60 g; Kohlenhydrate 48 g; Ballaststoffe 5 g; Cholesterin 82,5 mg; 3775 kJ (900 Kalorien)

GARNELEN-LAKSA

Zubereitungszeit: 25 Minuten
Für 4 Portionen

250 g Reis-Vermicelli
1 EL Erdnussöl
60 g Laksa-Paste
750 g Gemüsebrühe
400 ml Kokosmilch
500 g geschälte gesäuberte
    Garnelen mit Schwanz
3 EL gehackte frische
    Korianderblätter
75 g frittierter Tofu,
    in 5 mm breite Stifte
    geschnitten
100 g Bohnensprossen
40 g Erdnüsse, gehackt
frische Korianderblätter,
    zum Garnieren
Limettenspalten,
    nach Belieben

1 Nudeln in einer großen, hitzefesten Schüssel mit kochendem Wasser übergießen, 10 Minuten stehen lassen, abgießen.
2 Wok bei hoher Temperatur vorheizen, mit dem Öl ausschwenken. Laksa-Paste 1 Minute unter Rühren anbraten. Brühe zufügen und aufkochen. Temperatur reduzieren, Kokosmilch zugeben, 2 Minuten köcheln lassen. Garnelen zugeben, 2–3 Minuten köcheln lassen, bis sich ihre Farbe verändert. Koriander, Tofu und ¼ TL Salz zugeben und 2 Minuten gar ziehen lassen.
3 Die Nudeln heiß abspülen, damit sie sich trennen. In 4 Schälchen geben, darauf die Bohnensprossen verteilen und mit der Suppe übergießen. Mit Erdnüssen und Korianderblättern garnieren und mit Limettenspalten servieren.

Nährwertangaben pro Portion:
Fett 38,5 g; Eiweiß 35 g; Kohlenhydrate 62 g; Ballaststoffe 5 g; Cholesterin 186,5 mg; 3060 kJ (730 Kalorien)

Tipp: Wenn Sie keine geschälten, rohen Garnelen bekommen, benötigen Sie 1 kg ungeschälte Garnelen.

Sesamtunfisch mit Nori-Reis (oben), Garnelen-Laksa

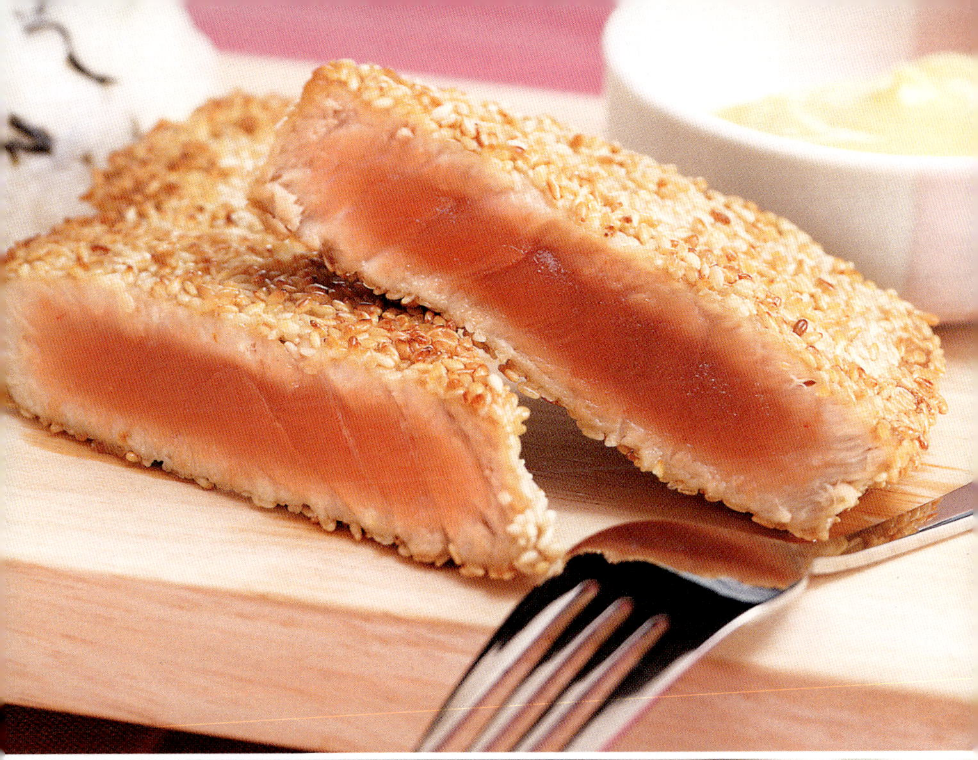

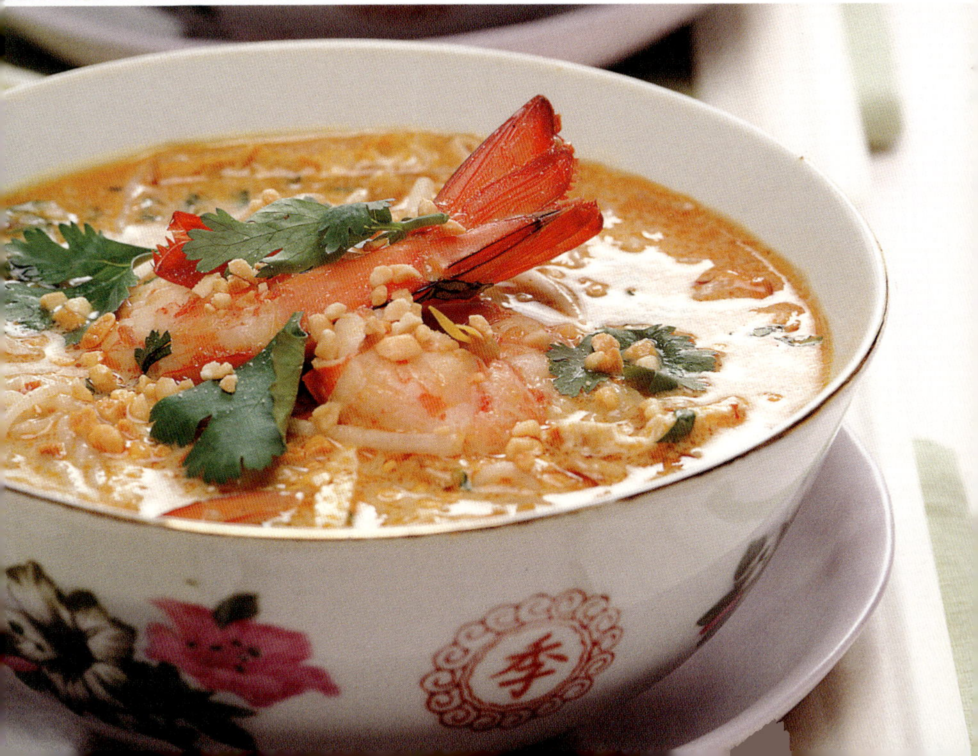

CHINESISCHER BRATREIS

Zubereitungszeit: 25 Minuten
Für 4–6 Portionen

60 ml Speiseöl
2 Eier, leicht verquirlt
1 Karotte, in feinen Scheiben
1 rote Paprikaschote,
   in Würfel geschnitten
6 Babymaiskolben,
   in Stücke geschnitten
2 Knoblauchzehen, zerdrückt
80 g Tiefkühl-Erbsen
100 g chinesische Würste,
   diagonal geschnitten
600 g Langkornreis, gekocht
3 Frühlingszwiebeln,
   in feine Ringe geschnitten
3½ EL Sojasauce
2 TL Zucker
2 TL Sesamöl

1 Wok oder große Pfanne bei hoher Temperatur erhitzen und mit 1 EL Öl ausschwenken. Ei zugeben und durch Schwenken verteilen. 1–2 Minuten goldbraun braten, wenden. Aus der Pfanne nehmen, abkühlen lassen. Aufrollen, in dünne Streifen schneiden.
2 Restliches Öl bei hoher Temperatur erhitzen. Karotte 1 Minute unter Rühren braten, Paprika zufügen, 1 Minute mitbraten. Mais, Knoblauch, Erbsen und Wurst zugeben. 1 Minute unter Rühren braten.

Chinesischer Bratreis (oben),
Vietnamesischer Hähnchensalat

3 Reis, Frühlingszwiebel und Omelette zufügen, vermischen, dabei die Reiskörner trennen. 3–4 Minuten bei mittlerer Hitze unter Rühren braten. Sojasauce, Zucker, Sesamöl zugeben, vermischen. Heiß servieren.

Nährwertangaben pro Portion (6):
Fett 18 g; Eiweiß 15 g; Kohlenhydrate 95 g; Ballaststoffe 5 g;
Cholesterin 86 mg; 2525 kJ
(605 Kalorien)

Variation: Statt der chinesischen Würste können Sie gegrilltes Schweinefleisch, Kochschinken oder Garnelen verwenden.

VIETNAMESISCHER HÄHNCHENSALAT

Zubereitungszeit: 30 Minuten
Für 4 Portionen

400 g Hähnchenbrustfilet
1 Stängel Zitronengras,
   nur der weiße Teil, gehackt
1 EL Fischsauce
2 TL Zucker
2 EL Limettensaft
1½ EL milde Chilisauce
200 g Chinakohl, in feine
   Streifen geschnitten
1 Karotte, mit Sparschäler
   in Streifen geschnitten
½ kleine rote Zwiebel,
   in Ringe geschnitten
15 g frische Korianderblätter
25 g Minze,
   grob gehackt
2 EL frische Korianderblätter,
   zusätzlich zum Garnieren
2 EL gehackte Erdnüsse
1 EL frittierte Zwiebeln

1 Fleisch und Zitronengras in eine hohen Pfanne mit leicht gesalzenem Wasser geben. Aufkochen, die Temperatur reduzieren und 8–10 Minuten leicht köcheln lassen. Abgießen und warm halten.
2 Fischsauce, Zucker, Limettensaft und Chilisauce in einem kleinen Topf bei mittlerer Hitze 1 Minute erwärmen.
3 Kohl, Karotte, Zwiebel, Koriander und Minze in einer großen Schüssel vermischen. ¾ des warmen Dressings zugeben und durchheben, dann in eine Servierschüssel geben.
4 Das Fleisch schräg in Streifen schneiden und auf dem Salat anrichten. Mit dem restlichen Dressing beträufeln, mit Korianderblättern, gehackten Erdnüssen und frittierten Zwiebeln garnieren und sofort servieren.

Nährwertangaben pro Portion:
Fett 8,5 g; Eiweiß 25 g; Kohlenhydrate 7 g; Ballaststoffe 2,5 g;
Cholesterin 66 mg; 850 kJ
(205 Kalorien)

Variation: Verwenden Sie statt Chinakohl eine große grüne Papaya. Die Schale entfernen und das Fruchtfleisch in dünne Streifen schneiden.

JAPANISCHER SALAT MIT RINDFLEISCH

Zubereitungszeit:
20 Minuten
Für 4 Portionen

750 g Rumpsteak
3 TL Speiseöl
3 TL Wasabi-Paste
½ TL Dijonsenf
1 TL geriebener Ingwer
2 EL Reisessig
3 EL eingelegter Ingwer, plus
    1 EL Einlegeflüssigkeit
2 EL Sesamöl
60 ml Speiseöl, zusätzlich
100 g junge Spinatblätter
100 g Mizuna oder
    Brunnenkresse, gesäubert
4 Radieschen, in feine
    Scheiben geschnitten
1 Gurke, geschält und
    mit einem Sparschäler
    in Streifen geschnitten
40 g Sesamsaat, geröstet

1 Das Fleisch kräftig mit Salz und frisch gemahlenem schwarzem Pfeffer würzen. Das Öl in einer großen Pfanne erhitzen oder einen Grill auf hoher Temperatur vorheizen. Das Fleisch von jeder Seite 2–3 Minuten bräunen, dann abgedeckt 5 Minuten ruhen lassen.
2 Wasabi, Senf, Ingwer, Reisessig, eingelegten Ingwer, Einlegeflüssigkeit und ½ TL Salz in einer großen Schüssel verrühren. Beide Ölsorten unterrühren, dann Spinat,

Mizuna, Radieschen und Gurke zugeben und mischen.
3 Das Fleisch quer zur Faser in dünne Streifen schneiden. Den Salat auf 4 Teller verteilen, das Fleisch darauf anrichten. Mit Sesamsaat bestreuen und sofort servieren.

Nährwertangaben pro Portion:
Fett 32 g; Eiweiß 45 g; Kohlenhydrate 2 g; Ballaststoffe 3 g; Cholesterin 121 mg; 1980 kJ (475 Kalorien)

MISO-SUPPE MIT UDON-NUDELN

Zubereitungszeit: 30 Minuten
Für 4–6 Portionen

8 getrocknete Shiitake-Pilze
600 g Hähnchenbrustfilet,
    in 1,5 cm breite Streifen
    geschnitten
60 g Miso
2 TL Dashi-Granulat
1 EL Wakameflocken oder
    Seegras (siehe Tipp)
300 g kleiner Pak Choi,
    der Länge nach halbiert
400 g frische Udon-Nudeln
150 g Tofu, in 1 cm große
    Würfel geschnitten
3 Frühlingszwiebeln, diagonal in Ringe geschnitten

1 Pilze 20 Minuten in 250 ml kochendem Wasser einweichen. Abgießen, Einweichflüssigkeit auffangen. Stiele entfernen, die Pilzhüte in dünne Streifen schneiden.

2 2 l Wasser in einem Topf aufkochen. Temperatur reduzieren, Fleisch zufügen und 2–3 Minuten gar ziehen lassen.
3 Pilze zufügen, 1 Minute köcheln lassen, Miso, Dashi-Granulat, Wakame und Einweichflüssigkeit der Pilze zugeben. Dashi-Granulat und Miso durch Rühren auflösen. Nicht mehr kochen lassen.
4 Den Pak Choi zugeben und 1 Minute ziehen lassen, bis er zusammenfällt. Die Nudeln zugeben und 2 Minuten durchwärmen. Tofu vorsichtig einrühren, dann die Suppe in Schälchen füllen und mit Frühlingszwiebeln garnieren.

Nährwertangaben pro Portion (6):
Fett 10 g; Eiweiß 35 g; Kohlenhydrate 26 g; Ballaststoffe 4 g; Cholesterin 79 mg; 1385 kJ (330 Kalorien)

Tipp: Wakame sind gewellte, braune Algen mit mildem Gemüsegeschmack und weicher Konsistenz. Sie eignen sich für Salate oder gekocht als Gemüsebeilage. Nur kleine Mengen verwenden – sie quellen beim Kochen auf das 10-fache Volumen auf.

Japanischer Salat mit Rindfleisch (oben), Miso-Suppe mit Udon-Nudeln

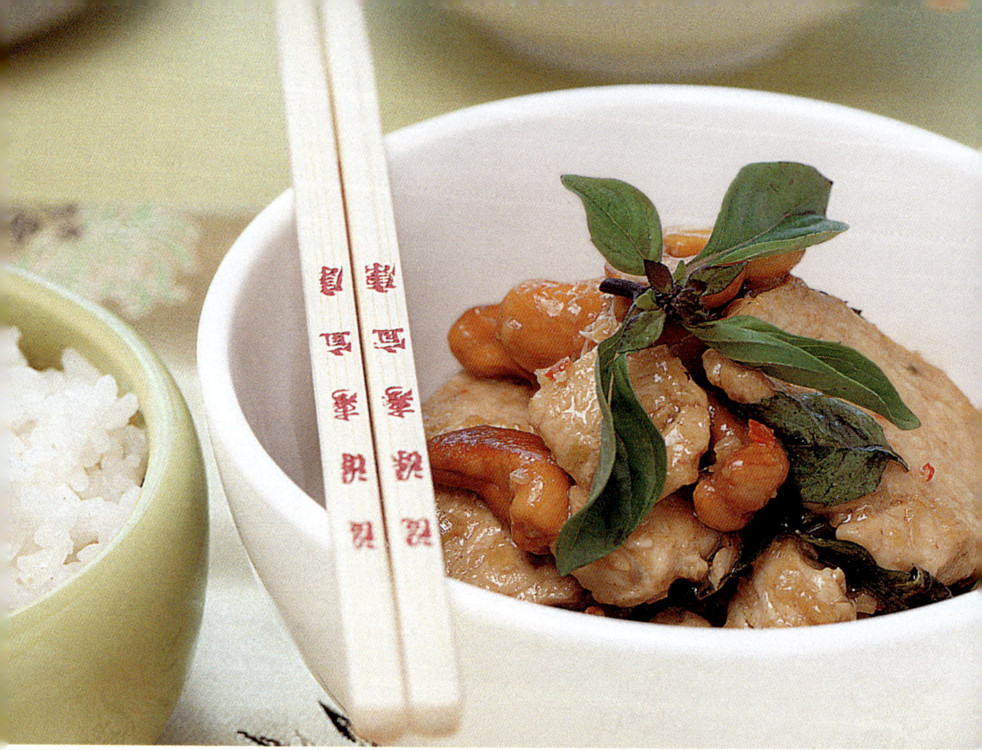

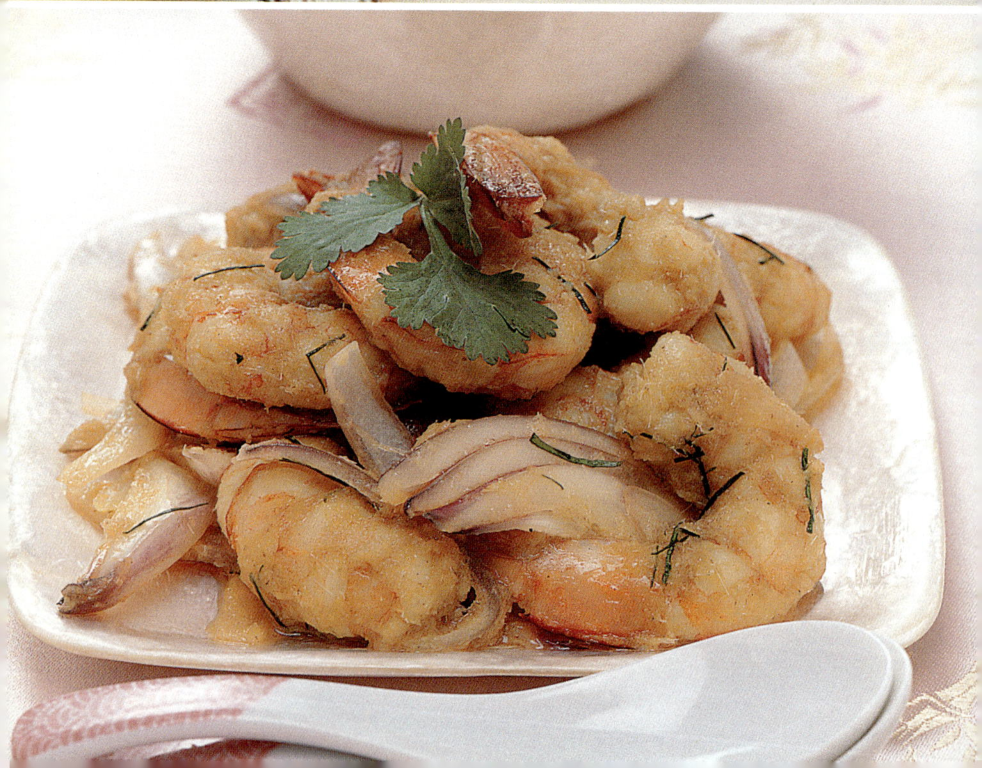

CHILI-HUHN MIT BASILIKUM UND CASHEWS

Zubereitungszeit: 30 Minuten
Für 4 Portionen

750 g Hähnchenbrustfilet,
    in Streifen geschnitten
2 Stängel Zitronengras,
    nur der weiße Teil,
    fein gehackt
3 frische rote Chilischoten,
    entkernt und fein gehackt
4 Knoblauchzehen,
    zerdrückt
1 EL fein gehackter frischer
    Ingwer
2 frische Korianderwurzeln,
    fein gehackt
2 EL Speiseöl
100 g Cashewkerne
1½ EL Limettensaft
2 EL Fischsauce
1½ EL geriebener Palmzucker
    oder brauner Zucker
60 g frisches Thai-Basilikum
2 TL Speisestärke, aufgelöst
    in 1 EL Wasser

1 Das Fleisch in einer großen Schüssel mit Zitronengras, Chili, Knoblauch, Ingwer und Korianderwurzel mischen.
2 Einen Wok bei mittlerer Temperatur vorheizen und mit 1 EL Öl ausschwenken. Die Cashewkerne 1 Minute hell anbräunen. Aus dem Wok nehmen und abtropfen lassen.

Chili-Huhn mit Basilikum und Cashews (oben), Garnelen mit Zitronengras

3 Restliches Öl im Wok erhitzen. Fleisch portionsweise bei mittlerer Hitze 4–5 Minuten anbraten. Das gesamte Fleisch wieder in den Wok geben.
4 Limettensaft, Fischsauce, Palmzucker und Basilikum zugeben und 30–60 Sekunden erhitzen, bis das Basilikum gerade zusammenfällt. Die Speisestärke zufügen und die Sauce unter Rühren eindicken lassen. Die Cashewkerne zugeben. Zu gedämpftem Reis servieren.

Nährwertangaben pro Portion:
Fett 32,5 g; Eiweiß 46 g; Kohlenhydrate 15 g; Ballaststoffe 2,5 g; Cholesterin 123,5 mg; 2220 kJ (530 Kalorien)

GARNELEN MIT ZITRONENGRAS

Zubereitungszeit: 20 Minuten
Für 4 Portionen

5 Stängel Zitronengras, nur
    der weiße Teil, fein gehackt
2 Knoblauchzehen, gehackt
3 TL geriebener Ingwer
2 EL Speiseöl
1 rote Zwiebel oder
    5 asiatische Schalotten,
    in Spalten geschnitten
500 g geschälte und
    gesäuberte Garnelen,
    Schwanz nicht abgetrennt
    (siehe Tipp)
1 EL Limettensaft
2 Kaffir-Limettenblätter,
    grob gehackt
2 EL Fischsauce

2 EL geriebener heller
    Palmzucker
frische Korianderblätter,
    zum Garnieren

1 Zitronengras, Knoblauch, Ingwer und 1 EL Öl im Mixer oder Mörser zu einer glatten Paste verarbeiten.
2 Wok bei hoher Temperatur vorheizen und mit dem restlichen Öl ausschwenken. Zwiebel bei starker Hitze 1 Minute anbraten, dann die Gewürzpaste zufügen und 1–2 Minuten mitbraten, bis sie duftet.
3 Garnelen zufügen, 2 Minuten mitbraten. Limettensaft, Limettenblätter, Fischsauce, Palmzucker, 1 ½ EL Wasser verrühren und zugeben. 2 Minuten kochen, bis der Zucker gelöst ist. Mit Korianderblättern garnieren, zu gedämpftem Reis servieren.

Nährwertangaben pro Portion:
Fett 10 g; Eiweiß 27 g; Kohlenhydrate 8 g; Ballaststoffe 0,5 g; Cholesterin 186,5 mg; 955 kJ (230 Kalorien)

Tipp: Wenn Sie keine geschälten, rohen Garnelen bekommen, benötigen Sie 1 kg ungeschälte Garnelen. Die Vorbereitungszeit erhöht sich je nach Größe der Garnelen und Dauer des Schälens.

NORI-OMELETTE MIT GEBRATENEM GEMÜSE

Zubereitungszeit:
30 Minuten
Für 4 Portionen

8 Eier
18 x 10 cm großes
  Nori-Blatt
60 ml Speiseöl
1 Knoblauchzehe, zerdrückt
3 TL fein geriebener Ingwer
1 Karotte, in feine Stifte
  geschnitten
2 Zucchini, der Länge nach
  halbiert und diagonal
  geschnitten
200 g gemischte Enoki-,
  Austern- und Shiitake-
  Pilze, große Pilze in
  Streifen geschnitten
1 EL japanische Sojasauce
1 EL Mirin
2 TL gelbe Miso-Paste

1 Die Eier leicht verquirlen. Das Nori–Blatt
fest aufrollen und mit
einer Schere in dünne
Streifen schneiden. Zum
Ei geben und mit Salz
und frisch gemahlenem
schwarzem Pfeffer
würzen.
2 Einen Wok auf
hoher Temperatur vor-
heizen und mit 2 EL Öl
ausschwenken. 80 ml
der Eimasse zugeben
und durch Schwenken
dünn verteilen. 2 Minu-
ten stocken lassen, dann
wenden und die andere
Seite 1 Minute garen.
Aus dem Wok nehmen
und warm stellen. Aus

der restlichen Eimasse
3 weitere Omelettes
zubereiten.
3 Restliches Öl im
Wok erhitzen. Knob-
lauch und Ingwer 1 Mi-
nute unter Rühren bra-
ten. Karotte, Zucchini
und Pilze in 2 Portio-
nen jeweils 3 Minuten
mitgaren. Alle Gemüse
wieder in den Wok
geben. Sojasauce, Mirin
und Miso-Paste zugeben
und 1 Minute köcheln
lassen. Gemüse auf den
Omelettes verteilen,
aufrollen und sofort zu
Reis servieren.

Nährwertangaben pro Portion:
Fett 25 g; Eiweiß 17 g; Kohlenhydrate 4 g; Ballaststoffe 5 g;
Cholesterin 375 mg; 1240 kJ
(295 Kalorien)

LACHS MIT SOJAGLASUR

Zubereitungszeit:
30 Minuten
Für 4 Portionen

125 ml Sojasauce
2 EL Honig
1 EL geriebener Ingwer
80 ml Limettensaft
4 Lachsfilets à 180 g
2 EL Erdnussöl
2 Knoblauchzehen,
  zerdrückt
150 g Zuckererbsen,
  gesäubert
1 rote Paprikaschote,
  in Streifen geschnitten
1 EL Sojasauce, zusätzlich
300 g junge Spinatblätter

1 Sojasauce, Honig,
Ingwer und Limettensaft
verrühren. Die Lachs-
filets in eine flache
Schüssel aus Glas oder
Porzellan legen und
mit der Marinade über-
gießen. Beide Seiten der
Filets mit der Marinade
bestreichen, 8 Minuten
ziehen lassen.
2 Die Lachsfilets
unter dem vorgeheizten
Grill von einer Seite 8–
10 Minuten grillen
(nicht wenden), bis
der Fisch gar und die
Oberfläche dunkel ist.
3 Inzwischen einen
Wok bei mittlerer Tem-
peratur erhitzen und mit
Öl ausschwenken. Den
Knoblauch 30 Sekunden
andünsten, aber nicht
bräunen. Temperatur
erhöhen, Zuckererbsen
und Paprika 2 Minuten
unter Rühren braten.
Sojasauce und Spinat
zugeben, 1–2 Minuten
unter Rühren braten,
bis der Spinat zusam-
menfällt. Lachs auf
einem Gemüsebett
anrichten.

Nährwertangaben pro Portion:
Fett 23 g; Eiweiß 41 g; Kohlenhydrate 17 g; Ballaststoffe 3,5
g; Cholesterin 93,5 mg; 1805 kJ
(430 Kalorien)

Nori-Omelette mit
gebratenem Gemüse
(oben), Lachs mit Sojaglasur

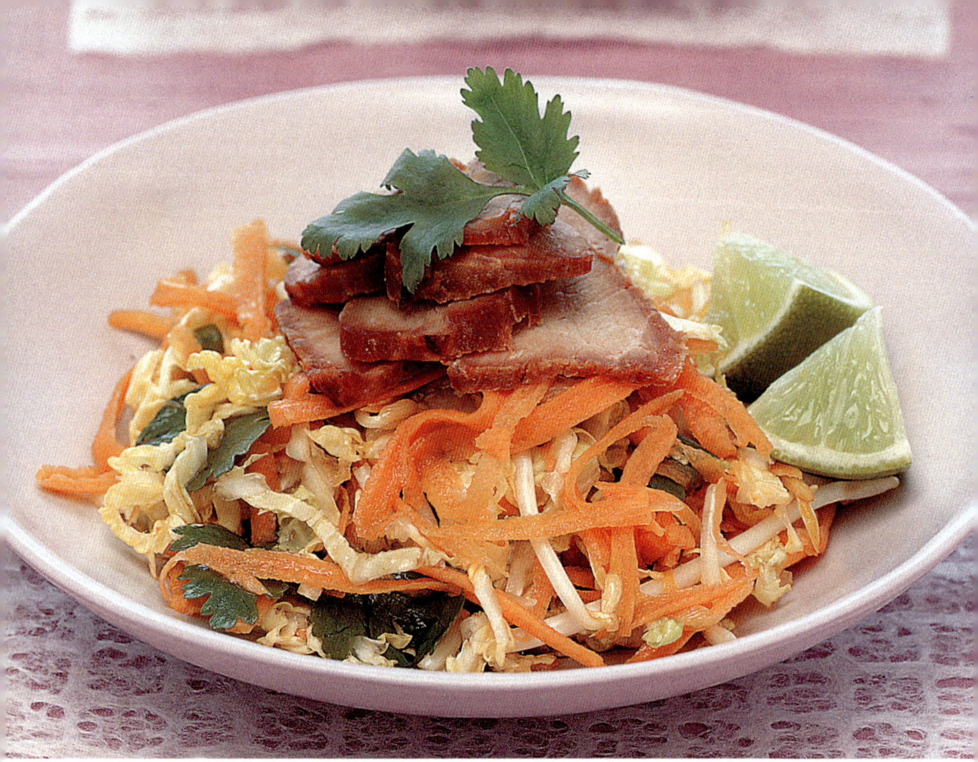

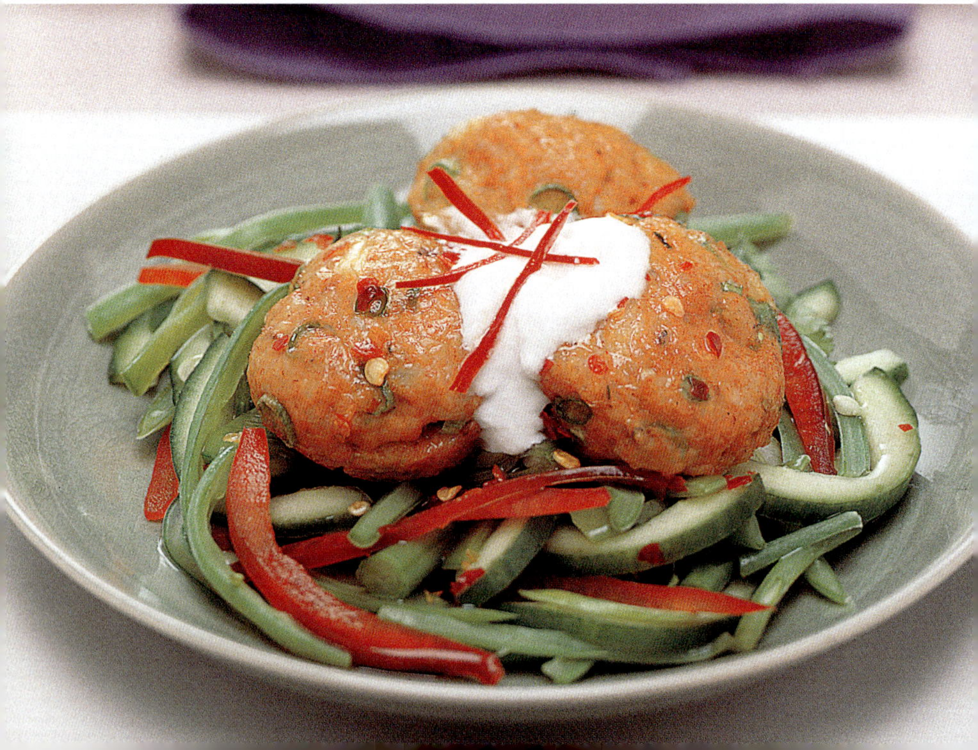

CHINESISCHES SCHWEINEFLEISCH AUF KOHLSALAT

Zubereitungszeit: 15 Minuten
Für 4 Portionen

250 g kalter Schweinebraten,
   chinesische Art
2 EL Sojasauce
1 ½ EL Mirin
½ TL Sesamöl
2 TL Limettensaft
2 TL Zucker
150 g Chinakohl, in feine
   Streifen geschnitten
100 g Bohnensprossen
1 große Karotte, geraspelt
3 EL frische Korianderblätter
3 Frühlingszwiebeln,
   in feine Ringe geschnitten
Limettenspalten,
   zum Servieren

1 Das Fleisch in dünne Scheiben schneiden. Sesamöl, Sojasauce, Mirin, Limettensaft und Zucker in einer Schüssel mischen.
2 Kohl, Bohnensprossen, Korianderblätter, Karotte und Frühlingszwiebeln in Schüssel mischen. Mit Dressing übergießen, durchheben. Salat auf die Teller verteilen, Fleisch darauf anrichten, mit Limettenspalten garnieren.

Nährwertangaben pro Portion:
Fett 3 g; Eiweiß 22 g; Kohlenhydrate 4,5 g; Ballaststoffe 2 g; Cholesterin 80 mg; 555 kJ
(135 Kalorien)

Chinesisches Schweinefleisch auf Kohlsalat (oben), Fischplätzchen auf Thai-Salat

FISCHPLÄTZCHEN AUF THAI-SALAT

Zubereitungszeit: 30 Minuten
Für 4 Portionen

400 g weiße Fischfilets,
   z. B. Schnapper oder Seebarsch, gesäubert und
   in Würfel geschnitten
2 EL rote Currypaste
2 Kaffir-Limettenblätter,
   fein gehackt
2 EL Kokoscreme
1 Eiweiß
150 g grüne Bohnen,
   blanchiert
2 Frühlingszwiebeln, nur
   grüner Teil, fein gehackt
100 g Zuckererbsen,
   blanchiert und in Stücke
   geschnitten
½ rote Paprikaschote,
   in Streifen geschnitten
1 Gurke, entkernt und
   in Scheiben geschnitten
2 Frühlingszwiebeln,
   zusätzlich, diagonal
   in Ringe geschnitten
15 g frische Korianderblätter
80 ml Reis- oder Weißweinessig
1 EL Zucker
1 TL getrocknete Chiliflocken
60 ml Kokoscreme,
   zusätzlich
1 kleine frische Chilischote,
   entkernt, in Julienne
   geschnitten

1 Den Backofen auf 200 °C vorheizen. Den Fisch mit Currypaste, Kaffir-Limettenblätter, Kokoscreme und Eiweiß im Mixer pürieren. Danach in eine Schüssel geben.

2 40 g grüne Bohnen in dünne Scheiben schneiden und mit den fein gehackten Frühlingszwiebeln unter die Fischmasse kneten. Eine Muffinform (für zwölf Muffins) einfetten.
3 Die Masse mit feuchten Händen in zwölf Portionen teilen und zu flachen Plätzchen formen. In die Muffinformen setzen und 6–8 Minuten backen.
4 Inzwischen die restlichen Bohnen längs halbieren und in eine große Schüssel geben. Zuckererbsen, Paprika, Gurke, Frühlingszwiebeln und Koriander zufügen.
5 Essig und Zucker in einem Topf bei mittlerer Hitze 1 Minute erwärmen und den Zucker unter Rühren auflösen. Vom Herd nehmen, die Chiliflocken einrühren und abkühlen lassen.
6 Salat und Fischplätzchen auf 4 Tellern anrichten und mit dem Dressing übergießen. Die Plätzchen mit einem Schlag Kokoscreme und Chilistreifen garnieren.

Nährwertangaben pro Portion:
Fett 11 g; Eiweiß 24 g; Kohlenhydrate 7,5 g; Ballaststoffe 3 g; Cholesterin 59 mg; 940 kJ
(225 Kalorien)

SOBA-NUDELSALAT MIT GARNELEN

Zubereitungszeit: 20 Minuten
Für 4 Portionen

1 EL fein gehackter Ingwer
1 Knoblauchzehe,
  fein gehackt
80 ml Reisessig
1 TL Zucker
2 TL Sesamöl
80 ml japanische oder
  milde Sojasauce
250 g getrocknete Soba-
  Nudeln
400 g gekochte, geschälte
  und gesäuberte Garnelen
  (siehe Tipp)
1 kleine rote Paprikaschote,
  in Julienne geschnitten
4 Frühlingszwiebeln, diagonal in Ringe geschnitten
1 EL Sesamsaat, geröstet

1 Ingwer, Knoblauch, Essig, Zucker, Sesamöl, Sojasauce, ¼ TL frisch gemahlenen schwarzen Pfeffer und ½ TL Salz in einer kleinen Schüssel gut verrühren.
2 In einem großen Topf reichlich leicht gesalzenes Wasser aufkochen. Die Nudeln zugeben und 4–5 Minuten bissfest garen. Kalt abspülen, abtropfen lassen und mit Garnelen, Paprika, Frühlingszwiebeln und Dressing in eine Schüssel geben. Vermischen und mit Salz und frisch gemahlenem schwarzem Pfeffer abschmecken. Den Salat gleichmäßig auf 4 Schäl-chen verteilen und mit gerösteten Sesamkör-nern bestreuen.

Nährwertangaben pro Portion:
Fett 16 g; Eiweiß 26 g; Kohlen-hydrate 37 g; Ballaststoffe 5,5 g; Cholesterin 192 mg; 1670 kJ (400 Kalorien)

Tipp: Wenn Sie keine geschäl-ten, rohen Garnelen bekommen, benötigen Sie 800 g ungeschälte Garnelen. Die Vorbereitungszeit erhöht sich je nach Garnelen-größe und Dauer des Schälens.

VEGETARISCHER NUDELTOPF

Zubereitungszeit: 30 Minuten
Für 6 Portionen

375 g Ramen-Nudeln
1 EL Speiseöl
1 EL fein gehackter Ingwer
2 Knoblauchzehen,
  zerdrückt
150 g Austernpilze, halbiert
1 kleine Zucchini, in feine
  Scheiben geschnitten
1 Lauchstange, der Länge
  nach halbiert und fein
  geschnitten
100 g Zuckererbsen,
  diagonal halbiert
100 g frittierter Tofu, in feine
  Streifen geschnitten
1,25 l Gemüsebrühe
1½ EL weiße Miso-Paste
2 EL Sojasauce
1 EL Mirin
100 g Bohnensprossen
1 TL Sesamöl
4 Frühlingszwiebeln, in feine
  Ringe geschnitten
100 g Enoki-Pilze

1 In einem großen Topf reichlich leicht gesalzenes Wasser auf-kochen. Nudeln hinzu-geben und 4 Minuten bissfest garen. Gelegent-lich rühren, damit sie nicht verkleben. Abgie-ßen, kalt abspülen und abtropfen lassen.
2 Das Öl bei mittlerer Temperatur in einem großen Topf erhitzen. Ingwer, Knoblauch, Austernpilze, Zucchini, Lauch, Zuckererbsen und Tofu zugeben und 2 Minuten unter Rühren anbraten. Brühe und 300 ml Wasser hin-zufügen, aufkochen, die Temperatur reduzieren. Miso, Sojasauce und Mirin einrühren und durchwärmen, nicht mehr kochen lassen. Bohnensprossen und Sesamöl einrühren.
3 Die Nudeln in 6 Schälchen geben und mit der Suppe über-gießen. Mit Frühlings-zwiebeln und Enoki-Pilzen garnieren.

Nährwertangaben pro Portion:
Fett 6,5 g; Eiweiß 13 g; Kohlen-hydrate 38 g; Ballaststoffe 5 g; Cholesterin 8,5 mg; 1090 kJ (260 Kalorien)

Soba-Nudelsalat mit
Garnelen (oben),
Vegetarischer Nudeltopf

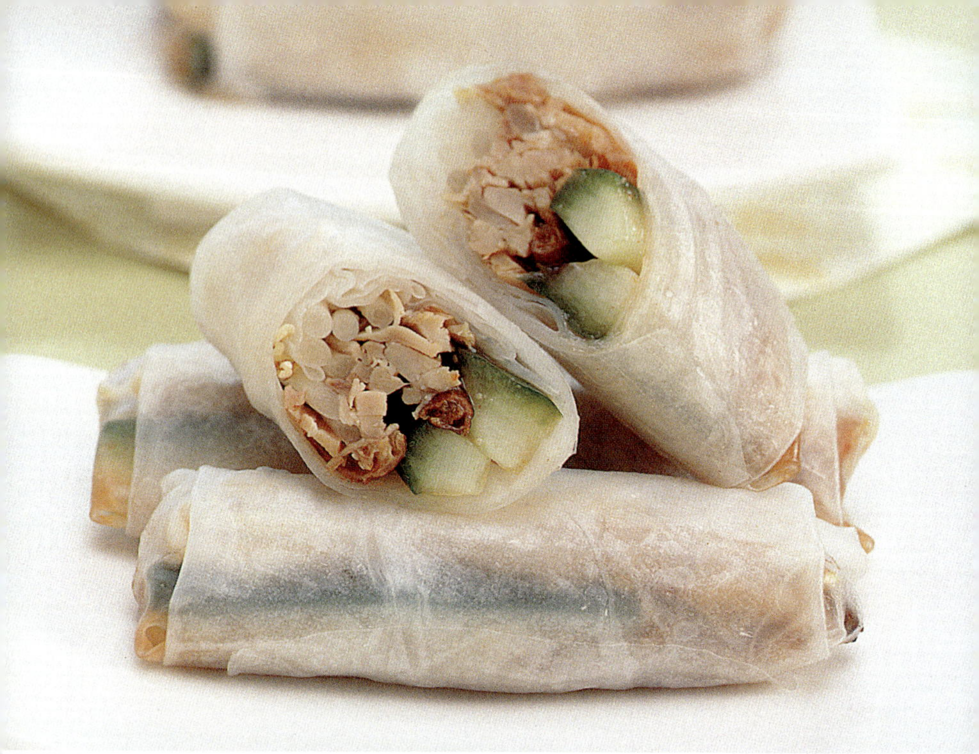

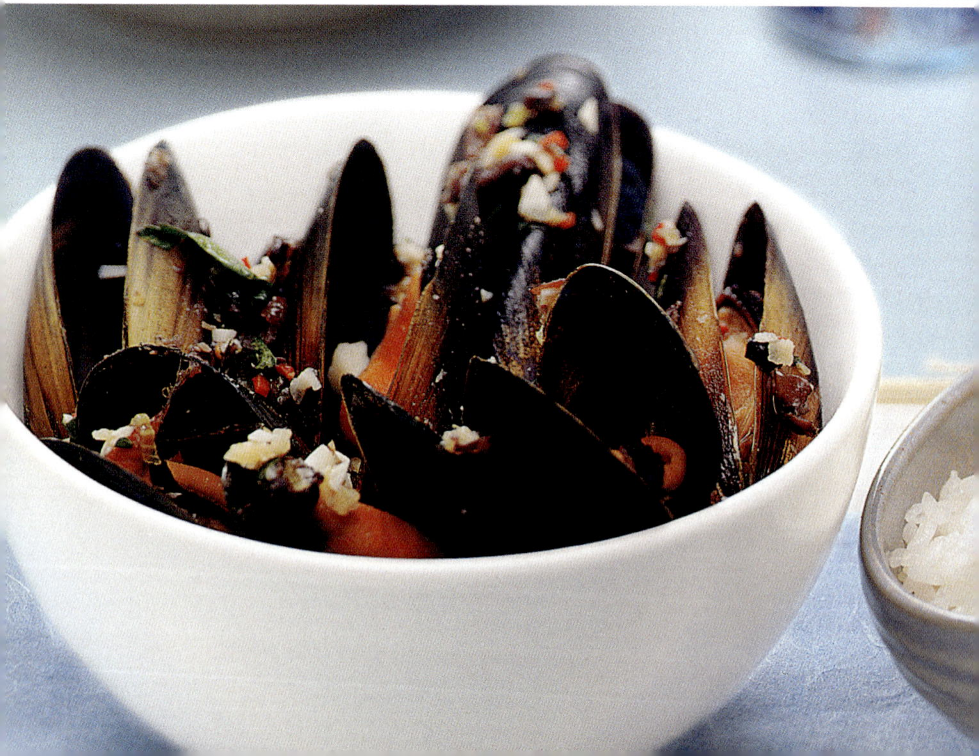

VIETNAMESISCHE ENTENRÖLLCHEN

Zubereitungszeit: 20 Minuten
Für 4 Portionen
  als Zwischenmahlzeit

16 Blätter vietnamesisches
  Reispapier (Ø 22 cm)
1 ganze gebratene Ente,
  chinesische Art (siehe Tipp)
1 Gurke
150 g Bohnensprossen

Sauce
1 EL Hoisin-Sauce
2 TL Chilisauce
1 EL Pflaumensauce

1 Eine große Schüssel
zur Hälfte mit warmem
Wasser, eine weitere mit
kaltem Wasser füllen. Je-
des Reispapierblatt zuerst
10 Sekunden in das war-
me und dann in das kalte
Wasser tauchen. Auf
Küchenpapier abtropfen
lassen und aufstapeln.
Dabei jeweils ein Stück
Pergamentpapier zwi-
schen die Blätter legen.
2 Das Fleisch von den
Knochen lösen, klein
schneiden und in eine
Servierschüssel geben.
Die Gurke längs halbie-
ren, Kerne entfernen
und in 1 x 6 cm lange
Streifen schneiden. In
eine weitere Schüssel
geben. Bohnensprossen
in eine dritte Schüssel

Vietnamesische Enten-
röllchen (oben), Muscheln
mit schwarzen Bohnen
und Koriander

geben. Saucenzutaten
verrühren und in eine
Schüssel geben.
3 Jeder Gast füllt sich
seine Rollen selbst. Etwas
Sauce auf ein Reispapier-
blatt streichen, Fleisch
und Gemüse auf die
obere Hälfte des Blattes
geben. Füllung einrollen.

Nährwertangaben pro Portion:
Fett 7,5 g; Eiweiß 20 g; Kohlenhydrate 25 g; Ballaststoffe 2 g;
Cholesterin 103 mg; 1020 kJ
(245 Kalorien)

Tipp: Fertig gebratene Ente
bekommt man im Chinarestau-
rant oder beim Chinaservice.

MUSCHELN MIT SCHWARZEN BOHNEN UND KORIANDER

Zubereitungszeit: 25 Minuten
Für 4 Portionen

1,5 kg Miesmuscheln
1 EL Erdnussöl
2 EL gesalzene schwarze
  Urdbohnen, abgetropft
  und zerstampft
2 Knoblauchzehen,
  fein gehackt
1 TL fein gehackter Ingwer
2 lange rote Chilis, entkernt
  und fein gehackt
1 EL fein gehackte frische
  Korianderwurzel
60 ml Reiswein oder
  trockener Sherry
2 EL Limettensaft
2 TL Zucker
15 g frische Korianderblätter,
  grob gehackt

1 Die Muscheln mit
einer Bürste gründlich
schrubben, dabei den
Bart entfernen. Alle
offenen Muscheln aus-
sortieren.
2 Das Öl in großer
Pfanne mit Deckel erhit-
zen. Bohnen, Knoblauch,
Ingwer, Chili und Kori-
anderwurzel bei geringer
Hitze 2–3 Minuten
garen, bis die Mischung
duftet.
3 Den Wein zugießen
und die Temperatur
erhöhen. Die Hälfte
der Muscheln in einer
Lage auflegen und den
Deckel fest schließen. 2–
3 Minuten garen, bis
sich die Schalen öffnen.
Alle noch geschlossenen
Muscheln wegwerfen.
Die Muscheln aus der
Pfanne nehmen, die
übrigen Muscheln
ebenso garen.
4 Muscheln mit einem
Schaumlöffel in eine
Servierschüssel geben.
Limettensaft, Zucker
und Korianderblätter
zum Sud in die Pfanne
geben und 30 Sekunden
aufkochen. Den Sud
über die Muscheln
gießen. Sofort zu Reis
servieren.

Nährwertangaben pro Portion:
Fett 8 g; Eiweiß 22 g; Kohlenhydrate 14 g; Ballaststoffe 1 g;
Cholesterin 73,5 mg; 970 kJ
(230 Kalorien)

RINDFLEISCH-SPIESSCHEN MIT ERDNUSSSAUCE

Zubereitungszeit: 30 Minuten
Für 4 Portionen

1 Zwiebel, gehackt
2 Knoblauchzehen, zerdrückt
2 TL Sambal oelek
1 Stängel Zitronengras, nur
   der weiße Teil, gehackt
2 TL gehackter frischer
   Ingwer
1 ½ EL Speiseöl
300 ml Kokoscreme
125 g Erdnussbutter
   mit Stückchen
1 ½ EL Fischsauce
2 TL Sojasauce
1 EL geriebener Palmzucker
   oder brauner Zucker
2 EL Limettensaft
2 EL gehackte frische
   Korianderblätter
750 g Rumpsteak,
   in 2 x 10 cm große
   Streifen geschnitten
2 TL Speiseöl
gehackte frische rote
   Chilischote, zum
   Garnieren, nach Belieben
gehackte geröstete
   Erdnüsse, zum Garnieren,
   nach Belieben

1 Zwiebel, Knoblauch, Sambal oelek, Zitronengras und Ingwer im Mixer zu einer glatten Paste pürieren.
2 Öl bei mittlerer Temperatur im Topf, erhitzen. Paste 2–3 Minuten unter Rühren anbraten, bis sie duftet. Kokoscreme, Erdnussbutter, Fischsauce, Sojasauce, Zucker und Limettensaft zugeben und aufkochen. Temperatur reduzieren und 5 Minuten köcheln lassen, dann den Koriander einrühren.
3 Inzwischen das Fleisch auf 12 Spieße schieben und auf dem heißen Grill oder in einer beschichteten Pfanne in dem Öl von jeder Seite 2 Minuten garen. Die Spieße mit der Sauce auf Reis anrichten und einen Salat als Beilage reichen. Mit gehackter Chili und Erdnüssen garnieren.

Nährwertangaben pro Portion:
Fett 49 g; Eiweiß 53 g; Kohlenhydrate 13 g; Ballaststoffe 6 g; Cholesterin 120 mg; 2910 kJ (695 Kalorien)

Tipp: Holzspieße müssen vor der Benutzung 30 Minuten in Wasser eingeweicht werden, damit sie nicht verbrennen.

SCHWERTFISCH MIT CHILI UND INGWER

Zubereitungszeit: 20 Minuten
Für 4 Portionen

4 Schwertfischfilets
60 ml Erdnussöl
3 Knoblauchzehen,
   fein gehackt
2 EL geriebener frischer
   Ingwer
60 ml Limettensaft
80 ml milde Chilisauce

1 Den Fisch in eine Schüssel aus Glas oder Porzellan legen, mit etwas Öl bestreichen. Knoblauch und Ingwer vermischen und auf dem Fisch verteilen.
2 Das restliche Öl in einer beschichteten Pfanne erhitzen. Den Fisch mit der gewürzten Seite nach oben in die Pfanne legen. Bei mittlerer Hitze 2 Minuten braten, bis die Unterseite knusprig und goldbraun ist.
3 Je 1 EL Limettensaft und Chilisauce verrühren und auf den Fisch träufeln. Vorsichtig wenden, weitere 2 Minuten braten, bis der Fisch zart, aber innen noch rosa ist. Aus der Pfanne nehmen. Warm stellen.
4 Den restlichen Limettensaft und die Chilisauce in die Pfanne geben und 1 Minute dicklich einkochen lassen. Zu gedämpftem Zitronengras-Limetten-Reis (siehe Seite 32) und pfannengerührtem Gemüse servieren.

Nährwertangaben pro Portion:
Fett 17,5 g; Eiweiß 33 g; Kohlenhydrate 4 g; Ballaststoffe 1 g; Cholesterin 93 mg; 1275 kJ (305 Kalorien)

Rindfleischspießchen mit Erdnusssauce (oben), Schwertfisch mit Chili und Ingwer

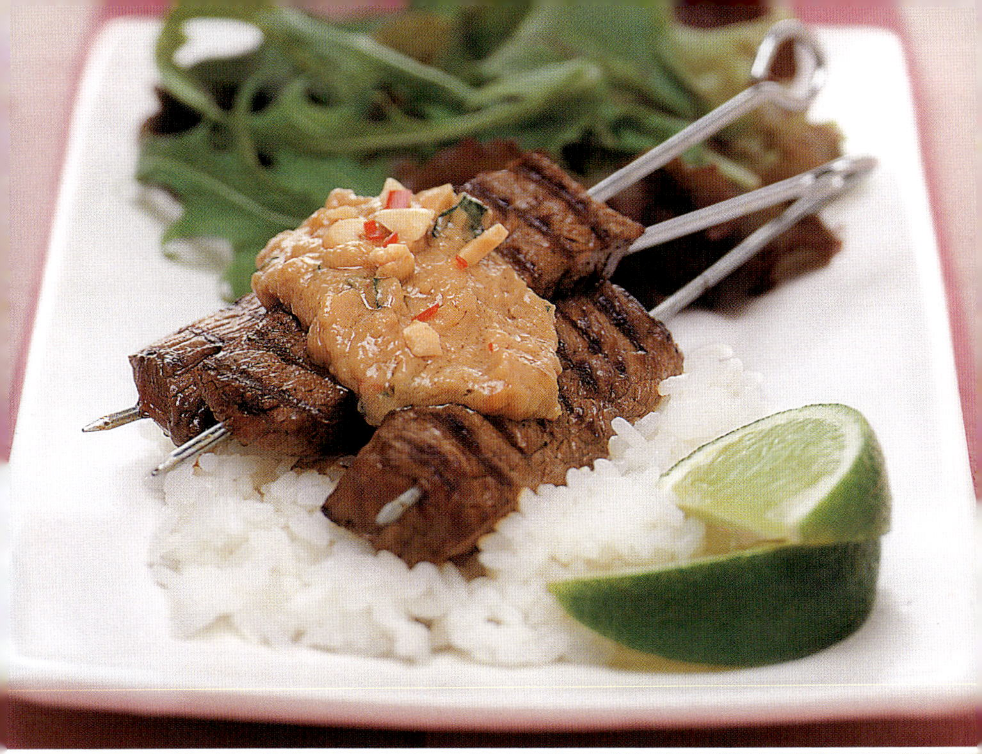

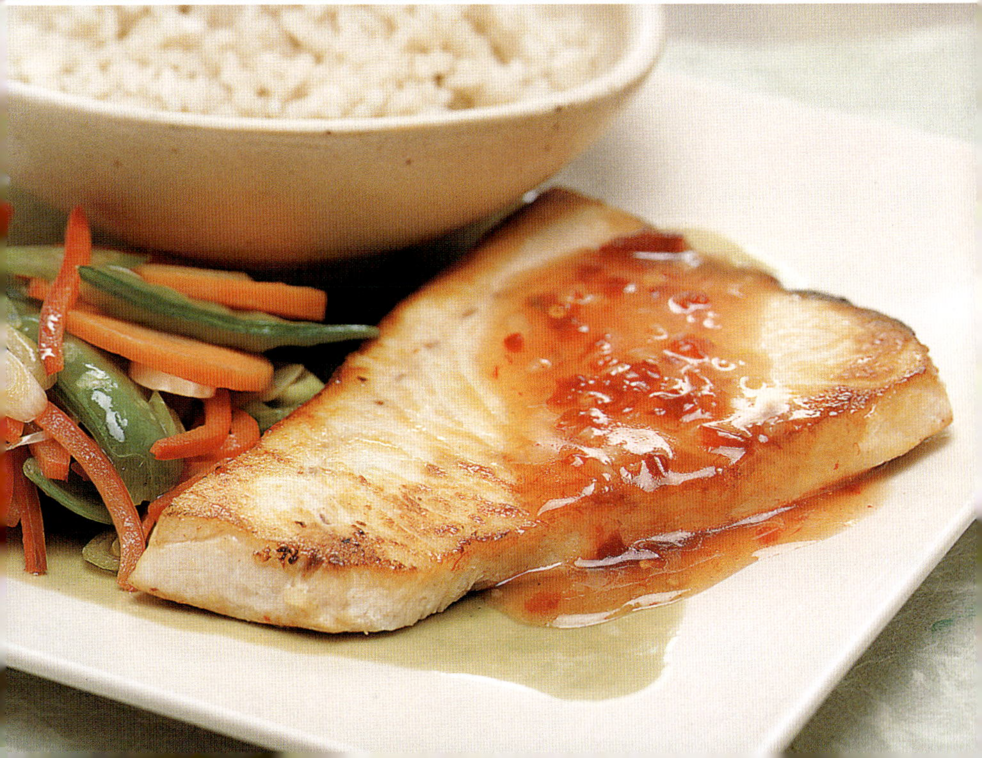

KALMARE MIT SALZ UND PFEFFER

Zubereitungszeit: 20 Minuten
Für 4 Personen

125 g Speisestärke
1½ EL Salz
1 EL gemahlener weißer
  Pfeffer
3 kleine frische rote Chilischoten, entkernt, gehackt
1 kg gesäuberte Kalmar-
  mäntel, in Ringe
  geschnitten
2 Eiweiß, aufgeschlagen
Öl, zum Frittieren
Limettenspalten,
  zum Servieren

1 Maismehl, Salz, Pfeffer und Chilies in einer Schüssel mischen.
2 Kalmarringe in das geschlagene Eiweiß und die Maismehlmischung tauchen. Überschüssiges Mehl abschütteln.
3 Großen gusseisernen Topf zu einem Drittel mit Öl füllen. Auf 180 °C erhitzen. Kalmare in mehreren Portionen 1–2 Minuten goldgelb frittieren. Auf Küchenpapier abtropfen. Heiß mit gedämpftem Reis und Limettenspalten servieren.

Nährwertangaben pro Portion:
Fett 5,5 g; Eiweiß 40 g; Kohlenhydrate 27 g; Ballaststoffe 0,5
g; Cholesterin 448 mg; 1330 kJ
(320 Kalorien)

Kalmare mit Salz und Pfeffer (oben) sowie Reisnudelrollen mit Krabben

REISNUDELROLLEN MIT KRABBEN

Zubereitungszeit: 30 Minuten
Für 4 Personen

1 EL Erdnussöl
2 Knoblauchzehen, zerdrückt
200 g frische Shiitake-Pilze,
  in feine Streifen geschnitten
5 Frühlingszwiebeln, gehackt
60 g Wasserkastanien,
  abgetropft und gehackt
150 g frische Baby-Mais-
  kolben, grob gehackt
650 g rohe mittlere Garnelen,
  geschält, gesäubert und
  grob gehackt (siehe Tipp)
500 g frische Reisnudel-
  Blätter
Öl, zum Bestreichen

Sauce
60 ml Sojasauce
2 TL Sesamöl
1 TL geriebener frischer
  Ingwer
1 TL Zucker
2 EL chinesischer Reiswein

1 Wok stark erhitzen und mit Öl ausschwenken. Knoblauch und Champignons 1 Minute pfannenrühren, Frühlingszwiebel, Wasserkastanien, Maiskölbchen und Krabben hinzugeben. 2 Minuten braten, bis der Mais gerade zart und die Krabben rosa werden. Vom Herd nehmen.
2 Reisnudelrolle vorsichtig entrollen, dann in 2 ca. 24 x 16 cm große Hälften schneiden. ¼ Tasse der Krabben-mischung auf ein Ende jedes Rechtecks legen, dabei einen 3 cm breiten Rand lassen. Die Ränder des Teigblatts zur Mitte falten und wie eine Frühlingsrolle einrollen. Mit einem feuchten Handtuch abdecken und den Vorgang mit dem 2. Teigblatt und der restlichen Krabben-mischung wiederholen.
3 Einen Bambusdämpfer mit Backpapier auslegen, leicht einfetten und die Rollen mit der Naht nach unten hineinlegen. Den Dämpfer über einen mit köchelndem Wasser gefüllten Wok stellen, 4–5 Minuten dämpfen, bis die Krabben gar sind.
4 Sojasauce, Sesamöl, Ingwer, Zucker und Reiswein in einem kleinen Topf bei mittlerer Hitze erwärmen. die Rollen auf einem Teller anrichten und kurz vor dem Servieren mit der Sauce übergießen.

Nährwertangaben pro Portion:
Fett 8,5 g; Eiweiß 31 g; Kohlenhydrate 44 g; Ballaststoffe 3,5 g;
Cholesterin 186 mg; 1625 kJ
(390 Kalorien)

Tipp: Wenn Sie keine geschälten, rohen Krabben bekommen,
benötigen Sie 1,3 kg ungeschälte Krabben.

AROMATISIERTER REIS

200 g ungekochter Reis ergeben etwa 550 g gegarten Reis. Pro Person rechnet man 275–360 g gegarten Reis. Um für 4 Personen Reis nach der Quellmethode zuzubereiten, waschen Sie 500 g Reis in einem Sieb, bis das Wasser klar abfließt. Den Reis mit 750 ml Wasser in einen Topf geben, kurz sprudelnd aufkochen. Fest abdecken, die Temperatur möglichst weit reduzieren und 10 Minuten köcheln. Herd abschalten und abgedeckt 10 Minuten quellen lassen. Mit einer Gabel auflockern.

KOKOS-INGWER-REIS

400 g Langkornreis waschen. Mit 600 ml Wasser, 50 g Kokosraspeln, 2 TL frisch geriebenem Ingwer und 1 EL Salz verrühren und bei starker Hitze aufkochen. Die Temperatur möglichst weit reduzieren und den Topf mit einem gut schließenden Deckel abdecken. 5–6 Minuten köcheln lassen, den Herd abschalten und den Reis 10 Minuten quellen lassen. Mit einer Gabel auflockern und sofort servieren. Ergibt 6 Portionen.

ZITRONENGRAS-LIMETTEN-REIS

400 g Langkornreis waschen. Mit 250 ml Wasser, 500 ml Kokoscreme, dem weißen Teil eines Stängels Zitronengras (zerdrückt), 2 Kaffir-Limettenblättern und 1 TL Salz bei starker Hitze aufkochen. Temperatur möglichst weit reduzieren, den Topf mit gut schließenden Deckel abdecken. 15 Minuten köcheln, den Herd abschalten, den Reis 5 Minuten quellen lassen. Mit einer Gabel Kokoscreme, die noch nicht aufgenommen wurde, leicht unterrühren. Zitronengras und Limettenblätter entfernen. Ergibt 4–6 Portionen.

Im Urzeigersinn von links: Kokos-Ingwer-Reis, Zitronengras-Limetten-Reis, Gelber Duftreis, Sesam-Reis und Nori-Reis

GELBER DUFTREIS

20 g Ghee in einer Pfanne erhitzen. Scheiben von 3 roten Schalotten 5 Minuten andünsten. 6 Curryblätter zugeben und 4 weitere Minuten dünsten, bis die Schalotten goldbraun sind. 1 TL gemahlene Kurkuma und 1 TL Salz zufügen. Die Mischung mit einer Gabel unter 1 kg frisch gegarten weißen Reis rühren. Ergibt 4 Portionen.

SESAM-REIS

500 g Langkornreis mit 750 ml Wasser und 1 TL Salz bei starker Hitze aufkochen. Die Temperatur möglichst weit reduzieren und den Topf mit einem gut schließenden Deckel abdecken. 15 Minuten köcheln lassen, dann den Herd abschalten und den Reis 5 Minuten quellen lassen, ohne den Deckel abzunehmen. Inzwischen 2 EL Sesamöl in einem kleinen Topf erhitzen und 2 EL Sesamsaat bei starker Hitze goldbraun rösten. 1 EL schwarze Sesamsaat und 1 EL Limettensaft zufügen. Den Reis mit einer Gabel auflockern, die Sesammischung unterrühren. Ergibt 4 Portionen.

NORI-REIS

400 g asiatischen Rundkornreis waschen, bis das Wasser klar abfließt. Mit 600 ml Wasser im Topf aufkochen. Temperatur möglichst reduzieren. Topf mit gut schließendem Deckel abdecken. 15 Minuten köcheln. 3 ½ EL Reisessig, 2 EL Mirin, 2 TL Zucker und ½ TL Salz in Schüssel verrühren, über den Reis gießen. Mit Gabel unterheben. Den Reis auflockern. 1 Nori-Blatt in feine Streifen schneiden, mit 1 EL gehacktem, eingelegtem Ingwer unter den Reis heben. Ergibt 4 Portionen.

LAMMKOTELETTS MIT CHILI

Zubereitungszeit: 30 Minuten
Für 4–6 Portionen

4 Knoblauchzehen, zerdrückt
1 EL geriebener frischer Ingwer
1 TL Speiseöl
1 TL Sambal oelek
2 TL gemahlener Koriander
2 TL gemahlener Kreuzkümmel
2 EL Sojasauce
2 TL Sesamöl
2 EL milde Chilisauce
2 EL Zitronensaft
12 Lammkoteletts

1 Knoblauch, Ingwer, Sambal oelek, Koriander, Kreuzkümmel, Sojasauce, Sesamöl, Chilisauce und Zitronensaft in einer Schüssel verrühren. Mit Salz und frisch gemahlenem schwarzem Pfeffer abschmecken. Das Fleisch in eine flache Schale aus Glas oder Porzellan legen, von allen Seiten mit der Mischung bestreichen und 20 Minuten marinieren.
2 Grill oder Grillpfanne vorheizen und das Fleisch von jeder Seite 3 Minuten (nach Geschmack auch länger) garen. Dazu passt Zitronengras-Limetten-Reis oder Kokos-Ingwer-Reis.

Nährwertangaben pro Portion (6):
Fett 13,5 g; Eiweiß 19 g; Kohlenhydrate 4 g; Ballaststoffe 1,5 g; Cholesterin 64 mg; 890 kJ (210 Kalorien)

RINDFLEISCHPFANNE

Zubereitungszeit: 30 Minuten
Für 4 Portionen

2 EL Erdnussöl
350 g Rinderfilet, halb gefroren, in feine Scheiben geschnitten (siehe Tipp)
1 große Zwiebel, in dünne Spalten geschnitten
1 große Karotte, diagonal in feine Scheiben geschnitten
1 rote Paprikaschote, in feine Streifen geschnitten
100 g Zuckererbsen, diagonal halbiert
150 g Babymaiskolben, diagonal halbiert
200 g Strohpilze, abgetropft
2 EL Austernsauce
1 Knoblauchzehe, zerdrückt
1 TL geriebener frischer Ingwer
2 EL Sojasauce
2 EL Sherry medium dry
1 EL Honig
1 TL Sesamöl
2 TL Speisestärke

1 Einen Wok auf hoher Temperatur vorheizen und mit 1 EL Erdnussöl ausschwenken. Fleisch portionsweise 2–3 Minuten rundum anbräunen, aus dem Wok nehmen und warm stellen.
2 Restliches Erdnussöl im Wok erhitzen. Zwiebel, Karotte und Paprika 2–3 Minuten unter Rühren anbraten, bis sie gerade weich werden. Zuckererbsen, Mais und Strohpilze zufügen und 1 Minute unter Rühren mitbraten, dann das gesamte Fleisch wieder zugeben.
3 Austernsauce mit Knoblauch, Sojasauce, Sherry, Honig, Sesamöl und 1 EL Wasser in einer kleinen Schüssel verrühren und in den Wok geben. Die Speisestärke mit dem Wasser glatt rühren und in den Wok gießen. Unter Rühren kurz aufkochen lassen, bis die Sauce eindickt. Mit Salz und frisch gemahlenem schwarzem Pfeffer abschmecken. Sofort zu Reis oder dünnen Eiernudeln servieren.

Nährwertangaben pro Portion:
Fett 16 g; Eiweiß 25 g; Kohlenhydrate 24 g; Ballaststoffe 5 g; Cholesterin 59 mg; 1445 kJ (345 Kalorien)

Tipp: Im Wok garen Speisen sehr schnell. Damit auch Fleisch eine kurze Garzeit hat, muss es sehr dünn geschnitten werden. Das gelingt am besten, wenn es noch leicht gefroren ist. Das Messer lässt sich in angetautem Fleisch leichter führen als in zimmerwarmem Fleisch.

Lammkoteletts mit Chili (oben), Rindfleischpfanne

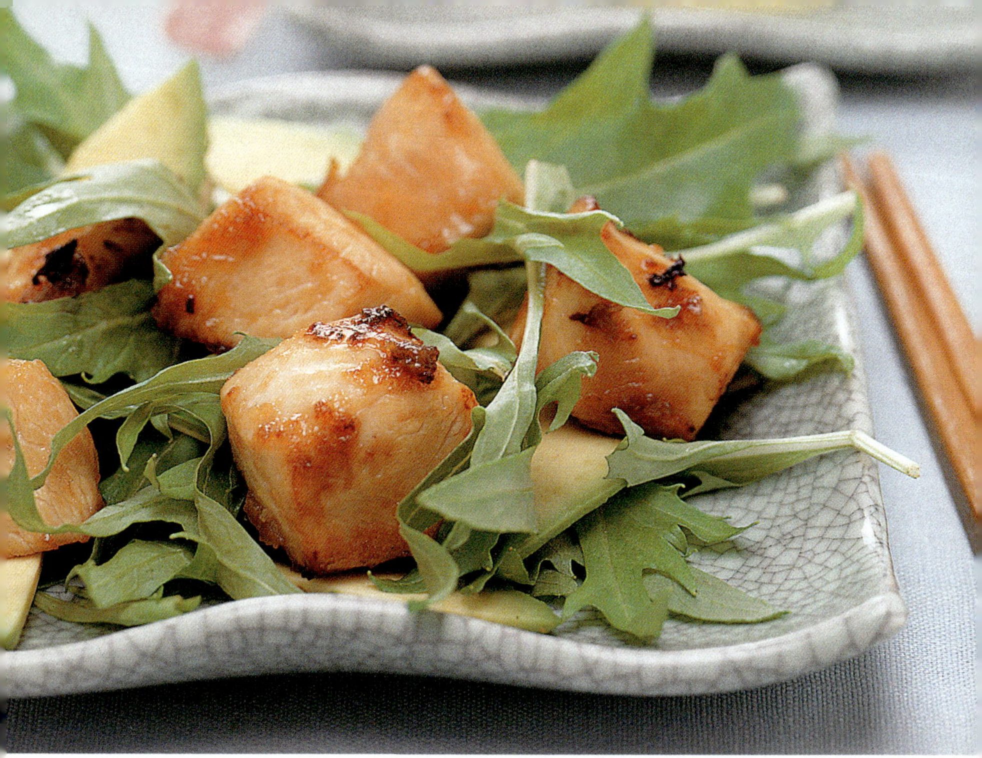
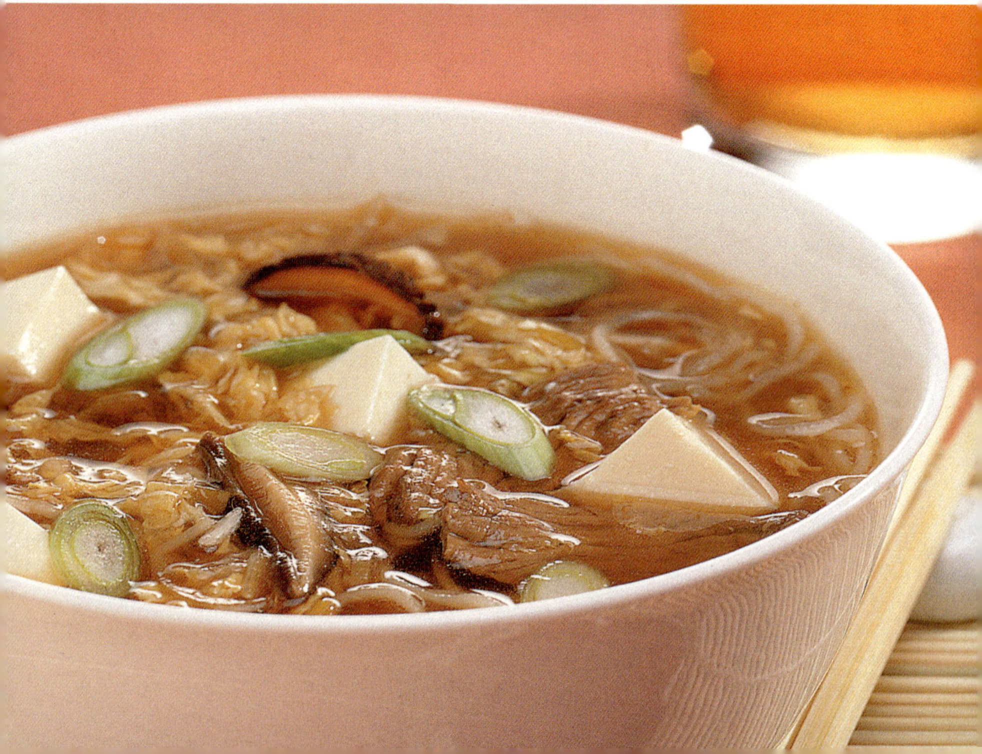

JAPANISCHER SALAT MIT WARMEM HÄHNCHEN

Zubereitungszeit: 30 Minuten
Für 4 Portionen

1 El geriebener frischer
  Ingwer
125 ml japanische
  Sojasauce
60 ml Mirin
1 TL Chiliöl
60 g Speisestärke
750 g Hähnchenbrustfilets,
  in 3 cm große Würfel
  geschnitten
1 TL Wasabi-Paste
125 g japanische
  Mayonnaise (siehe Tipp)
2 EL Speiseöl
80 g Mizuna, gewaschen
  und gesäubert
½ Avocado, in feine Scheiben
  geschnitten
2 EL eingelegter Ingwer,
  grob gehackt

1 Ingwer, Sojasauce, Mirin, Chiliöl und Speisestärke in einer Schüssel verrühren. Das Fleisch zugeben und in der Marinade wenden. In einer weiteren Schüssel Wasabi und Mayonnaise mischen.
2 Den Wok bei hoher Temperatur erhitzen, mit der Hälfte des Öls ausschwenken. Die Hälfte des Fleischs 4–5 Minuten unter Rühren rundum anbraten und garen.

Japanischer Salat mit warmem Hähnchen (oben), Sukiyaki-Suppe

Aus dem Wok nehmen und warm halten. Restliches Öl in den Wok geben und das restliche Fleisch garen.
3 Mizuna und Avocado auf 4 Teller verteilen. Das Fleisch darauf anrichten, mit der Mayonnaise und dem eingelegten Ingwer servieren.

Nährwertangaben pro Portion:
Fett 26 g; Eiweiß 43 g; Kohlenhydrate 19 g; Ballaststoffe 1,5 g; Cholesterin 131,5 mg; 2030 kJ (485 Kalorien)

Tipp: Japanische Mayonnaise wird in weichen Kunststoffflaschen im asiatischen Lebensmittelhandel angeboten. Ersatzweise kann europäische Mayonnaise verwendet werden.

SUKIYAKI-SUPPE

Zubereitungszeit: 30 Minuten
Für 4–6 Portionen

10 g getrocknete Shiitake-
  Pilze, in Streifen geschnitten
100 g Reis-Vermicelli
2 TL Speiseöl
1 Lauchstange, der Länge
  nach halbiert und fein
  geschnitten
1 l Hühnerbrühe
1 TL Dashi-Granulat,
  in 500 ml kochendem
  Wasser aufgelöst
125 ml Sojasauce
2 EL Mirin
1 ½ EL Zucker
100 g Chinakohl, in feine
  Streifen geschnitten
300 g weicher Tofu, in 2 cm
  große Würfel geschnitten

600 g Rumpsteak, in feine
  Streifen geschnitten
4 Frühlingszwiebeln,
  diagonal in Ringe
  geschnitten

1 Die Shiitake-Pilze mit 125 ml kochendem Wasser übergießen und 10 Minuten einweichen. Die Nudeln in einer großen, hitzefesten Schüssel mit kochendem Wasser übergießen, 5 Minuten stehen lassen, dann abgießen.
2 Das Öl in einem großen Topf erhitzen, den Lauch bei mittlerer Hitze 3 Minuten weich dünsten. Hühnerbrühe, Dashi-Brühe, Sojasauce, Mirin, Zucker und Pilze samt Einweichflüssigkeit zugeben. Aufkochen, die Temperatur reduzieren und 5 Minuten köcheln lassen.
3 Den Kohl zufügen und 5 Minuten mitgaren. Dann Tofu und Fleisch zugeben und weitere 5 Minuten köcheln lassen, bis das Fleisch gar, aber noch zart ist. Die Nudeln auf 4 Schälchen verteilen, die Suppe darüber geben. Mit Frühlingszwiebeln garnieren.

Nährwertangaben pro Portion (6):
Fett 12 g; Eiweiß 37 g; Kohlenhydrate 27 g; Ballaststoffe 2 g; Cholesterin 77 mg; 1530 kJ (365 Kalorien)

FISCHFILET MIT KOKOS UND KAFFIR-LIMETTE

Zubereitungszeit: 30 Minuten
Für 4 Portionen

2 Stängel Zitronengras,
  nur der weiße Teil
8 Kaffir-Limettenblätter
250 ml Kokoscreme
2 EL Fischsauce
½ TL Garam masala
2 TL geriebener frischer
  Ingwer
2 Knoblauchzehen,
  zerdrückt
2 EL gehackte frische
  Korianderblätter
4 weiße Fischfilets à 200 g
2 x 2 cm großes
  Galgantstück, in 4
  Scheiben geschnitten
1 Limette, in Spalten
  geschnitten

1 Backofen auf 200 °C
vorheizen. Einen Stängel
Zitronengras in feine
Ringe schneiden, den
übrigen längs vierteln,
mit einem Messerrücken
leicht zerdrücken.
2 4 Limettenblätter
fein hacken und mit
Kokoscreme, Fischsauce,
Garam masala, Ingwer,
Knoblauch, Koriander
und gehacktem Zitro-
nengras in einer Schüssel
verrühren. Den Fisch in
der Marinade wenden.
3 Dann 4 quadratische
Stücke Backpapier
(30 cm) zuschneiden.
Jeweils in die Mitte ein
Stück zerdrücktes Zitro-
nengras und Galgant

legen. Den Fisch darauf
setzen, ein Limettenblatt
darauf legen und ein
Viertel der Kokosmari-
nade zugeben. Zufalten,
dann jedes Päckchen zu-
sätzlich in Alufolie
wickeln.
4 In großen Bräter aus
Glas oder Keramik legen,
15–20 Minuten garen.
Päckchen auswickeln,
Zitronengras und Gal-
gant entfernen. Auf Reis
anrichten, mit dem Sud
übergiessen. Mit Limet-
tenspalten garnieren.

Nährwertangaben pro Portion:
Fett 17,5 g; Eiweiß 43 g; Kohlenhydrate 3,5 g; Ballaststoffe 1,5 g;
Cholesterin 118 mg; 1430 kJ
(340 Kalorien)

ROTES CURRY MIT KÜRBIS, BOHNEN UND BASILIKUM

Zubereitungszeit: 30 Minuten
Für 4 Portionen

600 g geschälter und ent-
  kernter Kürbis, in 3 cm
  große Stücke geschnitten
2 EL Speiseöl
1 EL rote Currypaste
400 ml Kokoscreme
200 g grüne Bohnen,
  in 3 cm lange Stücke
  geschnitten
2 Kaffir-Limettenblätter,
  zerdrückt
1 EL geriebener heller
  Palmzucker
1 EL Fischsauce
30 g Thai-Basilikum, plus
  zusätzliches zum Garnieren
1 EL Limettensaft

1 Den Backofen auf
200 °C vorheizen. Die
Kürbiswürfel mit 1 EL
Öl mischen, in eine
ofenfeste Form geben
und 20 Minuten backen.
2 Das restliche Öl in
einem Topf erhitzen.
Die Currypaste zugeben
und bei mittlerer Hitze
1–2 Minuten kochen.
Klümpchen mit einer
Gabel zerdrücken.
Die Kokoscreme in
3–4 Portionen zugeben
und aufkochen, dabei
mit einem Holzlöffel
cremig rühren. Kürbis
samt Garflüssigkeit,
Bohnen und Kaffir-
Limettenblätter zugeben.
Die Temperatur redu-
zieren und 5 Minuten
köcheln.
3 Palmzucker, Fisch-
sauce, Basilikum und
Limettensaft einrühren.
Mit frischen Basilikum-
blättern garnieren und
zu Reis servieren.

Nährwertangaben pro Portion:
Fett 32,5 g; Eiweiß 7 g; Kohlenhydrate 18,5 g; Ballaststoffe 6 g;
Cholesterin 0,05 mg; 1630 kJ
(390 Kalorien)

Tipp: Wer sich kalorienbewusst
ernährt, kann für dieses Rezept
fettarme Kokoscreme verwenden.

Fischfilet mit Kokos und
Kaffir-Limette (oben), Rotes
Curry mit Kürbis, Bohnen
und Basilikum

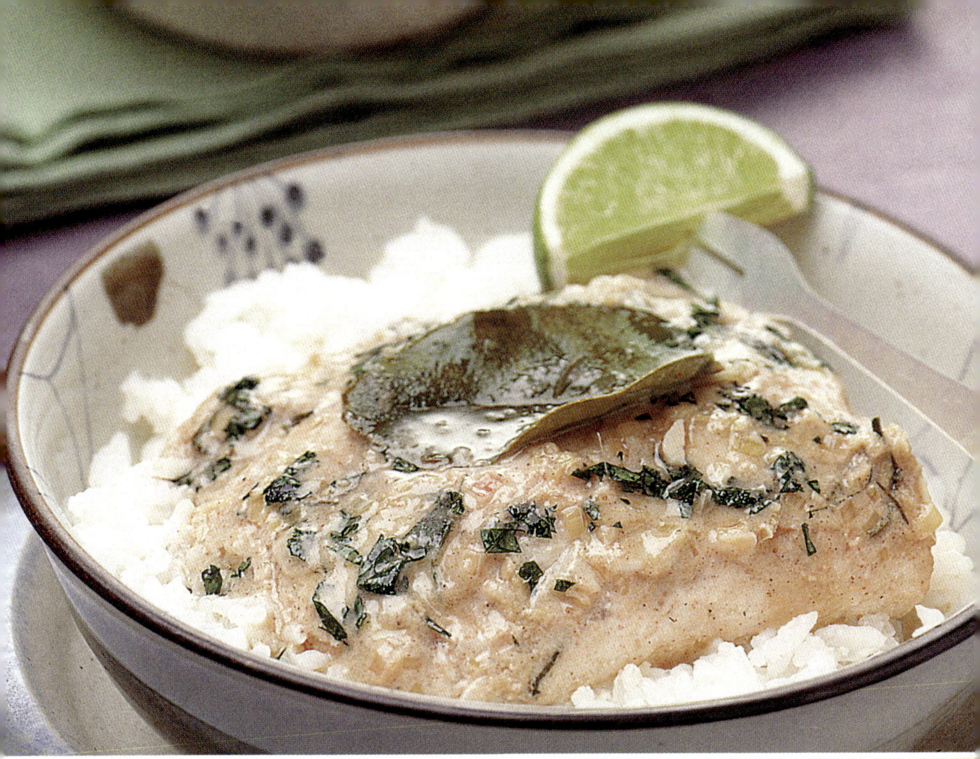

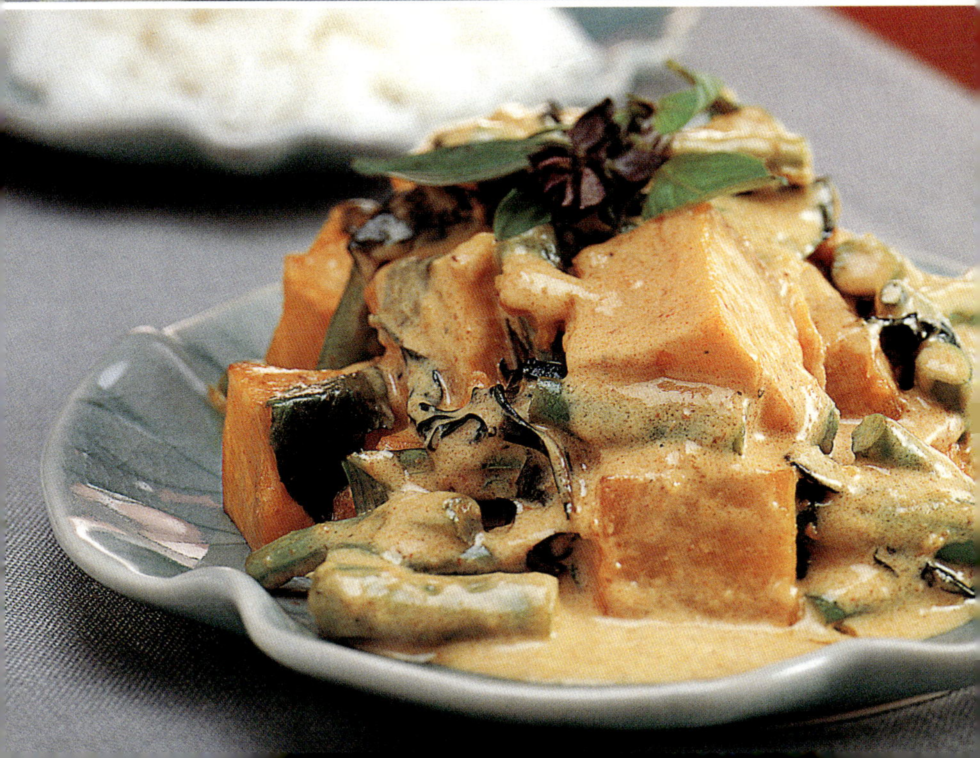

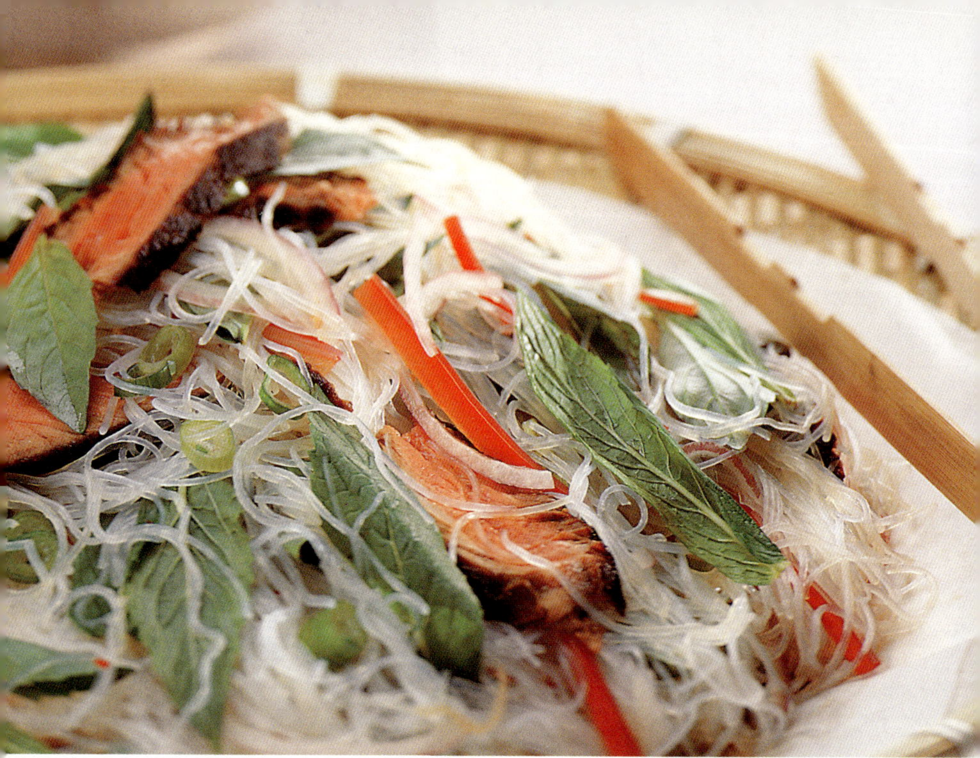
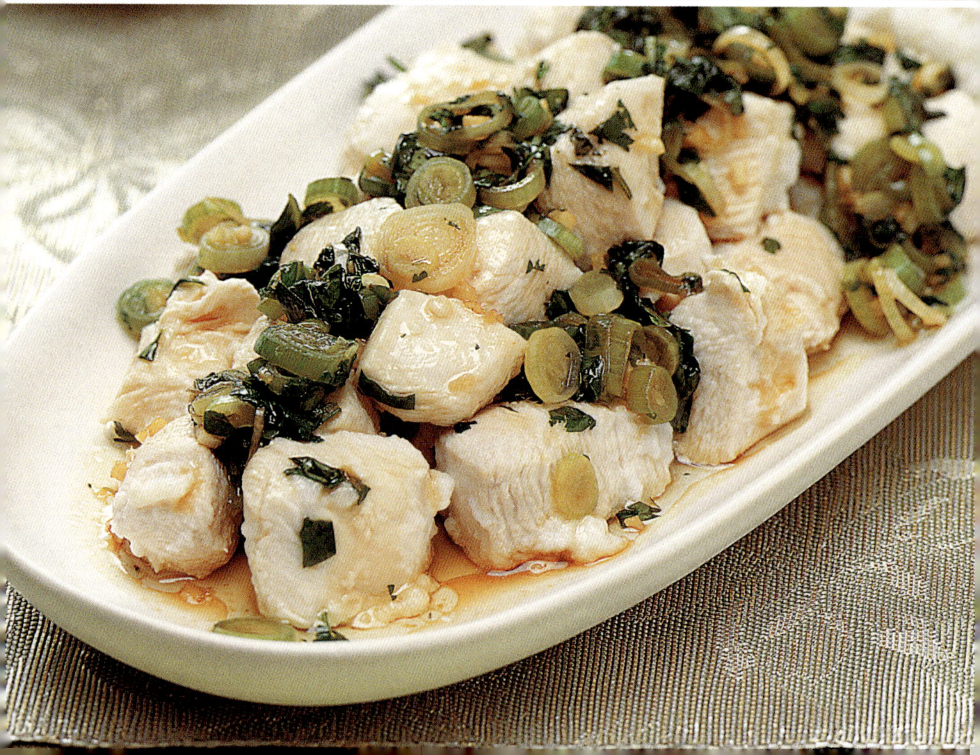

GLASNUDELSALAT MIT RINDFLEISCH

Zubereitungszeit: 30 Minuten
Für 4 Portionen

250 g Glasnudeln
2 TL Speiseöl
400 g Filetsteak
1 kleine frische rote
  Chilischote, fein gehackt
6 Frühlingszwiebeln, in feine
  Ringe geschnitten
60 ml Limettensaft
60 ml Fischsauce
2 TL geriebener heller
  Palmzucker
1 kleine rote Paprikaschote,
  in feine Streifen
  geschnitten
½ rote Zwiebel, in feine
  Streifen geschnitten
20 g frische Minze
30 g frisches Thai-Basilikum

1 Die Nudeln in einer hitzefesten Schüssel mit kochendem Wasser übergießen, 5 Minuten stehen lassen. Abgießen, kalt abspülen und gut abtropfen lassen. Mit einer Schere in 10 cm lange Stücke schneiden.
2 Öl in einer Pfanne erhitzen, Fleisch zugeben und von jeder Seite 2 Minuten braten, sodass es innen noch rosa ist. Aus der Pfanne nehmen, abgedeckt 5 Minuten ruhen lassen.
3 Chili, Frühlingszwiebeln, Limettensaft,

Glasnudelsalat mit
Rindfleisch (oben),
Beschwipstes Chinahuhn

Fischsauce und Zucker in einer kleinen Schüssel verrühren.
4 Das Fleisch in dünne Scheiben schneiden und mit Nudeln, Paprika, roter Zwiebel, Minze und Thai-Basilikum mischen. Mit dem Dressing übergießen, mischen und servieren.

Nährwertangaben pro Portion:
Fett 7,5 g; Eiweiß 24 g; Kohlenhydrate 59 g; Ballaststoffe 2 g;
Cholesterin 67 mg; 1675 kJ
(400 Kalorien)

BESCHWIPSTES CHINAHUHN

Zubereitungszeit: 30 Minuten
Für 4 Portionen

1 kg Hähnchenbrustfilet,
  in 2,5 cm große Würfel
  geschnitten
2 Eiweiß
60 ml Reiswein
2 EL Speisestärke
8-10 Frühlingszwiebeln,
  in feine Ringe geschnitten
50 g frische Korianderblätter,
  gehackt
3 TL fein gehackter frischer
  Ingwer
1 große Knoblauchzehe,
  fein gehackt
80 ml Erdnussöl
60 ml Sojasauce
1 TL Sesamöl

1 Das Fleisch in eine große Schüssel geben. Das Eiweiß mit 2 EL Reiswein, Speisestärke und 1 TL Salz im Mixer 30 Sekunden

glatt rühren. Über das Fleisch gießen und vermischen. 10 Minuten stehen lassen.
2 Einen großen Topf zu ¾ mit Wasser füllen und aufkochen. Das Fleisch vorsichtig ins kochende Wasser geben und rühren, damit es nicht zusammenklebt. Den Herd abschalten, den Topf abdecken und 5 Minuten stehen lassen, bis das Fleisch gar ist. Abgießen und 5 Minuten ruhen lassen.
3 Frühlingszwiebeln, Koriander, Ingwer und Knoblauch in einer hitzefesten Schüssel vermischen. Das Öl in einem kleinen Topf bei hoher Temperatur erhitzen, bis es zu rauchen beginnt. Schnell über die Zwiebelmischung gießen und 30 Sekunden durchmischen. Sojasauce, restlichen Reiswein und Sesamöl zugeben und verrühren.
4 Das Fleisch auf einer Platte anrichten und mit Sauce beträufeln. Zu Reis servieren.

Nährwertangaben pro Portion:
Fett 33,5 g; Eiweiß 57 g; Kohlenhydrate 7 g; Ballaststoffe 0,5 g;
Cholesterin 165 mg; 2375 kJ
(565 Kalorien)

LAMM MIT MINZE UND CHILI

Zubereitungszeit: 20 Minuten
Für 4 Portionen

1 EL Speiseöl
750 g Lammfilet, in feine
  Scheiben geschnitten
  (siehe Tipp)
4 Knoblauchzehen,
  fein gehackt
2 kleine frische rote
  Chilischoten, in feine
  Ringe geschnitten
80 ml Austernsauce
2 ½ EL Fischsauce
1 ½ TL Zucker
25 g frische Minze,
  gehackt
1 Hand voll frische
  Minzeblätter

1 Einen Wok bei hoher Temperatur vorheizen und mit Öl ausschwenken. Fleisch und Knoblauch portionsweise 1–2 Minuten anbraten, bis das Fleisch knapp gar ist. Das gesamte Fleisch wieder in den Wok geben. Chili, Austernsauce, Fischsauce, Zucker und gehackte Minzeblätter zugeben und 1–2 Minuten garen.
2 Vom Herd nehmen, die ganzen Minzeblätter unterheben und sofort zu Reis servieren.

Nährwertangaben pro Portion:
Fett 23.5 g; Eiweiß 44 g;
Kohlenhydrate 8 g; Ballaststoffe
1,5 g; Cholesterin 133 mg;
1745 kJ (415 Kalorien)

Tipp: Das Fleisch unbedingt quer zur Faser schneiden, damit es beim Garen nicht zerfällt oder schrumpft.

GELBES FISCHCURRY

Zubereitungszeit: 25 Minuten
Für 4 Portionen

150 ml Gemüsebrühe
1 EL gelbe Currypaste
1 EL Tamarindenpaste
1 EL geriebener Palmzucker
  oder brauner Zucker
1 ½ EL Fischsauce
150 g grüne Bohnen,
  gesäubert und in 4 cm
  lange Stücke geschnitten
140 g Bambussprossen aus
  der Dose, abgetropft und
  in Scheiben geschnitten
400 ml Kokoscreme
400 g Seebarschfilet,
  in Würfel geschnitten
1 EL Limettensaft
Limettenspalten,
  zum Servieren
frische Korianderblätter,
  zum Garnieren

1 Die Brühe in einem großen Topf aufkochen. Die Currypaste zufügen und unter Rühren 3–4 Minuten mitkochen, bis sie duftet. Tamarindenpaste, Palmzucker und 1 EL Fischsauce vermischen und zugeben. Bohnen und Bambussprossen zufügen und bei mittlerer Hitze 3–5 Minuten köcheln lassen, sodass die Bohnen noch bissfest sind.

2 Die Kokoscreme zufügen, aufkochen. Die Temperatur reduzieren, dann den Fisch zugeben und 3–5 Minuten köcheln lassen, bis der Fisch gerade gar ist. Limettensaft und restliche Fischsauce einrühren. Mit Limettenspalten und frischen Korianderblättern garnieren und zu Reis servieren.

Nährwertangaben pro Portion:
Fett 22 g; Eiweiß 21 g; Kohlenhydrate 9,5 g; Ballaststoffe 4 g; Cholesterin 20 mg; 1335 kJ (320 Kalorien)

Tipp: Fertige gelbe Currypaste gibt es in Supermärkten und Asienläden. Wer 20 Minuten Zeit hat, kann sie auch selbst herstellen. 8 kleine grüne Chilies, 5 grob gehackte asiatische Schalotten, 2 gehackte Knoblauchzehen, 1 EL fein gehackte Korianderstiele und Korianderwurzeln, 1 Stängel Zitronengras (nur das Weiße, gehackt), 2 EL fein gehackten frischen Galgant, 1 TL gemahlenen Koriander, 1 TL gemahlenen Kreuzkümmel, ½ TL gemahlene Kurkuma, ½ TL schwarze Pfefferkörner und 1 EL Limettensaft im Mixer glatt pürieren. Die Paste hält sich in einem luftdicht schließenden Gefäß im Kühlschrank bis zu einem Monat. Ergibt etwa 125 ml.

Lamm mit Minze und Chili (oben), Gelbes Fischcurry

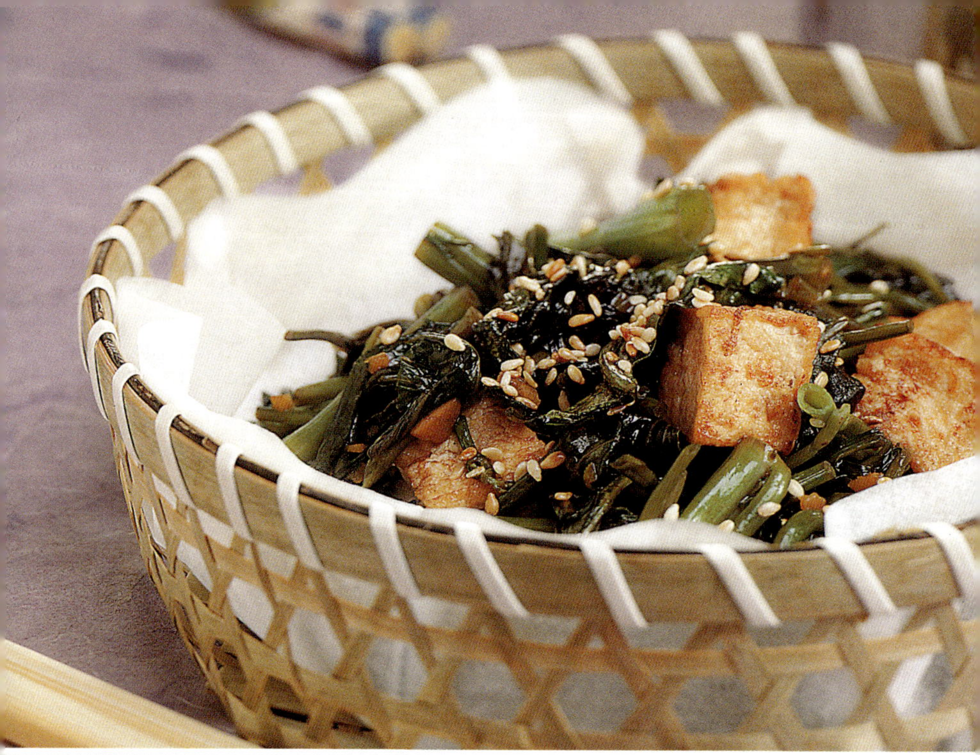

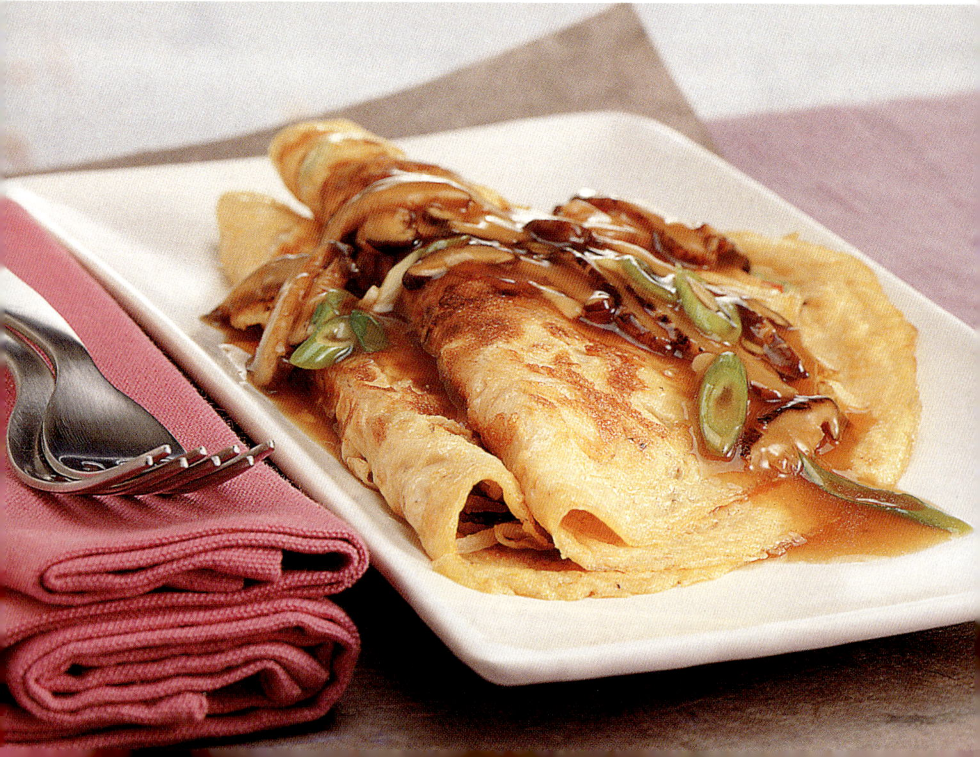

GEDÜNSTETER WASSERSPINAT MIT TOFU

Zubereitungszeit: 20 Minuten
Für 4 Portionen

500 g fester Tofu
60 ml Speiseöl
1 Knoblauchzehe, gehackt
2-cm-Stück frischer Ingwer, gehackt
750 g Wasserspinat, in 4 cm lange Stücke geschnitten
2 EL Ketjap manis
2 EL Sojasauce
1 EL geröstete Sesamsaat

1 Tofu auf Küchenpapier abtropfen lassen und in 2 cm große Würfel schneiden. Einen Wok oder eine große Pfanne bei hoher Temperatur vorheizen und mit 2 EL Öl ausschwenken. Den Tofu unter gelegentlichem Wenden 5 Minuten hellbraun anbraten. Abtropfen lassen.
2 Das restliche Öl im Wok erhitzen. Ingwer und Knoblauch darin 1 Minute anbraten. Wasserspinat, Ketjap manis, Sojasauce und 1 EL Wasser einrühren, gut vermischen, dann den Tofu zugeben und 1 Minute köcheln lassen, bis der Wasserspinat zusammenfällt. Mit Sesamkörnern bestreuen.

Gedünsteter Wasserspinat mit Tofu (oben), Chinaomelette mit Pilzsauce

Nährwertangaben pro Portion:
Fett 24,5 g; Eiweiß 22 g; Kohlenhydrate 4 g; Ballaststoffe 8 g; Cholesterin 0 mg; 1335 kJ
(320 Kalorien)

Variation: Der Wasserspinat kann durch andere asiatische Blattgemüse oder europäischen Spinat ersetzt werden.

CHINAOMELETTE MIT PILZSAUCE

Zubereitungszeit: 30 Minuten
Für 2–4 Portionen

6 ganze chinesische Pilze
6 Eier, leicht verquirlt
4 Frühlingszwiebeln, in feine Ringe geschnitten
1 kleine rote Paprikaschote, in feine Streifen geschnitten
100 g Bohnensprossen
2 TL Sesamöl
1 TL Sojasauce
1 EL Speiseöl
1 ½ Speiseöl, zusätzlich
2 Knoblauchzehen, zerdrückt
250 ml Hühnerbrühe
1 EL Austernsauce
2 TL Sojasauce
1 TL Zucker
2 Frühlingszwiebeln, diagonal in feine Ringe geschnitten
2 TL Speisestärke

1 Die Pilze in einer hitzefesten Schüssel mit kochendem Wasser übergießen und 15 Minuten einweichen. Abgießen, die Stiele entfernen und die Hüte in dünne Streifen schneiden.

2 Inzwischen Eier, Frühlingszwiebeln, Paprika, Bohnensprossen, Sesamöl und Sojasauce in einer Schüssel gut verrühren und abschmecken.
3 Wok oder Pfanne bei hoher Temperatur vorheizen und mit 2 EL Öl ausschwenken. Ein Viertel der Eimischung in die Pfanne geben und durch Schwenken dünn verteilen. 1–2 Minuten braten, bis das Ei stockt. Wenden, dann aus der Pfanne nehmen und warm halten. 3 weitere Omelettes braten.
4 Wok oder Pfanne bei hoher Temperatur wieder anheizen und mit dem restlichen Öl ausschwenken. Knoblauch und Pilze 1 Minute anbraten. Brühe, Austernsauce, Sojasauce, Zucker und restliche Frühlingszwiebeln zufügen und aufkochen. Temperatur reduzieren und 1 Minute köcheln lassen. Die Speisestärke mit 1 EL Wasser glatt anrühren und in den Wok gießen. Unter Rühren 2 Minuten eindicken lassen. Die Omelettes mit der Sauce übergießen und servieren.

Nährwertangaben pro Portion:
Fett 22 g; Eiweiß 12 g; Kohlenhydrate 8 g; Ballaststoffe 1,5 g; Cholesterin 281 mg; 1130 kJ
(270 Kalorien)

MUSCHELPFANNE MIT ZUCKERERBSEN

Zubereitungszeit: 25 Minuten
Für 4 Portionen

2 EL Speiseöl
2 große Knoblauchzehen, zerdrückt
3 TL fein geriebener frischer Ingwer
300 g Zuckererbsen
500 g geschälte, gesäuberte Kammmuscheln
2 Frühlingszwiebeln, in 2 cm lange Stücke geschnitten
2 ½ EL Austernsauce
2 TL Sojasauce
½ TL Sesamöl
2 TL Zucker

1 Wok oder große Pfanne bei mittlerer Temperatur erhitzen und mit Öl ausschwenken. Knoblauch und Ingwer 30 Sekunden anbraten, bis sie duften.
2 Die Zuckererbsen zugeben und 1 Minute mitbraten. Dann Muscheln und Frühlingszwiebeln zufügen und 1 Minute braten, bis das Zwiebelgrün zusammenfällt. Austernsauce, Sojasauce, Sesamöl und Zucker einrühren und 1 Minute unter Rühren durchwärmen. Zu Reis servieren.

Nährwertangaben pro Portion:
Fett 11 g; Eiweiß 18 g; Kohlenhydrate 10 g; Ballaststoffe 2 g; Cholesterin 41,5 mg; 875 kJ (210 Kalorien)

JAPANISCHER GEFLÜGELKUCHEN MIT SALAT

Zubereitungszeit: 20 Minuten
Für 4 Portionen

500 g Hähnchenbrustfilet, grob gehackt
2 große Frühlingszwiebeln, in feine Ringe geschnitten
2 TL Sojasauce
1 TL Zucker
2 TL Sake oder trockener Weißwein
1 ½ TL geriebener frischer Ingwer
1 Ei, leicht verquirlt
2 TL Erdnussöl
1 EL geröstete Sesamsaat

Salat
2 TL Speiseöl
2 TL Sesamöl
1 ½ EL Sojasauce
1 EL Reisessig
250 g Brunnenkresse
250 g Cocktailtomaten, halbiert
1 Gurke, entkernt und in Julienne geschnitten

1 Fleisch, Frühlingszwiebeln, Sojasauce, Zucker, Sake, Ingwer und 1 ½ EL verquirltes Ei in einem Mixer glatt pürieren. Mit Salz und frisch gemahlenem schwarzem Pfeffer würzen.
2 Das Öl in einer Gusseisen- oder Edelstahlpfanne (20 cm) erhitzen und die Fleischmasse zugeben. Mit einem feuchten Holzspatel die Masse gleichmäßig auf 1 cm Dicke ausstreichen. Bei mittlerer Hitze 3 Minuten braten, bis die Unterseite goldbraun ist.
3 Den Kuchen in 4 Stücke schneiden und jedes wenden. Mit Sesamkörnern bestreuen und 2 Minuten braten, bis der Teig gar ist.
4 Öl, Sesamöl, Sojasauce und Essig in einer kleinen Schüssel verrühren. Brunnenkresse, Tomaten und Gurke in eine große Schüssel geben, mit dem Dressing übergießen und mischen. Den Geflügelkuchen heiß zu dem Salat servieren.

Nährwertangaben pro Portion:
Fett 12 g; Eiweiß 30 g; Kohlenhydrate 2 g; Ballaststoffe 0,5 g; Cholesterin 129.5 mg; 990 kJ (235 Kalorien)

Tipp: Diesen Kuchen sollten Sie in einer Gusseisen- oder Stahlpfanne braten. In einer beschichteten Pfanne wird er eher gedämpft und bräunt nicht so gut.

Muschelpfanne mit Zuckererbsen (oben), Japanischer Geflügelkuchen mit Salat

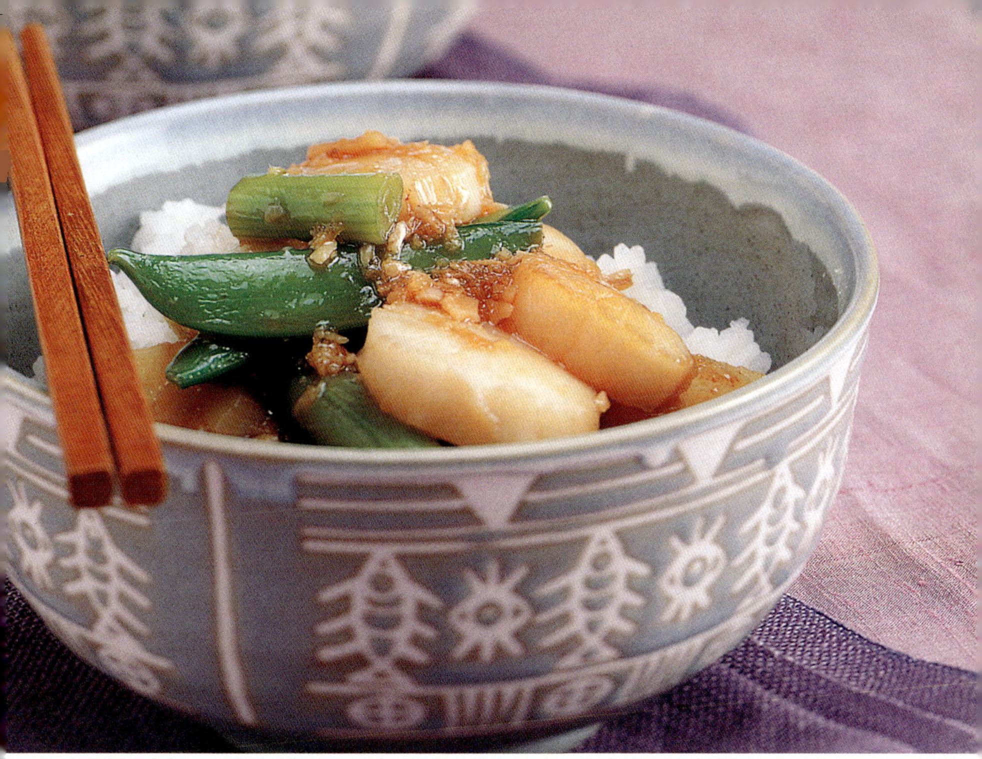
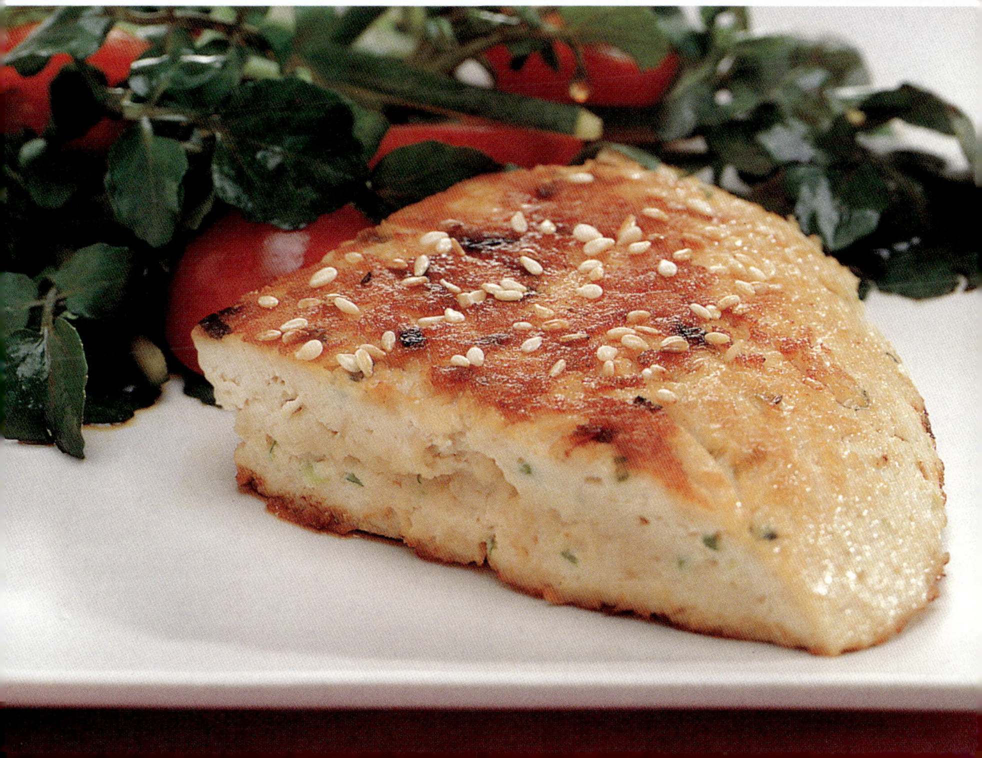

NUDELSALAT MIT GEBRATENER ENTE

Zubereitungszeit: 30 Minuten
Für 4 Portionen

400 g frische chinesische
 Eiernudeln
1 TL Sesamöl, plus
 zusätzlich 1 EL
1 EL geriebener frischer
 Ingwer
½-1 TL Sambal oelek,
 nach Belieben
2 EL Fischsauce
2 EL Reisessig
1 EL Limettensaft
¼ TL 5-Gewürze-Pulver
1 EL brauner Zucker
2 EL Erdnussöl
50 g frische Koriander-
 blätter, grob gehackt,
 plus zusätzliche, zum
 Garnieren
1 gebratene Ente, chinesische Art, Fleisch in mundgerechten Stücken vom
 Knochen gelöst
200 g Bohnensprossen
3 Frühlingszwiebeln, in feine
 Ringe geschnitten
80 g geröstete Erdnüsse,
 gehackt

1 In einem großen
Topf reichlich leicht
gesalzenes Wasser auf-
kochen. Die Nudeln
zugeben, 3–4 Minuten
bissfest garen. Abgie-
ßen, kalt abspülen, ab-
tropfen lassen und
mit 1 TL Sesamöl
vermischen.

Nudelsalat mit gebratener
Ente (oben), Chinapfanne
mit Rind und Brokkoli

2 Ingwer, Sambal
oelek, Fischsauce, Essig,
Zucker, Limettensaft,
5-Gewürze-Pulver in
einer Schüssel verrühren,
bis sich der Zucker auf-
gelöst hat. Erdnussöl
und das restliche Sesamöl
einrühren, dann den
Koriander zufügen. Mit
Salz abschmecken.
3 Nudeln, Fleisch,
Bohnensprossen und
Frühlingszwiebeln in
eine ausreichend große
Schüssel geben. Mit
dem Dressing übergie-
ßen, vermischen und
abschmecken. Mit Erd-
nüssen und Koriander-
blättern garnieren.

Nährwertangaben pro Portion:
Fett 35 g; Eiweiß 41 g; Kohlenhydrate 82 g; Ballaststoffe 6,5
g; Cholesterin 131,5 mg; 3360
kJ (805 Kalorien)

CHINAPFANNE MIT RIND UND BROKKOLI

Zubereitungszeit: 25 Minuten
Für 4 Portionen

60 ml Erdnussöl
1 kg frische Reisnudel-
 platten, in 2 cm breite
 Streifen geschnitten
500 g Rumpsteak, in feine
 Streifen geschnitten
1 Zwiebel, in Spalten
 geschnitten
4 Knoblauchzehen, gehackt
400 g chinesischer Brokkoli,
 in 3 cm lange Stücke
 geschnitten
1 EL Sojasauce

60 ml Ketjap manis
1 kleine frische rote
 Chilischote, gehackt
125 ml Rinderbrühe

1 Einen Wok auf mittlerer Temperatur vorhei-
zen und mit 2 EL Öl
ausschwenken. Die Nu-
deln zugeben. Unter
Rühren 2 Minuten an-
braten. Aus dem Wok
nehmen.
2 Den Wok bei hoher
Temperatur aufheizen
und mit dem restlichen
Öl ausschwenken. Das
Fleisch portionsweise
2 Minuten braun an-
braten. Aus dem Wok
nehmen. Die Zwiebel
1–2 Minuten unter
Rühren braten, dann
Knoblauch zufügen und
30 Sekunden mitbraten.
3 Das Fleisch wieder
in den Wok geben.
Chinabrokkoli, Soja-
sauce, Ketjap manis,
Chili und Brühe hinzu-
fügen und bei mittlerer
Hitze 2–3 Minuten
köcheln lassen. Die
Nudeln auf 4 Teller ver-
teilen, mit Fleisch und
Gemüse anrichten und
sofort servieren.

Nährwertangaben pro Portion:
Fett 20,5 g; Eiweiß 36 g; Kohlenhydrate 54 g; Ballaststoffe 4,5 g;
Cholesterin 80 mg; 2285 kJ
(545 Kalorien)

Tipp: Die Nudeln zerbrechen
beim Kochen leicht. Der Geschmack des Gerichts wird dadurch nicht beeinträchtigt.

SCHARFE AUBERGINEN-PFANNE

Zubereitungszeit: 30 Minuten
Für 4 Portionen

1 EL Chilibohnensauce
2 EL Sojasauce
1 EL Reisessig
½ TL Zucker
60 ml Speiseöl
500 g Auberginen,
   in Würfel geschnitten
1 Zwiebel, in feine Spalten
   geschnitten
1 große frische rote Chilischote, entkernt und diagonal in Ringe geschnitten
2 Knoblauchzehen, zerdrückt
15 g frische Korianderblätter

1 Saucen, Reisessig und Zucker in kleiner Schüssel gut verrühren.
2 Wok oder Pfanne bei hoher Temperatur vorheizen. Mit 1 EL Öl ausschwenken. Die Hälfte der Auberginen zufügen. Unter Rühren 3–4 Minuten hell anbräunen. Abtropfen lassen. Die restlichen Auberginen ebenso anbraten.
3 Wok bei hoher Temperatur erneut aufheizen, mit restlichem Öl ausschwenken. Zwiebel, Chili und Knoblauch bei mittlerer Hitze 2 Minuten anbraten. Auberginen wieder in den Wok geben, Sauce zufügen und abgedeckt 5 Minuten garen. Vom Herd nehmen, Koriander einrühren. Zu Reis servieren.

Nährwertangaben pro Portion:
Fett 14,5 g; Eiweiß 3 g; Kohlenhydrate 7,5 g; Ballaststoffe 4 g; Cholesterin 0,5 mg; 715 kJ (170 Kalorien)

Tipp: Chilibohnensauce wird für viele Gerichte der Szechuan-Küche verwendet. Sie kann durch Knoblauch-Chilibohnen-paste oder Sambal oelek ersetzt werden.

BRATNUDELN MIT HUHN, SCHWEIN UND GARNELEN

Zubereitungszeit: 30 Minuten
Für 4 Portionen

900 g frische Reisblätter,
   in 2 cm breite Streifen
   geschnitten
100 ml Speiseöl
2 Knoblauchzehen,
   fein gehackt
1 EL geriebener Ingwer
70 g chinesischer Schnittlauch, in 5 cm lange
   Stücke geschnitten
½ Grillhähnchen, Fleisch
   in 1 cm lange Stücke
   geschnitten
300 g gegrilltes Schweinefilet, chinesische Art,
   in 1 cm dicke Scheiben
   geschnitten
1 kleine frische rote Chili,
   gehackt
12 große gegarte Garnelen,
   geschält und gesäubert
180 g Bohnensprossen
100 g junge Spinatblätter
2 Eier, verquirlt
2 TL Zucker
125 ml milde Sojasauce
2 EL würzige Sojasauce
2 EL Fischsauce

1 Nudeln unter fließend kaltem Wasser abspülen. Vorsichtig trennen und Abtropfen lassen.
2 Wok bei hoher Temperatur vorheizen und mit 60 ml Öl ausschwenken. Knoblauch und Ingwer unter Rühren 30 Sekunden anbraten. Schnittlauch 10 Sekunden mitbraten.
3 Hähnchen- und Schweinefleisch, Chili und Garnelen zufügen und unter Rühren 2 Minuten braten. Dann Bohnensprossen und Spinat zufügen und 1 Minute unter Rühren garen, bis der Spinat zusammenfällt.
4 Eine Vertiefung in die Mitte drücken, die Eier hineingießen und 1 Minute unter Rühren leicht stocken lassen. Das restliche Öl zugeben, dann die Nudeln hinzufügen und verrühren. Zucker, Sojasauce und Fischsauce verrühren und zugeben, alles unter Rühren 2–3 Minuten durchwärmen. Mit Pfeffer würzen.

Nährwertangaben pro Portion:
Fett 38 g; Eiweiß 54 g; Kohlenhydrate 54 g; Ballaststoffe 4 g; Cholesterin 286,5 mg; 3245 kJ (775 Kalorien)

Scharfe Auberginenpfanne (oben), Bratnudeln mit Huhn, Schwein und Garnelen

SCHWEINEFLEISCHPFANNE MIT MAIS UND SPARGEL

Zubereitungszeit:
25 Minuten
Für 4 Portionen

1 Knoblauchzehe,
    gehackt
1 TL geriebener frischer
    Ingwer
2 EL Sojasauce
¼ TL gemahlener weißer
    Pfeffer
1 EL Reiswein
600 g Schweinefilet, in feine
    Scheiben geschnitten
1 EL Erdnussöl
1 TL Sesamöl
6 frische Shiitake-Pilze, in
    feine Streifen geschnitten
150 g Babymaiskolben
100 g grüner Spargel,
    diagonal in 4 cm lange
    Stücke geschnitten
2 EL Austernsauce

1 Knoblauch, Ingwer, Sojasauce, Pfeffer und Reiswein in einer Schüssel verrühren. Das Fleisch zugeben und in der Marinade wenden.
2 Einen Wok bei hoher Temperatur vorheizen und mit der Hälfte der beiden Öle ausschwenken. Die Hälfte des Fleischs 2 Minuten unter Rühren braten, bis es sich verfärbt. Aus dem Wok

nehmen, das restliche Öl zugeben und die 2. Portion Fleisch ebenso anbraten. Aus dem Wok heraus nehmen.
3 Pilze, Mais und Spargel 2 Minuten unter Rühren braten. Fleisch und ausgetretenen Saft in den Wok geben, die Austernsauce einrühren. Unter Rühren 2 Minuten durchwärmen. Auf 4 Teller verteilen und zu Reis servieren.

Nährwertangaben pro Portion:
Fett 9,5 g; Eiweiß 36 g; Kohlenhydrate 11 g; Ballaststoffe 2 g; Cholesterin 142,5 mg; 1180 kJ (280 Kalorien)

GEMÜSEPFANNE MIT CASHEWKERNEN

Zubereitungszeit:
25 Minuten
Für 4 Portionen

1 EL Erdnussöl
2 Knoblauchzehen,
    zerdrückt
2 TL geriebener frischer
    Ingwer
300 g Choy sum, in 10 cm
    lange Stücke geschnitten
150 g Babymaiskolben,
    diagonal halbiert
200 ml Hühner- oder
    Gemüsebrühe
200 g Bambussprossen aus
    der Dose, abgetropft
150 g Austernpilze, halbiert
2 TL Speisestärke
2 EL Austernsauce
2 TL Sesamöl

100 g Bohnensprossen
75 g ungesalzene geröstete
    Cashewkerne

1 Einen Wok bei mittlerer Temperatur vorheizen und mit dem Öl ausschwenken. Knoblauch und Ingwer 1 Minute anbraten. Die Temperatur erhöhen, Choy sum und Maiskolben zugeben und 1 Minute unter Rühren braten.
2 Die Hühnerbrühe zugießen und 3–4 Minuten kochen, bis die Stiele des Choy sum gerade weich werden. Bambussprossen und Pilze zufügen, 1 Minute mitgaren.
3 Die Speisestärke mit 1 EL Wasser in einer kleinen Schüssel glatt anrühren. Mit der Austernsauce in den Wok gießen. Unter Rühren 1–2 Minuten aufkochen lassen, bis die Sauce eindickt. Sesamöl und Bohnensprossen einrühren. Das Gericht auf einem Bett aus Reis servieren. Mit den Cashewkernen bestreuen.

Nährwertangaben pro Portion:
Fett 18 g; Eiweiß 13 g; Kohlenhydrate 65 g; Ballaststoffe 8 g; Cholesterin 0 mg; 1980 kJ (470 Kalorien)

Schweinefleischpfanne mit Mais und Spargel (oben), Gemüsepfanne mit Cashewkernen

HUHN MIT INGWER UND STERNANIS

Zubereitungszeit: 30 Minuten
Für 4 Portionen

1 TL Szechuan-Pfefferkörner
2 EL Erdnussöl
3 cm-Stück frischer Ingwer,
   in Julienne geschnitten
2 Knoblauchzehen, gehackt
1 kg Hähnchenflügel,
   halbiert
80 ml Reiswein
1 EL Honig
60 ml Sojasauce
1 Sternanis

1 Wok bei mittlerer Temperatur erhitzen. Die Pfefferkörner zugeben und unter ständigem Rühren 2–4 Minuten anbraten, bis sie duften. Sie verbrennen leicht! Aus dem Wok nehmen und mit einem Messerrücken leicht zerdrücken. **2** Wok wieder aufheizen und mit dem Öl ausschwenken. Ingwer und Knoblauch bei geringer Hitze 1–2 Minuten hellbraun anbraten. Das Fleisch zugeben, Temperatur auf mittlere Stufe erhöhen. 3 Minuten rundum anbräunen. **3** Pfefferkörner, Wein, Honig, Sojasauce und Sternanis zugeben, die Temperatur reduzieren und abgedeckt 20 Minuten köcheln lassen, bis das Fleisch gar ist. Auf 4 Tellern anrichten und zu gedämpftem Reis servieren.

Nährwertangaben pro Portion:
Fett 28 g; Eiweiß 52 g; Kohlenhydrate 56 g; Ballaststoffe 1,5 g; Cholesterin 217,5 mg; 2940 kJ (705 Kalorien)

SCHWEINEFLEISCH MIT PFLAUMENSAUCE UND CHOY SUM

Zubereitungszeit: 30 Minuten
Für 4 Portionen

600 g Choy sum, in 6 cm
   lange Stücke geschnitten
125 ml Erdnussöl
1 große Zwiebel, in Ringe
   geschnitten
2 Knoblauchzehen,
   fein gehackt
2 TL fein gehackter frischer
   Ingwer
500 g Schweinefilet, in feine
   Streifen geschnitten
2 EL Speisestärke, mit Salz
   und Pfeffer gewürzt
60 ml Pflaumensauce
1 ½ EL Sojasauce
1 TL Sesamöl
2 EL trockener Sherry oder
   Reiswein

1 In einem großen Topf reichlich leicht gesalzenes Wasser aufkochen. Den Choy sum zufügen und 2–3 Minuten köcheln lassen, bis die Stiele bissfest sind. In Eiswasser abkühlen, dann abtropfen lassen. **2** Einen Wok auf hoher Temperatur vorheizen und mit 1 EL Öl ausschwenken. Zwiebel, Knoblauch und Ingwer bei mittlerer Hitze 3 Minuten weich dünsten. Aus dem Wok nehmen. **3** Das Fleisch in der gewürzten Speisestärke wenden, überschüssige Speisestärke abschütteln. Den Wok bei hoher Temperatur wieder aufheizen und mit dem restlichen Öl ausschwenken. Das Fleisch portionsweise 3 Minuten rundum goldbraun anbraten. Aus dem Wok nehmen. **4** Das Öl aus dem Wok gießen. Fleisch und ausgetretenen Saft zugeben. Pflaumensauce, Sojasauce, Sesamöl und Sherry verrühren und in den Wok geben. Bei starker Hitze 2–3 Minuten kochen, dann den Choy sum und die Zwiebelmischung zugeben. 2 Minuten unter Rühren durchwärmen. Sofort zu Reis servieren.

Nährwertangaben pro Portion:
Fett 33 g; Eiweiß 30 g; Kohlenhydrate 18 g; Ballaststoffe 3 g; Cholesterin 1185 mg; 2070 kJ (495 Kalorien)

Huhn mit Ingwer und Sternanis (oben), Schweinefleisch mit Pflaumensauce und Choy sum

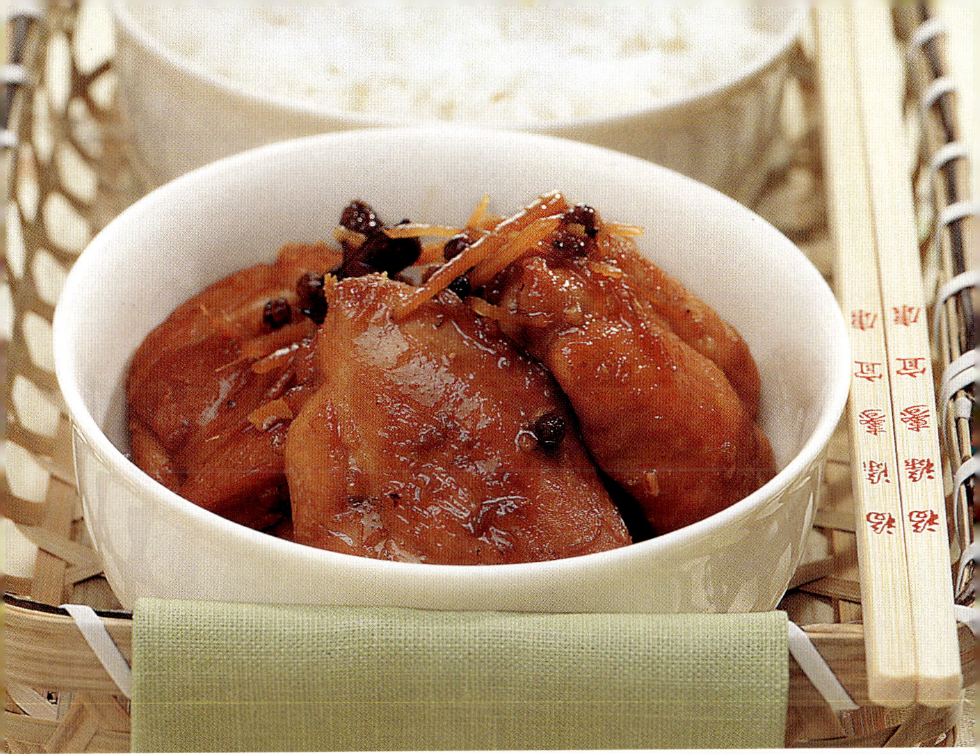

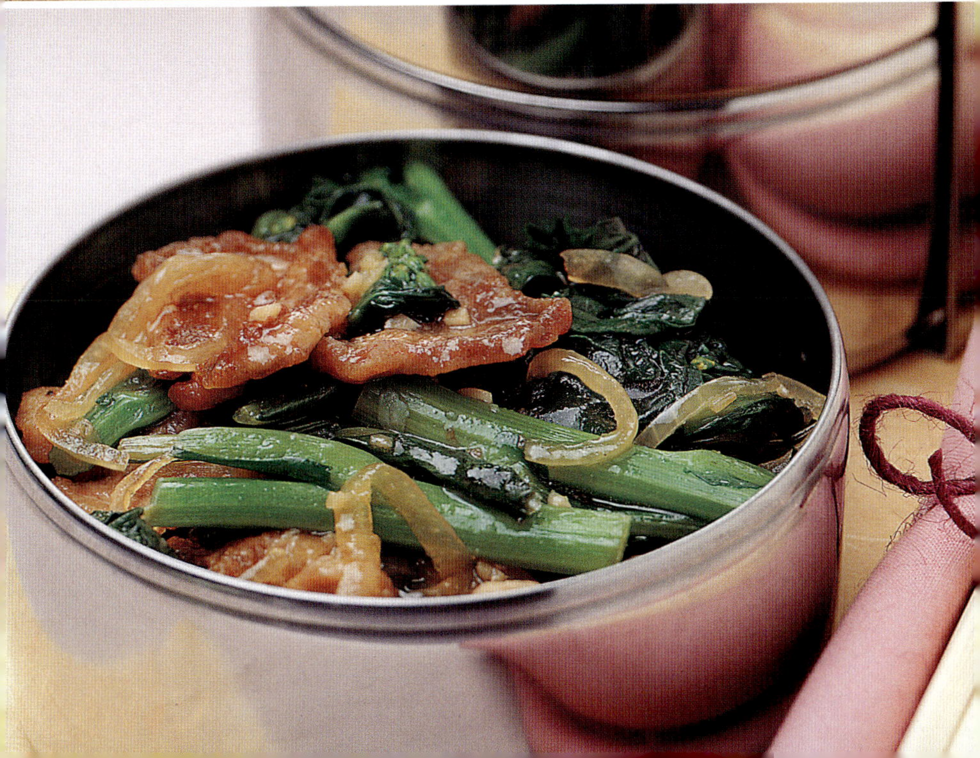

TUNFISCH MIT KORIANDER-CHUTNEY

Zubereitungszeit:
   15 Minuten
Für 4 Portionen

50 g frischer Koriander, mit
   Wurzeln, grob gehackt
½ kleine weiße Zwiebel,
   grob gehackt
2 TL geriebener frischer
   Ingwer
25 g Kokosraspel
2 TL geriebener Palmzucker
   oder brauner Zucker
1 EL Limettensaft
1 TL Fischsauce
60 ml Speiseöl
1 EL Olivenöl
4 Tunfischsteaks à 150 g

1 Koriander, Zwiebel, Ingwer, Kokosraspeln, Zucker, Limettensaft und Fischsauce im Mixer glatt pürieren. Nach und nach das Öl zugeben und unterrühren.
2 Das Olivenöl in einer großen Pfanne erhitzen. Den Tunfisch von jeder Seite 2–3 Minuten braten, bis er innen etwas rosa ist. Mit Zitronengras-Limetten-Reis und einem Klacks Korianderchutney servieren.

Nährwertangaben pro Portion:
Fett 31 g; Eiweiß 39 g; Kohlenhydrate 3,5 g; Ballaststoffe 1,5 g; Cholesterin 54 mg; 1860 kJ (445 Kalorien)

Tunfisch mit Korianderchutney (oben), Yakiudon

YAKIUDON

Zubereitungszeit:
   30 Minuten
Für 4 Portionen

5 getrocknete Shiitake-Pilze
1 Knoblauchzehe, zerdrückt
2 TL geriebener frischer
   Ingwer
125 ml japanische
   Sojasauce
2 EL Reiswein
2 EL Zucker
1 EL Zitronensaft
500 g frische Udon-Nudeln
2 EL Speiseöl
500 g Hähnchenbrustfilet, in
   feine Streifen geschnitten
1 Knoblauchzehe,
   zusätzlich, fein gehackt
1 kleine rote Paprikaschote,
   in feine Streifen
   geschnitten
150 g Weißkohl, in feine
   Streifen geschnitten
4 Frühlingszwiebeln, in feine
   Ringe geschnitten
1 EL Sesamöl
weißer Pfeffer, zum
   Abschmecken
2 EL gehackter eingelegter
   Ingwer

1 Die Pilze in einer hitzefesten Schüssel mit kochendem Wasser übergießen und 10 Minuten stehen lassen, bis sie weich sind. Abgießen, dabei 60 ml Einweichflüssigkeit auffangen. Die Stiele entfernen, die Hüte ausdrücken und in dünne Streifen schneiden.
2 Zerdrückten Knoblauch, Ingwer, Sojasauce, Essig, Zucker, Zitronensaft und Einweichflüssigkeit der Pilze in einem Becher verrühren.
3 Die Nudeln in einer hitzefesten Schüssel mit kochendem Wasser übergießen, 12 Minuten stehen lassen und abgießen.
4 Einen Wok bei hoher Temperatur erhitzen und mit der Hälfte des Öls ausschwenken. Das Fleisch portionsweise unter Rühren 5 Minuten anbräunen. Aus dem Wok nehmen.
5 Wok mit dem restlichen Öl ausschwenken. Gehackten Knoblauch, Pilze, Paprika und Kohl zugeben und unter Rühren 2–3 Minuten bissfest garen. Die Nudeln zugeben und unter Rühren 1 Minute mitgaren. Das Fleisch wieder in den Wok geben, Frühlingszwiebeln, Sesamöl und Sojasauce zufügen und alles gut vermischen. Mit weißem Pfeffer würzen und mit eingelegtem Ingwer garnieren.

Nährwertangaben pro Portion:
Fett 45 g; Eiweiß 38 g; Kohlenhydrate 81 g; Ballaststoffe 12 g; Cholesterin 116 mg; 3665 kJ (875 Kalorien)

Tipp: Für dieses Gericht werden in Japan auch gerne Soba-Nudeln verwendet. Dann nennt man es Yakisoba.

CHILI-RINDFLEISCH

Zubereitungszeit: 30 Minuten
Für 4 Portionen

60 ml Ketjap manis
2½ TL Sambal oelek
2 Knoblauchzehen,
    zerdrückt
½ TL gemahlener Koriander
1 EL geriebener Palmzucker
    oder brauner Zucker
1 TL Sesamöl
400 g Rinderfilet,
    halb gefroren, in feine
    Scheiben geschnitten
1 EL Erdnussöl
2 EL gehackte geröstete
    Erdnüsse
3 EL gehackte frische
    Korianderblätter

1 Ketjap manis, Sambal oelek, Knoblauch, gemahlenen Koriander, Palmzucker, Sesamöl und 2 EL Wasser in einer großen Schüssel verrühren. Das Fleisch zufügen und gut vermischen. Mit Frischhaltefolie abdecken und 20 Minuten im Kühlschrank mari-nie-ren.
2 Einen Wok bei hoher Temperatur erhitzen und mit dem Erdnussöl ausschwenken. Das Fleisch portionsweise 2–3 Minuten anbräunen.
3 Das Fleisch auf einer Platte anrichten, mit den gehackten Erdnüssen und frischem Koriander bestreuen und zu gedämpftem Reis servieren.

Nährwertangaben pro Portion:
Fett 13,5 g; Eiweiß 24 g; Kohlen-hydrate 5,5 g; Ballaststoffe 1 g;
Cholesterin 67 mg; 985 kJ
(235 Kalorien)

GARNELEN MIT KNOBLAUCHSAUCE

Zubereitungszeit: 30 Minuten
Für 4 Portionen

500 g geschälte, gesäuberte
    Riesengarnelen, Schwänze
    nicht abgeschnitten
2 Eiweiß
2 EL Speisestärke
2 EL Reiswein
Öl, zum Frittieren, plus
    zusätzlich 1 EL
125 g Glasnudeln, in kurze
    Stücke gebrochen
4 Knoblauchzehen, fein
    gehackt
1 TL fein gehackter frischer
    Ingwer
2 TL Hoisin-Sauce
1 EL Bohnensauce
1 EL Austernsauce
6 Frühlingszwiebeln,
    diagonal in 3 cm lange
    Stücke geschnitten
15 g frische Korianderblätter
6 Limettenspalten

1 Garnelen in eine Schüssel geben. Eiweiß, Speisestärke, 1 EL Reiswein im Mixer glatt rühren. Über die Garnelen gießen, mit je 1 TL Salz und Pfeffer würzen und gut vermischen. 10 Minuten stehen lassen, dann gut abtropfen lassen.
2 Eine Gusseisenpfanne zu einem Drittel mit Öl füllen und auf 190 °C

erhitzen (oder bis ein Brotwürfel in 10 Sekunden bräunt). Die Nudeln zugeben und 10 Sekunden frittieren. Abtropfen lassen. Die Garnelen in die Pfanne geben und 2–3 Minuten frittieren, bis sich ihre Farbe verändert. Auf geknülltem Küchenpapier abtropfen lassen.
3 Wok bei mittlerer Temperatur erhitzen, mit dem restlichen Öl ausschwenken. Knoblauch und Ingwer 30 Sekunden anbraten. Hoisin-Sauce, Bohnensauce, Austernsauce und den restlichen Essig zufügen. Garnelen in die Sauce geben und umrühren. Die Frühlingszwiebeln zugeben und 1–2 Minuten garen. Garnelen auf einem Bett aus knusprigen Nudeln anrichten, mit Koriander garnieren und mit Limettenspalten servieren.

Nährwertangaben pro Portion:
Fett 10.5 g; Eiweiß 29 g; Kohlen-hydrate 36 g; Ballaststoffe 1.5 g;
Cholesterin 186,5 mg; 1495 kJ
(355 Kalorien)

Tipp: Wenn Sie keine geschälten, rohen Garnelen bekommen, benötigen Sie 1 kg ungeschälte Garnelen.

Chili-Rindfleisch (oben),
und Garnelen mit
Knoblauchsauce

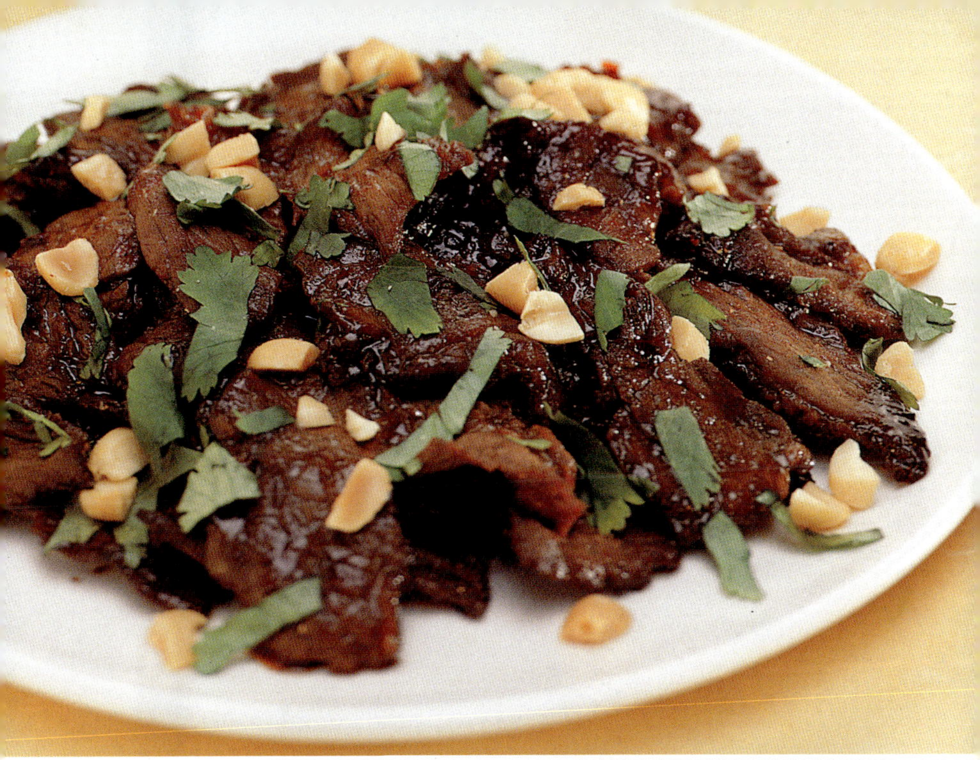

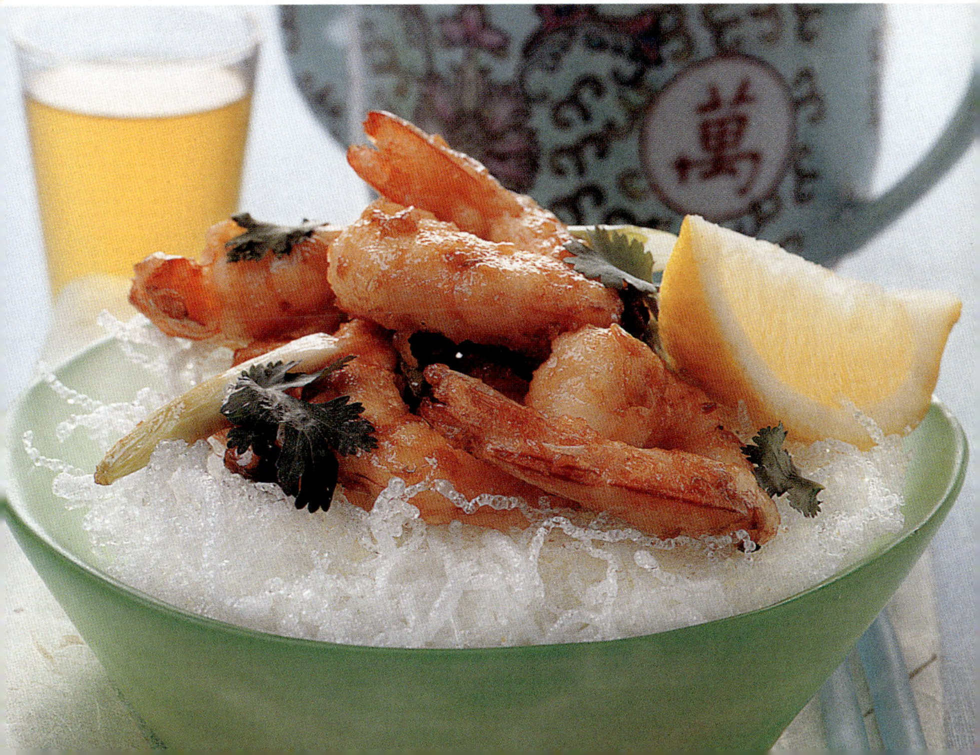
萬

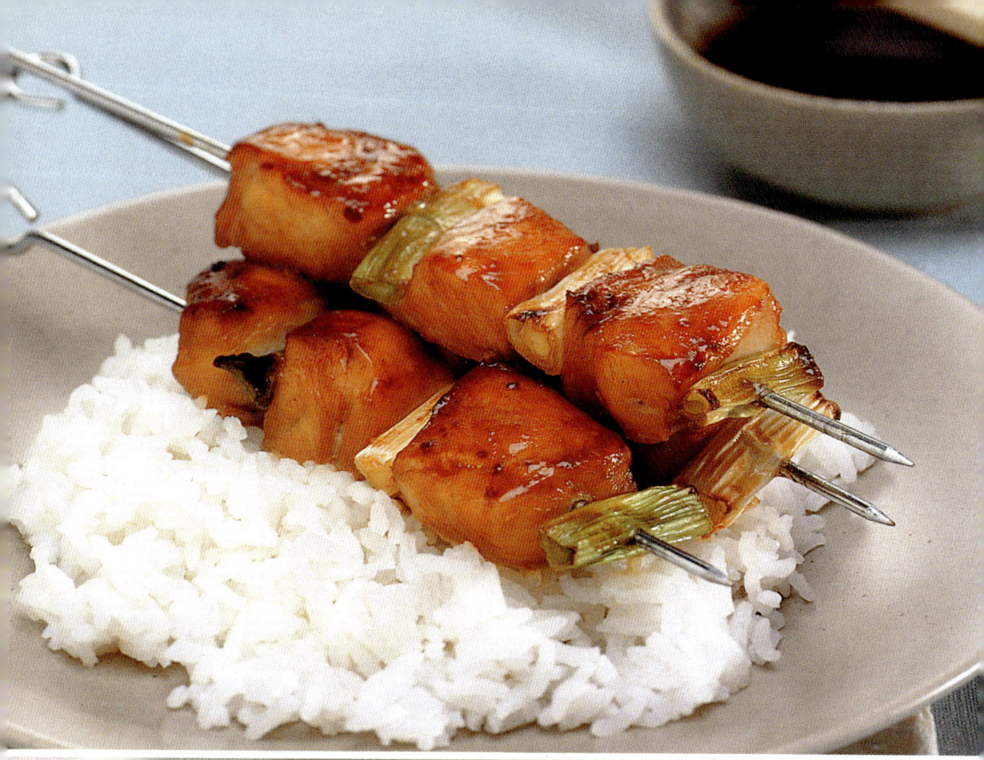

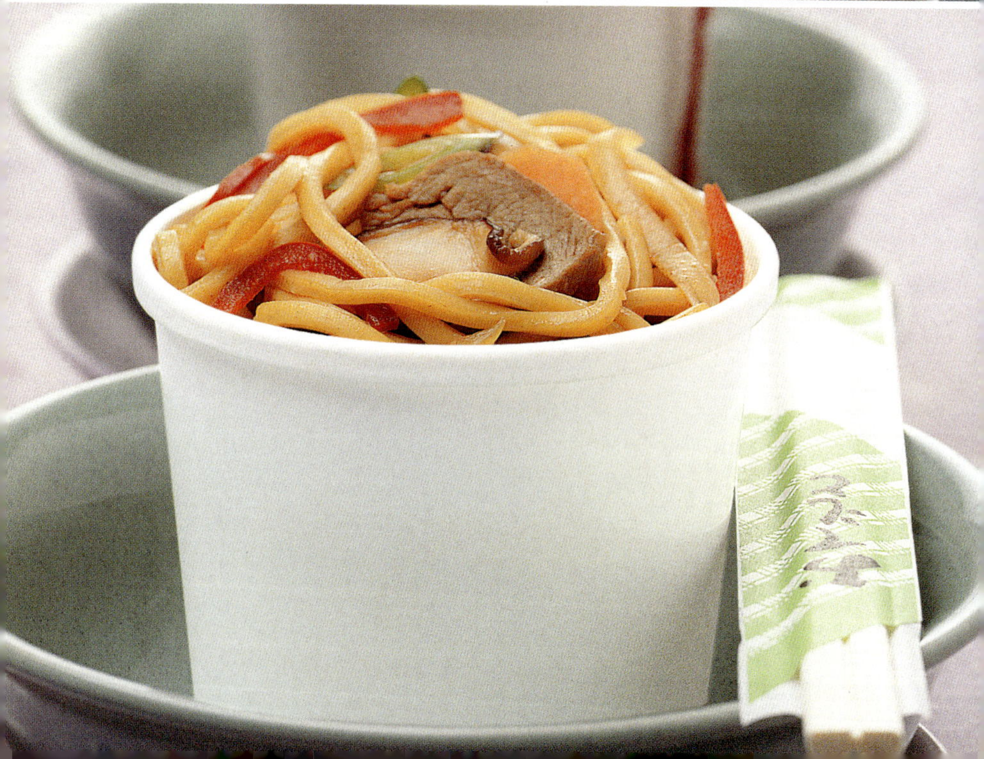

HÄHNCHEN TERIYAKI

Zubereitungszeit:
30 Minuten
Für 4 Portionen

80 ml trockener Sherry
80 ml Sojasauce
60 g brauner Zucker
1 EL fein gehackter Ingwer
2 kleine Knoblauchzehen,
  zerdrückt
500 g Hähnchenbrustfilet,
  in 3 cm große Würfel
  geschnitten
Öl, zum Einfetten
60 ml Erdnussöl
10 Frühlingszwiebeln,
  in 3 cm lange Stücke
  geschnitten

1 Sherry, Sojasauce, Zucker, Ingwer und Knoblauch in einer großen Schüssel aus Glas oder Porzellan verrühren. Das Fleisch mit der Marinade vermischen. Mit Frischhaltefolie abdecken und 10 Minuten marinieren.
2 Ein Backblech mit Öl einfetten. Das Fleisch abtropfen lassen, die Marinade auffangen. Das Erdnussöl in die Marinade geben und gut verrühren. Die Fleischstücke abwechselnd mit den Frühlingszwiebeln auf zwölf Metallspieße fädeln. Auf das Blech legen und

Hähnchen Teriyaki (oben), Japanische Nudelpfanne mit Schweinefleisch

dick mit der Marinade bestreichen.
3 Fleisch unter dem heißen Grill 2 Minuten garen. Die Spieße wenden und mehrmals mit Marinade bestreichen. Weitere 3–4 Minuten grillen. Die restliche Marinade in einem kleinen Topf bei mittlerer Hitze aufkochen. Mit Reis servieren, die heiße Marinade dazu reichen.

Nährwertangaben pro Portion:
Fett 23 g; Eiweiß 28 g; Kohlenhydrate 16 g; Ballaststoffe 0,5 g; Cholesterin 82,5 mg; 1670 kJ (400 Kalorien)

JAPANISCHE NUDELPFANNE MIT SCHWEINEFLEISCH

Zubereitungszeit:
30 Minuten
Für 4 Portionen

350 g Schweinefilet
80 ml Sojasauce
60 ml Mirin
2 TL geriebener Ingwer
2 Knoblauchzehen, zerdrückt
1 ½ TL brauner Zucker
500 g Hokkien-Nudeln
2 EL Erdnussöl
1 Zwiebel, in Spalten
  geschnitten
1 rote Paprikaschote,
  in feine Streifen
  geschnitten
2 Karotten, diagonal in feine
  Scheiben geschnitten
4 Frühlingszwiebeln, in feine
  Ringe geschnitten
200 g frische Shiitake-Pilze,
  in Streifen geschnitten

1 Fett und Sehnen vom Fleisch entfernen, in dünne Scheiben schneiden. Sojasauce, Mirin, Ingwer, Knoblauch und Zucker in einer Glasoder Porzellanschüssel verrühren, das Fleisch zugeben und vermischen. Mit Frischhaltefolie abdecken und 10 Minuten kalt stellen.
2 Inzwischen die Nudeln in eine große Schüssel mit heißem Wasser geben.
3 Einen großen Wok auf hoher Temperatur vorheizen und mit 1 EL Öl ausschwenken. Fleisch abgießen, Marinade auffangen. Das Fleisch portionsweise 3 Minuten anbraten, aus dem Wok nehmen und warm halten.
4 Wok bei hoher Temperatur wieder aufheizen und mit dem restlichen Öl ausschwenken. Zwiebel, Paprika und Karotte 2–3 Minuten unter Rühren braten. Frühlingszwiebeln und Pilze zufügen. 2 Minuten garen, das Fleisch wieder zugeben. Nudeln abgießen und mit der Marinade in den Wok geben. Alles gut vermischen und 1 Minute durchwärmen. Heiß servieren.

Nährwertangaben pro Portion:
Fett 33 g; Eiweiß 35 g; Kohlenhydrate 79 g; Ballaststoffe 13 g; Cholesterin 90,5 mg; 3160 kJ (755 Kalorien)

PILZPFANNE MIT WASSERKASTANIEN

Zubereitungszeit: 25 Minuten
Für 4 Portionen

60 ml Speiseöl
2 Knoblauchzehen,
   in Julienne geschnitten
80 ml Pinienkerne
750 g gemischte Pilze
100 g Zuckererbsen, halbiert
250 g Wasserkastanien aus
   der Dose, abgetropft und
   in Scheiben geschnitten
150 g Bohnensprossen
80 ml Austernsauce
2 TL Sesamöl

1 Wok bei hoher Temperatur vorheizen. Mit 2 EL Öl ausschwenken. Knoblauch und Pinienkerne unter ständigem Rühren 1 Minute hell anbräunen.
2 Pilze zufügen, bei starker Hitze 3 Minuten unter Rühren braten. Die Zuckererbsen zufügen und 3 Minuten mitbraten, bis sie weich werden. Bei Bedarf das restliche Öl zufügen.
3 Wasserkastanien, Bohnensprossen, Sesamöl und Austernsauce einrühren. 30 Sekunden durchwärmen. Zu Reis servieren.

Nährwertangaben pro Portion:
Fett 31.5 g; Eiweiß 13 g; Kohlenhydrate 16 g; Ballaststoffe 9 g; Cholesterin 0 mg; 1645 kJ (395 Kalorien)

Tipp: Wer auf seine Figur achtet, verzichtet auf die Pinienkerne.

LACHS AUF GURKENKOHLSALAT

Zubereitungszeit: 30 Minuten
Für 4 Portionen

1 Gurke
200 g Weißkohl,
   fein gehobelt
80 ml Reiswein,
   plus zusätzlich 1 EL
2 TL Zucker,
   plus zusätzlich 90 g
60 ml Fischsauce
4 Frühlingszwiebeln,
   in feine Ringe geschnitten
1 TL Sambal oelek
4 Lachsfilets à 200 g
1 EL Speiseöl
15 g frische Korianderblätter

1 Die Gurke längs halbieren, die Kerne mit einem Löffel entfernen und das Fruchtfleisch schräg in sehr dünne Scheiben schneiden. Mit dem Kohl in eine große Schüssel geben.
2 Essig, Zucker und 1 TL Salz in einem kleinen Topf vermischen und köcheln lassen, bis der Zucker aufgelöst ist. Leicht abkühlen lassen, dann über das Gemüse geben und kalt stellen.
3 Restlichen Zucker mit 2 EL Wasser in einen kleinen Schmortopf geben und bei mittlerer Hitze 5 Minuten kochen, bis der Zucker karamellisiert. Dabei den Topf gelegentlich rütteln. Vom Herd nehmen und die Fischsauce einrühren (Vorsicht: es spritzt!). Den restlichen Essig mit Frühlingszwiebeln und Sambal oelek zufügen und verrühren.
4 Den Fisch leicht salzen. Eine große Gusseisenpfanne bei mittlerer Temperatur erhitzen, das Öl zufügen und den Lachs auf einer Seite 1 Minute bräunen. Wenden und die andere Seite 1 Minute braten. Die Temperatur reduzieren und die Sauce zugeben. Den Fisch wenden, um ihn mit der Sauce zu überziehen.
5 Koriander unter die Gemüsemischung heben und abschmecken. Den Fisch auf dem Salatbett anrichten. Zu gekochtem Reis servieren.

Nährwertangaben pro Portion:
Fett 19 g; Eiweiß 42 g; Kohlenhydrate 28 g; Ballaststoffe 3 g; Cholesterin 104 mg; 1875 kJ (450 Kalorien)

Pilzpfanne mit Wasserkastanien (oben), Lachs auf Gurken-Kohl-Salat

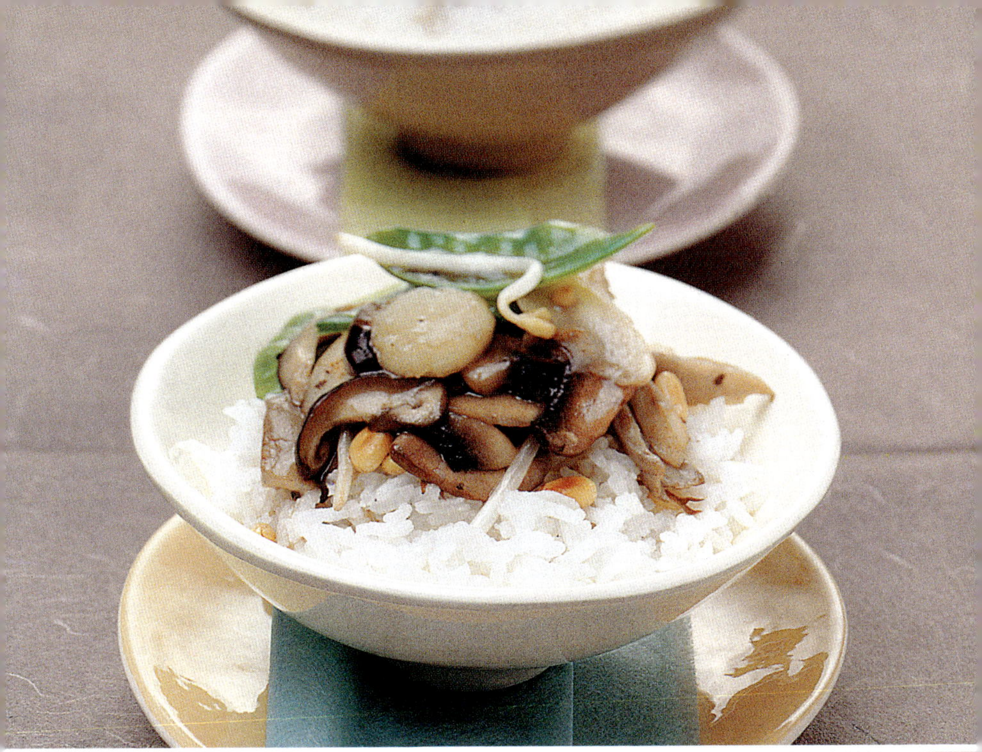
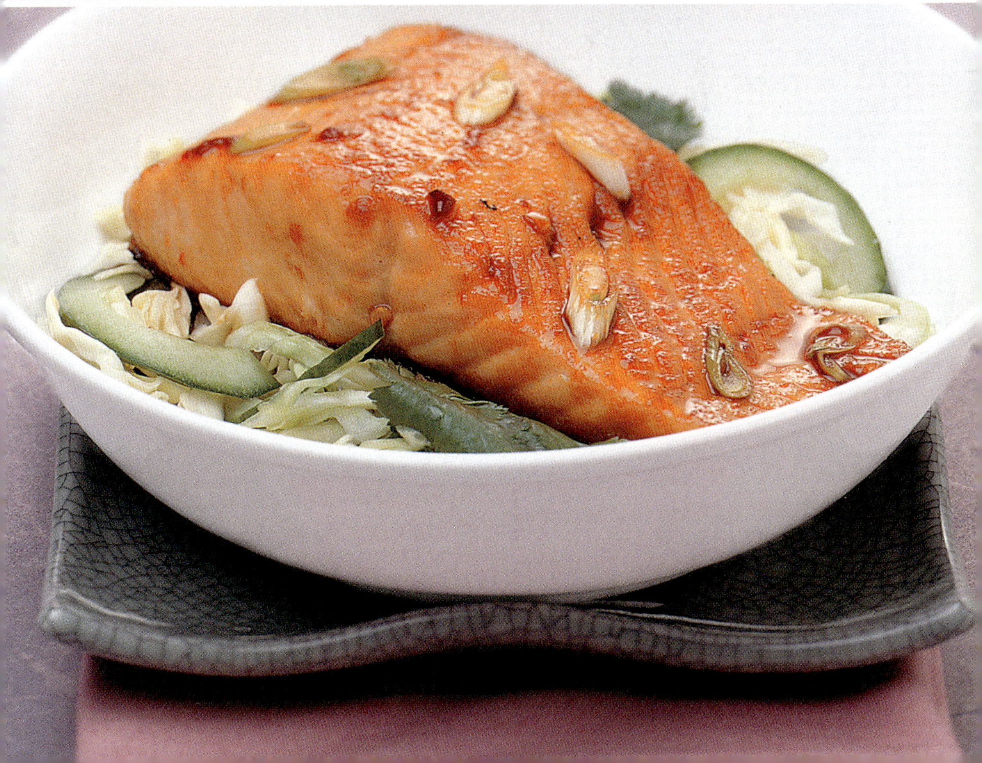

WOK-GERICHTE

Wok-Gerichte

D ie Wok-Küche ist keine exotische Seltenheit
mehr: Einfach, bekömmlich und lecker
überzeugt sie mittlerweile in aller Welt.

Asiatisches Pfefferrind

*Zubereitungszeit:
10 Min.
Marinierzeit: 2 Std.
Garzeit: 12 Min.
Für 4 Personen*

*600 g Rindersteak, in
dünne Streifen
geschnitten
2 Knoblauchzehen, fein
gehackt
2 TL frischer, fein
gehackter Ingwer
2 Zwiebeln, in dünne
Ringe geschnitten
2 EL chinesischer
Reiswein*
1 TL Sesamöl
1 EL Sojasauce
1 EL Austernsauce*
2 TL Zucker
1 TL Szechuan-
Pfefferkörner,
zerstoßen*
1 EL schwarze Pfeffer-
körner, zerstoßen
2 Frühlingszwiebeln, in
2,5-cm-Stücke
geschnitten*

*2 EL Öl,
zum Braten
(* in Asia-Märkten
erhältlich)*

1. Fleisch in eine Schüs-
sel geben und mit
Knoblauch, Ingwer,
Zwiebeln, Reiswein,
Sesamöl, Sojasauce,
Austernsauce, Zucker
und Pfefferkörnern ver-
mengen. 2 Stunden ab-
gedeckt kalt stellen.
2. Marinade durch ein
Sieb abgießen, die Flüs-
sigkeit weggießen.
Frühlingszwiebeln mit
dem Fleisch vermengen.
3. Wok auf höchster
Stufe erhitzen, die Hälf-
te des Öls zugeben und
schwenken. Die Hälfte
des Fleischs zugeben
und unter Rühren 6 Mi-
nuten braten. Mit der
zweiten Hälfte ebenso
verfahren. Mit gekoch-
tem Reis servieren.

NÄHRWERT PRO PORTION:
*Eiweiß 40 g; Fett 15 g; Koh-
lenhydrate 6 g; Cholesterin
117 mg; 1400 kJ (335 kcal)*

Asiatisches Pfefferrind

Nudeln Singapurart

Zubereitungszeit: 20 Min.
Einweichzeit: 30 Min.
Marinierzeit: 30 Min.
Garzeit: 10 Min.
Für 4–6 Personen

400 g getrocknete
  Reis-Fadennudeln*
2 Knoblauchzehen,
  zerdrückt
2 TL frisch geriebener
  Ingwer
4 EL Austernsauce*
4 EL Sojasauce
250 g Hühnerbrustfilet,
  in dünne Streifen
  geschnitten
2 EL Öl, zum Braten
2 Selleriestangen, in
  Stifte geschnitten
1 große Karotte, in
  Stifte geschnitten
3 Frühlingszwiebeln,
  schräg in Stücke
  geschnitten
1½ EL asiatisches
  Currypulver*
½ TL Sesamöl
65 g Bohnensprossen
(* in Asia-Märkten
  erhältlich)

1. Nudeln mit kaltem Wasser bedeckt 30 Minuten einweichen. Durchs Sieb abgießen.
2. Knoblauch, Ingwer, 1 EL Austernsauce und 2 TL Sojasauce in einer Schüssel mischen. Mit Hühnerfleisch vermengen und 30 Minuten marinieren.
3. Wok auf höchster Stufe erhitzen, Öl zugeben und schwenken. Hühnerfleisch unter Rühren goldbraun braten. Sellerie, Karottenstifte und die Hälfte der Frühlingszwiebelringe zugeben und unter Rühren 2–3 Minuten dünsten. Currypulver zufügen und weitere 2 Minuten dünsten.
4. Nudeln unterheben und alles erwärmen. Restliche Austernsauce, Sojasauce, Frühlingszwiebeln, Sesamöl und Bohnensprossen einrühren und heiß servieren.

NÄHRWERT PRO PORTION:
Eiweiß 13 g; Fett 12 g; Kohlenhydrate 20 g; Cholesterin 20 mg; 1003 kJ (240 kcal)

Rinder-Cashew-Chili

Zubereitungszeit: 10 Min.
Garzeit: 12 Min.
Für 4–6 Personen

4 EL Erdnussöl
600 g Rumpsteak, in
  Streifen geschnitten
1 Zwiebel, in Streifen
  geschnitten
2 Knoblauchzehen,
  zerdrückt
4 EL Rinderbrühe
2 EL Sojasauce
1 EL Austernsauce*
1 EL Chilisauce*
2 TL Maismehl
1 rote Paprika, in Stifte
  geschnitten
200 g Zuckererbsen
80 g Cashewkerne,
  geröstet
(* in Asia-Märkten
  erhältlich)

1. Wok auf höchster Stufe erhitzen, 1 EL Öl zugeben und schwenken. Die Hälfte des Steaks unter Rühren 4 Minuten goldbraun braten. Mit 1 weiterem EL Öl und dem restlichen Fleisch ebenso verfahren. Beiseite stellen.
2. Restliches Öl in den Wok geben und schwenken. Zwiebelringe zugeben und unter Rühren 1 Minute dünsten. Knoblauch dazugeben und kurz weiterdünsten.
3. Brühe, Sojasauce, Austernsauce, Chilibohnensauce und Maismehl in einer Schüssel mischen und in den Wok geben. Paprika und Zuckererbsen sowie gebratenes Fleisch in den Wok geben und unter Rühren 2 Minuten garen. Cashewkerne unterheben und mit gekochtem Reis servieren.

NÄHRWERT PRO PORTION:
Eiweiß 29 g; Fett 19 g; Kohlenhydrate 8,5 g; Cholesterin 65 mg; 1325 kJ (317 kcal)

Nudeln Singapurart (oben) und Rinder-Cashew-Chili

Tempura

Zubereitungszeit: 20 Min.
Garzeit: 15 Min.
Für 4–6 Personen

12 Riesengarnelen,
   Schale und Darm
   entfernt, mit Schwanz
Frittieröl
1 Brotwürfel
200 g Tempuramehl*
1 Eigelb
250 ml Eiswasser
1 kleine rote Paprika,
   in Streifen geschnitten
150 g Süßkartoffeln, in
   Stifte geschnitten*
100 g Brokkoliröschen
Sojasauce, nach
   Geschmack
(* in Asia-Märkten
   erhältlich)

1. Garnelen entlang des Rückens einschneiden.
2. Wok zu ⅔ mit Frittieröl füllen und auf höchster Stufe erhitzen. Brotwürfel hineinwerfen. Bräunt das Brot in 15 Sekunden, ist das Öl heiß genug. Mehl in einer Schüssel mit Eigelb und 250 ml Eiswasser kurz verrühren.
3. Jede Garnele einzeln bis zum Schwanz in den Teig tauchen und die Garnelen portionsweise 2–3 Minuten goldgelb frittieren. Auf Küchenpapier abtropfen lassen.
4. Gemüse in den Teig tauchen und portionsweise goldbraun frittieren. Auf Küchenpapier abtropfen lassen und mit Sojasauce servieren.

NÄHRWERT PRO PORTION:
Eiweiß 13 g; Fett 7,8 g; Kohlenhydrate 30 g; Cholesterin 85 mg; 1001 kJ (240 kcal)

Nudeln Pad Thai

Zubereitungszeit: 30 Min.
Quellzeit: 10 Min.
Garzeit: 7 Min.
Für 4–6 Personen

250 g dicke Reis-
   bandnudeln*
1 rote Chili, gehackt
2 Knoblauchzehen,
   gehackt
2 Frühlingszwiebeln,
   gehackt
1½ EL Zucker
2 EL Fischsauce*
2 EL Limettensaft
1 EL Tamarindenpüree,
   mit 1 EL Wasser
   verrührt*
2 EL Öl, zum Braten
2 Eier, verquirlt
150 g Schweinefilet, in
   Streifen geschnitten
8 große Garnelen,
   Schale und Darm
   entfernt, mit
   Schwanz
100 g gebratener Tofu,
   in Stifte geschnitten
90 g Bohnensprossen
10 g Korianderblätter*
40 g geröstete Erd-
   nüsse, gehackt
1 Limette, in Viertel
   geschnitten
(* in Asia-Märkten
   erhältlich)

1. Nudeln mit Wasser bedecken, 10 Minuten quellen lassen und durchs Sieb abgießen.
2. Knoblauch und Frühlingszwiebeln in der Küchenmaschine pürieren. Portionsweise Zucker, Fischsauce, Limettensaft und Tamarindenmischung zugeben.
3. Wok auf höchster Stufe erhitzen, 1 EL Öl zugeben und schwenken. Ei zugeben und 1–2 Minuten braten. Aus dem Wok nehmen und in Streifen schneiden.
4. Restliches Öl erhitzen, Chilimischung zugeben und 30 Sekunden unter Rühren dünsten. Schweinefilet zufügen und unter Rühren 2 Minuten anbraten. Garnelen dazugeben kurz weiterbraten.
5. Nudeln, Eier, Tofu und die Hälfte der Bohnensprossen einrühren und erwärmen.
6. Sofort mit den restlichen Bohnensprossen, Koriander, Erdnüssen und Limettenvierteln bestreut servieren.

NÄHRWERT PRO PORTION:
Eiweiß 18 g; Fett 14 g; Kohlenhydrate 17 g; Cholesterin 110 mg; 1126 kJ (270 kcal)

Tempura (oben) und Nudeln Pad Thai

Kürbis-Kokos-Curry

Zubereitungszeit: 20 Min.
Garzeit: 30 Min.
Für 4 Personen

2 EL Sesamsamen
1 EL Erdnussöl, zum
  Braten
1 braune Zwiebel, fein
  gehackt
3 Knoblauchzehen,
  zerdrückt
2 TL frischer, fein
  gehackter Ingwer
1 TL gemahlener
  Koriander
2 TL gemahlener
  Kreuzkümmel
2 TL fein gehackte
  rote Chili
800 g Kürbis, in 2 cm
  große Würfel
  geschnitten
250 ml Kokosmilch*
250 ml Gemüsebrühe
Salz und Pfeffer nach
  Geschmack
2 EL Korianderblätter*
(* in Asia-Märkten
  erhältlich)

1. Wok auf höchster Stufe erhitzen. Sesamsamen zugeben und 1–2 Minuten unter Rühren rösten. Beiseite stellen. Öl zugeben, schwenken. Zwiebelstücke zufügen und unter Rühren 3 Minuten dünsten. Knoblauch, Ingwer, Gewürze und Chili dazugeben und unter Rühren 1 Minute mitdünsten.
2. Kürbiswürfel hinzugeben und unter Rühren 1 Minute garen. Kokosmilch und Brühe einrühren und einmal aufkochen lassen. Hitze reduzieren und abgedeckt 10 Minuten köcheln lassen. Deckel abnehmen und weitere 5–10 Minuten köcheln lassen, bis die Flüssigkeit etwas eingedickt ist.
3. Mit Salz und Pfeffer abschmecken und mit Korianderblättern und Sesamsamen bestreuen.

NÄHRWERT PRO PORTION:
Eiweiß 8 g; Fett 25 g; Kohlenhydrate 17 g; Cholesterin 0 mg; 1263 kJ (300 kcal)

San Choy Bau

Zubereitungszeit: 30 Min.
Quellzeit: 20 Min.
Garzeit: 12 Min.
Für 4 Personen

2 getrocknete
  chinesische Pilze*
2 EL Öl, zum Braten
200 g Schweinehack
100 g Hühnerfleisch, in
  der Küchenmaschine
  zerkleinert
2 Knoblauchzehen,
  zerdrückt
3 cm Ingwer, gerieben

1 Selleriestange, gehackt
50 g grüne Bohnen, in
  Ringe geschnitten
¼ rote Paprika, fein
  gehackt
50 g Wasserkastanien,
  gehackt
2 TL Golden
  Mountain Sauce*
2 EL Austernsauce*
1 EL Sojasauce
¼ TL Zucker
1 Eisbergsalat
(* in Asia-Märkten
  erhältlich)

1. Pilze mit heißem Wasser bedeckt 20 Minuten quellen lassen. Durchs Sieb abgießen, Stiele entfernen und fein hacken.
2. Wok auf höchster Stufe erhitzen, die Hälfte des Öls zugeben, schwenken. Schweinehack, zerkleinertes Huhn, Knoblauch und Ingwer zugeben und unter Rühren 5 Minuten anbraten, dabei zerdrücken. Sellerie, Bohnen und Paprika zufügen und unter Rühren 3 Minuten dünsten. Wasserkastanien, Golden Mountain-, Austern- und Sojasauce sowie Zucker einrühren und kurz erhitzen.
3. Je 1 Blatt Eisbergsalat auf ein Schüsselchen legen, 1–2 gehäufte EL Füllung darauf geben und aufrollen. Wird mit den Fingern verzehrt.

NÄHRWERT PRO PORTION:
Eiweiß 20 g; Fett 11 g; Kohlenhydrate 6 g; Cholesterin 37 mg; 838 kJ (200 kcal))

Kürbis-Kokos-Curry (oben) und San Choy Bau

Mee Grob

Zubereitungszeit: 35 Min.
Quellzeit: 20 Min.
Garzeit: 15 Min.
Für 4–6 Personen

4 getrocknete
  chinesische Pilze*
Frittieröl
1 Brotwürfel
100 g getrocknete Reis-
  Fadennudeln*
100 g gebratener Tofu,
  in Stifte geschnitten
4 Knoblauchzehen,
  zerdrückt
1 Zwiebel, gehackt
200 g Schweinefilet, in
  Streifen geschnitten
1 Hühnerbrustfilet, in
  Streifen geschnitten
8 grüne Bohnen, schräg
  in Stücke geschnitten
6 Frühlingszwiebeln,
  schräg in Ringe
  geschnitten
8 Garnelen, entschalt
30 g Bohnensprossen
einige Korianderblätter*

Sauce
1 EL Sojasauce
3 EL Weißweinessig
3 EL Zucker
3 EL Fischsauce*
1 EL Chilisauce
(* in Asia-Märkten
  erhältlich)

1. Pilze mit heißem Wasser bedeckt 20 Minuten quellen lassen. Durch ein Sieb abgießen, Stiele entfernen und Köpfe in Streifen schneiden.
2. Wok zu ⅔ mit Frittieröl füllen, auf höchster Stufe erhitzen. Bräunt der Brotwürfel darin in 15 Sekunden, ist das Öl heiß genug. Nudeln portionsweise 20 Sekunden kross frittieren. Abtropfen und abkühlen lassen.
3. Tofu in den Wok geben und 1 Minute frittieren. Durch ein Sieb abtropfen lassen. Alles Öl vorsichtig wieder aus dem Wok herauslöffeln.

4. Wok wieder auf höchster Stufe erhitzen. Knoblauch und Zwiebelstücke zugeben und unter Rühren 1 Minute andünsten. Schweinefleisch zufügen und 3 Minuten braten. Hühnerfleisch, Bohnen, Pilze und die Hälfte der Frühlingszwiebeln dazugeben und unter Rühren 2 Minuten garen. Garnelen zufügen und kurz weitergaren.
5. Saucenzutaten in einer Schüssel mischen, in den Wok geben und alles unter Rühren 2 Minuten garen.
6. Wok vom Herd nehmen und Bohnensprossen, Tofu und Nudeln unterheben. Mit Koriander und den restlichen Frühlingszwiebeln garniert servieren.

NÄHRWERT PRO PORTION:
Eiweiß 25 g; Fett 10 g; Kohlenhydrate 17 g; Cholesterin 72 mg; 1055 kJ (255 kcal)

Mee Grob

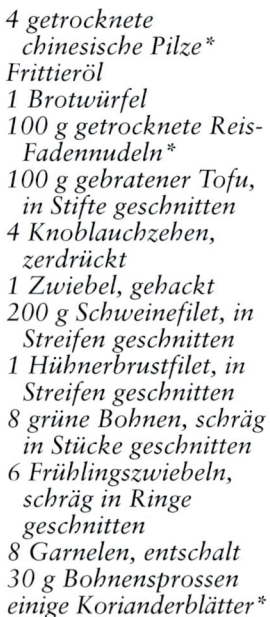

Garnelen entlang des Rückens einschneiden und Darm entfernen.

Die Reis-Fadennudeln frittieren, bis sie kross sind.

Tofu portionsweise in den Wok geben
und frittieren.

Unter Rühren 2 Minuten garen, bis die
Garnelen gerade weich sind.

Bunte Pilzpfanne mit Nudeln

Zubereitungszeit:
30 Min.
Quellzeit: 20 Min.
Garzeit: 15 Min.
Für 4–6 Personen

25 g getrocknete
chinesische Pilze*
1 EL Öl, zum Braten
½ TL Sesamöl
1 EL frischer, fein
gehackter Ingwer
4 Knoblauchzehen,
zerdrückt
100 g Shiitake-Pilze,
geputzt, in Streifen
geschnitten
150 g Austernpilze, in
dünne Streifen
geschnitten
150 g Shimejipilze,
geputzt, zerkleinert*
200 ml Dashi*
4 EL Sojasauce
4 EL Mirin*
¼ TL gemahlener
weißer Pfeffer
25 g Butter
2 EL Zitronensaft
1 TL Salz
100 g Enokipilze,
geputzt, getrennt
500 g Hokkiennudeln,
getrennt
1 EL frisch gehackter
Schnittlauch
(* in Asia-Märkten
erhältlich)

1. Chinesische Pilze 20 Minuten mit kochendem Wasser bedeckt einweichen. Durch ein Sieb abgießen, Flüssigkeit aufbewahren. Stiele entfernen und Köpfe in Streifen schneiden.
2. Wok auf höchster Stufe erhitzen, Öl zugeben und schwenken. Ingwer, Knoblauch, Shiitake-Pilze, Austern- und Shimejipilze zugeben und unter Rühren 1–2 Minuten andünsten. Aus dem Wok nehmen und beiseite stellen.
3. Dashi, Sojasauce, Mirin, Pfeffer und 200 ml der Pilzflüssigkeit mischen, in den Wok geben und 3 Minuten garen. Butter, Zitronensaft und 1 TL Salz zufügen und 1 Minute einkochen lassen. Pilze wieder in den Wok geben und weitere 2 Minuten garen. Enokipilze und chinesische Pilze einrühren.
4. Nudeln unterheben und alles unter Rühren 3 Minuten erwärmen. Sofort mit Schnittlauch bestreut servieren.

NÄHRWERT PRO PORTION: *Eiweiß 15 g; Fett 8,5 g; Kohlenhydrate 60 g; Cholesterin 25 mg; 1610 kJ (385 kcal)*

Geschmorter Pak-Soi-Kohl

Zubereitungszeit: 10 Min.
Garzeit:5 Min.
Für 4 Personen (als
Beilage)

2 EL Erdnussöl
1 Knoblauchzehe,
zerdrückt
1 EL geraspelter
Ingwer
550 g Pak-Soi-Kohl,
Blätter einzeln, in 8-cm-
Stücke geschnitten*
1 TL Zucker
1 Prise Salz
1 Prise zerstoßener
schwarzer Pfeffer
4 EL Wasser
1 TL Sesamöl
1 EL Austernsauce*
(* in Asia-Märkten
erhältlich)

1. Wok auf höchster Stufe erhitzen, Öl zugeben und schwenken. Knoblauch und Ingwer unter Rühren 1–2 Minuten dünsten, Pak-Soi-Kohl zugeben und unter Rühren 1 Minute garen. Salz, Pfeffer und Wasser zufügen, aufkochen lassen und alles 3 Minuten bedeckt schmoren.
2. Sesamöl und Austernsauce einrühren und sofort servieren.

NÄHRWERT PRO PORTION: *Eiweiß 7 g; Fett 11 g; Kohlenhydrate 3 g; Cholesterin 0 mg; 582 kJ (139 kcal)*

Bunte Pilzpfanne mit Nudeln (oben)
und Geschmorter Pak-Soi-Kohl

Gedämpfter Fisch

Zubereitungszeit:
30 Min.
Garzeit: 25 Min.
Für 4 Personen

1 (900 g) ganzer
    Schnapper, geputzt
    und entschuppt
10 kleine
    Korianderzweige*
1 Limette, in dünne
    Scheiben geschnitten
10 cm Ingwer, in Stifte
    geschnitten
1 große grüne Chili,
    entkernt und in Stifte
    geschnitten
2 Frühlingszwiebeln,
    schräg in Ringe
    geschnitten
10 g Korianderblätter*
4 EL Erdnussöl
Limettenspalten, zum
    Servieren
(* in Asia-Märkten
    erhältlich)

1. Wok zu ⅔ mit Wasser
füllen. Fisch auf jeder
Seite dreimal quer
durch die dicksten
Stellen der Gräte ein-
schneiden, damit er
gleichmäßig gart.
Einen großen Bambus-
Dampfeinsatz mit
Backpapier auslegen.
2. Fisch mit der Hälfte
der Korianderzweige
füllen, darauf Limetten-
scheiben und auf diese
die restlichen Zweige
legen. Fisch auf das

Backpapier im Dampf-
einsatz legen und mit
Ingwer bestreuen.
Dampfeinsatz in den
Wok stellen und abge-
deckt 20–25 Minuten
dämpfen.
3. Fisch aus dem
Dampfeinsatz nehmen
und auf einen feuerfes-
ten Servierteller legen.
Chili, Frühlingszwie-
beln und Koriander-
blätter auf dem Fisch
anrichten. Öl in einem
sauberen, trockenen
Wok sehr heiß erhitzen
und über den Fisch ge-
ben. Sofort mit den Li-
mettenspalten servieren.

NÄHRWERT PRO PORTION:
Eiweiß 45 g; Fett 18 g;
Kohlenhydrate 0,5 g;
Cholesterin 137 mg; 1452
kJ (347 kcal)

Gebratenes Huhn mit Zitronengras

Zubereitungszeit:
15 Min.
Garzeit: 12 Min.
Für 4 Personen

1 EL Fischsauce*
3 TL geriebener
    Palmzucker*
1 EL Erdnussöl
2 TL Sesamöl
800 g Hühnerbrustfilet,
    in Streifen geschnitten

2 EL fein gehacktes
    Zitronengras, nur der
    weiße Teil*
1½ EL in Stifte
    geschnittener Ingwer
2 Knoblauchzehen, fein
    gehackt
2 EL Korianderblätter*
2 Limetten, in Achtel
    geschnitten
(* in Asia-Märkten
    erhältlich)

1. In einer Schüssel den
Zucker in der Fisch-
sauce auflösen.
2. Großen Wok auf
höchster Stufe erhitzen,
die Hälfte der gemisch-
ten Öle zugeben und
schwenken. Huhn por-
tionsweise 4 Minuten
unter Rühren braten,
wenn nötig Öl zugeben.
Beiseite stellen. Zitro-
nengras, Ingwer und
Knoblauch in den Wok
geben und unter Rüh-
ren 1–2 Minuten an-
dünsten. Das Fleisch
wieder in den Wok
zurückgeben und un-
ter Rühren 2 Minuten
garen.
3. Fischsauce einrühren,
mit Korianderblättern
bestreuen und sofort
auf Nudeln oder Reis
mit Limettenachteln
garniert servieren.

NÄHRWERT PRO PORTION:
Eiweiß 45 g; Fett 15 g; Koh-
lenhydrate 2 g; Cholesterin
100 mg; 1330 kJ (318 kcal)

Gedämpfter Fisch (oben)
und Gebratenes Huhn mit Zitronengras

Honig-Garnelen mit Sesam

Zubereitungszeit: 25 Min.
Garzeit: 10 Min.
Für 4–6 Personen

Frittieröl
1 Brotwürfel
3 Eiweiß, zu Schnee
geschlagen
2 EL Maismehl
¼ TL Salz
1 kg Garnelen, Schale
und Darm entfernt,
mit Schwanz
260 g Honig
1 TL süße Chilisauce*
2 TL Zitronensaft
1 EL Wasser
2 EL Sesamsamen,
geröstet
2 Frühlingszwiebeln, in
Scheiben geschnitten
(* in Asia-Märkten
erhältlich)

1. Wok zu ⅓ mit Frittieröl füllen und auf höchster Stufe erhitzen. Bräunt ein Brotwürfel darin in 15 Sekunden, ist das Öl heiß genug. Eischnee in einer Schüssel mit Maismehl und ¼ TL Salz glatt rühren. Garnelen in den Teig tauchen und portionsweise 3–4 Minuten frittieren. Durch ein Sieb abtropfen lassen und warm stellen.

2. Honig, süße Chilisauce, Zitronensaft und Wasser in einem kleinen Topf mischen und bei mittlerer Hitze unter Rühren köcheln lassen, bis die Sauce eindickt.
3. Garnelen auf einem Servierteller anrichten und Sauce darüber gießen. Mit Sesamsamen bestreut und mit Frühlingszwiebeln garniert servieren.

NÄHRWERT PRO PORTION: *Eiweiß 37 g; Fett 10 g; Kohlenhydrate 40 g; Cholesterin 250 mg; 1640 kJ (390 kcal)*

Mie Goreng

Zubereitungszeit: 20 Min.
Quellzeit: 10 Min.
Garzeit: 10 Min.
Für 4 Personen

4 EL Limettensaft
1½ EL Fischsauce*
2 EL Palmzucker*
4 EL Ketjap Manis*
300 g getrocknete
Reisnudeln*
1 EL Erdnussöl
1 EL Sesamöl
600 g Hühnerbrustfilet,
in mundgerechte
Stücke geschnitten
4 Frühlingszwiebeln,
gehackt
4 Knoblauchzehen,
zerdrückt

2 TL fein gehackte rote
Chilischote
120 g Weißkohl, in
Streifen
2 EL gebratene
Schalotten*
3 EL Korianderblätter*
2 grüne Chilischoten, in
dünne Streifen
geschnitten
(* in Asia-Märkten
erhältlich)

1. Limettensaft, Fischsauce, Palmzucker und Ketjap Manis mischen. Nudeln 10 Minuten mit warmem Wasser bedeckt quellen lassen und durch ein Sieb abgießen.
2. Wok auf höchster Stufe erhitzen, Öle mischen und zugeben, dann schwenken. Hühnerfleisch portionsweise jeweils 3 Minuten unter Rühren braten. Frühlingszwiebeln, Knoblauch und Chili zugeben und 1 Minute garen.
3. Weißkohl in den Wok geben und unter Rühren 2 weitere Minuten garen. Nudeln und Limettensaftmischung einrühren. Mit Schalotten und Korianderblättern garnieren und mit einer kleinen Schüssel mit Chiliringen servieren.

NÄHRWERT PRO PORTION: *Eiweiß 37 g; Fett 13 g; Kohlenhydrate 30 g; Cholesterin 75 mg; 1608 kJ (385 kcal)*

Honig-Garnelen mit Sesam (oben)
und Mie Goreng

Butterhuhn

*Zubereitungszeit:
10 Min.
Garzeit: 35 Min.
Für 4–6 Personen*

*2 EL Erdnussöl
1 kg
Hühnerschenkelfilet,
geviertelt
60 g Butter
2 TL Garam Masala*
2 TL süßes
Paprikapulver
2 TL gemahlener
Koriander
1 EL fein gehackter
frischer Ingwer
¼ TL Chilipulver
1 Zimtstange
6 Kardamomschoten,
zerdrückt*
350 g Tomatenpüree
1 EL Zucker
60 g Joghurt
125 ml Sahne
1 EL Zitronensaft
(* in Asia-Märkten
erhältlich)*

1. Wok auf höchster
Stufe erhitzen, 1 EL Öl
zugeben und schwen-
ken. Hühnerfleisch in
zwei Portionen unter
Rühren jeweils 4 Minu-
ten goldgelb braten.
Beiseite stellen.
2. Hitze reduzieren, But-
ter im Wok zerlassen.
Gewürze dazugeben
und unter Rühren 1 Mi-
nute rösten. Fleisch wie-
der in den Wok geben

und mit den Gewürzen
verrühren.
3. Tomatenpüree und
Zucker zufügen und un-
ter Rühren 15 Minuten
köcheln lassen. Joghurt,
Sahne und Saft einrüh-
ren und unter Rühren
weitere 5 Minuten
köcheln lassen. Zimt-
stange und Kardamom-
schoten entfernen. Mit
Reis servieren.

NÄHRWERT PRO PORTION:
*Eiweiß 32 g; Fett 27 g;
Kohlenhydrate 7,5 g;
Cholesterin 122 mg;
1669 kJ (397 kcal)*

Garnelen-Pfanne Szechuan

*Zubereitungszeit:
20 Min.
Garzeit: 15 Min.
Für 4 Personen*

*500 g Hokkien-
Nudeln*
2 EL Öl, zum Braten
2 Knoblauchzehen, in
Scheiben geschnitten
1 Zwiebel, in Streifen
geschnitten
1 EL Szechuanpfeffer-
körner, zerstoßen*
1 Stängel Zitronengras,
nur der weiße Teil,
fein gehackt*
300 g grüne Bohnen,
in 3-cm-Stücke
geschnitten*

*750 g große Garnelen,
Schale und Darm
entfernt, längs
halbiert
2 EL Fischsauce*
80 ml Austernsauce*
125 ml Hühnerbrühe
(* in Asia-Märkten
erhältlich)*

1. Nudeln mit kochen-
dem Wasser bedecken
und mit einer Gabel
auflockern. Durch ein
Sieb abgießen.
2. Wok auf höchster
Stufe erhitzen, 1 EL Öl
zugeben und schwen-
ken. Knoblauch, Zwie-
belstreifen, Pfefferkör-
ner und Zitronengras
zugeben und unter
Rühren 2 Minuten an-
dünsten. Bohnen zufü-
gen und unter Rühren
2–3 Minuten garen und
beiseite stellen.
3. Wok wieder erhitzen,
restliches Öl zugeben
und schwenken. Garne-
len dazugeben und 3–4
Minuten unter Rühren
braten. Bohnenmi-
schung und Nudeln zu-
fügen und unter
Rühren 3 Minuten er-
wärmen. Saucen und
Brühe einrühren und
alles einmal aufkochen
lassen. Gut umrühren
und servieren.

NÄHRWERT PRO PORTION:
*Eiweiß 57 g; Fett 13 g; Koh-
lenhydrate 92 g; Cholesterin
300 mg; 3013 kJ (720 kcal)*

Butterhuhn (oben) und Garnelen-Pfanne Szechuan

Gebratener Reis

Zubereitungszeit:
10 Min.
Garzeit: 5 Min.
Für 4–6 Personen

4 EL Erdnussöl
2 Eier, verquirlt
220 g Schinken,
  in feine Würfel
  geschnitten
100 g gekochte
  Garnelen, fein
  gehackt
740 g kalter
  gekochter Reis
40 g Tiefkühlerbsen
4 EL helle Sojasauce
6 Frühlingszwiebeln,
  schräg in dünne
  Ringe geschnitten

1. Wok auf höchster Stufe erhitzen, 1 EL Öl zugeben und schwenken. Ei hineingeben und verquirlen. Aus dem Wok nehmen und beiseite stellen. Restliches Öl im Wok erhitzen und Schinken und Garnelen darin erhitzen.
2. Reis und Erbsen dazugeben und 3 Minuten unter Rühren braten. Rührei und Sojasauce einrühren. Frühlingszwiebeln zugeben und alles unter Rühren 2 Minuten garen.

NÄHRWERT PRO PORTION:
Eiweiß 30 g; Fett 20 g;
Kohlenhydrate 148 g;
Cholesterin 110 mg;
3728 kJ (890 kcal)

Rindfleisch mit Bohnen-Sauce

Zubereitungszeit:
15 Min.
Garzeit: 20 Min.
Für 4–6 Personen

2 EL gesalzene
  schwarze Bohnen
  aus der Dose*
1 EL Sojasauce
1 EL chinesischer
  Reiswein*
4 EL Wasser
1 Knoblauchzehe,
  fein gehackt
1 TL Zucker
4 EL Erdnussöl
1 Zwiebel, in Streifen
  geschnitten
500 g Rumpsteak, in
  dünne Streifen
  geschnitten
½ TL frischer, fein
  gehackter Ingwer
1 TL Maismehl, mit
  1 EL Wasser glatt
  gerührt
1 TL Sesamöl
(* in Asia-Märkten
  erhältlich)

1. Bohnen in einem Sieb spülen, abtropfen lassen und hacken. Sojasauce, Reiswein und Wasser in einer kleinen Schüssel mischen und zu den Bohnen geben. Knoblauch in einer zweiten Schüssel mit einer Gabel zerdrücken und mit Zucker zu einer glatten Paste verreiben.
2. Wok auf höchster Stufe erhitzen, 1 EL Erdnussöl zugeben und schwenken. Zwiebelstreifen zugeben, unter Rühren 1 Minute andünsten und beiseite stellen. 1 weiteren EL Erdnussöl in den Wok geben und Fleisch portionsweise 5–6 Minuten unter Rühren braten. Beiseite stellen.
3. Das restliche Erdnussöl im Wok auf höchster Stufe erhitzen und Knoblauchpaste und Ingwer unter Rühren 30 Sekunden andünsten. Bohnenmischung, Zwiebeln und Fleisch dazugeben und einmal aufkochen lassen. Hitze auf mittlere Stufe reduzieren und abgedeckt 2 Minuten köcheln lassen. Maismehlmischung einrühren und unter Rühren noch einmal aufkochen lassen. Sesamöl unterrühren und mit gekochtem Reis servieren.

NÄHRWERT PRO PORTION:
Eiweiß 20 g; Fett 12 g;
Kohlenhydrate 4,5 g;
Cholesterin 55 mg; 848 kJ
(202 kcal)

Gebratener Reis (oben)
und Rindfleisch mit Bohnen-Sauce

Würziger Blumenkohl mit Erbsen

Zubereitungszeit:
15 Min.
Garzeit: 10 Min.
Für 4–6 Personen

2 EL Öl, *zum Braten*
1 *kleine Zwiebel, fein*
gehackt
2 TL gelbe Senfkörner
3 Knoblauchzehen,
zerdrückt
1 EL *frischer, fein*
gehackter Ingwer
1 EL gemahlener
Kreuzkümmel
2 TL gemahlener
Koriander
2 TL gemahlenes
Kurkuma*
1 TL Salz
1 *kleiner Blumenkohl*
(800 g), in Röschen
geschnitten
250 ml Wasser
160 g Tiefkühlerbsen
15 g gehackte
Korianderblätter*
(* in Asia-Märkten
erhältlich)

1. Wok auf höchster
Stufe erhitzen, Öl zuge-
ben und schwenken.
Zwiebelstücke und
Senfkörner unter Rüh-
ren 2 Minuten dünsten.
2. Knoblauch, Ingwer,
Kümmel, Koriander,
Kurkuma und 1 TL Mi-
Salz zugeben und 1 Mi-
nute mitdünsten. Blu-
menkohl zufügen und
umrühren.
3. Wasser einrühren
und 4 Minuten köcheln
lassen. Erbsen dazuge-
ben und unter Rühren
2–3 Minuten garen.
Vom Herd nehmen und
Korianderblätter unter-
rühren.

NÄHRWERT PRO PORTION:
Eiweiß 5 g; Fett 7 g;
Kohlenhydrate 5 g;
Cholesterin 0 mg; 418 kJ
(100 kcal)

Warmer Hühnercurry-Salat

Zubereitungszeit: 15 Min.
Marinierzeit:
über Nacht
Garzeit: 10 Min.
Für 4–6 Personen

3 EL milde indische
Currypaste*
4 EL Kokosmilch*
750 g Hühnerbrustfilet,
in Streifen geschnitten
150 g grüne Bohnen,
halbiert
2 EL Erdnussöl
25 g gehobelte
Mandeln, geröstet
1 *rote Paprika, in*
Streifen geschnitten
240 g Rucola
100 g gebratene
Eiernudeln*

Zitronendressing
80 ml Olivenöl
2 EL Zitronensaft
2 Knoblauchzehen,
zerdrückt
1 TL brauner Zucker
(* in Asia-Märkten
erhältlich)

1. Currypaste in einer
Schüssel mit Kokos-
milch mischen und mit
Hühnerfleisch vermen-
gen. Zum Marinieren
über Nacht kalt stellen.
2. Bohnen 30 Sekunden
in kochendem Wasser
blanchieren und in ei-
nem Sieb unter fließend
kaltem Wasser ab-
schrecken.
3. Wok auf höchster
Stufe erhitzen, die Hälf-
te des Öl zugeben und
schwenken. Fleisch
portionsweise unter
Rühren jeweils 5 Minu-
ten braten und beiseite
stellen.
4. Zutaten für das
Dressing in einem Be-
cher unter Schütteln
mischen.
5. Hühnerfleisch, Boh-
nen, Paprika, Rucola
und Dressing in einer
Salatschüssel vermen-
gen. Nudeln unterhe-
ben und servieren.

NÄHRWERT PRO PORTION:
Eiweiß 32 g; Fett 29 g;
Kohlenhydrate 6,5 g;
Cholesterin 72 mg; 1730 kJ
(412 kcal)

Würziger Blumenkohl mit Erbsen (oben)
und Warmer Hühnercurry-Salat

Krebspanzer an der Unterseite öffnen und Rückenpanzer abziehen.

Darm und Kiemen entfernen und das Fleisch in 4 Teile teilen.

Chilikrebse

Zubereitungszeit: 20 Min.
Garzeit: 15 Min.
Für 4 Personen

1 kg Blaukrabben
2 EL Erdnussöl
2 Knoblauchzehen,
fein gehackt
2 TL frischer, fein
gehackter Ingwer
2 rote Chilischoten,
entkernt, in Ringe
geschnitten
2 EL Hoisinsauce*
125 ml Tomaten-
ketchup
4 EL süße Chilisauce*
1 EL Fischsauce*
½ TL Sesamöl
4 EL Wasser
4 Frühlingszwiebeln,
in Ringe geschnitten
Korianderzweige, zum
Garnieren*
(* in Asia-Märkten
erhältlich)

Chilikrebse

1. Krebspanzer an der Unterseite öffnen und Rückenpanzer abziehen. Darm und Kiemen entfernen. Das Fleisch jeden Krebses in 4 Teile teilen. Krebsscheren mit einem Nussknacker aufbrechen – das erleichtert die Handhabung, und das Aroma kann sich besser entfalten.
2. Wok auf höchster Stufe erhitzen, Öl zugeben und schwenken. Knoblauch, Ingwer und Chili unter Rühren 1–2 Minuten dünsten.
3. Krebsscheren und -fleisch in den Wok geben und unter Rühren 5–7 Minuten garen, bis der Panzer sich orange färbt. Hoisinsauce, Tomatenketchup, süße Chilisauce, Fischsauce, Sesamöl und Wasser einrühren und aufkochen lassen. Hitze reduzieren und abgedeckt

6 Minuten köcheln lassen.
4. Auf einem Teller anrichten und mit Frühlingszwiebeln und Koriander garnieren. Mit gekochtem Reis servieren.

NÄHRWERT PRO PORTION:
Eiweiß 33 g; Fett 12 g;
Kohlenhydrate 20 g;
Cholesterin 210 mg;
1310 kJ (313 kcal)

Variation: Sie können für dieses Gericht auch jede beliebige andere Krebsart oder Garnelen verwenden.
Hinweis: Die Samen und Innenhäute der Chilischoten sind es, die Chili so scharf machen. Wenn Sie die Sauce schärfer wünschen, entfernen Sie sie also nicht. Tragen Sie beim Schneiden der Chilischoten generell immer Handschuhe und berühren Sie Gesicht und Augen nicht.

Scheren mit einem Nussknacker anbrechen – das erleichtert die Handhabung.

Krebsteile unter Rühren braten, bis der Panzer sich orange färbt.

Tofu Ma Por

Zubereitungszeit: 15 Min.
Marinierzeit: 10 Min.
Garzeit: 15 Min.
Für 4 Personen

3 TL Maismehl
2 TL Sojasauce
1 TL Austernsauce*
1 Knoblauchzehe, fein
  gehackt
250 g Schweinehack
1 EL Öl, zum Braten
3 TL rote
  Chilibohnenpaste*
3 TL konserviertes
  Bohnenmus*
750 g fester Tofu,
  entwässert, gewürfelt
2 Frühlingszwiebeln, in
  Ringe geschnitten
3 TL Austernsauce,
  zusätzlich
2 TL Sojasauce,
  zusätzlich
1½ TL Zucker
(* in Asia-Märkten
  erhältlich)

1. Maismehl, Soja-
sauce, Austernsauce
und Knoblauch in einer
Schüssel mischen und
mit Schweinehack ver-
mengen. 10 Minuten
zum Marinieren beisei-
te stellen.
2. Wok auf höchster
Stufe erhitzen, Öl zuge-
ben und schwenken.
Hack in den Wok ge-
ben und unter Rühren
5 Minuten bräunen.
Chilipaste und Bohnen-
mus zufügen und 2 Mi-
nuten garen.
3. Restliche Zutaten in
den Wok geben und un-
ter Rühren 3–5 Minu-
ten garen. Mit Reis ser-
vieren.

NÄHRWERT PRO PORTION:
*Eiweiß 26 g; Fett 12 g;
Kohlenhydrate 5 g;
Cholesterin 30 mg; 1092 kJ
(260 kcal)*

Schweinefleisch mit Sesam

*Zubereitungszeit:
  10 Min.*
*Garzeit:
  20 Min.*
Für 4 Personen

2 EL Sesamsamen
3 EL Erdnussöl
600 g Schweinefilet, in
  dünne Streifen
  geschnitten
2 EL Hoisinsauce*
2 EL Teriyaki-Sauce*
2 TL Maismehl
1 EL Wasser
2 TL Sesamöl
8 Frühlingszwiebeln,
  schräg in Scheiben
  geschnitten
2 Knoblauchzehen,
  zerdrückt
2 TL frischer, fein
  geriebener Ingwer
2 Karotten, in Stifte
  geschnitten
200 g Schlangen-
  bohnen, in 6-cm-
  Stücke geschnitten*
(* in Asia-Märkten
  erhältlich)

1. Backofen auf 180 °C
vorheizen. Sesamkörner
auf ein Backblech legen
und 5 Minuten im Ofen
bräunen.
2. Wok auf höchster
Stufe erhitzen, 1 EL Öl
zugeben und schwen-
ken. Fleisch portions-
weise 3 Minuten anbra-
ten. Beiseite stellen.
3. Hoisinsauce, Teri-
yaki-Sauce, Maismehl
und Wasser mischen.
4. Wok wieder auf
höchster Stufe erhitzen,
restliches Erdnuss- und
Sesamöl zugeben und
schwenken. Frühlings-
zwiebeln, Knoblauch
und Ingwer hineinge-
ben und unter Rühren
1 Minute dünsten.
5. Karotten und Boh-
nen dazugeben und un-
ter Rühren 3 Minuten
garen. Schweinefilet mit
der Saucenmischung
dazugeben und unter
Rühren kurz aufkochen
und köcheln lassen, bis
das Fleisch weich ist.
Sesamsamen unter-
rühren und mit gekoch-
tem Reis servieren.

NÄHRWERT PRO PORTION:
*Eiweiß 38 g; Fett 27 g; Koh-
lenhydrate 7,5 g; Cholesterin
75 mg; 1766 kJ (420 kcal)*

Tofu Ma Por (oben) und Schweinefleisch mit Sesam

Fischcurry

Zubereitungszeit:
15 Min.
Garzeit:
15 Min.
Für 4 Personen

1 EL Erdnussöl
1 Zwiebel, gehackt
1–1½ EL grüne
   *Currypaste**
375 ml Kokosmilch*
700 g feste weiße
   Fischfilets, ohne
   Gräten, in mund-
   gerechte Stücke
   geschnitten
3 Limettenblätter*
1 EL Fischsauce*
2 TL geriebener
   *Palmzucker**
2 EL Limettensaft*
1 grüne Chilischote, in
   dünne Ringe
   geschnitten
(* in Asia-Märkten
   erhältlich)

1. Wok auf höchster
Stufe erhitzen, Erdnuss-
öl zugeben und schwen-
ken. Zwiebelstücke un-
ter Rühren 2 Minuten
andünsten. Currypaste
zufügen und unter
Rühren 2 Minuten wei-
terdünsten. Kokosmilch
einrühren und einmal
aufkochen lassen.
2. Fisch und Limetten-
blätter dazugeben, Hitze

auf mittlere Stufe redu-
zieren und unter gele-
gentlichem Rühren 8–
10 Minuten köcheln las-
sen. Fischsauce, Palm-
zucker und Limettensaft
einrühren, mit Chilirin-
gen bestreuen und mit
gekochtem Reis servie-
ren.

NÄHRWERT PRO PORTION:
Eiweiß 40 g; Fett 30 g;
Kohlenhydrate 5,5 g;
Cholesterin 125 mg;
1850 kJ (442 kcal)

Hühnercurry mit Auberginen

Zubereitungszeit:
15 Min.
Ruhezeit: 30 Min.
Garzeit: 35 Min.
Für 4 Personen

500 g Auberginen, in
   2 cm große Würfel
   geschnitten
4 EL Erdnussöl
500 g Hühnerbrustfilet,
   in 2 cm große Würfel
   geschnitten
4 Frühlingszwiebeln,
   gehackt
2½ EL rote
   *Currypaste**
250 ml Kokosmilch*
125 ml Hühnerbrühe
4 Limettenblätter,
   *gehackt**
3 TL geriebener
   *Palmzucker**

2 EL Fischsauce*
Salz, nach Geschmack
2 EL vietnamesische
   *Minzeblätter**
(* in Asia-Märkten
   erhältlich)

1. Auberginenwürfel in
eine Schüssel geben, mit
Salz bestreuen und 30
Minuten ruhen lassen.
In einem Sieb abspülen
und abtropfen lassen.
2. Wok auf höchster
Stufe erhitzen, 1 EL
Erdnussöl zugeben und
schwenken. Fleisch por-
tionsweise 4 Minuten
unter Rühren braten
und beiseite stellen.
Restliches Öl erhitzen
und Auberginen und
Frühlingszwiebeln un-
ter Rühren 3–4 Minu-
ten garen.
3. Fleisch wieder in den
Wok geben, Currypaste
zufügen und auf höch-
ster Stufe unter Rühren
1 Minute garen. Kokos-
milch, Brühe, Limetten-
blätter, Palmzucker und
Fischsauce einrühren
und einmal aufkochen
lassen. Hitze auf mittle-
re Stufe reduzieren und
15–20 Minuten
köcheln lassen.
4. Mit Salz abschme-
cken und mit Minze-
blättern bestreuen.
Mit gekochtem Reis
servieren.

NÄHRWERT PRO PORTION:
Eiweiß 32 g; Fett 30 g; Koh-
lenhydrate 8,8 g; Cholesterin
63 mg; 1842 kJ (440 kcal)

Fischcurry (oben)
und Hühnercurry mit Auberginen

Tofu-Pfanne mit Pak-Soi-Kohl

Zubereitungszeit:
20 Min.
Marinierzeit: 10 Min.
Garzeit: 10 Min.
Für 4 Personen

600 g Tofu, gewürfelt
1 EL frischer, fein
  gehackter Ingwer
2 EL Sojasauce
2 EL Erdnussöl
1 rote Zwiebel, in
  dünne Ringe
  geschnitten
4 Knoblauchzehen,
  zerdrückt
500 g junger Pak-Soi-
  Kohl, längs in Streifen
  geschnitten*
2 TL Sesamöl
2 EL Ketjap Manis*
4 EL süße Chilisauce*
1 EL geröstete
  Sesamsamen
(* in Asia-Märkten
  erhältlich)

1. Tofu mit Ingwer und Sojasauce in einer Schüssel vermengen und 10 Minuten marinieren. Durch ein Sieb abgießen.
2. Wok auf höchster Stufe erhitzen, die Hälfte des Öls zugeben und schwenken. Zwiebelringe unter Rühren 3 Minuten dünsten. Tofu und Ingwer zugeben und unter Rühren 3 Minuten goldgelb braten.

Aus dem Wok nehmen und warm stellen.
3. Wok wieder auf höchster Stufe erhitzen, restliches Öl zugeben und schwenken. Pak-Soi-Kohl zugeben und unter Rühren 2 Minuten dünsten, bis er leicht zusammenfällt. Tofu-Mischung wieder in den Wok geben.
4. Sesamöl, Ketjap Manis und Chilisauce einrühren, mit Sesamsamen bestreuen und mit Reisnudeln servieren.

NÄHRWERT PRO PORTION:
Eiweiß 18,5 g; Fett 20 g; Kohlenhydrate 7 g; Cholesterin 0 mg; 1232 kJ (293 kcal)

Lamm-Satay

Zubereitungszeit:
10 Min.
Garzeit: 15 Min.
Für 4 Personen

4 EL Erdnussöl
750 g Lammrückenfilet,
  in dünne Streifen
  geschnitten
2 TL gemahlener
  Kreuzkümmel
1 TL frisch gemahlenes
  Kurkuma*
1 rote Paprika, in
  Streifen geschnitten
4 EL süße Chilisauce*
60 g Erdnussbutter mit
  Stücken

250 ml Kokosmilch*
2 TL brauner Zucker
1–2 EL Zitronensaft,
  nach Geschmack
10 g gehackte
  Korianderblätter*
40 g ungesalzene
  Erdnüsse, geröstet, zum
  Garnieren
(* in Asia-Märkten
  erhältlich)

1. Wok auf höchster Stufe erhitzen, 1 EL Öl zugeben und schwenken. Lamm portionsweise 3 Minuten unter Rühren braten.
2. Wok wieder auf höchster Stufe erhitzen, restliches Öl zugeben und schwenken. Kümmel, Kurkuma und Paprika zugeben und unter Rühren 2 Minuten garen.
3. Lamm wieder in den Wok geben, Chilisauce, Erdnussbutter, Kokosmilch und Zucker einrühren und aufkochen lassen, Hitze auf mittlere Stufe reduzieren und 5 Minuten köcheln lassen. Vom Herd nehmen und Zitronensaft einrühren. Koriander unterheben, mit Erdnüssen bestreut auf Reis servieren.

NÄHRWERT PRO PORTION:
Eiweiß 50 g; Fett 45 g; Kohlenhydrate 10 g; Cholesterin 125 mg; 2710 kJ (645 kcal)

Tofu-Pfanne mit Pak-Soi-Kohl (oben)
und Lamm-Satay

Garnelensuppe

Zubereitungszeit:
1 Std.
Quellzeit: 20 Min.
Garzeit:
1 Std. 20 Min.
Für 4 Personen

4–5 große, getrocknete
rote Chilischoten
500 g Riesengarnelen
80 ml Öl, zum Braten
1,5 l Wasser
1 rote Zwiebel, grob
gehackt
5 cm Galgant, geschält
und grob gehackt*
4 Stängel Zitronengras,
nur der weiße Teil in
Ringe geschnitten*
3 rote Chilischoten,
entkernt und grob
gehackt
10 Kerzennüsse (siehe
Hinweis)
2 TL Shrimppaste*
2 TL geriebenes
Kurkuma*
500 ml Kokosmilch*
8 fertige
Fischbällchen*, in
Scheiben geschnitten
(siehe Hinweis)
500 g frische
Reisnudeln*
1–2 Salatgurken, in
Stifte geschnitten
100 g Bohnensprossen
2 EL vietnamesische
Minzeblätter*
(* in Asia-Märkten
erhältlich)

Garnelensuppe

1. Getrocknete Chilischoten in einer feuerfesten Schüssel 20 Minuten in heißem Wasser einweichen.
2. 4 Garnelen beiseite legen und die restlichen schälen, Köpfe und Schalen aufbewahren. Wok auf höchster Stufe erhitzen, 1 EL Öl zugeben und schwenken. Köpfe und Schalen unter Rühren 10 Minuten braten. Mit 250 ml Wasser ablöschen und Wasser verkochen lassen. Weitere 250 ml Wasser zugeben und aufkochen lassen. 1 Liter Wasser in den Wok geben, erneut aufkochen lassen, Hitze auf mittlere Stufe reduzieren und 30 Minuten köcheln lassen.
3. Die Chillies durch ein Sieb abgießen und dann mit Zwiebelstücken, Galgant, Zitronengras, frischen Chilischoten, Kerzennüssen, Shrimppaste, Kurkuma und 2 EL Öl in der Küchenmaschine pürieren.
4. Die 4 aufbewahrten Garnelen im Wok 10 Minuten garen, herausnehmen und die Brühe durch ein Sieb passieren, Köpfe und Panzer wegwerfen. Es sollte 500–750 ml Brühe ergeben.

5. Den gereinigten Wok wieder auf höchster Stufe erhitzen, restliches Öl zugeben und schwenken. Gewürzpaste hinzufügen, Hitze auf die unterste Stufe reduzieren und unter Rühren 8 Minuten garen. Hitze auf höchste Stufe erhöhen und Brühe und Kokosmilch einrühren, kurzl aufkochen lassen, Hitze wieder auf die unterste Stufe reduzieren, Garnelenfleisch und Fischbällchen zugeben und 2–3 Minuten köcheln lassen.
6. In einem kleineren Topf Wasser zum Kochen bringen und Nudeln 30 Sekunden kochen. Durch ein Sieb abgießen und auf 4 Suppenschalen verteilen.
7. Mit Suppe aufgießen und mit Gurken, Bohnensprossen und Minze garnieren. Auf jede Schüssel eine Garnele geben und anschließend sofort servieren.

NÄHRWERT PRO PORTION:
Eiweiß 35 g; Fett 50 g;
Kohlenhydrate 35 g;
Cholesterin 200 mg;
3032 kJ (725 kcal)

Hinweis: Rohe Kerzennüsse sind unverträglich. Sie müssen vor dem Verzehr gekocht werden. Sie können sie auch durch Macadamia-Nüsse ersetzen.

Gegrilltes Schweinefleisch mit asiatischem Gemüse

Zubereitungszeit:
10 Min.
Garzeit: 10 Min.
Für 4 Personen

1,5 kg chinesischer
Brokkoli, in 5-cm-
Streifen geschnitten
1 EL Erdnussöl
2 cm frischer Ingwer, in
Stifte geschnitten
2 Knoblauchzehen,
zerdrückt
500 g chinesisch
gegrilltes Schweine-
fleisch*, in dünne
Streifen geschnitten
4 EL Hühner- oder
Gemüsebrühe
4 EL Austernsauce*
1 EL Ketjap Manis*
(* in Asia-Märkten
erhältlich)

1. Brokkoli in einem Dampfeinsatz auf einem Topf oder Wok mit kochendem Wasser 5 Minuten dämpfen.
2. Wok auf höchster Stufe erhitzen, Öl zugeben und schwenken. Ingwer und Knoblauch unter Rühren kurz andünsten. Brokkoli und Schweinefleisch zugeben und umrühren.
3. Brühe, Austernsauce und Ketjap Manis einrühren und erhitzen.

Mit Reis oder Nudeln servieren.

NÄHRWERT PRO PORTION:
Eiweiß 30 g; Fett 7 g; Kohlenhydrate 4,5 g; Cholesterin 60 mg; 886 kJ (212 kcal)

Karamellisiertes Korianderhuhn

Zubereitungszeit:
20 Min.
Marinierzeit:
über Nacht
Garzeit: 20 Min.
Für 4–6 Personen

2 TL gemahlener
Kurkuma*
6 Knoblauchzehen,
zerdrückt
2 EL frischer, fein
gehackter Ingwer
2 EL Sojasauce
4 EL chinesischer
Reiswein oder Sherry
2 Eigelb, verquirlt
1 TL Salz
1 TL weißer Pfeffer
1 kg Hühner-
schenkelfilet, in
2-cm-Würfel
geschnitten
60 g Weizenmehl
125 ml Öl, zum Braten
95 g brauner Zucker
20 g frisch gehackter
Koriander*
4 EL Reisweinessig*
(* in Asia-Märkten
erhältlich)

1. Kurkuma, 2 zerdrückte Knoblauchzehen, Ingwer, Sojasauce, Reiswein, Eigelb, Salz und Pfeffer in einer großen Schüssel mischen und mit Hühnerfleisch vermengen. Mit Frischhaltefolie abgedeckt über Nacht marinieren.
2. Marinierflüssigkeit durch ein Sieb abgießen und das Fleisch mit Mehl vermengen.
3. Wok auf höchster Stufe erhitzen, 1 EL Öl zugeben und schwenken. Hühnerfleisch portionsweise 4 Minuten unter Rühren goldbraun braten. Aus dem Wok nehmen und warm stellen.
4. Hitze auf mittlere Stufe reduzieren, dann das restliche Öl, den braunen Zucker und Knoblauch hinzufügen und 1–2 Minuten köcheln lassen, bis der Zucker karamellisiert.
5. Hühnerfleisch, Koriander und Essig zufügen und unter Rühren 4 Minuten erwärmen. Mit gekochtem Reis servieren.

NÄHRWERT PRO PORTION:
Eiweiß 35 g; Fett 25 g;
Kohlenhydrate 30 g;
Cholesterin 130 mg;
2070 kJ (495 kcal)

Gegrilltes Schweinefleisch mit asiatischem Gemüse (oben) und Karamellisiertes Korianderhuhn

Vietnamesischer Hühnersalat

Zubereitungszeit: 25 Min.
Garzeit: 10 Min.
Für 6 Personen

1 kleiner Chinakohl, in
  dünne Streifen
  geschnitten
2 EL Öl, zum Braten
2 Zwiebeln, halbiert und
  in Streifen geschnitten
500 g
  Hühnerschenkelfilet, in
  Streifen geschnitten
60 g Zucker
4 EL Fischsauce*
80 ml Limettensaft*
1 EL weißer Essig
½ TL Salz
30 g gehackte
  vietnamesische Minze*
30 g frisch gehackter
  Koriander*
vietnamesische
  Minzeblätter, zusätzlich
  zum Garnieren
(* in Asia-Märkten
  erhältlich)

1. Kohl in eine große Schüssel geben und kalt stellen.
2. Wok auf höchster Stufe erhitzen, 1 EL Öl zugeben und schwenken. Zwiebeln und Hühnerfleisch in 2 Portionen unter Rühren jeweils 4–5 Minuten braten. Abkühlen lassen.

3. Für das Dressing Zucker, Fischsauce, Limettensaft, Essig und ½ TL Salz in einer kleinen Schüssel mischen. Chinakohl, Huhn-Zwiebelmischung, Dressing und Minze vermengen und mit Minzeblättern garniert servieren.

Thailändischer Rindfleischsalat

Zubereitungszeit: 20 Min.
Ruhezeit: 30 Min.
Garzeit: 5 Min.
Für 6 Personen

2 EL Erdnussöl
500 g Rinderfilet, in
  dünne Streifen
  geschnitten
2 Knoblauchzehen,
  zerdrückt
15 g gehackte Koriander-
  wurzeln und -stiele*
1 EL geriebener
  Palmzucker
80 ml Limettensaft
2 EL Fischsauce*
¼ TL gemahlener weißer
  Pfeffer
¼ TL Salz
2 kleine rote Chilischo-
  ten, entkernt, in Ringe
  geschnitten

2 rote asiatische
  Schalotten, in dünne
  Ringe geschnitten
2 Salatgurken, längs in
  dünne Scheiben
  gehobelt
20 g Minzeblätter
90 g Bohnensprossen
40 g gehackte geröstete
  Erdnüsse
(* in Asia-Märkten
  erhältlich)

1. Wok auf höchster Stufe erhitzen, Hälfte des Öls zugeben und schwenken. Hälfte des Fleisches unter Rühren 1–2 Minuten anbraten. Mit der zweiten Hälfte ebenso verfahren.
2. Knoblauch, Koriander, Palmzucker, Limettensaft, Fischsauce, Pfeffer und Salz in einer Schüssel mischen. Chilischoten und Schalotten unterrühren.
3. Sauce über das heiße Fleisch gießen, alles vermengen und auf Zimmertemperatur abkühlen lassen.
4. In einer zweite Schüssel Gurke und Minzeblätter mischen und kalt stellen.
5. Gurke und Minzeblätter auf einem Servierteller anrichten und mit Rindfleisch, Bohnensprossen und Erdnüssen belegen.

Vietnamesischer Hühnersalat (oben)
und Thailändischer Rindfleischsalat

Entencurry mit Ananas

*Zubereitungszeit:
10 Min.
Garzeit: 15 Min.
Für 4–6 Personen*

*1 EL Erdnussöl
8 Frühlingszwiebeln, in
3-cm-Ringe
geschnitten
2 Knoblauchzehen,
zerdrückt
1 EL rote Currypaste,
oder nach
Geschmack*
750 g chinesisch
gegrillte Entenbrust,
gewürfelt*
400 ml Kokosmilch*
450 g (1 Dose)
Ananasstücke im Saft,
abgegossen
3 Limettenblätter*
15 g frisch gehackter
Koriander*
2 EL gehackte Minze
(* in Asia-Märkten
erhältlich)*

1. Wok auf höchster
Stufe erhitzen, Öl zuge-
ben und schwenken.
Frühlingszwiebeln, Knob-
lauch und Currypaste
zufügen und unter Rüh-
ren 1 Minute dünsten.
2. Restliche Zutaten zu-
geben, einmal aufko-
chen lassen, Hitze auf
unterste Stufe reduzie-
ren und 10 Minuten
köcheln lassen. Mit Jas-
minreis servieren.

NÄHRWERT PRO PORTION:
*Eiweiß 4 g; Fett 32 g; Koh-
lenhydrate 25 g; Cholesterin
10 mg; 1705 kJ (405 kcal)*

Jakobsmuscheln mit Bohnen-Sauce

*Zubereitungszeit:
15 Min.
Garzeit: 10 Min.
Für 4–6 Personen*

*600 g große
Jakobsmuscheln, ohne
Rogen
2 EL Maismehl
80 ml Erdnussöl, plus 1
TL zusätzlich
3 Frühlingszwiebeln, in
3-cm-Stücke
geschnitten
1 TL frischer, fein
gehackter Ingwer
2 Knoblauchzehen,
zerdrückt
60 g getrocknete
schwarze Bohnen,
leicht gewässert und
grob gehackt*
2 EL chinesischer
Reiswein*
1 EL Reisweinessig*
1 EL Sojasauce
1 TL brauner Zucker
½ TL Sesamöl
(* in Asia-Märkten
erhältlich)*

1. Darm, Membranen
und harte Muskelfasern
der Muscheln entfer-
nen. Muschelfleisch in
Maismehl wenden und
überschüssiges Mehl
abschütteln.
2. Wok auf höchster
Stufe erhitzen, 1 EL
Erdnussöl zugeben und
schwenken. Frühlings-
zwiebeln unter Rühren
30 Sekunden andünsten
und beiseite stellen.
3. 1 EL Erdnussöl in
den Wok geben und
schwenken. ⅓ der Mu-
scheln zugeben und
1–2 Minuten unter
Rühren braten – es soll-
te keine Flüssigkeit aus-
treten. Aus dem Wok
nehmen und beiseite
stellen. Mit den restli-
chen Muscheln ebenso
verfahren.
4. Restliches Erdnussöl
in den heißen Wok ge-
ben und schwenken.
Ingwer, Knoblauch,
schwarze Bohnen, Reis-
wein, Essig, Sojasauce
und braunen Zucker
unter Rühren 1 Minute
etwas eindicken lassen.
5. Muscheln wieder in
den Wok geben und al-
les unter Rühren 1 Mi-
nute erwärmen. Früh-
lingszwiebeln und Se-
samöl unterrühren und
mit Reis servieren.

NÄHRWERT PRO PORTION:
*Eiweiß 15 g; Fett 15 g;
Kohlenhydrate 7 g;
Cholesterin 33 mg; 917 kJ
(220 kcal)*

*Entencurry mit Ananas (oben)
und Jakobsmuscheln mit Bohnen-Sauce*

Frühlingszwiebeln mit einem scharfen
Messer schräg in dünne Ringe schneiden.

Garnelenköpfe und -schalen dunkelrot
braten.

Tom Yum Goong

Zubereitungszeit:
35 Min.
Garzeit: 40 Min.
Für 4–6 Personen

1 kg Garnelen
4 EL Öl, zum Braten
2 Stängel Zitronengras,
  nur der weiße Teil
  schräg in Ringe
  geschnitten*
1 l Fischfond
500 ml Wasser
5 cm Ingwer, in dünne
  Scheiben geschnitten
4 Limettenblätter*
4–6 kleine rote
  Chilischoten,
  angeschnitten
1 kleine Zwiebel, fein
  gehackt
1 EL Sambal Oelek
2 EL Tamarinden-
  Konzentrat*
200 g kleine
  Champignons

1 Tomate, in 8 Stücke
  geschnitten
2 Frühlingszwiebeln,
  schräg in dünne Ringe
  geschnitten
80 ml Limettensaft*
1–2 EL Fischsauce*
15 g Korianderblätter*
(* in Asia-Märkten
  erhältlich)

1. Garnelen schälen
und Darm entfernen,
Schwanz intakt lassen.
Schalen und Köpfe für
die Brühe aufbewahren.
2. Wok auf höchster
Stufe erhitzen, Öl zuge-
ben und schwenken.
Garnelenköpfe und -
schalen zugeben und 8–
10 Minuten dunkelrot
braten.
3. Zitronengras, Fisch-
fond und Wasser dazu-
geben und 20 Minuten
köcheln lassen. Durch
ein Sieb in eine Schüssel
passieren, die Hälfte
der Zitronengrasstücke

aufbewahren, die Scha-
len und Köpfe wegwer-
fen.
4. Flüssigkeit wieder in
den Wok geben, Zitro-
nengrasstücke, Ingwer,
Limettenblätter, Chi-
lischoten und Zwiebel-
stücke zugeben, einmal
aufkochen lassen, Hitze
auf unterste Stufe redu-
zieren und 2 Minuten
köcheln lassen. Sambal
Oelek, Tamarindenkon-
zentrat und Pilze zufü-
gen und weitere 2 Mi-
nuten köcheln lassen.
5. Tomate, Frühlings-
zwiebelringe und Gar-
nelen hineingeben und
alles 3–5 Minuten
garen.
6. Wok vom Herd neh-
men und mit Limetten-
saft und Fischsauce ab-
schmecken. Sofort mit
Korianderblättern gar-
niert servieren.

NÄHRWERT PRO PORTION:
Eiweiß 36 g; Fett 11 g; Kohlenhydrate 2 g; Cholesterin
248 mg; 1055 kJ (252 kcal)

Tom Yum Goong

Zitronengras, Ingwer, Limettenblätter, Chilischoten und Zwiebeln in den Wok geben.

3–5 Minuten garen, bis die Garnelen
weich sind.

Chinesisches Omelett

Zubereitungszeit: 5 Min.
Garzeit: 5 Min.
Für 4 Personen

250 g gekochte
  Garnelen
6 Eier
½ TL Salz
¼ TL weißer Pfeffer
6 Frühlingszwiebeln, in
  Ringe geschnitten
2 EL Erdnussöl
1 EL helle Sojasauce
1 EL Austernsauce*
2 EL trockener Sherry
1 EL Reisweinessig*
1 TL Zucker
2 TL frischer, fein
  geriebener Ingwer
200 ml Wasser
1 EL Maismehl
2 EL Wasser
2 TL gehackte frische
  Korianderblätter*
(* in Asia-Märkten
  erhältlich)

1. Garnelen schälen, Darm entfernen und fein hacken.
2. Eier mit Salz und Pfeffer verquirlen. Mit Garnelen und Frühlingszwiebeln vermengen.
3. Wok auf höchster Stufe erhitzen, Öl zugeben und schwenken. Eimischung zugeben und 2 Minuten braten. In vier Stücke schneiden, wenden und die Rückseite braten. Aus dem Wok nehmen und warm stellen.
4. Sojasauce, Austernsauce, Sherry, Reisweinessig, Zucker, Ingwer und Wasser in den Wok geben, bei mittlerer Hitze unter Rühren den Zucker auflösen und anschließend 1 Minute köcheln lassen.
5. Maismehl mit Wasser glatt rühren, in die Sauce geben und alles einmal aufkochen lassen. Über das Omelett gießen und mit Koriander bestreuen.

NÄHRWERT PRO PORTION:
Eiweiß 23 g; Fett 17 g; Kohlenhydrate 6 g; Cholesterin 365 mg; 1175 kJ (280 kcal)

Zitronenhuhn

Zubereitungszeit:
  15 Min.
Garzeit: 20 Min.
Für 4 Personen

800 g Hühnerbrust
  oder -schenkelfilet
Salz und Pfeffer nach
  Geschmack
1 Ei, leicht verquirlt
Maismehl, zum
  Panieren
Frittieröl
1 kleiner Brotwürfel
125 ml Zitronensaft
1 EL Weißweinessig
60 g Zucker
120 ml Wasser
1½ EL Maismehl
2 Frühlingszwiebeln, in
  Ringe geschnitten
Zitrone, zum Garnieren

1. Huhn salzen und pfeffern, mit Ei bestreichen und in Maismehl tauchen. Überschüssiges Mehl abschütteln.
2. Wok zu ⅔ mit Frittieröl füllen und erhitzen. Bräunt ein Brotwürfel darin in 15 Sekunden, ist das Öl heiß genug. Hühnerfleisch portionsweise jeweils 6 Minuten goldbraun frittieren. Auf Küchenpapier abtropfen lassen.
3. Zitronensaft, Essig, Zucker und 4 EL Wasser in einem kleinen Topf mischen und auf unterster Stufe rühren, bis sich der Zucker gelöst hat. Einmal aufkochen und 1–2 Minuten köcheln lassen. Maismehl mit restlichem Wasser glatt rühren und in den Topf geben. Sauce einmal aufkochen lassen.
4. Hühnerfilet in Scheiben schneiden, Sauce darübergeben und mit Frühlingszwiebeln und Zitrone garnieren. Mit Reis servieren.

NÄHRWERT PRO PORTION:
Eiweiß 47 g; Fett 15 g; Kohlenhydrate 20 g; Cholesterin 145 mg; 1740 kJ (416 kcal)

Chinesisches Omelett (oben) und Zitronenhuhn

Garnelen mit Zitronengras

Zubereitungszeit: 30 Min.
Garzeit: 10 Min.
Für 4 Personen

1 EL Erdnussöl
2 Knoblauchzehen,
    zerdrückt
1 EL frischer, fein
    geriebener Ingwer
2 EL fein gehacktes
    Zitronengras*, nur
    der weiße Teil
8 Frühlingszwiebeln, in
    4-cm-Stücke geschnitten
1 kg Riesengarnelen,
    Schale und Darm
    entfernt, mit Schwanz
2 EL Limettensaft*
1 EL brauner Zucker
2 TL Fischsauce*
4 EL Hühnerbrühe
1 TL Maismehl
500 g junger Pak-Soi-
    Kohl, längs halbiert
15 g Minze, gehackt
(* in Asia-Märkten
    erhältlich)

1. Wok auf höchster
Stufe erhitzen, Öl zuge-
ben und schwenken.
Knoblauch, Ingwer,
Zitronengras und Früh-
lingszwiebeln unter
Rühren kurz andünsten.
Garnelen zugeben und
2 Minuten braten.
2. Limettensaft, Zucker,
Fischsauce, Hühner-
brühe und Maismehl in
einer kleinen Schüssel
mischen und in den
Wok geben. Unter Rüh-
ren einmal aufkochen
lassen. Alles 1–2 Minu-
ten weitergaren.
3. Pak-Soi-Kohl dazuge-
ben und unter Rühren
garen, bis der Kohl
leicht zusammenfällt.
Minze unterheben und
servieren.

NÄHRWERT PRO PORTION:
Eiweiß 60 g; Fett 8,5 g; Koh-
lenhydrate 8 g; Cholesterin
373 mg; 1433 kJ (342 kcal)

Rindfleisch mit Massamamcurry

Zubereitungszeit: 20 Min.
Garzeit: 1 Std. 45 Min.
Für 6–8 Personen

1 kg Rinderschulter-
    steak, in 5-cm-Würfel
    geschnitten
4 Kardamomkapseln,
    zerdrückt*
2 Stängel Zitronengras,
    nur Weißes, gehackt*
500 ml Kokosmilch*
250 ml Wasser
1 TL Salz
3 EL thailändische
    Massamamcurry-
    Paste*
2 große Kartoffeln, in
    3-cm-Würfel geschnitten
10 Silberzwiebeln
2 EL Fischsauce*
4 EL Limettensaft*
2 EL Palmzucker*
2 EL Tamarinden-
    konzentrat*
10 Blätter
    thailändisches
    Basilikum, gehackt*
80 g geröstete Erdnüsse
(* in Asia-Märkten
    erhältlich)

1. Rindfleisch in einem
Topf mit Kardamom-
kapseln, Zitronengras,
375 ml Kokosmilch,
Wasser, Salz vermen-
gen. Auf höchster Stufe
einmal aufkochen las-
sen, Hitze auf unterste
Stufe reduzieren und
abgedeckt 1 Stunde
köcheln lassen.
2. Restliche Kokos-
milch in einen Wok ge-
ben und auf unterster
Stufe unter Rühren er-
hitzen, bis sie eindickt.
Currypaste einrühren.
Alles 3 Minuten garen.
3. Fleisch mit Flüssig-
keit, Kartoffeln, Zwie-
beln, Fischsauce, Limet-
tensaft, Palmzucker
und Tamarindenkon-
zentrat dazugeben und
30–40 Minuten kö-
cheln lassen.
4. Basilikum und Erd-
nüsse unterrühren und
alles weitere 2 Minuten
köcheln lassen. Mit ge-
kochtem Reis servieren.

NÄHRWERT PRO PORTION:
Eiweiß 40 g; Fett 30 g; Koh-
lenhydrate 17 g; Cholesterin
85 mg; 2070 kJ (495 kcal)

Garnelen mit Zitronengras (oben)
und Rindfleisch mit Massamamcurry

Kalmar mit süßer Chilisauce

Zubereitungszeit: 20 Min.
Garzeit: 10 Min.
Für 4 Personen

750 g Kalmartuben
1 EL Erdnussöl
1 EL frischer, fein
  geriebener Ingwer
2 Knoblauchzehen,
  zerdrückt
8 Frühlingszwiebeln,
  gehackt
2 EL süße Chilisauce*
2 EL chinesische
  Barbecuesauce*
1 EL Sojasauce
2 EL Wasser
550 g Pak-Soi-Kohl,
  in 3-cm-Streifen
  geschnitten
1 EL gehackte
  Korianderblätter*
(* in Asia-Märkten
  erhältlich)

1. Kalmartuben längs mit einem Messer öffnen. Auf der Innenseite ein Rautenmuster einschneiden und die Mäntel in 2 x 9 cm große Stücke schneiden.
2. Wok auf höchster Stufe erhitzen, Öl zugeben und schwenken. Ingwer, Knoblauch, Frühlingszwiebeln und Kalmar in den Wok geben und unter Rühren 3 Minuten bräunen.
3. Saucen und Wasser einrühren und alles unter Rühren 2 Minuten garen. Pak-Soi-Kohl, und Koriander zufügen und kurz weitergaren.

NÄHRWERT PRO PORTION:
Eiweiß 40 g; Fett 8 g; Kohlenhydrate 4 g; Cholesterin 375 mg; 1030 kJ (245 kcal)

Schweinefleisch Szechuanart mit Paprika

Zubereitungszeit: 30 Min.
Garzeit: 10 Min.
Für 4–6 Personen

1½ EL Maismehl
1 EL Szechuanpfeffer-
  körner, gemahlen*
2 Eiweiß, verquirlt
½ TL Salz
500 g Schweinefilet, in
  Streifen geschnitten
2 EL Erdnussöl, plus
  1 TL zusätzlich
1 rote Paprika, in
  Streifen geschnitten
2 Frühlingszwiebeln,
  in 3-cm-Stücke
  geschnitten
2 TL Chiliöl*
4 Sternanis
2 Knoblauchzehen,
  zerdrückt
2 TL frischer, fein
  gehackter Ingwer
2 EL Austernsauce*
2 EL chinesischer
  Reiswein*
2 EL Sojasauce
½ TL Sesamöl
2 TL Zucker
(* in Asia-Märkten
  erhältlich)

1. Maismehl, Pfeffer, Eiweiß und Salz in einer Schüssel mischen und mit dem Schweinefleisch vermengen.
2. Wok auf höchster Stufe erhitzen, 1 EL Öl zugeben und schwenken. Paprika und Frühlingszwiebeln zugeben und unter Rühren 1 Minute andünsten. Aus dem Wok nehmen und beiseite stellen.
3. 1 EL Öl zugeben und schwenken. Schweinefleisch portionsweise 2 Minuten unter Rühren braten. Beiseite stellen.
4. Chiliöl zugeben und schwenken. Sternanis zugeben und 30 Sekunden unter Rühren rösten. Knoblauch und Ingwer hinzufügen und kurz weiterdünsten.
5. Austernsauce, Reiswein, Sojasauce, Sesamöl und Zucker mischen, in den Wok geben und 30 Sekunden garen. Schweinefleisch hinzufügen und unter Rühren 1 Minute weitergaren. Gemüse unterheben und servieren.

NÄHRWERT PRO PORTION:
Eiweiß 20 g; Fett 11 g; Kohlenhydrate 4 g; Cholesterin 40 mg; 865 kJ (207 kcal)

Kalmar mit süßer Chilisauce (oben)
und Schweinefleisch Szechuanart mit Paprika

Garnelensalat mit Limetten

Zubereitungszeit:
20 Min.
Garzeit: 8 Min.
Für 4 Personen

750 g große Garnelen
1 EL Öl, zum Braten
4 Frühlingszwiebeln, in
3-cm-Ringe
geschnitten
1 kleine rote Chili-
schote, entkernt,
fein gehackt
2 Knoblauchzehen, in
Scheiben geschnitten
2 Limettenblätter, in
dünne Streifen
geschnitten*
3 TL frisch geriebener
Ingwer
3 TL brauner Zucker
2 TL Sojasauce
2 EL Mirin*
2 EL Limettensaft*
70 g gemischte
Blattsalate
(* in Asia-Märkten
erhältlich)

1. Garnelen schälen,
Darm entfernen und
längs halbieren. Wok
auf höchster Stufe er-
hitzen, Hälfte des Öls
zugeben und schwen-
ken. Garnelen in den
Wok geben und 3 Mi-
nuten unter Rühren
braten.

2. Frühlingszwiebeln,
Chili, Knoblauch, Li-
mettenblätter und Ing-
wer zufügen. Unter Rüh-
ren 1–2 Minuten garen.
3. Zucker, Sojasauce,
Mirin und Limettensaft
in einer Schüssel mi-
schen und in den Wok
geben. Einmal aufko-
chen lassen. Auf den
Salatblättern angerich-
tet servieren

NÄHRWERT PRO PORTION:
Eiweiß 1 g; Fett 5 g; Koh-
lenhydrate 3,5 g; Choleste-
rin2 mg; 263 kJ (63 kcal)

Limettenhuhn Nonya

Zubereitungszeit:
20 Min.
Garzeit: 25 Min.
Für 4–6 Personen

90 g rote asiatische
Schalotten*
4 Knoblauchzehen
2 Stängel Zitronengras,
nur Weißes, gehackt*
2 TL fein gehackter
frischer Galgant*
1 TL gemahlenes
Kurkuma*
2 EL Sambal Oelek
1 EL Shrimppaste*
4 EL Öl, zum Braten
1 kg Hühnerschenkel-
filet, in 3 cm große
Würfel geschnitten

400 ml Kokosmilch*
1 TL fein geriebene
Limettenschale
125 ml Limettensaft
6 Limettenblätter, in
Streifen geschnitten*
2 EL Tamarinden-
konzentrat*
Salz, nach Geschmack
Limettenspalten, zum
Garnieren
Limettenzweige, zum
Garnieren*
(* in Asia-Märkten
erhältlich)

1. Schalotten, Knob-
lauch, Zitronengras,
Galgant, Kurkuma,
Sambal Oelek und
Shrimppaste in der Kü-
chenmaschine pürieren.
2. Wok auf höchster
Stufe erhitzen, Öl zuge-
ben und schwenken.
Gewürzpaste zugeben
und unter Rühren
1–2 Minuten andüns-
ten. Hühnerfleisch zu-
geben und 5 Minuten
unter Rühren braten.
3. Kokosmilch, Limet-
tenschale, Limettensaft,
Limettenblätter und
Tamarindenkonzentrat
einrühren, Hitze auf
unterste Stufe reduzie-
ren und 15 Minuten
köcheln lassen. Mit
Salz abschmecken.
4. Mit Limettenspalten
und -zweigen garnieren
und mit Reis servieren.

NÄHRWERT PRO PORTION:
Eiweiß 32 g; Fett 25 g; Koh-
lenhydrate 4 g; Cholesterin
65 mg; 1590 kJ (380 kcal)

Garnelensalat mit Limetten (oben)
und Limettenhuhn Nonya

Aromatisiertes Öl

Aromatisierte Ölsorten verstärken den Geschmack von Wok-Gerichten auf eine delikate Art. Sie eignen sich auch vorzüglich als Salatdressing. Das Pflanzenöl niemals über 120 °C erhitzen, da sonst das Aroma leidet. Um die Behälter für das Öl zu sterilisieren, werden sie nach dem Waschen bei 120 °C 20 Minuten im Backofen getrocknet.

Sternanis-Orangen-Öl

300 ml Öl mit 75 ml Erdnussöl, 4 Sternanis und der abgeriebenen Schale von 4 Orangen im Wok auf 100 °C erhitzen und 5 Minuten ziehen lassen. In ein sterilisiertes Glasgefäß gießen, verschließen und 2 Tage kalt stellen. Feste Inhaltsstoffe mit einem Sieb entfernen. In einem sterilen Glasgefäß kann das Öl im Kühlschrank bis zu 6 Monate aufbewahrt werden. *Ergibt 375 ml.*

Sesam-Chili-Öl

300 ml Öl und 3 EL Chiliflocken im Wok auf 100 °C erhitzen und 8 Minuten ziehen lassen. Vom Herd nehmen und 75 ml Sesamöl zugeben. Chiliflocken entfernen, in ein steriles Glasgefäß gießen, verschließen und abkühlen lassen. Das Öl hält sich im Kühlschrank bis zu 6 Monate. *Ergibt 375 ml.*

Ingweröl

375 ml Öl und 400 g in dünne Scheiben geschnittenen Ingwer im Wok auf 100 °C erhitzen und 45 Minuten köcheln lassen. Ingwer entfernen, Öl in ein steriles Glasgefäß gießen. Dieses fest verschließen und abkühlen lassen. Das Öl kann im Kühlschrank bis zu 6 Monate aufbewahrt werden. *Ergibt 375 ml.*

Limetten-Zitronengras-Öl

375 ml Öl, 2 gehackte Zitronengrasstängel (nur Weißes) und die geriebene Schale von 4 Limetten im Wok auf 100 °C erhitzen und 5 Minuten ziehen lassen. 4 gehackte Limettenblätter zugeben, alles in ein steriles Glasgefäß gießen und verschlossen abkühlen lassen. 2 Tage kalt stellen. Feste Stoffe mit einem Sieb entfernen und das Öl wieder in ein steriles Glasgefäß füllen. Hält sich im Kühlschrank bis zu 6 Monate. *Ergibt 375 ml.*

Von links nach rechts: Sternanis-Orangen-Öl; Sesam-Chili-Öl; Ingweröl; Limetten-Zitronengras-Öl; Korianderöl; Knoblauchöl

Korianderöl

Blätter, Stiele und Wurzeln von 2 Bündeln Koriander (180 g) 10 Sekunden in kochendem Wasser blanchieren und sofort in Eiswasser tauchen. Durch ein Sieb abgießen und mit Küchenpapier trocken tupfen. Koriander grob hacken und mit 375 ml Öl in der Küchenmaschine pürieren. In ein steriles Glasgefäß geben, verschließen und über Nacht kalt stellen. Durch ein feines Sieb abgießen. In einem sterilen Glasgefäß kann das Öl bis zu 2 Wochen im Kühlschrank aufbewahrt werden. *Ergibt 375 ml.*

Knoblauchöl

Eine ganze Knoblauchknolle schälen, in eine Schüssel geben und mit Weißweinessig oder Zitronensaft bedeckt 24 Stunden stehen lassen. Flüssigkeit durch ein Sieb abgießen. Die Knoblauchzehen mit Küchenpapier trocken tupfen und in 375 ml Öl in einem Wok auf 100 °C erhitzen und 12 Minuten garen. In ein steriles Glasgefäß gießen, verschließen und über Nacht kalt stellen. Knoblauch entfernen. In einem sterilen Glasgefäß hält sich das Öl im Kühlschrank bis zu 6 Wochen. *Ergibt 375 ml.*

Schweinefleischpfanne mit Kürbis

Zubereitungszeit: 20 Min.
Garzeit: 20 Min.
Für 4 Personen

2–3 EL Öl, zum Braten
80 g Cashewkerne
750 g Schweinenacken,
  in Streifen geschnitten
500 g Kürbis, in
  2-cm-Würfel
  geschnitten
1 EL frisch geriebener
  Ingwer
80 ml Hühnerbrühe
4 EL trockener Sherry
1½ EL Sojasauce
½ TL Maismehl
1 TL Wasser
500 g junger Pak-Soi-
  Kohl, gehackt*
1–2 EL
  Korianderblätter*
(* in Asia-Märkten
  erhältlich)

1. Wok auf höchster
Stufe erhitzen, 1 EL Öl
zugeben und schwenken. Cashewkerne goldgelb rösten, durch ein
Sieb abgießen und beiseite stellen.
2. Wok wieder auf
höchster Stufe erhitzen,
etwas zusätzliches Öl
zugeben und schwenken. Schweinefleisch
portionsweise 5 Minuten unter Rühren goldbraun braten. 1 EL Öl
zugeben, Kürbis und
Ingwer unter Rühren
3 Minuten dünsten.
Brühe, Sherry und Sojasauce zufügen und 3
Minuten köcheln lassen.
3. Maismehl mit Wasser
glatt rühren und in die
Sauce einrühren. Fleisch
und Cashewkerne wieder in den Wok geben,
Pak-Soi-Kohl und Koriander zufügen. Alles erwärmen, bis der Kohl
leicht zusammenfällt.

NÄHRWERT PRO PORTION:
Eiweiß 46 g; Fett 28 g; Koh
lenhydrate 15 g; Cholesterin
75 mg; 2112 kJ (505 kcal)

Auberginen mit scharfer Bohnensauce

Zubereitungszeit:
  20 Min.
Garzeit: 15 Min.
Für 4–6 Personen

4 EL Erdnussöl
800 g Auberginen, in
  2-cm-Würfel
  geschnitten
4 Frühlingszwiebeln,
  gehackt
3 Knoblauchzehen,
  zerdrückt
1 EL frischer, fein
  gehackter Ingwer
1 EL scharfe
  Bohnenpaste*
125 ml Gemüsebrühe
4 EL chinesischer
  Reiswein*
2 EL Reisweinessig*
1 EL Tomatenmark
2 TL brauner Zucker
2 EL Sojasauce
1 TL Maismehl
1 EL Wasser
2 EL frisch gehacktes
  Basilikum
(* in Asia-Märkten
  erhältlich)

1. Wok auf höchster
Stufe erhitzen, 1 EL Öl
zugeben. Auberginen
portionsweise unter Rühren 3–4 Minuten braten.
Herausnehmen und beiseite stellen.
2. Wok wieder auf
höchster Stufe erhitzen,
restliches Öl zugeben
und schwenken. Frühlingszwiebeln, Knoblauch, Ingwer und Bohnenpaste 30 Sekunden
andünsten. Brühe, Reiswein, Essig, Tomatenmark, Zucker und Sojasauce zugeben und unter
Rühren 1 Minute garen.
3. Maismehl mit Wasser
glatt rühren und in den
Wok geben. Auberginenwürfel wieder hinzufügen und alles unter
Rühren 2–3 Minuten erwärmen. Mit Basilikum
bestreut servieren.

NÄHRWERT PRO PORTION:
Eiweiß 2 g; Fett 10 g; Koh
lenhydrate 5,5 g; Choleste
rin 0 mg; 550 kJ (130 kcal)

Schweinefleischpfanne mit Kürbis (oben)
und Auberginen mit scharfer Bohnensauce

Salz-und-Pfeffer-Kalmar

Zubereitungszeit: 15 Min.
Marinierzeit: 20 Min.
Garzeit: 10 Min.
Für 4 Personen

500 g Kalmartuben,
  längs halbiert
80 ml Öl
4 Knoblauchzehen,
  fein gehackt
½ TL Zucker
2 TL Salz
1 TL gemahlener
  schwarzer Pfeffer
2 EL Limettensaft
Limettenspalten, zum
  Garnieren

Kalmartuben unter kaltem Wasser waschen und mit Küchenpapier trocken tupfen. Auf der Innenseite ein Rautenmuster einschneiden und in 3 x 5 cm große Stücke schneiden. Öl, Knoblauch, Zucker und die Hälfte des Salzes und Pfeffers mischen und mit dem Kalmar vermengen. Abgedeckt 20 Minuten kalt stellen.
2. Wok auf höchster Stufe erhitzen und Kalmar portionsweise unter Rühren 1–2 Minuten braten. Beiseite stellen.
3. Kalmar wieder in den Wok geben, Limettensaft und restliches Salz und Pfeffer zufügen und alles erwärmen. Mit Limettenspalten garniert servieren.

NÄHRWERT PRO PORTION:
Eiweiß 20 g; Fett 20 g; Kohlenhydrate 1,5 g; Cholesterin 250 mg; 1150 kJ (275 kcal)

Chow-Mein-Huhn mit Nudeln

Zubereitungszeit: 20 Min.
Garzeit: 15 Min.
Für 4–6 Personen

Frittieröl
1 kleiner Brotwürfel
150 g dünne
  Eiernudeln*
3 Knoblauchzehen,
  zerdrückt
3½ EL Maismehl
2½ EL Austernsauce*
1 EL Sojasauce
300 g Hühnerbrustfilet,
  in Streifen geschnitten
2 EL Erdnussöl
200 g Brokkoliröschen
2 Karotten, in Scheiben
  geschnitten
200 g Zuckererbsen
425 g (1 Dose) Strohpilze, abgegossen*
150 g Bambussprossen,
  in Streifen geschnitten
2 TL Zucker
320 ml Hühnerbrühe
(* in Asia-Märkten
  erhältlich)

1. Wok zu ⅔ mit Frittieröl füllen und auf höchster Stufe erhitzen. Brotwürfel in das Öl werfen, bräunt das Brot in 20 Sekunden, ist das Öl heiß genug, Nudeln portionsweise 15–20 Sekunden frittieren. Durch ein Sieb abgießen.
2. Knoblauch, 1½ EL Maismehl, 2 TL Austernsauce und 2 TL Sojasauce mischen und mit dem Hühnerfleisch vermengen.
3. Wok auf höchster Stufe erhitzen, Öl zugeben und schwenken. Fleisch hineingeben und portionsweise unter Rühren 4–5 Minuten goldgelb braten. Brokkoli und Karotten zufügen und unter Rühren 1 Minute garen. Zuckererbsen, Pilze und Bambussprossen zugeben und alles unter Rühren 1 Minute weitergaren.
4. Restliche Austernsauce, Sojasauce, Maismehl, Zucker und Brühe in einer Schüssel mischen. In den Wok geben und unter Rühren 2 Minuten aufkochen lassen. Zum Servieren die Nudeln auf einem Servierteller anrichten und das Fleisch darauf geben.

NÄHRWERT PRO PORTION:
Eiweiß 20 g; Fett 13 g; Kohlenhydrate 30 g; Cholesterin 30 mg; 1325 kJ (317 kcal)

Salz-und-Pfeffer-Kalmar (oben)
und Chow-Mein-Huhn mit Nudeln

Reisnudel-Rind-fleisch-Pfanne

Zubereitungszeit: 10 Min.
Marinierzeit: 30 Min.
Garzeit: 15 Min.
Für 4–6 Personen

2 Knoblauchzehen,
  zerdrückt
2 TL frischer, fein
  gehackter Ingwer
1 EL Austernsauce*
2 TL Sojasauce
500 g Rindfleisch, in
  Streifen geschnitten
4 EL Öl
1 kg frische Reisnudeln,
  in 2 cm breite Streifen
  geschnitten*
100 g Schnittknob-
  lauch, gehackt*
2½ EL Austernsauce,
  zusätzlich
3 TL Sojasauce,
  zusätzlich
1 TL Zucker
(* in Asia-Märkten
  erhältlich)

1. Knoblauch, Ingwer, Austernsauce und Sojasauce mischen und mit dem Fleisch vermengen. Abgedeckt 30 Minuten kalt stellen.
2. Wok auf höchster Stufe erhitzen, 1 EL Öl zugeben und schwenken. Rindfleisch portionsweise 5 Minuten unter Rühren braten und beiseite stellen. Restliches Öl und Nudeln in den Wok geben und unter Rühren 3–5 Minuten weichgaren.
3. Schnittknoblauch zufügen und unter Rühren kurz garen. Zusätzliche Austernsauce, Sojasauce und Zucker einrühren, Fleisch wieder in den Wok geben und unter Rühren erhitzen.

NÄHRWERT PRO PORTION:
Eiweiß 33 g; Fett 13 g; Kohlenhydrate 40 g; Cholesterin 50 mg; 1295 kJ (310 kcal)

Fisch-Gurken-Pfanne

Zubereitungszeit: 20 Min.
Garzeit: 20 Min.
Für 4 Personen

60 g Weizenmehl
60 g Maismehl
½ TL chinesisches Fünf-
  Gewürz-Pulver*
Salz und Pfeffer nach
  Geschmack
750 g Fischfilets ohne
  Gräten, z. B. Leng, in
  3-cm-Würfel geschnitten
2 Eiweiß, leicht verquirlt
Frittieröl
1 EL Öl
1 Zwiebel, in breite
  Streifen geschnitten
1 Salatgurke, halbiert,
  entkernt und schräg in
  Stücke geschnitten
1 TL Maismehl,
  zusätzlich
2 EL Wasser
¼ TL Sesamöl
1 EL Sojasauce
80 ml Reisweinessig*
1½ EL brauner Zucker
3 TL Fischsauce*
(* in Asia-Märkten
  erhältlich)

1. Mehle und Fünf-Gewürz-Pulver mischen und mit Salz und Pfeffer abschmecken. Fisch zuerst in Eiweiß und dann in die Mehlmischung tauchen.
2. Einen Topf zu ⅔ mit Frittieröl füllen und auf höchster Stufe erhitzen. Fisch portionsweise frittieren, im Sieb Öl abtropfen lassen und warm stellen.
3. Wok auf höchster Stufe erhitzen, 1 EL Öl zugeben und schwenken. Zwiebelstreifen hinzugeben und unter Rühren 1 Minute dünsten. Gurke zufügen und 30 Sekunden garen.
4. Maismehl mit Wasser glatt rühren und mit Sesamöl, Sojasauce, Essig, Zucker und Fischsauce in den Wok geben. Unter Rühren 3 Minuten köcheln lassen. Fisch unterheben.

NÄHRWERT PRO PORTION:
Eiweiß 43 g; Fett 16 g; Kohlenhydrate 35 g; Cholesterin 130 mg; 1990 kJ (475 kcal)

Reisnudel-Rindfleisch-Pfanne (oben)
und Fisch-Gurken-Pfanne

*Fisch, Currypaste, Zucker, Fischsauce
und zu einer glatten Paste pürieren.*

*Golfballgroße Klöße formen und flach
drücken.*

Thailändische Fischküchlein mit Gurkensalat

Zubereitungszeit:
25 Min.
Garzeit:
15 Min.
Für 6 Personen

500 g Rotbarschfilet,
  enthäutet
1½ EL rote Currypaste
60 g Zucker
4 EL Fischsauce*
1 Ei
200 g grüne Bohnen, in
  Ringe geschnitten
10 Limettenblätter, fein
  gehackt
Frittieröl

Gurkensalat
125 ml Weißweinessig
125 g Zucker
125 ml Wasser
125 ml Pflaumensauce*

2 Knoblauchzehen,
  zerdrückt
2 TL Sambal Oelek
80 ml Fischsauce*
80 g geröstete
  Erdnüsse, gehackt
1 Salatgurke, längs
  halbiert, in Scheiben
  geschnitten
2 EL frisch gehackte
  Korianderblätter
(* in Asia-Märkten
  erhältlich)

1. Fisch 20 Sekunden in der Küchenmaschine pürieren. Currypaste, Zucker, Fischsauce und Ei zugeben und 10 Sekunden weiterpürieren. In einen Topf geben, Bohnen und Limettenblätter untermengen.
2. Mit feuchten Händen golfballgroße Klöße formen und flach drücken.
3. Wok zu ⅔ mit Frittieröl füllen und auf höchster Stufe erhitzen.

Brotwürfel hineinwerfen. Bräunt er in 15 Sekunden, ist das Öl heiß genug. Fischküchlein portionsweise 3–5 Minuten gleichmäßig goldbraun frittieren. Auf Küchenpapier abtropfen lassen und warm stellen.
4. Für den Salat Essig, Zucker und Wasser in einem kleinen Topf mischen und auf unterster Stufe unter Rühren Zucker lösen. Pflaumensauce, Knoblauch, Sambal Oelek und Fischsauce zugeben einmal auf höchster Stufe aufkochen lassen, Hitze reduzieren und 5 Minuten köcheln lassen. Über die restlichen Zutaten geben und zu den Fischküchlein servieren.

NÄHRWERT PRO PORTION:
Eiweiß 23 g; Fett 17 g;
Kohlenhydrate 35 g;
Cholesterin 90 mg; 1834 kJ
(438 kcal)

Thailändische Fischküchlein mit Gurkensalat

Küchlein portionsweise frittieren und auf Küchenpapier abtropfen lassen.

Erdnüsse, Koriander und Gurke in die Sauce geben und vermengen.

Ingwerfisch

Zubereitungszeit:
20 Min.
Garzeit: 15 Min.
Für 4 Personen

1 EL Erdnussöl
1 kleine Zwiebel, in
dünne Ringe
geschnitten
3 TL gemahlener
Koriander
600 g feste Fischfilets
ohne Gräten, z. B.
Barsch, in mund-
gerechte Stücke
geschnitten
1 EL in Stifte
geschnittener
frischer Ingwer
1 TL fein gehackte
entkernte grüne Chili
2 EL Limettensaft
Salz und Pfeffer nach
Geschmack
2 EL Korianderblätter*
(* in Asia-Märkten
erhältlich)

1. Wok auf höchster
Stufe erhitzen, Öl zuge-
ben und schwenken.
Zwiebelringe unter
Rühren 4 Minuten dün-
sten. Gemahlenen Kori-
ander zugeben und
1–2 Minuten garen.
2. Fisch, Ingwer und
Chili zufügen und unter
Rühren 5–7 Minuten
weitergaren. Limetten-
saft einrühren und mit
Salz und Pfeffer ab-
schmecken. Mit Korian-
derblättern garnieren
und zu gekochtem Reis
servieren.

NÄHRWERT PRO PORTION:
Eiweiß 30 g; Fett 9 g; Koh-
lenhydrate 1 g; Cholesterin
105 mg; 895 kJ (214 kcal)

Lammsalat

Zubereitungszeit:
15 Min.
Marinierzeit: 3 Std.
Garzeit: 15 Min.
Für 4–6 Personen

2 EL rote Currypaste
15 g Korianderblätter,
gehackt*
1 EL frischer, fein
geriebener Ingwer
3–4 EL Erdnussöl
750 g Lammfilet, in
dünne Streifen
geschnitten
200 g Zuckererbsen
600 g frische, dicke
Reisnudeln*
1 rote Paprika, in
dünne Streifen
geschnitten
1 Salatgurke, in dünne
Scheiben geschnitten
6 Frühlingszwiebeln, in
dünne Ringe
geschnitten

Minzedressing
1½ EL Erdnussöl
4 EL Limettensaft
2 EL brauner Zucker
3 TL Fischsauce*
3 TL Sojasauce
20 g Minzeblätter,
gehackt
1 Knoblauchzehe,
zerdrückt
(* in Asia-Märkten
erhältlich)

1. Rote Currypaste,
Koriander, Ingwer und
2 EL Öl in einer Schüs-
sel mischen und mit
Lamm vermengen. 2–3
Stunden kalt stellen.
2. Zuckererbsen kurz in
kochendem Wasser blan-
chieren, mit kaltem Was-
ser abschrecken und
durchs Sieb abgießen.
3. Nudeln mit kochen-
dem Wasser bedecken,
5 Minuten quellen
lassen und abgießen.
4. Zutaten für das
Dressing in einem Be-
cher mischen und
schütteln.
5. Wok auf höchster
Stufe erhitzen, 1 EL Öl
zugeben und schwen-
ken. Lamm in zwei Por-
tionen unter Rühren
5 Minuten braten. Bei
Bedarf Öl nachgießen.
6. Lamm, Zuckererb-
sen, Nudeln, Paprika,
Gurke und Frühlings-
zwiebeln in einer
großen Schüssel ver-
mengen und mit Dres-
sing beträufeln.

NÄHRWERT PRO PORTION:
Eiweiß 32 g; Fett 20 g; Koh-
lenhydrate 33 g; Cholesterin
83 mg; 1850 kJ (442 kcal)

Ingwerfisch (oben) und Lammsalat

Gebratener Reis

Vorbereitungszeit:
15 Min.
Kochzeit:
10 Min.
Für 4 Personen

4 Frühlingszwiebeln
2 EL Erdnußöl
2 Eier, leicht geschlagen
1 Zwiebel, in Scheiben
geschnitten
250 g Knochenschinken,
in Scheiben geschnitten
4 Becher gekochter Reis,
abgekühlt
1/4 Becher Tiefkühl-Erbsen
2 EL Sojasauce
250 g Shrimps, gekocht
und geschält

1. Die Frühlingszwiebeln
in kurze, diagonale Stük-
ke schneiden. 1 EL Öl
in einer großen Pfanne
oder in einem Wok er-
hitzen und die Eier hin-
eingeben. Gestockte Eier
in die Mitte schieben
und die Pfanne schräg
halten, damit das flüssige
Ei zu den Rändern läuft.
2. Das fast völlig gestockte Ei auf einen Teller heben, in Streifen schnei-
den und beiseite stellen.
3. Das restliche Öl in
der Pfanne erhitzen,
Zwiebeln hinzugeben
und bei starker Hitze
1–2 Minuten unter
Rühren glasig dünsten.
Schinken hinzugeben
und 1 Minute braten;
danach Reis und Erbsen
3 Minuten unter Rühren
erhitzen. Eier, Sojasauce,
Frühlingszwiebeln und

Shrimps dazugeben, er-
hitzen und servieren.

Tintenfisch mit Chilisauce

Vorbereitungszeit:
20 Min. + 2 Std.
Marinierzeit
Kochzeit:
4 Min.
Für 4 Personen

750 g Baby-Tintenfische
1 EL Öl
2 Knoblauchzehen,
zerdrückt
2 EL süße Chilisauce
1 EL Limonensaft
2 EL Öl, zusätzlich

1. Tintenfische gut waschen und mit Küchen-
papier trocken tupfen.
Mit einem scharfen Mes-
ser den Kopf aufschnei-
den und Gedärme ent-
fernen. Den Körper gut
festhalten, mit dem Zeige-
finger den Schnabel her-
ausschieben und entfer-
nen. Bei großen Exempla-
ren Tentakel halbieren.
2. Tintenfisch, Öl, Knoblauch, Limonensaft in
einer Schüssel mischen;
mit Klarsichtfolie abdek-
ken und 2 Stunden in
den Kühlschrank stellen.
3. Das restliche Öl im
Wok oder in einer schwe-
ren Pfanne erhitzen.
Tintenfisch abtropfen
lassen (Marinade beisei-
te stellen) und bei mitt-

lerer Hitze unter Rühren
3–4 Minuten anbraten.
Die Marinade hinzuge-
ben und das Gericht
unter Rühren erhitzen.

Fünf-Gewürze-Rindfleisch

Vorbereitungszeit:
15 Min.
Kochzeit:
10 Min.
Für 4 Personen

1 TL Fünf-Gewürze-
Pulver
1/2 TL schwarzer Pfeffer
500 g Rumpsteak
2 EL Öl
3 TL frischer Ingwer,
feingerieben
4 Frühlingszwiebeln, in
3 cm großen Stücken
2 EL Sojasauce
2 EL Austernsauce

1. Fünf-Gewürze-Pulver
und Pfeffer mischen;
Fleisch damit einreiben
und in dünne Streifen
schneiden. 1 EL Öl im
Wok oder in einer schwe-
ren Pfanne erhitzen. Ing-
wer und Frühlingszwie-
beln zugeben; 1 Minute
braten; aus der Pfanne
nehmen, warm stellen.
2. Das Fleisch in kleinen Portionen bei star-
ker Hitze kurz bräunen.
3. Das ganze Fleisch in
die Pfanne geben, Saucen
hinzufügen und gut
rühren. Sofort servieren.

Von oben: Fünf-Gewürze-Rindfleisch,
Tintenfisch mit Chilisauce und Gebratener Reis

1 Pilze zum Reis in die Pfanne geben und
unter ständigem Rühren garen.

2 In das fertige Risotto Käse geben und
die Pfanne vom Herd nehmen.

Risotto-Bratlinge

Vorbereitungszeit:
20 Min. + 75 Min.
Kühlzeit
Kochzeit:
30 Min.
Für 4 Personen

800 ml Gemüsefond
1 EL Olivenöl
20 g Butter
1 kleine Zwiebel, feinge-
hackt
1 Becher Rundkornreis
für Risotto
150 g kleine Champignons,
in dünnen Scheiben
1/3 Becher Parmesan,
frisch gerieben
Öl zum Fritieren

1. Gemüsefond in einem kleinen Topf aufkochen. Hitze reduzieren, Topf abdecken und sanft köcheln lassen. Öl und Butter in einer schweren Pfanne erhitzen, Zwiebeln zugeben und bei mittlerer Hitze 3 Minuten glasig dünsten. Reis dazugeben, 2 Minuten garen lassen; Pilze zum Reis in die Pfanne geben und 3 Minuten unter ständigem Rühren garen.

2. Heißen Gemüsefond portionsweise (je 125 ml) in die Pfanne geben und rühren, bis er völlig absorbiert ist. Vorgang wiederholen, bis der ganze Gemüsefond zugefügt und der Reis zart und cremig ist (Dauer etwa 20 Minuten). Den Käse zum fertigen Risotto geben und die Pfanne vom Herd nehmen.

3. Mischung in eine Schüssel geben und mindestens 1 Stunde in den Kühlschrank stellen; mit befeuchteten Händen je 1/4 Tasse Risottomischung zu flachen Bratlingen formen.

4. Ca. 2 cm hoch Öl in einer beschichteten Pfanne erhitzen. Bratlinge von jeder Seite 3–4 Minuten braten und abtropfen lassen. Mit Relish servieren.

Risotto-Bratlinge

3 Risottomischung mit angefeuchteten Händen zu flachen Bratlingen formen.

4 Jede Seite der Bratlinge 3–4 Minuten braten; auf Papier abtropfen lassen.

Porree-Zucchini-Torte

Vorbereitungszeit:
  20 Min.
Kochzeit:
  40 Min.
Für 4 Personen

2 EL Olivenöl
3 Selleriestangen, in dünne
  Scheiben geschnitten
2 Zucchini, in streichholz-
  großen Stiften
1 Knoblauchzehe, zerdrückt
Pfeffer und Salz
5 Eier, leicht geschlagen
1/3 Becher Parmesan,
  gerieben
1/3 Becher Schweizer Käse,
  in kleinen Würfeln

1. 1 EL Olivenöl in einer kleinen Pfanne erhitzen, Sellerie hinzufügen und unter ständigem Rühren garen, so daß das Gemüse noch Biß hat. Die Pfanne abdecken und weitere 10 Minuten garen. Zucchini und Knoblauch zugeben und wieder 10 Minuten weitergaren. Die Mischung in eine Schüssel füllen und abkühlen lassen; Pfeffer, Salz, Eier und Käse hinzufügen.
2. Restliches Öl in der Pfanne erhitzen, Mischung zugeben und glattstreichen. Bei schwacher Hitze 15 Minuten köcheln lassen, bis die Torte gestockt ist.

3. Die Torte 3–5 Minuten im Backofen grillen, bis sie knusprig braun ist. Vor dem Anschneiden 5 Minuten ruhen lassen.

Thunfischsteaks mit Kräuterkruste

Vorbereitungszeit:
  15 Min. + 15 Min.
  Kühlzeit
Kochzeit:
  10 Min.
Für 4 Personen

1 Becher frische Kräuter,
  gehackt
8 Scheiben altbackenes
  Brot, ohne Rinde
1 Ei
2 EL Milch
4 Thunfischsteaks
2 EL Olivenöl
Pfeffer und Salz, zum
  Abschmecken

1. Kräuter und Brot in der Küchenmaschine 30 Sekunden stark zerkleinern; Ei und Milch in einer Schüssel mit dem Schneebesen verrühren.
2. Thunfischsteaks in die Eimischung tauchen, gleichmäßig mit der Brot-Kräutermischung einreiben und 15 Minuten in den Kühlschrank stellen.
3. Öl in einer schweren Pfanne stark erhitzen. Steaks pro Seite je 2 Minuten anbraten, abschmecken und mit grünem Salat servieren.

Porree-Zucchini-Torte (oben) und
Thunfischsteaks mit Kräuterkruste

Steaks mit Zwiebeln

Vorbereitungszeit:
 10 Min.
Kochzeit:
 20 Min.
Für 4 Personen

4 Filet- oder Rumpsteaks
2 große Zwiebeln
30 g Butter
2 Knoblauchzehen, feinge-
 hackt
1/2 TL Zucker
Pfeffer und Salz
1 EL Öl
2 EL Grillsauce
2 EL Petersilie, feingehackt

1. Überschüssiges Fett und die Sehnen der Steaks entfernen. Zwiebeln halbieren und in dünne Scheiben schneiden. Die Butter in einer großen Pfanne zerlassen, Zwiebeln zugeben und bei schwacher Hitze 5 Minuten glasig dünsten. Knoblauch und Zucker hinzufügen und 2 Minuten braten. Die Mischung auf einen vorgewärmten, mit Küchenpapier ausgelegten Teller geben, würzen und zum Warmhalten mit Alufolie abdecken.
2. Öl in der Pfanne erhitzen, die Steaks hineinlegen und beide Seiten 3–4 Minuten anbraten. Jedes Steak mit etwas Grillsauce bestreichen, etwas Zwiebelmischung darübergeben und – ohne das Fleisch zu wenden – weitere 3 Minuten (blutig) bzw. 5 Minuten

(medium) braten. Anschließend mit Petersilie bestreuen und mit Pommes frites servieren.

Frikadellen mit Grillsauce

Vorbereitungszeit:
 20 Min. + 30 Min.
 Kühlzeit
Kochzeit:
 20 Min.
Für 6–8 Personen

750 g Rinderhack
250 g Wurstbrät
1 kleine Zwiebel, feinge-
 hackt
1 EL Worcestersauce
2 EL Tomatensauce
1 Becher Paniermehl
1 Ei, leicht geschlagen

Grillsauce
1 kleine Zwiebel, feinge-
 hackt
2 EL Mehl
1 EL Balsam-Essig
1 EL brauner Zucker
80 ml Tomatensauce
1 EL Worcestersauce
1 Becher Rinderfond

1. Rinderhack und Wurstbrät in eine große Schüssel legen, Zwiebeln, Saucen, Paniermehl und Ei hinzufügen und mit den Händen gründlich durchkneten. Mischung

in 6 gleiche Portionen teilen und zu Frikadellen formen; 30 Minuten in den Kühlschrank stellen.
2. Pfanne erhitzen und leicht mit Öl ausstreichen. Die Frikadellen bei mittlerer Hitze etwa 7 Minuten auf jeder Seite braten, auf einen Teller legen, mit Klarsicht- oder Alufolie bedecken und warm halten.
3. Zubereitung der Grillsauce: Zwiebeln in die Pfanne geben und bei mittlerer Hitze 5 Minuten glasig dünsten, das Mehl unterrühren und 1 Minute kochen lassen. Nach und nach Essig, Zucker, Tomaten- und Worcestersauce sowie Rinderfond hinzufügen, zum Kochen bringen und 2 Minuten unter gelegentlichem Rühren köcheln lassen. Die Grillsauce über die Frikadellen geben und sofort servieren.

> **T**IP
> Frikadellen können auch auf dem Grill oder auf dem heißen Stein gebraten werden. Starke Hitze ist wichtig. Die glühende Holzkohle soll mit weißer Asche bedeckt sein und keine Flammen schlagen.

Steaks mit Zwiebeln (oben) und
Frikadellen mit Grillsauce

Pfefferlammfilet mit Rosinensauce

Vorbereitungszeit:
15 Min.
Kochzeit:
20 Min.
Für 4 Personen

600 g Lammfilet
1 EL schwarzer Pfeffer
1 EL Öl
4 Frühlingszwiebeln,
  gehackt
2 EL Rosinen
2 EL Whisky
2 TL frischer Thymian,
  gehackt
250 ml Crème fraîche
  oder Sahne
Salz, zum Abschmecken

1. Überschüssiges Fett und Sehnen der Filets entfernen; danach das Fleisch mit Pfeffer einreiben. Öl in einer schweren Pfanne erhitzen, 2−3 Filets gleichzeitig bei mittlerer Hitze 3−4 Minuten anbraten, dabei gelegentlich wenden. Das Fleisch auf einen vorgewärmten Teller geben, mit Alufolie abdecken und warm halten.
2. Die Pfanne wieder auf den Herd stellen, Frühlingszwiebeln und Rosinen hineingeben und 2 Minuten dünsten. Whisky hineingießen und köcheln, bis die Flüssigkeit fast völlig verdampft ist; dann Thymian und Sahne dazugeben und unter gelegentlichem Rühren 2 Minuten köcheln lassen.
3. Das Fleisch in diagonale Scheiben schneiden und auf vorgewärmten Tellern arrangieren. Die Sauce über das Fleisch geben, mit Pfeffer und Salz abschmecken und sofort servieren, nach Wunsch mit gedünstetem Gemüse.

Kalbsschnitzel

Vorbereitungszeit:
20 Min. + 30 Min.
Kühlzeit
Kochzeit:
4−6 Min.
Für 4 Personen

4 Kalbsschnitzel
1/3 Becher Mehl
2 Eier, leicht geschlagen
1/2 Becher Paniermehl
80 ml Öl
50 g Cheddar-Käse, in
  dünnen Scheiben
250 ml Tomaten-Nudel-
  sauce aus dem Glas

1. Überschüssiges Fett und Sehnen des Fleischs entfernen. Die Schnitzel gleichmäßig flach klopfen und die Ränder einkerben, damit sie sich nicht einrollen. Ein Stück Butterbrotpapier mit Mehl bestäuben und das Fleisch im Mehl wälzen (überschüssiges Mehl abschütteln). Schnitzel einzeln in die Eimasse tunken, mit Paniermehl bedecken (Mehl fest mit den Fingern anpressen) und die überschüssigen Krumen abschütteln. Das Fleisch auf einer großen Servierplatte verteilen, mit Klarsichtfolie abdecken und 30 Minuten in den Kühlschrank stellen.
2. Öl in einer schweren Pfanne erhitzen und die Kalbsschnitzel bei mittlerer Hitze 2−3 Minuten braten; dann umdrehen und Käsescheiben auf die gebratene Seite legen. Das Fleisch weitere 2−3 Minuten braten, mit einem Pfannenheber aus der Pfanne nehmen, auf Papier abtropfen lassen.
3. Nudelsauce in der Mikrowelle oder in einem kleinen Topf erhitzen; die Schnitzel auf Teller verteilen; mit der Sauce begießen.

Kalbsschnitzel (oben) und Pfefferlammfilet mit Rosinensauce

Hühnchen à l'orange

Vorbereitungszeit:
15 Min.
Kochzeit:
50 Min.
Für 4 Personen

30 g Butter
1 EL Öl
8 Hühnerkeulen
2 Zwiebeln, in Scheiben
2 Knoblauchzehen,
 zerdrückt
60 ml Orangensaft
2 TL geriebene Orangen-
 schale
1 TL brauner Zucker
125 ml Weißwein
125 ml Wasser
40 g Französische Zwie-
 belsuppe, aus der Tüte

1. Butter und Öl in
einer schweren Pfanne
erhitzen, Hühnerkeulen
hinzugeben und bei
mittlerer Hitze 5 Minu-
ten braten, bis sie knus-
prig braun sind; dabei
gelegentlich wenden. Die
Keulen aus der Pfanne
nehmen und auf Küchen-
papier abtropfen lassen.
2. Zwiebeln und Knob-
lauch in die Pfanne
geben und bei mittlerer
Hitze 3 Minuten glasig
dünsten. Orangensaft,
Orangenschale, Zucker,
Wein und in Wasser auf-
gelöste Zwiebelsuppen-
mischung unterrühren.
3. Hühnerkeulen wieder
in die Pfanne geben, die

Sauce zum Kochen brin-
gen und in der geschlos-
senen Pfanne bei schwa-
cher Hitze 40 Minuten
garen, bis das Fleisch zart
ist und die Sauce ange-
dickt ist. (Sauce gelegentlich umrühren.) Nach
Wunsch mit Tomaten
und Reissalat servieren.

Lammleber mit Frühstücksspeck

Vorbereitungszeit:
10 Min.
Kochzeit:
30 Min.
Für 6 Personen

1 Lammleber (750 g)
1/4 Becher Maismehl
1/4 Becher schwarzer
 Pfeffer, gemahlen
6 Scheiben Frühstücksspeck
2 EL Öl
2 Zwiebeln, in dünne
 Scheiben geschnitten
1 Würfel Rinderbrühe,
 zerdrückt
250 ml kochendes Wasser

1. Die Leber waschen, in
dünne, gleichmäßige
Scheiben schneiden
(Adern oder verfärbte
Stellen entfernen) und
mit Küchenpapier trok-
ken tupfen. Maismehl
und Pfeffer auf einem
Stück Butterbrotpapier
vermischen, die Leber
darin wälzen und über-
schüssige Panade ab-
schütteln.

2. Speck in große Streifen schneiden, in einer
Pfanne knusprig braten
und auf Papier abtropfen
lassen. Öl in die Pfanne
geben, die Zwiebeln bei
schwacher Hitze 5–10
Minuten goldbraun bra-
ten; mit einem Schaum-
löffel herausnehmen.

*Lammleber mit Frühstücksspeck (oben) und
Hühnchen à l'orange*

3. Die Leber in kleinen Portionen bei mittlerer Hitze sorgfältig von beiden Seiten bräunen, aus der Pfanne nehmen und auf Küchenpapier abtropfen lassen. Leber, Speck und Zwiebeln wieder in die Pfanne geben, den Brühwürfel in kochendem Wasser auflösen und nach und nach in die Pfanne geben. Das Ganze bei mittlerer Hitze 10 Minuten köcheln lassen, bis die Sauce andickt. Nach Wunsch mit Röstkartoffeln und gedünstetem Gemüse servieren.

> **TIP**
> Leber ist reich an Vitamin A und B. Eine Portion (150 g) enthält weit mehr als die empfohlene Tagesdosis dieser Vitamine.

Sukiyaki

(Der heiße Topf)

Vorbereitungszeit:
60 Minuten
Kochzeit:
15 Minuten
Für 6 Personen

*500 g Rinderfilet,
halb gefroren
3 kleine weiße Zwie-
beln, geschält
5 Frühlingszwiebeln,
geschält
1 große Karotte,
geschält
400 g kleine Cham-
pignons, Stiele
geputzt
1/2 kleiner China-
kohl
100 g fester Tofu
180 g Mungobohnen-
sprossen
225 g Bambusspros-
sen aus der Dose,
abgegossen*

*100 g japanische
Sukiyakinudeln
(siehe Hinweis)
6 Eier*

*SAUCE
4 EL japanische Soja-
sauce
3 EL leichte Rinder-
brühe
3 EL Sake
3 EL Mirin
2 EL feiner Zucker
3 EL Pflanzenöl*

1. Das halb gefrorene Filet mit einem sehr scharfen Messer in möglichst dünne Scheiben schneiden, dann die Scheiben appetitlich auf einem großen Holzbrett oder einem Vorlegeteller arrangieren, so daß Platz für Tofu, Nudeln und Gemüse bleibt. Während der Vorbereitung der übrigen Zutaten abgedeckt in den Kühlschrank stellen.
2. Nun die Zwiebeln in 6 Stücke schneiden. Den weißen Unterteil und die festen Abschnitte der grünen Blätter der Frühlingszwiebeln

in 4 cm lange Stücke schneiden und den Rest wegwerfen. Die Karotte in 4 cm lange Stifte schneiden. Die Champignons mit einem sauberen Tuch abwischen und halbieren. Den Kohl in mundgerechte Stücke schneiden und zähe äußere Blätter und den Strunk wegwerfen. Den Tofu in etwa 2 cm große, mundgerechte Stücke schneiden. Die dünnen Enden der Bohnensprossen abtrennen und die Bambussprossen in gleich große Stücke schneiden. Gemüse und Tofu zwischen den Filetscheiben arrangieren.

3. Die Nudeln 2–5 Minuten kochen, bis sie gerade weich sind. Aber nicht zu lange kochen, weil sie sonst zerfallen. Die gekochten Nudeln gründlich abtropfen lassen und

mit der Schere in etwa 5 cm große Stücke schneiden – gerade lang genug, daß man sie leicht mit Eßstäbchen anfassen kann. Die Nudeln zwischen Fleisch, Gemüse und Tofu verteilen.

4. Sauce: Sojasauce, Rinderbrühe, Sake, Mirin und Zucker in einer kleinen Schüssel miteinander verrühren, bis sich der Zucker aufgelöst hat.

5. Kurz vor dem Servieren eine große Pfanne oder eine elektrische Grillpfanne erhitzen, wenn das Sukiyaki am Tisch gekocht wird, und leicht mit Öl bestreichen. Wenn die Pfanne sehr heiß ist, ein Drittel der Zwiebeln, Frühlingszwiebeln, Karotte, Champignons, des Kohls, der Bambussprossen und des Tofus 2 Minuten unter ständi-

gem Wenden anbraten, dabei die einzelnen Zutaten so weit wie möglich voneinander getrennt halten. Gemüse und Tofu an der Rand der Pfanne schieben. Ungefähr ein Drittel der Bohnensprossen und der Nudeln in die Pfanne geben und 1 Minute vorsichtig rühren, dann zu den anderen Zutaten auf die Seite schieben. Etwa ein Drittel der Filetscheiben in einer Lage in die Pfanne geben und 30 Sekunden von jeder Seite anbraten. Ein wenig Sauce über das Fleisch träufeln, dann wenden, bis es gleichmäßig gebräunt ist. Die Temperatur auf niedrige Stufe reduzieren und die Zutaten unmittelbar vor dem Servieren miteinander vermischen.

Die Bambussprossen auf die gleiche Größe wie das übrige Gemüse schneiden.

Die gekochten Nudeln mit einer Schere in kurze Stücke schneiden.

6. Das Sukiyaki sollte direkt aus der Pfanne (oder der elektrischen Grillplatte) in der Mitte des Tisches serviert werden. Man ißt das Gericht wie folgt: Jeder Gast schlägt ein Ei in seiner Suppenschüssel auf und schlägt es mit den Eßstäbchen durch. Dann nimmt er sich eine mundgerechte Portion mit den Stäbchen aus der Pfanne und taucht sie in das geschlagene Ei.

7. Wenn man für eine zweite Portion bereit ist, wird die Pfanne wieder erhitzt und der Bratvorgang wiederholt. Nachdem alle festen Zutaten verzehrt sind, wird die von den Zutaten aromatisierte Bratflüssigkeit mit gedämpftem Reis gegessen.

Hinweis: Fleisch und Gemüse sollten nach Bedarf in kleinen Portionen gegart werden, damit die Zutaten nicht überkocht werden. Dieses Rezept kann bis zum Ende von Schritt 4 bis zu zwei Stunden im voraus zusammengestellt werden. Stellen Sie auf jeden Fall sicher, daß alles auf dem Tisch bereit steht und Ihre Gäste bequem sitzen, bevor Sie mit dem Garen beginnen. Für Sukiyaki werden normalerweise zwei Arten von Nudeln verwendet. Bei *Harusame* handelt es sich um sehr dünne, weiße und fast durchsichtige Nudeln. Sie sind den chinesischen Glasnudeln ähnlich, die auch als Ersatz dienen können. *Shirataki*-Nudeln sind durchscheinend, aber weich und werden aus der Wurzel der »Teufelszungen«-Pflanze hergestellt. Alle Nudelarten erhält man in asiatischen Lebensmittelgeschäften. Manch einer mag sein Sukiyaki lieber auf Reis, auch wenn dies nicht die traditionelle Art ist.

Das Gemüse an den Pfannenrand schieben, dann ein Drittel der Filets hineingeben.

Eine geringe Menge der Sauce über das gebratene Fleisch träufeln.

ANHANG

Register

Szechuan-Suppe, würzig 22

Tandoori-Huhn 419
  -Kebab 82
Teigkörbchen 264
Teigtaschen, klein 404
Tempura 486
  Garnelen- 204
  Garnelen-Gemüse- 386
Teppanyaki 206, 392
Teriyaki
  mit Nudeln und Hühnchen 351
  mit Hühnchen 477
Thailändisch
  Brasse mit süßer Chiliglasur 377
  Fischküchlein 381
  Fischküchlein mit Gurkensalat 539
  Fischplätzchen auf Salat 439
  Garnelen mit Kokos-Nudeln 359
  Garnelen-Nudeln 288
  Nudeln 288
  Papayasalat 272
  Rindfleischsalat 370, 517
  Salat mit grüner Mango 382
  Suppe mit Huhn und Kokos 427
Thunfisch
  mit Korianderchutney 473
  Sesam- mit Nori-Reis 428
  -steaks mit Kräuterkruste 546
Tintenfisch mit Chilisauce 542

Toast,
  Garnelen- 12
  Garnelen-Hackfleisch- 250
  Garnelen-Koriander- 395
Tod Man Pla 381
Tofu
  Ma Por 506
  -Miso-Suppe 196
  mit Hackfleisch, scharf 62
  mit Wasserspinat, gedünstet 461
  -Pfanne mit Pak-Soi-Kohl 510
  pikant frittiert 160
  -Udon-Nudelsuppe 391
Tom Kha Gai 373
Tom Yum Goong 373, 521
Tomaten mit pikanten Fleischbällchen
  und Glasnudeln 166
Tonkatsu 208
  Hühner-Garnelen- 340
Trockenes Kartoffel-Erbsen-Curry 420

Udon
  -Nudeln in Misosuppe 432
  -Nudeln mit Ingwer-Schweine-
    lende 327
  -Nudelsuppe mit Tofu 391

Vegetarisches
  Frühlingsrollen 399
  Linsenmus 328